江苏文脉大讲堂文丛（第一卷）

斯文江苏

名家解码
江苏文脉

江苏文脉整理研究与传播　主
工程工作委员会办公室
现代快报社编

江苏人民出版社

图书在版编目(CIP)数据

斯文江苏：名家解码江苏文脉 / 江苏文脉整理研究
与传播工程工作委员会办公室,现代快报社主编. -- 南京：
江苏人民出版社,2025.2(2025.8 重印)
　　ISBN 978 - 7 - 214 - 29075 - 5

　　Ⅰ.①斯… Ⅱ.①江… ②现… Ⅲ.①文化史－江苏
Ⅳ.①K295.3

中国国家版本馆 CIP 数据核字(2024)第 081705 号

书　　　名　斯文江苏——名家解码江苏文脉
主　　　编　江苏文脉整理研究与传播工程工作委员会办公室
　　　　　　　现代快报社
责 任 编 辑　张　凉　徐太乙
装 帧 设 计　刘葶葶
责 任 监 制　王　娟
出 版 发 行　江苏人民出版社
地　　　址　南京市湖南路 1 号 A 楼,邮编:210009
照　　　排　江苏凤凰制版有限公司
印　　　刷　苏州市越洋印刷有限公司
开　　　本　652 毫米×960 毫米　1/16
印　　　张　24.25　插页 1
字　　　数　377 千字
版　　　次　2025 年 2 月第 1 版
印　　　次　2025 年 8 月第 3 次印刷
标 准 书 号　ISBN 978 - 7 - 214 - 29075 - 5
定　　　价　98.00 元

(江苏人民出版社图书凡印装错误可向承印厂调换)

序

　　2022 年 7 月，在中共江苏省委宣传部的指导下，江苏文脉整理研究与传播工程工作委员会办公室、凤凰出版传媒集团主办，现代快报社承办的"江苏文脉大讲堂"系列讲座开讲。至 2023 年 8 月已有 17 位长期工作在江苏的专家学者相继登上讲坛，围绕着江苏文化的主题发表了精彩纷呈的演讲。如果说《江苏文库》的编纂与出版是江苏文脉整理研究与传播工程的学术贡献，那么这个系列讲座堪称本工程向社会大众贡献的普及成果。前者以内容精湛、编校精确而见称，后者则以通俗易懂、受众喜闻乐见而见长。由于讲座都以网络转播的形式公之于众，每期收看人数多达数十万，从而取得了发扬传统、普及文化的良好效果。为了让更多的读者了解讲座内容，负责讲座组织工作的《现代快报》决定将全部讲稿汇编成书，以《斯文江苏——名家解码江苏文脉》的书名公开出版。或许因我承担了系列讲座的第一讲，《现代快报》索序于我。故不揣浅陋，略书己见以就正于广大读者。

　　"江苏"作为一个地理概念，当然是从清代才有的。但是如今的"江苏省"这个区域，从古至今一直是中华文化的重要地理板块，是毫无疑义的。远古时代环太湖地区的崧泽文化与江苏中部的青莲岗文化，以及稍后南起太湖一带、北及阜宁附近的良渚文化，都堪称中华文化的源头之一。在有文字记载的信史范围内，江苏南部以苏州为中心的地区，是吴文化的发祥地。江苏北部以徐州为中心的地区，则是汉文化的发祥地。古往今来，在江苏这块土地上产生了许多文化名人。在春秋时期，季札聘鲁观乐，所评皆中肯綮，后人评为"其神智器识乃是春秋第一流人物"。孙武辅佐吴王，威震四方，所著兵法被全世界誉为"兵学圣典"。两人一文一武，都处于当时中华文化的巅峰地位,这是江苏文化光耀华夏大地的绝妙例证。即使仅在本人所属的中国古代文学学科的范围内,情况也是如此。公元5世纪,在南京成立了中国最早的全国性学术机构,即刘宋王朝设立的"文学馆",与"玄学馆""儒学馆""史学馆"并立,简直就是中国社会科学院的最早雏形。文学馆等4个学术机构的成立,意味着从国家的角度、从制度的层面对人文学术的价值认定,并把文学研究看作一个独立的学术门类。根据南京大学历史系考古专家的研究结果,刘宋时成立的文学馆,以及玄学、儒学、史学等馆,它们的原址是在南京城内鼓楼以西,估计就是现在的南京大学和南京师范大学的校园这一片。值得注意的是,这不是我们江苏省的文学馆和史学馆,而是全中国最早的文学馆和史学馆! 此外,中国历史上最早的一部文学总集《昭明文选》,它是在南京完成编纂工作的。中国历史上最早的一部文学理论专著《文心雕龙》,也是在南京完稿的。一部是作品的总集,一部是理论研究的集大成著作,这两部标志性的文学著作都在南京完成,标志着南京的学术核心地位。《旧唐书》第一百八十九卷介绍了整个大唐帝国文学研究方面的专家,也就是当时的文选学名家,其名单如下:第一个是曹宪,扬州人;第二个是许淹,润州人,也就是镇江人;第三个是李善,又是扬州人;第四个是公孙罗,江都人。可见唐代在全国学术界最负盛名的研究文学的专家都集中在江苏区域内。从宋元到明清,江苏的文化在全国占有举足轻重的地位,江苏已被公认为人文荟萃之地。

到了现代,随着现代高等教育的发展,在南京成立了中国教育史上享有盛名的中央大学和金陵大学,凝聚了一批在中国古代文学研究方面成就卓著的著名学者,比如李审言、王伯沆、黄侃、吴梅、罗根泽、胡小石、汪东、汪国垣、陈中凡等,这些在当时学术界执牛耳的学者,他们就在以南京为核心的江苏地区任教、研究。正是在以南京为核心的江苏地区,产生了近代学术史上非常有影响的一个学派"学衡派",并由此获得了"东南学术"的称号。由于后来很长时间内"左"倾的激进观念在政治文化上占据上风,学衡派以及东南学术的价值经常被低估,它的地位及作用曾被抹杀。但是一个世纪以后,我们蓦然回首,幡然反思,终于发现在那种激进思潮的引领下,我们的整个民族一路狂奔近百年,带来的害处远远超过益处。此时此刻,我们认识到,学衡派和东南学术所提倡的那种稳健、持重的学风,在追求创新的时候不忘传统、引进西方学术思想的时候不忘本民族固有文化的学术理念,真是明智之举、明哲之思。在传承中华优秀传统文化成为时代潮流的今天,东南学术的思想资源可以为全国人文学术界扭转风气提供宝贵的经验。所以,江苏省不但在传统文化的成就上居全国领先地位,而且在学术理念和学术风气上也拥有非常优良的资源,值得我们深入发掘。

说到江苏的文化,当然离不开孕育它的地理环境——长江。本书所收的十六讲的十七篇讲稿,其中有三分之一即以长江为重要的视角,绝非偶然。长江是中国第一大河,是中华民族的母亲河。江苏境内的长江浩浩荡荡,年均入海水量达 1 万亿立方米,居世界第三位。长江是一条生机勃勃、永葆青春的大江,它不断地变得更长。由长江挟带的巨量泥沙冲积而成的三角洲不断向东扩展,先秦时期的长江入海口位于现在的镇江、扬州之间,如今已东移 100 多千米。所以,唐诗中的"海门"是指镇江附近的一座江中小山,如今的"海门"却是南通市东南的一个区名。毫不夸张地说,江苏省的一半疆域,都是由长江的冲积平原构成。从自然地理的角度来说,长江真是江苏名副其实的母亲河!当然,江苏人民也对长江知恩图报。中国的古人都认为岷江是长江的源头,直到明末的江苏人徐霞客才探明金沙江是真正的长江源头,后者要比前者长出 2000 多千米。从人文地理的角度来说,长江在徐霞客的步测下变得更长了,这是江苏人民对母亲河的深情回报。

与长江一样,长江文化也经历了从不间断的发育过程:从公元前 7000 年开始,先民们在长江流域内筚路蓝缕,相继创造了河姆渡文化、马家浜文化、崧泽文化、良渚文化。这些文化与黄河流域的龙山等文化交相辉映,创造了中华文明最早的辉煌。及至周代的泰伯、仲雍南奔江南,以及两晋之际、唐代安史之乱和南北宋之交三次大规模的衣冠南渡,长江文化中又不断地渗入黄河文化的因素,从而形成气象万千的文化奇观。由万里长江与千年文脉组成的三维空间宏伟壮阔,为我们继承传统、重创辉煌提供了得天独厚的大舞台。江苏文化是长江文化的重要组成部分,对江苏文化进行研究、总结,都离不开长江这个独特的视角。

万里长江东奔入海的途中,九流百派不断地注入,这样的地理环境使得长江文化的基因中充溢着水的因素。江苏境内不但有波浪滔滔的长江和淮河,还有烟波浩渺的太湖和洪泽湖。无论是江南还是江北,都是河道纵横的水乡,江苏文化是名副其实的水乡文化。水是自然界最宝贵的物质,它滋养了世间所有的生命,水稻、蚕桑、鱼盐等都是水乡特有的产物,而舟楫之利则为商业的繁盛提供了天然的便利。水网密布、雨量充沛的长江流域因此成为富饶的鱼米之乡,江南自古以来便是中国经济较发达的地区之一。水又是自然界最奇妙的物质,它随物赋形,与物无争;它柔若无骨,却无坚不摧。老子说:"上善若水,水善利万物而不争。""善"和"智"显然都属于文化的范畴,水乡文化更加使人产生此类丰富的联想。江南自古以来盛产柔软细腻的丝绸和坚韧锋利的兵器,两者堪称江南文化的器物标志。柔若丝绸,刚似利剑,正是江南文化的性格特征。水是世间最好的溶剂,它最善于与其他物质混融无痕,它也最善于积少成多,汇细流而成巨泽。江苏文化具有开放包容的胸怀,对其他地区的异质文化兼收并蓄。周朝的江南人民热情地接受泰伯带来的中原文化,且拥戴他建成了勾吴部落。近代的江南人民热情地学习西方的先进文化,率先开眼看世界的近代国人中,冯桂芬、王韬、郑观应、薛福成等皆是江南人士。水的性质中又有坚强的一面,老子说得好:"天下莫柔弱于水,而攻坚强者莫之能胜。"任何坚硬的固体都是可以压缩的,只有以水为代表的液体才具有不可压缩的物理性质。江苏文化也是如此,操着吴侬软语的江南人士自古就有不畏强暴的性格,鲁迅曾借用古语称其家乡绍兴"乃报仇雪耻之乡,非藏垢纳污之地",其实整个江南又何尝不是如此!清兵入关后长驱南下,却在长江沿岸受到最激烈的抵抗。扬州、江阴、嘉定,当地人民用生命保持了民族的气节。宁断头,不剃发,江南人民用鲜血维护了文化的尊严。鸦片战争时英国军队入侵长江,沿岸人民奋起抵抗,镇江军民浴血奋战的事迹甚至惊动了远在欧洲的恩格斯。刚柔相济的江南文化,既有善良温和、宽宏通达的品性,又有果敢坚毅、刚强不屈的风骨。虎踞龙盘的南京城中,秦淮河畔有青楼歌妓李香君的媚香楼,雨花台下有抗金英烈杨邦义的"剖心处"。江南先民可歌可泣的英雄事迹,为江苏文化奠定了坚毅刚强的精神底蕴,是我们取之不竭的思想源泉,也是我们讲好中国故事的丰富渊薮。

　　江苏文脉整理研究与传播工程是为了贯彻习近平总书记视察江苏的重要讲话精神,落实省委、省政府推动文化建设迈上新台阶的要求而设立的省"十三五"文化改革发展专项规划工程,旨在梳理江苏的文脉资源、彰显江苏对中国文化发展的历史贡献。由于工程是按现代政区来规划、操作的,所以名为"江苏文脉"。但从学理上说,江苏文化是长江文化的重要组成部分,江苏文脉也就是长江文脉。万里长江终古不竭,千年文脉日月常新。17 位江苏学人热情参加以江苏文化为主题的"江苏文脉大讲堂"系列讲座,《现代快报》又把全部讲稿汇编为本书贡献给广大读者,其意图便在于弘扬江苏文化,并从这个独特的角度来继承中华优秀传统文化,我们衷心希望得到广大读者的理解与支持。

《江苏文库》编纂出版委员会副主编、《江苏文库·精华编》主编

南京大学文科资深教授莫砺锋

2024 年 6 月于南京宁钝斋

目录

诗词里的大美长江

江豫文脉大讲堂

南京市博物馆大成殿
2022年7月8日 10:30

诗词里的大美长江

主讲人 莫砺锋

《江苏文库》编纂出版委员会副主编
《江苏文库·精华编》主编、南京大学文科资深教授

指导单位 | 中共江苏省委宣传部
主办单位 | 江苏文脉整理研究与传播工程工作委员会办公室　凤凰出版传媒集团
承办单位 | 现代快报+　协办单位 | 南京市博物馆

扫码观看直播

主讲人：莫砺锋

《江苏文库》编纂出版委员会副主编
《江苏文库·精华编》主编
南京大学文科资深教授

按照古代文字学家的说法，中国古代北方人把大的河叫作河，南方人把大的河叫作江，所以北方那条大河黄河，古代称它为河，江就是长江。当然，古代黄河也可以称为大河、长河，江也可以称为大江、长江，这两条河都是我们中华民族的母亲河。

长江非常长，波澜壮阔，它的整个流域就是我们祖先在那里休养生息的地方。同时，我觉得它也是我们中国古代文学中诗词的发源地，它是诗词的一个宝藏。

我的一位朋友王兆鹏教授，他编了两本书，一本叫作《唐诗排行榜》，一本叫作《宋词排行榜》，这两本"排行榜"是什么内容？就是唐诗精选 100 首，宋词也精选 100 首，然后按照一定标准给它打分，最后排出名次。它的排列还是比较有根据的，参数是古今的诗词选本、历代学者的评论、互联网上谈论的次数等。

长江   现代快报记者施向辉   摄

排出来的结果很有意思，100 首唐诗名列第一的是崔颢的《黄鹤楼》。《黄鹤楼》的最后两句，在座的朋友也都知道，"日暮乡关何处是？烟波江上使人愁。"写的是什么？长江。

100 首宋词的第一名更是毫无异议，是苏东坡的《念奴娇·赤壁怀古》，是直接咏长江的。所以唐诗也好，宋词也好，名列第一的大作品都是写长江的。我们这条江跟诗词的关系太密切了。首先是由于长江气象万千，它全长 6000 多千米，一路上每一段风景、每一种气象都不一样，都有变化。

说到诗词，就要说到那个时候的人们对于长江的概念，跟我们今天稍微有点不一样。现在我们都知道，长江的上游源头是金沙江，这是明末徐霞客探险出来的结果。在古代，大家都认为长江的上游是岷江，所以唐诗宋词与长江的关系，我们要从岷江说起。

苏东坡的家乡是四川眉山，岷江边上，苏东坡的诗里把这条长江（也就是岷江）称为玻璃江。什么叫玻璃江？就是水澄澈透明，像玻璃一样，流得也很平稳。大家可以去眉山看一看，那里的岷江段就是这样子。这是长江第一段的风貌。

然后流到三峡就变了。三峡落差大，江水奔腾，倾泻而下。我们看到杜甫在诗里这样描写："无边落木萧萧下，不尽长江滚滚来。"三峡那里的长江就是有这个气势，像黄河一样滚滚而来，波涛汹涌。

它再往下流，流到江汉平原，江面变得更宽广，水流也更平稳，更加气象万千。我觉得有代表性的就是李白的几句诗，李白站在庐山上写的诗。庐山就在长江边上，他在庐山上看长江，看到的样子："登高壮观天地间，大江茫茫去不还。黄云万里动风色，白波九道流雪山。"很多的支流都汇入长江，再往下流，流到我们南京一带，江面更加宽阔，江水流得也更加平稳，所以在南北朝，谢朓诗里有这样两句话："余霞散成绮，澄江静如练。"长江像一条绸缎，静静地在那里流。总之，长江在不同的阶段呈现着不同的风貌。

这样美丽的一条江，当然会吸引诗人的目光。我们现在讲长江，最应该讲的是哪一首诗？我觉得可能是张若虚的《春江花月夜》。因为《春江花月夜》写长江，它的篇幅比较长，一共有 36 句，所以写得面面俱到，对长江有全景式的描写。那么，诗人看到的长江的一段是在什么地方？张若虚是扬州人，他观看长江应该是在现在扬州西南方的一个叫三江营的地方。张若虚是初唐人，他在那里看长江，跟我们今天看到的长江有点不一样。

那个时候，长江的入海口离扬州较近，"观涛"最好的地方就是在扬州，扬州的古地名叫广陵，所以古人叫广陵涛。在那里观涛，就像观现在的钱塘江潮一样，涨潮的时候，气势特别雄伟，因为离东海非常近。《春江花月夜》是咏长江诗词中的名篇，但是，它太长了，要是讲完全诗，一个小时差不多只能讲这一首诗了，而且好像跟《诗词里的大美长江》这个题目没什么关系，所以我今天就简单地介绍一下。

一、 李杜与长江

下面进入今天的话题——诗词里的大美长江。作为南京人，可以想到很多著名的诗篇，明代诗人高启就在南京写过一篇很有名的关于长江的诗——《登金陵雨花台望大江》。当时雨花台和长江之间没有那么多建筑、高楼，在雨花台上可以看到长江。

高启的生平没有太多可以讲，所以我想了一个思路，在古今大诗人中挑选一位或者几位跟长江关系特别密切的，可以把他们请出来作为长江形象代言人，来讲他们的作品，这样就比较集中一点。当然，一个人做讲座，必然局限于他的知识构成。我读得熟一点的，恐怕就是唐宋时期几个大诗人。我最想讲的首先是杜甫。

杜甫是我最热爱的诗人，但很可惜，杜甫跟长江的缘分不是太深。他 20 岁到 24 岁的时候来过长江，到吴越一带漫游，然后渡江北归，一来一去，起码有两次。可是杜甫早期的诗歌完全没有留存下来，他 24 岁以前的诗歌一首也没有，我们不知道他有没有写过长江。

还有一个阶段就是他的晚年，54 岁到 58 岁，是杜甫生命的最后 4 年。那 4 年，杜甫跟长江结下了不解之缘。因为那 4 年，他的生活主要都是在船上度过的。他坐着一艘船先离开了成都，沿着岷江南下，然后在宜宾进入了长江，再一路东下，最后走到夔州住了一年多。然后到岳阳，过洞庭湖，到湘江，沿湘江南下再北归，然后在湘江的一叶扁舟上去世了。

　　杜甫至少有 3 年的时间是跟长江有关系，可惜这个时候的杜甫，老病交加、穷愁潦倒，已经走到了生命的最后关头，他对于人生的热情，对于人生的希望，这个时候差不多都已经消逝了。杜甫这时候心情非常悲苦、压抑。杜甫的诗中也写到了长江，比如"不尽长江滚滚来"的句子就是在这个阶段写的，但整体上来看，他歌颂长江、描写长江的诗比较少。

　　相反，我们看到了这样的诗句："飘飘何所似，天地一沙鸥。"他正在一叶扁舟上漂着，他觉得独自在天地中间漂泊，像什么呢？就像天地间一只孤独的鸥鸟，在江面上飞。他觉得没有归宿，总在漂泊，这个时候他的心情很低沉。

　　因此，尽管我热爱杜甫，我还是舍弃了杜甫，我不来介绍他的长江诗。

　　下面我们看第二人选——李白。李白跟长江的关系比杜甫要密切。李白 24 岁时，"仗剑出蜀"，这是李白人生的开始。他佩着一把宝剑坐着船，沿着岷江到了宜宾，所以那时候他写过一首诗，咏峨眉山的月亮：

　　峨眉山月半轮秋，影入平羌江水流。夜发清溪向三峡，思君不见下渝州。

这首诗写他从家乡一路走来，从峨眉山走到渝州（现在的重庆），一路上都有明月相伴。李白晚年跟长江也有很紧密的关系。李白生命中的最后几年，基本上是在安徽当涂一带度过的，也就是现在的马鞍山，离我们南京很近。甚至相传他去世的时候，是晚上坐着船在长江上游览，望着天上的月亮，水中也有一个月亮，喝醉的李白，入水捉月，想把长江里的月亮捞起来，然后就淹死了。这是唐代一个传说。不管怎么说，现在马鞍山的采石矶有李白的衣冠冢，是李白最后的归属。

　　李白一生跟长江有不解之缘，他写长江写得很好，比如《望天门山》的"孤帆一片日边来"等，但我今天也不重点讲李白，理由是什么呢？可以请余光中帮我解释一下，请大家看余光中的《戏李白》：

你曾是黄河之水天上来

阴山动

龙门开

而今黄河反从你的句中来

惊涛与豪笑

万里滔滔入海

那轰动匡庐的大瀑布

无中生有

不止不休

可是你倾侧的小酒壶？

黄河西来　　大江东去

此外五千年都已沉寂

有一条黄河　　你已够热闹的了

大江　　就让给苏家那乡弟吧

天下二分

都归了蜀人

你踞龙门

他领赤壁

他对李白说，你写黄河已经写得够出名了，大江就留给你苏家的乡弟吧。有一个姓苏的人是李白同乡的弟弟，就是苏东坡，留给他来写吧。"天下二分都归了蜀人"，天下诗歌写得最好的二人，两个都是你们四川人，一个李白写黄河，一个苏东坡写长江，所以余光中说："你踞龙门，他领赤壁。"

我同意余光中的意见，我自己读他们的诗的感觉也是这样。就诗人的性格、诗人的生平来说，李白更像黄河，黄河落天走海、奔腾万里、咆哮奔腾，这个性格完全像李白，打破一切拘束，一心追求理想境界。所以，我们可以聘请李白当黄河的形象代言人。

长江跟黄河有点不一样，长江大部分的江面都流得比较平稳，比较深沉，不露声色。它也许有旋涡在下面，也许礁石会激起波浪。总的来说，长江江面比较开阔、平静，是一种处变不惊、深沉平稳的状态，这也许跟苏东坡的人生态度和性格更为相似。假如我们要为长江聘请一个形象代言人，在李白和苏东坡中间选一个，可能还是选苏东坡更好，所以下面我就转到苏东坡身上了。

二、 苏东坡与长江的不解之缘

苏东坡与长江有不解之缘，他生在岷江边，长在岷江边，他有两段在长江边的长途"旅行"。第一次是在他 24 岁的时候，他跟父亲、弟弟一起坐船，离开眉山，南下路过乐山大佛，写下一句"奔腾过佛脚"。然后到了湖北沙市，当时叫江陵，接着改走陆路到汴京去。但是他 24 岁的时候，还没有很成熟，没有进入诗歌的最高境界，所以留下来的作品不算太好。

第二次长江之旅是苏东坡 31 岁的时候。苏东坡的父亲去世了，他和弟弟两人要把父亲的遗体从京城运送回故乡安葬。他们坐船先从运河走到江苏扬州，进入长江，然后溯江而上，一直走到眉山，所以这一次是走了大半条长江。可惜中国古人有一个习惯，父母去世后要守丧，这个期间不能写诗，所以接下来两年多苏东坡一首诗都没有写，没有给我们留下任何关于长江的诗篇。

所以，苏东坡有关长江的诗，必须从他 36 岁时讲起。《游金山寺》是苏东坡 36 岁时写的，他那一年在朝廷里被排挤，去到杭州做通判。从汴京坐船，走运河过长江，在镇江的金山寺住了一晚，看到了金山寺的景色，写下了这首诗。

这首诗写得真好。一开始他写自己和长江的亲密关系，"我家江水初发源"，苏东坡从小生长在长江的源头；"宦游直送江入海"，后来考上科举做了官，进入仕途以后，一路到了长江下游。为什么说"送江入海"？因为那个时候镇江和扬州中间，是观涛的最佳地点，而这个地点附近还有一个山叫海门山，被认为是长江入海处，离海不远了。所以，苏东坡的一生都与长江相伴。

这首诗很好地描写了在金山寺上看到的长江美景，从斜阳西下一直写到二更天，月亮落下去，江面变黑以后，出现一片火光——一种奇特的自然现象，最后他问自己，这么好的景色为什么不去隐居呢？这里，

常州苏东坡纪念馆内的苏东坡全身像　现代快报记者施向辉　摄

苏东坡产生了托命于长江的想法。这也是我心目中苏东坡有关长江的诗中最好的一首。下面我们看一看苏东坡与长江真正的"结缘"。

真正的结缘发生在他 45 岁那一年。44 岁时，苏东坡遭遇了"乌台诗案"，被朝廷抓起来，关在御史台的大牢里，政敌要置他于死地，好在后来被赦免了，但是官被罢了，原来已经做到市长一级的知州，一下子只剩一个团练副使的虚衔。苏东坡被发配到黄州，度过了流放生涯。北宋元丰三年（1080 年）正月初一，汴京城里鞭炮齐鸣，千家万户正在过年，御史台派了两个差役，押送苏东坡前往黄州，二月初一抵达。

黄州是长江中游的一个小山城，现在是湖北黄冈市。苏东坡在这座小山城一住就是 4 年多，正是他的壮年时期（45 岁至 49 岁）。黄州紧靠长江，有一个景点叫赤壁，是一座红色的山，石头是朱砂色，相传这里是三国时期赤壁大战的战场。当然，苏东坡实际上并不相信，因为他精通历史，真正的赤壁战场实际上在嘉鱼，但从唐代的杜牧开始，就把黄州说成是三国赤壁战场，所以他也将错就错。苏东坡在这里写了他一生中最重要的与长江有关的作品《赤壁赋》《后赤壁赋》《念奴娇·赤壁怀古》。

我们先从《念奴娇·赤壁怀古》说起。这首词具体写的时间不太清楚。《赤壁赋》和《后赤壁赋》的写作时间倒是清清楚楚，是农历的七月十六和十月半写的。但《念奴娇·赤壁怀古》没有说明是什么时候写的，从词的内容推测，不是冬季写的，因为冬季长江枯水期没有这种气势，没有惊涛拍岸的感觉，所以应该是春天到秋天这段时间写的。三首词都是有关赤壁大战的，所以写的时候他首先想到的不仅是江山壮丽的画面，更多的是，它是一个著名的古战场。

三国时，多少英雄豪杰汇集于此。北方的统帅曹操，南方的东吴将领周瑜，个个文武双全，在赤壁演绎了他们人生最壮丽的一幕。曹操自不用说，他的诗歌我个人认为超过他的两个儿子曹丕和曹植。周瑜，历史上没有记载他会写诗，包括我们江苏文脉整理研究与传播工程整理古代典籍，也没找到周瑜写过什么诗，但是他肯定也是文采风流，因为当时大家对周瑜有一个通称，都称他为周郎。当时流传一句话，叫"曲有误，周郎顾"，意思就是说，如果在弹奏音乐的时候错了一点点，周郎就会看你一眼，因为他精通音乐。唐朝时有诗人李端描写一个姑娘在演奏乐曲时，故意弹错一下，希望她的意中人可以看她一眼，"欲得周郎顾，时时误拂弦"，就是指周郎精通乐理、文武双全。

苏东坡《赤壁赋》中的主人公是曹操，《念奴娇·赤壁怀古》中就换上了周瑜。他写"遥想公瑾当年，小乔初嫁了，雄姿英发"，就是说周瑜在赤壁大战的时候英姿勃发，那时候周瑜才 33 岁，他的妻子小乔是吴国著名的美人，英雄配美人，相映生辉。

当然，文学作品是允许夸张的。"小乔初嫁"当然是夸张，我还专门去查了一下《三国志》，周瑜和小乔结婚其实是在赤壁大战之前十年，小乔并不是"初嫁了"，而且我有明确的材料可以证明小乔这个时候已经生了三胎，更不是新娘子了。所以说"小乔初嫁了"属于夸张手法，东坡用这一点突出周瑜与小乔是英雄配美人，潇洒风流。而在这个时候，周瑜还指挥了这么一场大战，打败了北方来犯的敌人，保卫了江南政权，这是苏东坡对古代历史中曾经在长江边演绎过壮丽人生的英雄人物的深情缅怀。

他说，古代的人物真了不起，文武双全，风流潇洒，这样的人物，这样的人生，多么充实，多么光辉，所以他非常仰慕。而这一切都发生在长江边上。但是，苏东坡转念一想，自己现在如何？我都已经47岁了，与古代的英雄完全不能比，什么光辉事业都没完成，还是一个罪人，被朝廷流放到这里，不知道什么时候是个头。此时的苏东坡觉得自己的人生很压抑、很悲惨，所以词里他的情绪也是非常复杂和矛盾的。

"故国神游，多情应笑我，早生华发。"苏东坡说，我来到这个历史遗址，古人应该要笑我如此"多情"，以至于"早生华发"。古人认为多愁善感的人，头发白得早，我现在才47岁已经满头白发了，没能像古代的曹操、周瑜那样建立丰功伟绩、青史留名，感觉人生都白过了。这个时候，苏东坡的心绪比较低沉，"人生如梦，一尊还酹江月"，人生就像一场梦，很短促，很空幻，古人在这里曾经那么风流倜傥，而我一事无成。所以他倒了一杯酒，祭奠天上的月亮和英雄的人物，至少这轮明月和古人所见的一样，只是换了人间。

东坡写《念奴娇·赤壁怀古》时的情感基调是怎样的？是兴奋、昂扬的，还是低沉、消极的？到底属于哪一种？历代读者的看法都不一样，古代读者大部分认为这首词是苏东坡人生中第一首壮词。宋朝时的词都是要配乐歌唱的。当时的人说，假如你唱柳永《雨霖铃》的"寒蝉凄切""晓风残月"，应该要叫一个年轻的姑娘，用红牙板来配乐，温柔、细腻。而唱苏东坡这样的词，不能叫姑娘来唱了，要换一个关西大汉，配上铜琵琶、铁绰板，声音高亢，配乐激昂。但明明最后一句"人生如梦，一尊还酹江月"，如此的悲凉，为什么大家还是认为这是一首豪放词呢？包括现在，我们认为这首词是北宋真正的第一首豪放词，开创了宋代豪放词风，我觉得这跟东坡副标题中表达的导向是相关的。他这首词主要不是抒情，而是怀古，词的基调主要是面对赤壁这里的滔滔江水，抒发对古代英雄人物的缅怀。我同意这种看法。下面我们看一看反面的意见。

20世纪80年代，李泽厚的《美的历程》出版，轰动一时，是当时全国大学生的必读书，几乎人手一本。这本书里对于古代文学、古代艺术有很多精到的判断，其中一节《苏轼的意义》就说到了关于赤壁的赋与词。里面有这样一段文字，是他读了苏东坡的《赤壁赋》《后赤壁赋》《念奴娇·赤壁怀古》后有感而发："这种整个人生空漠之感，这种对整个存在、宇宙、人生、社会的怀疑、厌倦、无所希冀、无所寄托的深沉喟叹，尽管不是那么非常自觉，却是苏轼最早在文艺领域中把它充分透露出来的。著名的前后《赤壁赋》是直接议论这个问题的，文中那种人生感伤和强作慰藉以求超脱，都在一定程度和意义上表现了这一点……都与这种人生空漠、无所寄托之感深刻地联在一起的。"

我虽然很喜欢李泽厚这本书，但是完全不同意他在这里对苏东坡作品的解读。我认为不是这样的，为什么？首先我们解读古人的作品，要看它发生的背景、在什么情况下写的。苏东坡这两首作品都是在47岁那一年写的。他45岁到了黄州，第二年开始开荒种地，因为生活上陷于窘境，朝廷发的那些生活补助已经不够养家，全家二十多口人都指望着他呢，所以必须开荒种地养活全家。

我经常说，我读到苏东坡在黄州开荒种地的作品非常感伤。他有一组诗叫《东坡八首》，专门写他在东坡上开荒地的经历。那个辛苦，那个劳累，好不容易种出庄稼，一心希望它能有好收成，结果收成也不好，真叫人同情。我甚至都产生了一个念头，希望能穿越回北宋，奔赴黄州当志愿者，帮苏东坡种地。他种的那块地有40多亩，第二年打下的稻谷还不够全家二十多口人吃。大家不知道，我一生中学过三个专业，本科读英语，研究生在南大学古代文学，但我人生的第一专业是水稻栽培，我年轻时种过十年水稻，太内行了。我想以我这种"东坡狂热粉丝"的态度，我就是累趴在那块地上，我也要帮他种出更多庄稼。但是，我至今没学会穿越，所以东坡没有得到我的援助，只好勉强耕种东坡上的那块地。

苏东坡当时的境遇很不好，心情很压抑，就这样勉强到了第三年，在47岁时写下《赤壁赋》等作品。所以这时候的作品中充满了昂扬斗志？很热烈？决心像古代英雄那样建功立业？可能吗？不可能！这个时候他的心情低沉，只能发发牢骚，朝廷把他派到黄州，"不得签署公事"，连公文都不给他碰了，他只能做一个旁观者。所以，东坡在黄州时心情比较压抑，比较低沉，是必然的，也是暂时的。

此外，中国的古人讲究知行合一。中国古人认为，知和行要统一，你的言论和行为要一致。同样，我们读古人的作品也应该这样，看古人的作品，一定要和这个作者的生平联系起来。李泽厚书中的一大段话，说苏东坡到黄州以后就空虚了、人生无所寄托了。问题是，这是黄州时期的苏东坡，黄州之后，苏东坡还有16年的生命历程要走。

他离开黄州，官复原职，马上就投身于政治，并不因为原来受到打击，从此就不问政治了。那个时候，形势已经变了，司马光做宰相了，苏东坡因为不同意全盘否定新法，就在朝中与司马光争起来，后来受到排挤，到了杭州做知州，也就是杭州市市长。一到杭州，苏东坡马不停蹄地整治西湖。西湖因水草泛滥常常淤塞，苏东坡命人割水草、挖淤泥，还建了一条苏堤。他一直在热情地工作，在好好做官，为自己的事业奋斗。哪怕最后到了海南岛，在那么艰苦的环境下，他仍在为海南本地的文化事业尽可能地出谋划策，帮海南岛培养人才，向海南岛农民推荐中原的优良稻种，还在海南完成了人生最后的三部学术著作。他的一生一直是奋发有为的。在黄州时期，他在作品中偶然发发牢骚，好像比较低沉，实际上不能代表他的一生。

这里再说一个黄州的故事。苏东坡到了黄州，他那时虽然在政治上受到排挤、受到迫害，但是在学术上已经名满天下，是著名的学者。有一天，苏东坡在家里读书，黄州的一个地方官来拜访，书童进去通报了，过了好一会儿都没见苏东坡出来，客人很奇怪。又过了一会儿，苏东坡姗姗来迟，他不好意思地解释，自己出来迟是因为正在做功课。客人很震惊，您都这么满腹经纶了，怎么还要做功课？苏东坡说，他在手抄《汉书》，20多万字的历史著作从头抄到尾。客人说，《汉书》您都能倒背如流了，怎么还要抄写？苏东坡说，我已经抄第三遍了。这个事情充分显示了苏东坡学习的刻苦。如果真如李泽厚所说，他已经完全对人生失望了，心灰意冷了，他还要那么用功干什么？他还要努力为自己充电做什么？

三、 如何解读《赤壁赋》

我觉得理解一个人物，要从人物的整个经历来看。我们应该从另外一个角度来解读《赤壁赋》《后赤壁赋》《念奴娇·赤壁怀古》，这些作品中偶然表达出来的一种比较消极、比较消沉的观点，完全是出于当时的特殊环境，并不是他真正的人生态度。苏东坡不管在朝做政治家，还是做学者，都是一流的。苏东坡的粉丝中有一位江苏昆山的大学者顾炎武，他说他最佩服的政治文献就是苏东坡写的《上神宗皇帝书》。苏东坡在地方做官，积极有为，在朝廷主事，坚守初心。作为一个文人，他勤奋写作，为我们留下了 4400 篇古文、2800 首诗、350 首词，还有无数的书法作品，大部分都是我们文化史上的瑰宝，是无价之宝。

苏东坡的人生，不算太长，却作出了如此多的贡献，这是一个消极的人能做到的吗？当然不是，恰恰相反。我认为李泽厚这本书尽管写得很好，但他对于东坡的《赤壁赋》和词的解读，我觉得是误解，是把苏东坡的牢骚话当作真心话，当作他一辈子的人生宣言，实际并不是这样的。

接下来我们再看看《赤壁赋》中关于长江的议论："客有吹洞箫者，倚歌而和之。其声呜呜然，如怨如慕，如泣如诉，余音袅袅，不绝如缕。"其中写到，苏东坡和一位客人在船上漂荡，箫声凄凉，如泣如诉，苏东坡问，为什么你的箫声如此悲凉？客人说，我跟你此刻在江上漂荡，想到古时，曹操率领着百万大军，顺流东向，大战赤壁，多么雄壮，然而就是这样的人，都已经消失了，人生很短暂，何况我与你两人呢？面对长江浩浩荡荡，壮阔而悠久，我们这对江上的渔民与樵夫，是如此渺小，想到这里，心里不免悲伤，于是箫声也就悲凉了。

苏东坡听了这段话，提出了自己的意见。客人您也懂长江、水和月亮吗？关于河流与时间的比喻关系，古希腊的哲人说过，而我国的孔子说得最早。相传孔子在黄河边上看到河水滔滔东流，便说："逝者如斯夫，不舍昼夜。"时间像大河一样奔流，一去不回头。虽然每一朵浪花就这样流走、消失，但整条长江是流不走的，它一直在原地奔流。月亮也是如此，阴晴圆缺，但始终在这里。事物都是瞬息万变的，你要把眼光放远，从长远的角度看，从不变的角度看，实际上它都是永久的。月亮与我们人都是永久的，所以你何必悲伤，为什么要羡慕天上的明月？我们的人间也永远在此。

从这一段话，我们可以联想苏东坡对长江的态度。他大概的意思是说，江水虽然滔滔不绝地东流，但是万里长江流了一万年，它一直在这里奔流，它实际上是流不走的。那么，作为个人，你可能是长江里的一滴水，也可能是长江江面上的一朵浪花。一滴水、一朵浪花，当然是转瞬即逝，很快就流过去了，甚至消失不见了。但是，你是长江的一部分，正是无数的部分组成了整体，正是无数的水滴、无数的浪花，组成了滔滔长江。我们无数的人、无数的个体，组成了我们中华民族，组成了我们千年的文化史。所以，从这个角度看，你也是永恒的，也跟长江是一样的。

所以，我觉得从这个意义上来说，最好的长江代言人可能不是李白，而是苏东坡。长江千回百折，约 6400 千米，一直奔向大海。它奔流的过程中，有的江道比较窄，水流比较急，有的地方触碰礁石，引起旋涡、激起浪花，但总体上长江滔滔不绝地往前流。人的生命也是一样。苏东坡的一生，遭受到无数的坎坷、无数的挫折，但是整个生命过程是积极向前的，他在创造一个积极有为的人生。

所以，我觉得苏东坡虽然从小生长在长江边上，虽然一辈子在江湖上漂泊，但他真正地参透长江、参透人生，应该是在黄州的这 4 年多时间中。在人生的低谷时期，他可以冷静下来进行思考。他没有那么多公务需要处理，也不需要对付朝廷里的政敌，他甚至不需要像在徐州抗洪一样住在城墙上不回家，也不需要在杭州西湖工地上指挥民工疏浚西湖，这些都暂时不需要。正是在这个时候，他身上的担子暂时轻

长江　现代快报记者施向辉　摄

了，他反而有时间更加从容地面对人生、思考人生。这几年间，他写的无数关于长江的作品，也成为古代诗词中有关长江的最有代表意义的作品。

四、 苏东坡并未"躺平"

最后，再补充说一下《临江仙·夜饮东坡醒复醉》。有一次，苏东坡和朋友在外面喝酒，喝醉了，回家以后，时间已经很晚了。敲门没人应，守门的书童睡着了。于是他写下了这首词，我们大家一起来看一看。

"夜饮东坡醒复醉，归来仿佛三更。家童鼻息已雷鸣。敲门都不应，倚杖听江声。"苏东坡在家里盖了几间房子，叫雪堂。醉醺醺地回到家，已经过了半夜。家童睡得呼声震天，怎么敲门都不应。算了，就回头听听长江的涛声吧。

"长恨此身非我有，何时忘却营营。"我一直恨啊，我这样的人生，身体不是我自己的，都是被人家指挥的，以前在官场里所有的时间都是别人安排的，现在被流放了，人也不自由。什么时候才能自由？什么时候才能忘记这些名利？

"夜阑风静縠纹平。小舟从此逝，江海寄余生。"江面上风平浪静，波纹很细，不如趁着这个时候驾一叶扁舟，从此脱离红尘世界，再也不回官场去了。

李泽厚说，你看，苏东坡多么消沉。实际上是这样的吗？不是的。这首词第二天就传开了，当时黄州的"市长"叫徐君猷，他跟苏东坡关系很好。听人说苏东坡昨天晚上喝醉酒，写了这首词，他吓得把朝廷的官服都挂在树上，连夜坐船跑掉了，赶紧去苏东坡家里查看真假。跑过去敲门一看，苏东坡正睡在床上鼾声如雷。

所以，苏东坡在黄州、惠州、儋州三个流放地写的作品，有的时候表面上有一点消沉，有一点消极，实际上，只是偶然发一下牢骚。后来他到了惠州，写了一篇《记游松风亭》，是很有意思的一篇古文。那时他住在一个叫嘉祐寺的地方，是在山上，半山腰有一个亭子，叫松风亭。那个时候他已经60岁了，想去松风亭里休息，结果爬到一半，脚软了爬不动，怎么办呢？这时他突然想通了，我为什么非要到亭子里休息，我就在这里躺倒一样休息。于是他马上就在山坡上，躺在一块草地上美美地睡了一觉。这个事情告诉我们什么？苏东坡在这种时候，他就是暂时休息一下，养好伤口、积蓄精神，以后再好好地做他的事业。他的"躺倒"是临时性的，不等于我们今天说的"躺平"。苏东坡一生都没有"躺平"，就像万里长江一样，从来不会停歇，始终奔向大海，将来千秋万代还要奔流下去。这就是我心目中的苏东坡，以及我心目中的长江。所以，我认为苏东坡是长江最好的形象代言人。

大江大河，江苏的文化密码

江苏文脉大讲堂

大江大河

江苏的文化密码

主讲人：胡阿祥

南京大学教授 博士生导师 六朝博物馆馆长

《江苏文库》编纂出版委员会编委

直播时间：2022年8月9日 10:00
直播地点：南京图书馆

指导单位 | 中共江苏省委宣传部　主办单位 | 江苏文脉整理研究与传播工程工作委员会办公室　凤凰出版传媒集团
承办单位 | 现代快报　南京图书馆

主讲人：胡阿祥

《江苏文库》编纂出版委员会编委
南京大学教授、博士生导师
六朝博物馆馆长

如何理解江苏文脉？除了汇编历史文献、撰写学术著作以弘扬、梳理江苏文脉，我想，身在江苏的人，来到江苏的人，如果稍微留心，就能真切地感受到江苏的所谓"文脉"，那是无处不在的。就以今天我与朋友们交流的这个地方——南京图书馆新馆来说，书香氤氲，我们可以从馆藏的古籍今典中看到浩浩汤汤的江苏文脉；至于南图北面的长江路、南面的中山东路，行走其间，也有相伴文脉的特别感觉吧。就以长江路来说，两年前的 2020 年 9 月，在中国南京金秋经贸洽谈会玄武专场活动上，我与嘉宾们分享了长江路的前世今生：

万里长江万里长，南京长江路不长，历史却很悠长。历史如何悠长？东起龙蟠中路，龙盘虎踞的说法联系着半人半神的诸葛亮，龙盘虎踞的形势决定了南京为六朝古都、十朝都会；西到中山路，孙中山先生结束了传承四千年的世袭帝制，开创了民主共和的伟大梦想。从龙蟠中路西行到中山路，穿越了六朝到明清、明清到现代的悠长岁月，回顾了百年以来国府路、维新路、林森路、长江路的名称变迁，所以我们说："行走长江路，1800 米，1800 年。"每走一米，就是一年，这是何等奇妙的感受！

神州处处长江路，南京长江路不过其中之一，文化却最丰富。文化如何丰富？物质文化有江宁织造、民国建筑，精神文化有毗卢古寺、梅园新村，制度文化有开启民国的总统府，行为文化有潇洒雅致的六朝博物馆，如此等等，所以我们又说："闲逛长江路，千年文脉，一路经典。"移步换景，这是何等震撼的体验！

长江路的过去，1800 米，1800 年，千年文脉，一路经典，这是拒绝雷同、拒绝平庸、人无我有、人有我好、人好我独特、人独特我唯一的资源。

长江路的现在，历史文化大街、文化旅游大街，历史传承到了今天就是现实，现实中有活着的历史，所以"美丽古都、创新名城"不仅高度凝聚在长江路，而且鲜活展现于长江路！

长江路的未来，秉承着"古今接续，推陈出新"的理念，正在迈向新时代的辉煌。这样的辉煌，是推开一扇扇大门、进入一条条街巷的"非"字形古都新城休憩区，是功能重塑、焕发生机、充满活力、洋溢青春的空间再造。这样的空间再造，比如我所熟悉的南京老烟厂——以前我大伯家就在碑亭巷——将凤凰涅槃为设计产业聚集地、城市硅巷新名片，我深深期待着这新与旧的穿越感、那烟香与智慧的差异美……

南京，中国第四大古都，中国南方最大的古都；长江路，南京的历史写照、文化符号、创新象征、创业希望；南京长江路片区，古都新城南京独一无二、寸土万金的优选胜地！

我的这个分享里的诸多感悟，来自我经常走长江路。为什么经常走长江路？因为2014年5月以来，我在六朝博物馆做些工作。记得2014年8月的一天，我忽发奇想，想测测长江路有多长，结果测算下来，长江路大概1800米长。而长江路的文脉有多长呢？从孙权改秣陵为建业的212年算起，1800年长，所以我就提出了一个理念："行走长江路，1800米，1800年。"非常欣慰的是，我的这个理念得到了政府的认同、重视乃至落实。比如，先是长江路被定位为历史文化大街，再是2021年夏天，江苏省文旅厅公布第一批省级夜间文化和旅游消费集聚区22个，南京长江路文化和旅游集聚区位列第一。

南京长江路的文脉，很悠久、很连续、很丰富；推而广之，扩而大之，中国江苏省的文脉，同样很悠久、很连续、很丰富。尤其令人兴奋的是，2016年4月以来，江苏文脉整理研究与传播工程全面启动，至今已经取得了堪称丰硕的学术成果；前不久的2022年7月8日，面向社会的江苏文脉大讲堂开讲，首讲是莫砺锋老师，在朝天宫大成殿讲《诗词里的大美长江》，我也全程聆听了。现在，在南京图书馆这块"有册有典"的"圣地"，我就接着莫老师的"余音绕梁"，顺着流动的长江"文脉"，与诸位先进大德、旧雨新知一起，揭秘"大江大河"何以成为"江苏文化的密码"。

一、江河与文化

我们经常讲"日月经天，江河行地，不废江河万古流"，这句话把江河的地位提得很高。天上有日月，没有日月，哪来的光明？哪来的温暖？天上的日月，对应的就是地上的江河。我们不妨先从大处与远处说起。作为人类文明的共同现象，"我们固然可以在河流流域以外的地方发现早期文明，但只有形成于河流流域的文明才有可能壮大发展成为在时间、空间上都具有重大影响的文明"（任晖、胡阿祥策划，葛剑雄主编：《河流文明丛书》"序"，江苏教育出版社2010年版），换言之，依伴着江河的文明一定是持久的文明，一定是有生命力的文明。我们习惯说的"四大文明古国"都是如此：尼罗河对应着古埃及文明，幼发拉底河、底格里斯河对应着古巴比伦文明，恒河、印度河对应着古印度文明，这都是常识，不必展开说。那么具体到我们中国，华夏文明对应的是所谓的"四渎"。

"四渎"是个固定的说法。中国的第一部词典、写定于西汉的《尔雅》中说"江、河、淮、济为四渎。四渎者，发源注海者也"，就是把独流入海的四条大水称为"四渎"。江者，大江，长江；河者，大河，黄河；淮者，淮水，淮河；济者，济水。济水早就没有了，但是还留下了一些地名，比如河南的济源，山东的济南、济宁。济水到哪里去了？在黄河的影响下，济水湮没了，消失了，这就是江河的变迁。中国的河流很多，为什么把这四条河流专门提出来，合称"四渎"？因为它们具有特别的象征意义和典型的代表价值。长江、黄河是取其长、取其大，这不必解释；而淮河、济水并不长、并不大，却也能列入"四渎"，则是因为淮河、济水在古人的眼里，具有特别值得尊敬的品格。这是怎样的品格呢？淮河的"清"、济水的"洁"自古即为人称道，如元人萨都剌的诗曰"淮水清，河水黄，出山偶尔同异乡……东流入海殊不恶，万里同行有清浊"（《过淮河有感》），唐人白居易的诗曰"济水澄而洁，河水浑而黄。交流列四渎，清浊不相伤"（《效陶潜体诗十六首》之末首），又可见淮河与济水区别于黄河的某些特质，即相对于"负其强大……滋其暴决，愁民生，中土患"（唐·李甘《济为渎问》）的黄河，

"清淮"可谓"鼓钟锵锵，淮水汤汤……鼓钟喈喈，淮水湝湝"（《诗经·小雅·鼓钟》），"洁济"可谓"一派平流滋稼穑，四时精享荐蘋蘩。未尝轻作波涛险，惟有涵濡及物恩"（北宋·文彦博《题济渎》），淮河、济水都赐予了流域民生诸多的美善恩惠。反之，中国古代的黄河就是一条难以评价的大河了，黄河一方面孕育了中华文明，另一方面因为它的善淤、善决、善徙，也给黄河沿岸的人民，乃至济水、淮河流域的民生，造成了很多的麻烦。

说起"四渎"的重要性，或说"四渎"在古代中国的地位，那是非常显赫的。《汉书·沟洫志》指出："中国川原以百数，莫著于四渎。"《礼记·王制》中称："天子祭天下名山大川，五岳视三公，四渎视诸侯。"古代中国有山川崇拜，朝廷是要祭祀名山大川的，而在诸多的名山大川中，在自然的神仙谱系中，"五岳"相当于"三公"，"四渎"相当于"诸侯"。五岳，是我们都知道的中华五岳，但五岳是有变迁的，西汉王朝确定的"五岳"为东岳泰山、南岳霍山（今安徽天柱山）、西岳华山、北岳恒山（今河北大茂山）、中岳嵩山，隋朝改以湖南的衡山为南岳，明朝改以山西北部的恒山为北岳，于是才形成了今天我们所说的"五岳"。"四渎"则是固定的长江、黄河、淮河、济水。而在这样的"四渎"中，除了济水，长江、淮河、黄河都与江苏有关。长江、淮河自不必说，黄河也曾流经江苏北部 700 多年，这就是江苏在"四渎"中所占的分量。

江苏不仅拥有如此重要的自然河流，最具人文象征意义的京杭大运河，也以江苏段最为关键。这不是因为我在江苏，就说江苏最为关键。从历史而言，京杭大运河往前面推，是隋唐大运河，再往前面推，就是先秦时代吴王夫差开的邗沟了，所以京杭大运河的江苏段，建造年代最早，使用时间最久；从长度来说，流经 6 个省、2 个直辖市，长度近1800 千米的京杭大运河，江苏境内的 8 市约 690 千米，这占了京杭大运河总长度的 2/5；从运输量或航运价值来看，古代的情况说起来很复杂，但非常明确的是，江苏尤其苏南是运河漕运物资的主要输出地，这是毫无疑问的。至于今天的情况，山东、河北这些地方，京杭大运河因为缺水，已经没有什么航运价值了，而江苏境内的运输量，前几年年均约在4.9 亿吨，这是什么概念？ 这占了整个京杭大运河总运输量的 80%，大概等于沪宁铁路年货运量的 10 倍。另外值得一提，也与喜欢行走的诸位朋友密切相关的是，延续至今的京杭大运河历史文化遗存，也以江苏段的类别最为丰富、数量最多、保存状况最好、利用率最高，所以"国字号"的中国大运河博物馆落户在了扬州，中国漕运博物馆落户在了淮安。

说到这里，我们是不是可以得出这样的初步印象：理解河流与文化的关系，即河流如何孕育文化、文化如何丰富河流，地域范围小小的江苏实际具有大大的典型意义？江苏真的很小，只有 10 万多平方千米，但是就理解江河和文化的关系这个人类永恒的话题来说，江苏的确具有非常突出的价值。也正是立足于这个角度，我把"大江大河"，具体来说，就是我们江苏的长江、淮河、黄河、京杭大运河，视为解读江苏文化的密码。怎样的密码？怎样的典型意义与突出价值呢？可以从以下几个方面来看。

二、 赐我以土地

大江大河为什么是解读江苏文明的密码？大江大河如何塑造我们江苏的文化？土地应该是决定性的因素，这本是最浅显也是最深刻的道理，因为文化是人所创造、所承载、所表现的，人离不开土地，而江苏的很大一部分土地是由江河堆出来的。

我们看两张图，就能一目了然。

观察"苏北海岸的历史变迁图"，我们可以发现，江苏苏北地区，从赣榆到海安，秦汉时的海岸线与北宋时的海岸线基本上是一致的，没有多大变化。就以西汉末年来说，苏北沿海从北到南设有赣榆、朐、海西、盐渎、海陵五县。赣榆（今赣榆区东北）是古越语的华夏语（汉语）记音，意为"盐仓"；朐（今连云港市西南锦屏山侧）为秦朝陆地东界，所以秦始皇"立石东海上朐界中，以为秦东门"（《史记·秦始皇本纪》）；海西（今灌云县东南）得名于东面就是大海；盐渎（今盐城市）得名于引海晒盐；海陵（今泰州市）得名于这里是傍海的高地。再看清朝时的海岸线，相较于北宋时的海岸线，向东推了很多，与现代的海岸线的差别则不甚明显。换言之，那些千年以前还紧邻大海、吹着海

苏北海岸的历史变迁图

风、带着咸味的地名，今天都已经距海不近甚至距海很远了，如盐城市人民政府东距海岸线就超过了 50 千米。那么，如此明显的海陆变迁，原因何在呢？其实并不复杂。从 1128 年到 1855 年，以含沙量丰富而著称的黄河南下夺淮入海 700 多年，于是，不仅黄淮河口形成了黄淮三角洲，而且在沿岸洋流的携带下，黄河、淮河、长江的大量泥沙沿岸沉积，累积到了现在，就涨出了相当于 4 个上海市、大约 2.5 万平方千米的苏北土地，并在相当程度上决定了苏北沿海的盐业、滩涂等经济形态。

　　观察"长江河口历史时期变迁图"，可见两千年来长江河口的巨大变迁，竟从冲刷型的三角湾形态变成了堆积型的三角洲形态，而这样的形态转变，既联系着上面所说的沿岸洋流携带南下的黄河、淮河、长江的泥沙沉积，也与六朝以来长江流域的全面开发所导致的水土流失密切相关。明确了这样的自然变迁，我们又可以理解诸多有趣的人文现象，比如中国古代较之钱塘潮更加壮阔的广陵潮，就是三角湾形态的长江入

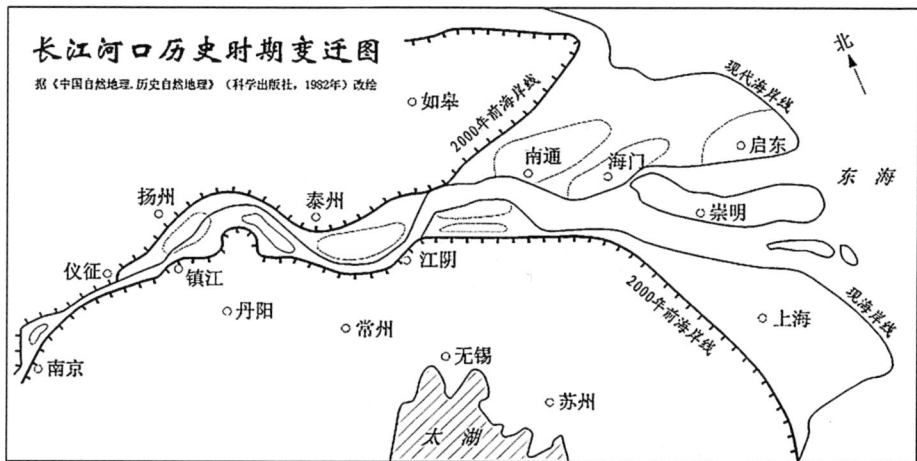

长江河口历史时期变迁图

海口的产物。此话怎讲？我想诸位都知道或看过钱塘潮吧，每年农历八月十五前后，在浙江海宁盐官那里看钱塘潮。为什么会形成钱塘潮？因为钱塘江入海口是喇叭形的三角湾，海水从喇叭口涌进来，越到里面，口子越小，于是后浪推前浪，层层叠叠，海潮就起来了。而很多很多年前，长江入海口也是喇叭口，并且比钱塘江的喇叭口更为典型。所以，在中国古代，起码唐朝以前，广陵潮的名气远远大于钱塘潮。有关广陵潮的描写，如西汉赋家枚乘的《七发》："将以八月之望，与诸侯远方交游兄弟，并往观涛乎广陵之曲江……衍溢漂疾，波涌而涛起。其始起也，洪淋淋焉，若白鹭之下翔。其少进也，浩浩澄澄，如素车白马帷盖之张。其波涌而云乱，扰扰焉如三军之腾装。其旁作而奔起也，飘飘焉如轻车之勒兵。"再证以地志与史书，如南朝刘宋山谦之《南徐州记》所谓"常以春秋朔望，辄有大涛，声势骇壮，极为奇观，涛至江北赤岸，尤更迅猛"，南朝萧梁萧子显《南齐书·州郡志》所谓南兖州"刺史每以秋月，多出海陵观涛，与京口对岸，江之壮阔处也"，可知枚乘的描写并无夸张之处。然而值得关注的细节在于，写出"黄河之水天上来""飞流直下三千尺"的豪放夸张如大唐诗仙李白者，在他的《送当涂赵少府赴长芦》诗中的广陵潮，却是平平淡淡、毫无具象，"我来扬都市，送客回轻舠。因夸楚太子，便睹广陵潮。"如何"便睹广陵潮"

呢？李白无一句描写！这应该反映了当时广陵潮已是强弩之末，甚至已经渐趋消失了。而究其缘故，则因广陵（今扬州市）、京口（今镇江市）之间的长江，"旧阔四十余里，今阔十八里"（清·缪荃孙校辑《元和郡县图志阙卷佚文》），即在由汉至唐的约千年间，这段长江的江面逐渐收窄，及至中唐以后，瓜步的北汊又逐渐淤浅乃至并岸，于是广陵潮失去了生成条件。

继续观察此图，以 2000 年前的海岸线与现代的海岸线进行对比，并留意长江两岸之间宽度的变化，我们还能解读出不少信息。如江北的南通、海门、启东、如东等地，江南的曾属江苏政区的上海市区的大部分，原来都是黄海、东海的海域；又如仪征以下的长江江面，也曾经非常宽阔。然则沧海变成桑田，江面变成江滩，这样的成陆过程，联系着人力对自然的影响，而如何评价这样的影响，则是非常麻烦的问题。比如，黄河、淮河赐予苏北的大片土地，联系着南宋建炎二年（1128年）"杜充决黄河，自泗入淮，以阻金兵"（《宋史·高宗本纪》）的变故，从此黄河离开了先秦以来东北向流入渤海的旧道，开启了东南向夺淮流入黄海的历史，这当然是广义的灾难，但是这样的黄淮变迁，却使苏北获得了大片土地；再如，长江入海口从三角湾变成三角洲，联系着六朝以来长江流域的开发，随着自然植被的破坏、农业经济的发展，入江的泥沙越来越多，江水也变得越来越黄，结果竟把冲刷型的三角湾变成了堆积型的三角洲，不断靠岸的江心洲既塑造了江北的土地，经久沉积的泥沙又塑造了江南的上海。这就是自然的变迁、人力的影响，我们还是应该具备辩证的眼光，看待这样的变迁与影响。

三、　赐我以古都

江苏省的省会是南京市。作为中国首批历史文化名城，南京既拥有"六朝古都""十朝都会"的美誉，又被推为中国第四大古都，位居西安、北京、洛阳之后，南京还是中国南方最大的古都、第一的古都。南京这样显赫的古都地位的确立，如果联系江河来说，离不开自然的长江与人工的运河破冈渎。

先说长江。还在三国之初，孙吴黄武四年（225 年）冬，魏文帝曹丕，"至广陵，临江观兵，兵有十余万，旌旗弥数百里，有渡江之志……帝见波涛汹涌，乃叹曰：'嗟乎！固天所以隔南北也！'遂归。"（西晋·张勃《吴录》）所以我常把这样的长江比作长城，人工的长城屏蔽着中原王朝，是农耕民族与游牧民族之间的"天堑"；自然的长江屏蔽着南方王朝，是农耕社会内部南方与北方之间的"天堑"，也是南北对峙时代建都南京的王朝最后的、最为倚重的防线，一旦这条防线被突破了，建都南京的王朝的日子也就到头了。那北方的敌对势力如何突破这条防线呢？南宋陆游有言："古来江南有事，从采石渡者十之九，从京口渡者十之一，盖以江面狭于瓜洲也。"（清·顾祖禹《读史方舆纪要》卷19引）而事关建都南京的南方王朝如孙吴、东晋、南朝的军事形势，又与"科氏力"（科里奥利力），也就是地转偏向力有关。因为"科氏力"的影响，长江右岸（南岸）冲刷、左岸（北岸）沉积，所以有利于防守的临江矶头、逼岸山地多在右岸（南岸），而不利防守、适合驻兵的江滩多在左岸（北岸），又在冲刷与沉积的水流动力作用、两岸边界条件不同所导致的河床宽窄影响下，长江中下游河段普遍发育着江心洲，江心洲又造成了分汊河道，北方军队"从采石渡者十之九，从京口渡者十之一"的战略选择，既与江面的宽窄有关，也与这两处的江中发育有江心洲、河道分汊、同样不利防守有关。所以我觉得，一方面，正是天限南北的滔滔长江与地理形胜的"龙盘虎踞"，成就了南京非同凡响的政治地位，并在相当程度上决定了古都南京传承华夏文明的民族意义，这样的长江可谓伟大的长江；另一方面，也诚如清人郑板桥的《六朝》诗所感慨的，"一国兴来一国亡，六朝兴废太匆忙。南人爱说长江水，此水从来不得长"，南京的王朝能否守住长江防线，关键还在于人，所以孙权、陈霸先能够依江立国，孙皓、陈叔宝则拥江而失国了，这就是刘禹锡看透了的"兴废由人事，山川空地形"的历史鉴戒吧，如此，这样的长江又可谓发人深省的长江。

再说破冈渎。相对于众所周知的长江对于南京在军事方面的屏蔽作用，已经旧迹难觅、差不多已被社会大众遗忘的破冈渎，对于六朝都城南京，如同京杭大运河对于明清都城北京，同样具有非常重要的经济意义。西晋的陈寿在《三国志·吴书·孙权传》中记载：赤乌八年（245年）八月，孙权"遣校尉陈勋将屯田及作士三万人，凿句容中道，自小

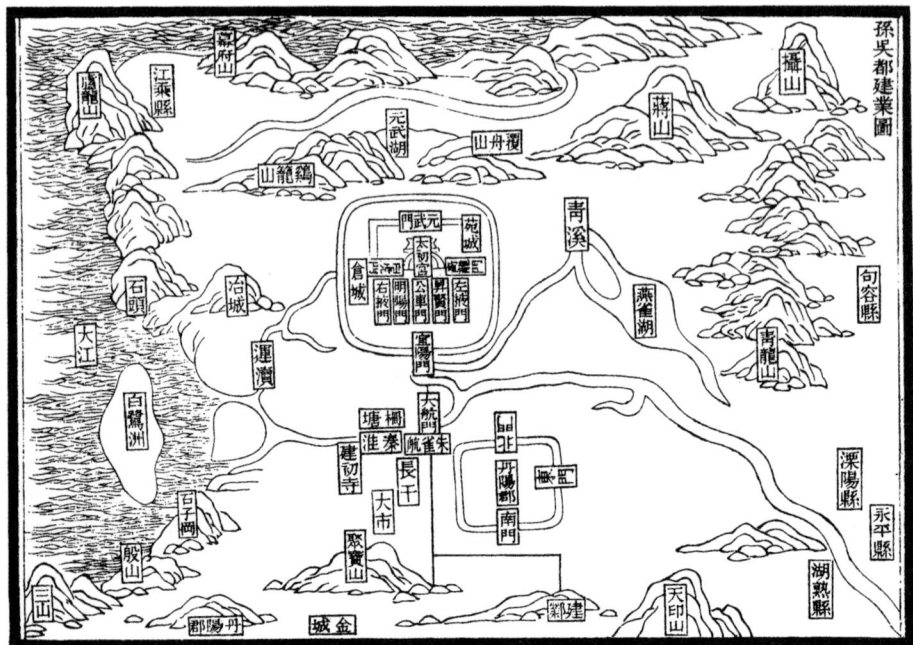

明朝陈沂《金陵古今图考》之"孙吴都建业图"

其至云阳西城，通会市，作邸阁"，唐人许嵩的《建康实录·吴太祖下》说得更明白："使校尉陈勋作屯田，发屯兵三万凿句容中道，至云阳西城，以通吴、会船舰，号破冈渎，上下一十四埭，通会市，作邸阁。"这里的"屯田及作士""屯兵"相当于一种兵农结合的部队，"会市"指会稽的市场，"邸阁"即物流仓库、客栈设施。依据历史文献与现代考察，参考我的同事张学锋教授、陈刚博士的研究，关于破冈渎，我们大致可以作出这样的判断：三国孙吴时，在都城建业（今南京市）东南的方山脚下，截秦淮河北源支流建埭，也就是建水坝，抬高水位，船行向东，利用山区汇水而成的赤山塘补充水量，东偏北行至秦淮河水系与太湖水系的分水岭（茅山北麓高地），开岭破冈，沿途筑埭，过埭以人力、畜力牵引，直出属于太湖水系的云阳西城（估计在今丹阳市九里一带）；然后接上东、西云阳渎，向南就是后来的隋江南河（其时已有一些运河河段），加上自然的水网密布，遂能水路通达吴（今苏州市）、会（今绍兴市）。当时的吴地，"最为富庶，贡赋商旅，皆出其地"（《资治通鉴》

六朝破冈渎路线示意图　陈刚供图

卷 163），当时的会土，"带海傍湖，良畴亦数十万顷，膏腴上地，亩直
一金"（《宋书》卷 54 "史臣曰"）。破冈渎直到隋朝灭陈，才被废弃。
然而基本贯穿了整个六朝时代的破冈渎，由此成为都城即孙吴的建业，
东晋、南朝的建康获取东南物资的生命线，其经济意义实在非同一般，
值得我们重视。

　　重视破冈渎，还有助于我们理解其他诸多问题。比如在交通方面，
因为破冈渎，建康漕运东南的物资，可以避开京江之险。这里的"京
江"，指京口、广陵，也就是镇江、扬州上下的那段长江。上面我说到，
六朝时代，那段长江非常宽广，还有广陵潮，行船自然很不安全，所以
改走破冈渎，虽然劳神费力，毕竟可避京江之险。《宋书·州郡志》记
载会稽到建康水路 1355 里，约合今天的 600 千米，600 千米其实是蛮壮
观的里程，京杭大运河也就 1800 千米，破冈渎却早于京杭大运河一千
年。再如在技术方面，破冈渎已经解决了后来见于京杭大运河的许多技
术难题。我们知道，中国的地势，南方总体较低，北方总体较高，水往
低处流，而京杭大运河是从南方、从低处漕运物资到北方、到高处去
的，那怎么解决这个难题呢？简而言之，就是在京杭大运河上建水闸，

抬升水位，开闸过船。而六朝时代的破冈渎，沿途筑有 14 埭，过埭以人力、畜力牵引。也就是说，后来京杭大运河最关键的技术问题，已经在六朝破冈渎解决了，这是值得我们自豪的。又如在考古方面，我们知道丹阳的齐梁帝陵石刻，也离不开破冈渎。丹阳的这些国之瑰宝——齐梁石刻，石材来自哪里？依据学者们的调查和研究，石材来自南京，比如今天还留有阳山碑材的那些地方。但在古代的工程技术条件下，如此庞大的石材又是怎么运到丹阳的？如果我们知道了破冈渎的基本情况以及它的行进路线，就能对解决这个问题提供相当的帮助：很多石材，应该是走水路运过去的。

　　这就是自然的长江、人工的破冈渎对于六朝古都南京的军事价值、经济意义。设想一下，如果没有长江，南京作为六朝首都，能够维持孙吴的 60 多年，东晋、南朝的 280 多年吗？如果没有破冈渎，南京作为首都、作为消费城市、作为梁朝时人口已经超过百万的东方大都会，能够正常运转吗？所以我们应该致敬长江、致敬破冈渎。长江还是自然的长江，破冈渎却是人工开凿的运河。今天我们说起运河，最耳熟能详的就是京杭大运河，乃至南京的不少学者硬是把不在京杭大运河边的南京往京杭大运河的身上拉扯，我觉得这实在没有必要，因为我们本来就有很重要的破冈渎。破冈渎贯通的年代，远远早于京杭大运河贯通的年代；破冈渎与六朝都城南京的关系，就是京杭大运河与明清都城北京的关系的先行样板。我们今天谈论江河与文明的关系，自然的江河要谈，人工的运河也值得我们思考，因为大自然不会尽如人意，不如人意的时候，人们就要对自然进行改造，而运河，无论是六朝的破冈渎，还是元明清的京杭大运河，就是人力改造自然的典型象征。

　　上面，我以南京为例，说了长江对于南京的军事意义、运河对于南京的经济意义。南京是如此，我们江苏的其他城市，大体也不例外，"水"的作用同样显而易见。就以江苏曾经建都的城市来说，如据明末清初顾祖禹《读史方舆纪要》所述形势，苏州，"春秋时吴国都也"，其地"枕江而倚湖"，"江"为长江，"湖"为太湖，吴王夫差还开凿邗沟，以通中原，以图霸业；徐州，"项羽自立为西楚霸王，都此"，其地"冈峦环合，汴、泗交流，北走齐、鲁，西通梁、宋，自昔要害地也"，项羽正是希望借着这样的"要害地"，控制中原地区；扬州，"五代时杨氏都焉，曰江都府。南唐以为东都"，其地"根柢淮左，遮蔽金陵……一以统淮，一以蔽江，一以守运河"，这样的江、淮、运形势，又使扬州在唐朝时，商贸极为繁盛，乃至拥有"扬一益二"的地位，"益"指益州，就是成都；甚至高邮，元朝末年张士诚据此建国，号为"大周"，其地"薮泽环聚，易于控扼"，所控扼者，京杭大运河也，这等于把元朝北京朝廷的大运河给截断了，所以我的看法是，真正给元朝以致命打击的是张士诚，对于灭元"大业"，张士诚作出的贡献，不比朱元璋小。而凡此种种，又可见这些都城得益于"水"的孕育、屏蔽和控扼作用。

四、 赐我以政区

任何一个王朝，只要土地面积达到一定的范围，就必须划分政区。划分政区、设置机构、安排官员、管理百姓，这是自古以来的逻辑，所以位居"十三经"之一、详载官制体系与治国制度的《周礼》，在其天、地、春、夏、秋、冬六官的开篇，都要写上"唯王建国，辨方正位，体国经野，设官分职，以为民极"这么几句套话。划分政区就是"体国经野"，"体国经野"的前提是"辨方正位"，即洞察地理形势，这既是"建国"伊始的大事，也是"设官分职"、管理百姓所必需的基础。也因为此，历代王朝对于行政区划都十分重视，并为统治的巩固与适应社会经济文化等方面的发展而随时做必要的变更。行政区划的变更又会从多方面影响国家的各种内外部关系，政区即因行政区划的变更而改变。

那么，江苏的政区又是怎样的呢？江苏的政区是否有些奇怪？江苏的中间有条淮河，再往南又有一条长江，古代没有过淮过江的大桥，更没有过淮过江的隧道，这样，哪怕就在江苏省内，淮北与淮南交往、江北与江南交往是不是很麻烦？诸位再把眼光放大来看，我们中国内陆的大山大河，东西走向的很多，但内陆的省级政区却是南北延伸得较多，为什么会这样呢？其实理解江苏的文化，政区是一个非常重要却又常被忽视的方面。比如，有一个现象，我们江苏人到外省去，人家问他是哪里人，他一般不会说我是江苏人，而是说我是南京人、我是苏州人、我是扬州人、我是徐州人，这说明了什么？说明你跟人家说你是江苏人，人家搞不懂你到底是怎样的江苏人，因为无论是语言还是饮食，徐州人和扬州人不一样，扬州人和苏州人不一样，苏州人和南京人不一样，这就是江苏政区划分造成的问题。那么，江苏这样的政区又是怎么来的呢？上面我讲了南京和长江之间的关系，理解了长江对于南京的军事作用，就能理解中国古代的政区划分原则，以及江苏为什么是这样的形状。

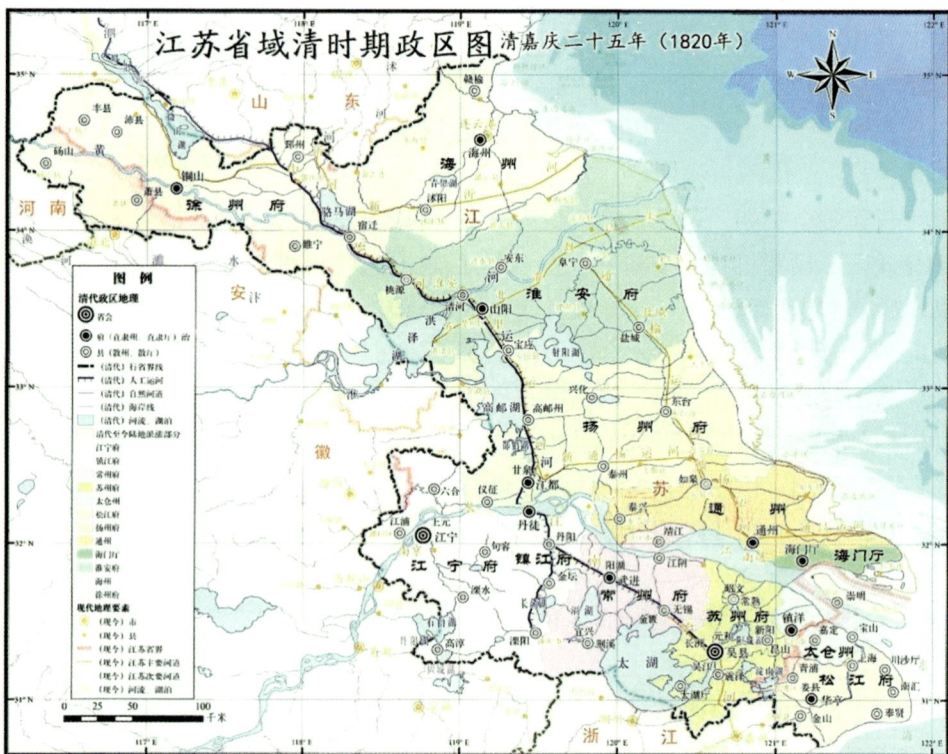

江苏省域清时期政区图（清嘉庆二十五年，1820 年）（胡阿祥、姚乐主编：《江苏建置志》）

中国古代政区的划分，尤其是最高等级的一级政区（相当于今天的省）的划分有两个原则，一个原则称为"山川形便"，另一个原则称为"犬牙交错"。所谓"山川形便"，就是按照自然的原理、山川的形势，进行政区的划分。这里我选了一个最典型的例子（见"唐朝的淮南道"图），完全就是淮河以南、长江以北，这样工作、生活在淮南道的官员、百姓，彼此之间交往就很方便了。但是，在中国传统帝制时代，在冷兵器作战时代，这样的政区划分是很危险的，一旦地方上发生了动乱，就容易造成地方割据，或者方便地方割据。所以五代十国以后，为了防止地方割据，为了消弭潜在的割据威胁，相当于今天省级政区的一级政区，甚至相当于今天地级政区的某些重要的二级政区，划分原则主要变成了"犬牙交错"，即有意地打破自然的界限，有意地违背山川的走向，结果政区被划得乱七八糟，给地方上增添了诸多的麻烦。地方上麻烦了，专制朝廷就不麻烦了，地方上的麻烦越多，专制朝廷的麻烦就越少，这就叫制衡吧。具体到江苏、安徽这些政区的出现，就跟这样的"犬牙交错"原则有关。

追溯江苏、安徽政区的出现，可以从明朝的南直隶说起。明朝洪武初年，朱元璋以他的根据地应天（今南京）和他的家乡凤阳为中心，以应天等 14 府 4 州为直隶中书省。什么叫直隶中书省？就是中央直接管辖的地方，简称"直隶"。到了成祖朱棣时代，迁都北京，"直隶"改称"南直隶"，但是范围不变。及至改朝换代以后，"南直隶"当然也不能

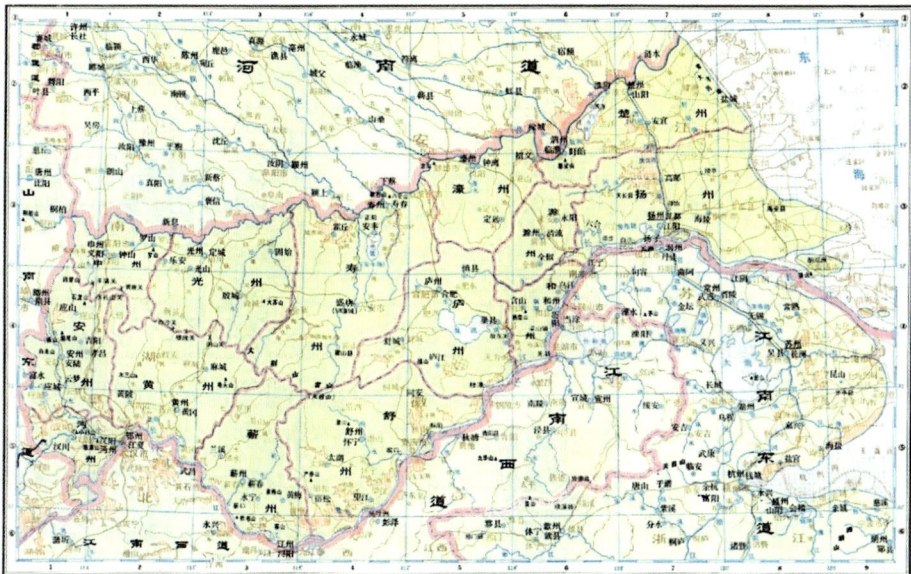

唐朝的淮南道（开元二十九年，741 年）（谭其骧主编：《中国历史地图集》第五册）

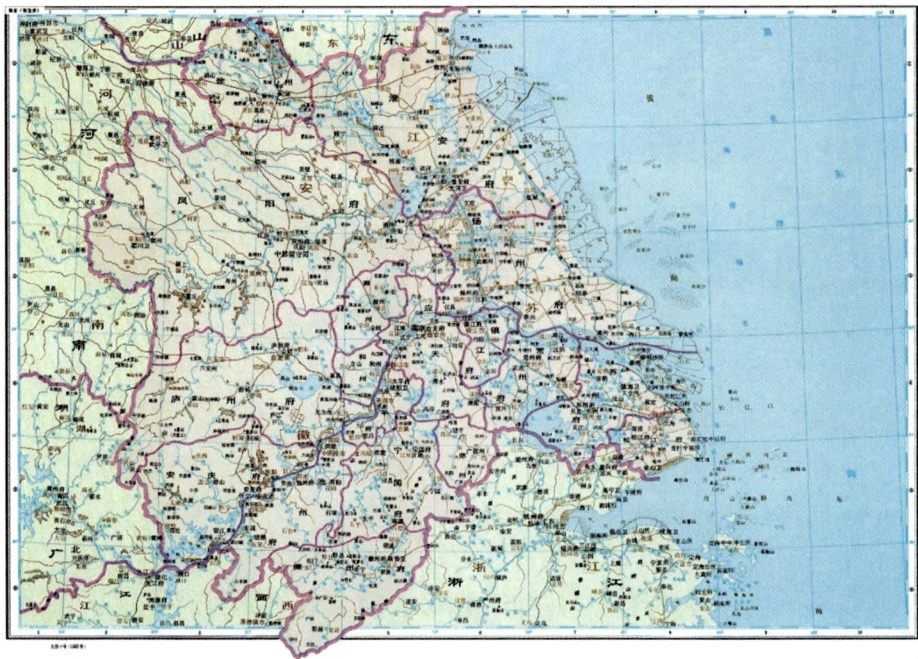

明朝的南直隶（万历十年，1582 年）（谭其骧主编：《中国历史地图集》第七册）

叫了，改成"江南省"，区划仍然不变。到了清朝康熙初年，觉得江南省太大了，要把它一分为二。怎么分？如果要方便交通、方便百姓、方便地方政府管理，是不是应该以长江和淮河来分？也就是以长江、淮河"横切"，长江以南一个省，比如就叫江南省；长江、淮河之间一个省，就叫江淮省；今天淮北的江苏部分划给山东，今天淮北的安徽部分划给河南，这大概是最符合自然形势的区划了。但若果真这样划分政区，是要冒很大的风险的。我刚才讲了，一旦地方上发生动乱的话，那么图谋不轨的人依托淮河、依托长江，就容易造成地方割据局面。于是朝廷最后的决定是，放弃了尊重自然、文化认同的横切方案，选择了制造麻烦、肥瘦搭配的纵切方案。而这样划分出来的江苏省、安徽省，虽然最大限度地服从了或服务于帝制朝廷的专制统治，却后患甚多地牺牲了这两个省的便利或利益。如何理解我的这种说法呢？这里不妨与诸位分享两条资料。

　　第一条资料，民国建立伊始的 1912 年，武进的沈同芳在《江苏省分合问题》里说："江北公民多不愿附合于江南，一再陈请政府，自立省分。"为什么要"陈请政府，自立省分"呢？讲了几条理由。第一条理由，"道路之不便，自最远之砀山等县，抵省垣，舟车必数易，一也"，现在砀山属于安徽了，民国时候从砀山，无论是到南京还是到当时的省会镇江，交通都不方便；第二条理由，"苏人与议会操吴语，即徐海之人久于官场，能操官话者，且瞠目不辨，二也"，这里的"苏人"，主要指我们吴语区苏锡常这里的人，当时经济地位比较高，当议员的比较多，"徐海之人"，"徐"指徐州，"海"指海州，海州就是今天的连云港，这句话的意思是，虽然大家都是一个省的，但在议会里，人数少些的北方人听不懂人数占优的南方人的话；第三条理由，"江北连年荒歉，各种政策皆急于治标，其情可谅，而苏属均称中稔，议案务规其大者，有格格不相入之形，三也"，也就是江北的问题是要雪中送炭，而江南的希望是要锦上添花，大家扯不到一起去，这是经济方面的分歧。至于这样的一、二、三条理由造成的结果，则"于是江南所可者，江北或否，江北所可者，江南或否，徒伤感情而无裨事实，四也"。

第二条资料，民国中期的 1930 年，宁波的张其昀在他所著的《本国地理》里说："一省之内，山川风物迥乎不侔，经济状况亦大相径庭，其人民情感利害，本不一致，则在政治上必有意见分歧互相牵制之弊，江苏省之情形尤为显著。"张其昀的意思与沈同芳差不多。

虽然上引民国时期沈同芳、张其昀陈述的情况，由于交通的发展、政治的变迁、经济的进步、文化的交流，时至现代，已经不再那么明显了，甚至已经不存在了，但是历史的教训，我们还是应该记牢；况且平心而论，哪怕就在现代，江苏省域之内，或隐或显的地区之间的差距、隔阂，也并未完全消弭。至于社会层面，我们还是会经常听到各种各样虽夸张却也不无根据的说法，比如把江苏的 13 个地级市开玩笑地称为"十三太保"，甚至还有"散装江苏"的说法，而追根溯源，这些说法大概都可以追溯到康熙分省以后，江苏以及安徽都属于同一个省却有着不同的自然、经济和文化区域的状况吧。

有意思的是，虽然江苏属于"既跨有长江南北，又跨有淮河南北的不符合自然、经济和文化区域的区划"（谭其骧《我国行政区划改革设想》，收入《长水集续编》，人民出版社 1994 年版），但也造就了江苏地域文化的丰富多彩。比如，立足于江苏省域的范围，政府与学者合作的有些研究课题，就将江苏划分为五个文化区，即龙盘虎踞、南北贯通、洋溢着浓厚进取精神的金陵文化区（南京、镇江范围），聪颖灵慧、细腻柔和而又视野开阔、富于创新的吴文化区（苏州、无锡、常州范围），清新优雅而又豪迈俊秀的维扬文化区（扬州、泰州范围），气势恢宏、尚武崇文、以英雄主义为主流的楚汉文化区（徐州、淮安、宿迁范围），以及活力四射、充满开放意识的海洋文化区（南通、盐城、连云港范围）。而在这些文化区的划分中，长江之于金陵文化区与吴文化区、淮河以及后来南下夺淮的黄河之于楚汉文化区、运河之于维扬文化区、黄海之于海洋文化区的塑造与影响作用，又是显而易见的，这就是江河塑造文化吧。大江大河塑造的江苏文化，仅仅 10 万多平方千米的面积，按照"感觉"，竟然能够划出五个文化区！

这样的江苏文化的五大分区，如果换作文学意象的诗意表达，我们当能得到更加直接的感悟。金陵文化区如南京，那是刘禹锡《乌衣巷》所代表的沧桑起伏："朱雀桥边野草花，乌衣巷口夕阳斜。旧时王谢堂前燕，飞入寻常百姓家"；吴文化区如苏州，那是张继《枫桥夜泊》所代表的情味隽永："月落乌啼霜满天，江枫渔火对愁眠。姑苏城外寒山寺，夜半钟声到客船"；维扬文化区如扬州，那是杜牧《寄扬州韩绰判官》所代表的清新优雅："青山隐隐水迢迢，秋尽江南草未凋。二十四桥明月夜，玉人何处教吹箫"；楚汉文化区如徐州，那是刘邦《大风歌》所代表的帝王豪迈："大风起兮云飞扬，威加海内兮归故乡，安得猛士兮守四方"；海洋文化区如连云港，那是赵朴初《题孔望山东汉摩崖造像》所代表的开放兼容："海上丝绸路早开，阙文史实证摩崖。可能孔望山头像，及见流沙白马来。"至于这各具特征的地域文化的演变与定型过程，又与自然环境的"一方水土养一方人"、人文环境的地理区位有着复杂的关联。

为什么要联系着政区说文化呢？因为江苏省级政区乃至一些地级政区的划分，实在与江河、与湖海大有关系。唯有理解了长江、淮河、黄河、运河以及洪泽湖、太湖、高邮湖、黄海等水体，我们才能理解江苏政区的划分方法，而政区的划分又会影响到一个地方的文化面貌。由于人们的心理趋向总是对应政区中心，南京人对南京的情况一定是比较熟

悉的，苏州人可能就不怎么熟悉南京，江宁人对江宁的情况一定是比较
熟悉的，高淳人可能就不怎么熟悉江宁，这是很正常的情况，而长此以
往，就会形成以政区为范围的感情取向、文化认同。

五、 赐我以使命

自然环境的"一方水土养一方人"，是既浅显又深刻的道理，人文
环境的地理区位则因时而异。以江苏境内的长江、运河、淮河来说，长
江所承担的文明使命、运河所承担的政治使命、淮河所承担的奉献使
命，就能引发我们诸多的思考，升华我们对江苏文化的认识。

先说长江所承担的文明使命。借用 2017 年首播的 6 集大型纪录片
《长江》的导演夏骏的说法，"江河竞流，凤龙齐舞，炎黄同尊，儒道互
补，骚诗争妍"，这样的长江文化与黄河文化的比照，可谓相当到位；
夏导接着指出，"正是黄河、长江两大文明的互补、互动、互助接力，
成就了中华文明的奇迹"，"如果说黄河缔造了中华文明的早期兴盛，那
么长江则是近千年来中华文明的主导者和领军者。中唐以来，中国经济
与文化重心东迁南移，长江谱写了领跑中国的千年篇章"，至于长江领
跑中国这种奥秘的背后，则"是文明规律的重新探讨，是文明持续的智
慧发现，是支持人类生存与发展的文明启示录"。我想，朋友们若是看
过这部精彩的纪录片，就会明了，在长江领跑中国的过程中，江苏毫无
疑问是"排头兵"，因为中唐以来，安史之乱以后，"中国经济与文化重
心东迁南移"的主要落脚点就在江苏，这里所说的江苏，如果放到明
清，是包括上海的；甚至直到今天，江苏在经济发展方面、风尚引领方
面、创新追求方面，一直都在第一方阵。

如果说长江承担的是文明使命，那么运河特别是传统帝制时代的京
杭大运河，承担的就是政治使命。怎样理解京杭大运河承担的政治使
命？清人傅维麟在《明书·河漕志》开篇就说："北方田瘠收薄，除输
正粮无余物，而国家百费岁亿万，不得不赖漕。明人之言曰：'漕为国
家命脉所关，三月不至则君相忧，六月不至则都人啼，一岁不至则国有
不可言者。'需漕固不重欤？"的确，明清时期的京杭大运河，起到了沟
通江南经济重地与华北政治中心的作用。自从明成祖朱棣迁都北京以

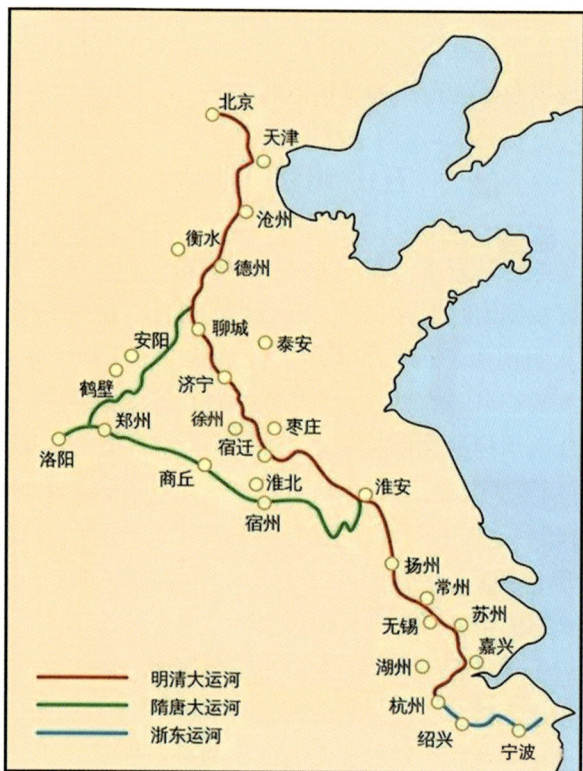

中国大运河示意图

后，虽然冠冕堂皇地说是"天子守边"，但是华北甚至北方的经济确实
支撑不了朝廷各方面的巨大开销；中国内陆农耕社会地域空间里的自然
河流，又多是东西流向，南北之间的物资交流因而受到了颇大的限制，
水运的方式又是最为便捷高效的，于是开凿南北向的运河，就成了建都
北方的帝制朝廷的常规动作，所以运河不仅元明清时期有，其实很早就
有了。比如唐朝时都城在长安，北宋时都城在开封，粮食都不够，于是
就从东南地区转输粮食。到了明清时期，京杭大运河更是成了朝廷的生
命线，所以我们经常说，"明清时期的北京，是运河上漂去的城市"，
"运河堵了，皇帝哭了，运河通了，皇帝笑了"。又由于运河经常缺水、
经常淤堵，需要黄河、淮河补充水量，需要淮河冲刷泥沙，于是清政府
特别喜欢疏浚淮河、黄河，而且当时的人们喜欢去找黄河、淮河的源

头。现在市面上的许多普及读物里说，清朝的时候已经具有了科学精神，表现之一就是努力探寻黄河之源、淮河之源，其实不是这么回事。因为黄河、淮河和运河有关，运河既然如此重要，要想保证运河的畅通，就必须把淮河、黄河的事情办好。如何办好淮河、黄河的事情呢？就要祭祀河神。祭祀河神，到哪里祭祀最管用？到河源去祭祀才最管用。所以明清朝廷派人去找河源，实在是这种迷信心理造成的，并不是所谓的科学探索精神。

在这样的京杭大运河中，江苏又扮演着怎样的角色呢？我在前面就强调过，京杭大运河以江苏段最为关键，或者换言之，明清时期的京杭大运河承担着巨大的政治使命，我们江苏又在其中承担着极重的政治使命，道理也很简单，漕粮主要是从江苏发运的，物资主要是由江苏供给的，运河的管理与维护以江苏出力最多，甚至为了保证运河的畅通，江苏作出的牺牲也是最大的。而在领会与践行"大运河是祖先留给我们的宝贵遗产，是流动的文化，要统筹保护好、传承好、利用好"方面，无论是文献汇编还是学术研究，无论是机构的成立还是社会的宣讲，江苏都做得有声有色，取得的成绩都可圈可点，这也算是新时代的江苏文化吧！

说过了长江承担的文明使命、运河承担的政治使命，我再来说说有些苦涩的淮河承担的奉献使命。

如果联系起来看，江苏境内的长江、淮河、黄河、运河之间，其实有着非常复杂的"恩怨情仇"的关系。就以淮河来说，淮河原本是很好的，比如"淮"字的左边是三点水，这代表了它是条水，"淮"字的右边读"隹（zhuī）"，"隹"是什么？隹是短尾巴鸟的意思。"淮"这个字，可谓写意了"隹"在水面上自由自在地浮翔，而"淮"字的读音，估计就是"隹"发出的叫声。曾经的淮河，水清、槽深、利航。然而，南宋建炎二年（1128 年）黄河夺淮以后，淮河北面的众多支流就紊乱了，淮河干流也逐渐问题丛生；等到元至元三十年（1293 年）京杭大运河全线告成后，淮河更逐渐演变成了一条"扁担河"，就是两头高、中间低的河床。这样的河床，我在和弟子张文华合写的《淮河》这本书中，有些苦涩的比喻：我们把淮河上游称为"脑溢血"，就是水流不住；淮河中游称为"肝腹水"，就是水流不走；淮河下游称为"肠梗阻"，就是水流不出。为什么淮河下游的水流不出，也就是找不到出路，乃至后来的淮河失去了下游、失去了入海水道呢？这是人为的影响所造成的。为了保证京杭大运河的畅通，明清时期的治河方略，主要是"蓄清刷黄"，也就是积蓄淮河的清水，冲刷黄河的泥沙，目的则在"济运保漕"。于是明代后期，逐渐筑起了一道拦截淮河的高家堰，今天我们称之为洪泽湖大堤；高家堰使得本来分散的许多小湖，逐渐连成了一个大湖，这就是洪泽湖。洪泽湖的湖底又不断抬升，因为只有这样，洪泽湖积蓄的淮河之水的体量与能量，才能充分发挥出"蓄清刷黄""济运保漕"的作用，而洪泽湖也在这样的过程中，演变成了横空出世的一个巨大的悬湖。

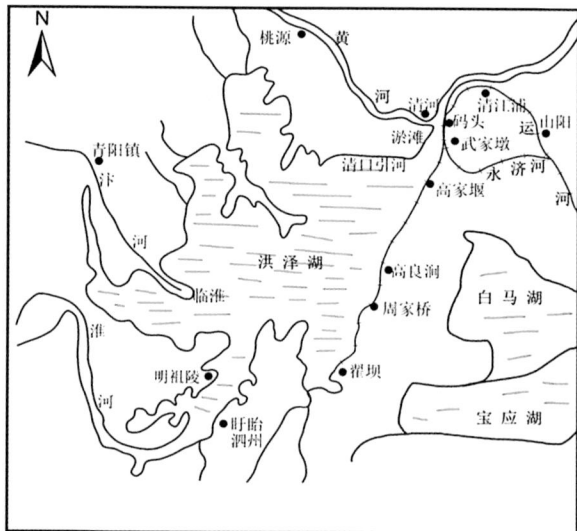

清康熙十九年（1680 年）洪泽湖示意图

　　在淮河的中下游之间，有一个顶在头上的巨大的悬湖，这意味着什么？与"扁担河"淮河、"悬湖"洪泽湖相联系，曾经繁荣富盛、大体写实了隋唐北宋时代情况的"走千走万，不如淮河两岸"的淮河流域，演变到了后来，成了环境整体恶化、经济全面衰退的淮河流域，清朝与民国时期的淮河流域，已是"走千走万，不回淮河两岸"了。曾经非常富庶的淮扬地区，到了清朝与民国时期，一旦汛期，淮河、洪泽湖水位暴涨，往往高家堰就开闸泄水，于是地形低下的淮扬地区势必洪涝成灾，乃至汪洋恣肆，其情其景，诚如乾隆皇帝在《下河叹》中的千古之叹："下河十岁九被涝，今年洪水乃异常。五坝平分势未杀，高堰一线危骑墙。宝应高邮受水地，通运一望成汪洋……旧闻河徙夺淮地，自兹水患恒南方。复古去患言岂易，恕焉南望心彷徨。"也许"河徙夺淮地"遂至"水患恒南方"，还是自然与"人祸"的综合影响，至于"去患言岂易"与"南望心彷徨"的矛盾，就是明清朝廷"权衡利弊"、舍"小"取"大"造成的恶了。前些天，我在里下河地区转了一个礼拜，也去看了兴化的垛田，还跟当地的学者开了一个座谈会，讨论兴化垛田到底是什么时候形成的。兴化地方的学者认为，兴化垛田在宋代就有了，有的学者甚至说早在秦汉时期就有了，我认为不可能。兴化垛田的实质，是在水里面抢粮食，那一定是水的情况变得很差的时候，才会有这种无奈之举。隋唐、北宋时期，"走千走万，不如淮河两岸"，自然条件相当优越，根本用不着自找这种麻烦。所以我的基本看法是，兴化垛田一定是黄河夺淮以后的事情，而且是黄河单股夺淮，也就是明朝中期以后才出现的。因为从那以后，洪泽湖出来了，里下河地区成了一个釜底之地，整个水环境就变得很差了。

联系着黄河与运河，我说了这么多的淮河，大家悟出了什么吗？近些年来，我在诸多的场合谈过江、淮、黄、运及其交织于江苏境内的"恩怨情仇"，我把中国传统帝制时代的黄河拟喻为"父亲河"，把京杭大运河拟喻为"富贵子"，把长江拟喻为"母亲河"，把淮河拟喻为"隐忍子"。因为哪有"母亲河"像黄河这样脾气暴躁、夺淮入海？因为京杭大运河得到了明清帝制时代那些自私自利的最高统治者不计成本的维护——比如延缓了江南地区的经济发展，恶化了淮河流域的生态环境，浪费了社会财富，牺牲了民众利益，乃至豢养了官僚利益集团——所以回到历史的语境，这个"富贵子"的是非功过，实在难以评说；因为亘古及今，长江无疑是性情温柔的，起码对于江、淮关系来说，正是咸丰元年（1851年）长江接纳了淮河，才让淮河在扬州三江营投入了长江的怀抱，淮河下游也才有了自己的出路。至于我称淮河为"隐忍子"，不仅是相对于京杭大运河这个"富贵子"而言的，更是因为明清时期的淮河，极委屈、超负荷地承担着"蓄清刷黄""济运保漕"的国家大政、"无上使命"，也就是无偿地牺牲了自己，全身心地奉献于运河，结果曾经水清、槽深、利航的淮河，演至后来，竟然成了罕见变形、遍体伤痛、失去下游、失去入海水道的"扁担河"。

其实，集中体现于江苏境内的长江、淮河、黄河、运河之间的"恩怨情仇"，又引发了我们诸多的哲学思考。比如，就自然变迁与政治权力的彼此影响论，在中国传统帝制时代，江、淮、黄、运的复杂关系，可谓鲜活地展现了政治权力对自然变迁的负面影响，以及对载舟覆舟的百姓民生的漠视乃至冷酷，这又密切联系着自然的中国之内地农耕社会大江大河多为东西流向、政治的中国之北方地区拥有主话语权、经济的中国之北方政治中心与南方经济中心的分离等大格局。进而言之，这样的自然、政治、经济大格局，既决定了江苏政区的跨江越淮、江南地区作为国家"粮仓"与"钱袋子"的基本定位，也塑造了江苏文化的诸多方面以及江苏人的诸多性格特征。

六、 水做的江苏，水做的江苏人

总结一下我对水与江苏的关系、大江大河与江苏文化的关系的理解。

在中国传统帝制时代，流淌于江苏的"母亲河"长江、"父亲河"黄河、"隐忍子"淮河、"富贵子"京杭大运河之于江苏文化的作用，可谓广泛而且深刻，它们或堆积出土地，或孕育了古都，或影响着政区的划分，或造就了文化的丰富多彩，又或赋予江苏、江苏人诸多所系匪浅的重大使命，并引发了我们对于历史江苏的诸多思考。

从历史回到现实，以言江苏的地理，长江、淮河东西串连，曾经南下的黄河旧迹犹在，京杭大运河南北贯通，洪泽湖、太湖上下相望，黄海东面环抱，这样的江、河、湖、海集于一身，以江苏最为典型，江苏的水域面积超过 1.72 万平方千米，占比近 17%，也是全国之最；以言江苏的文化，无论是我们形容的吴歌、越秀、楚风、汉韵、北雄南秀的江苏，还是我们划分的金陵、吴、维扬、楚汉、海洋五大文化区，水的滋润作用、水的标志意义，都是显而易见的；以言创造与承载文化的江苏人，历古及今，又是上善若水、仁爱、坚韧、柔和、豁达、富有奉献情怀、大局意识、牺牲精神的江苏人，这样的江苏人是值得我们致敬、值得我们祝福的江苏人。所以我常说，不仅江苏之"名"离不开水——江宁府与苏（蘇）州府各取一字乃成"江苏"，而且江苏之"实"更离不开水，江苏人依水而生，江苏城依水而兴，江苏发展依水得势，江苏文化依水扬名。"水"既是江苏"形而下"的"器"，也是江苏"形而上"的"道"。在江苏，还是可以坐船周游全域的省份，于是文旅的江苏，又以"水韵江苏"最为写实、最为传神。而若要用一句话来概括江苏的特点，我给出的答案，就是"水做的江苏，水做的江苏人"。

一条大河好“运”来

——从世界文化遗产到国家文化公园

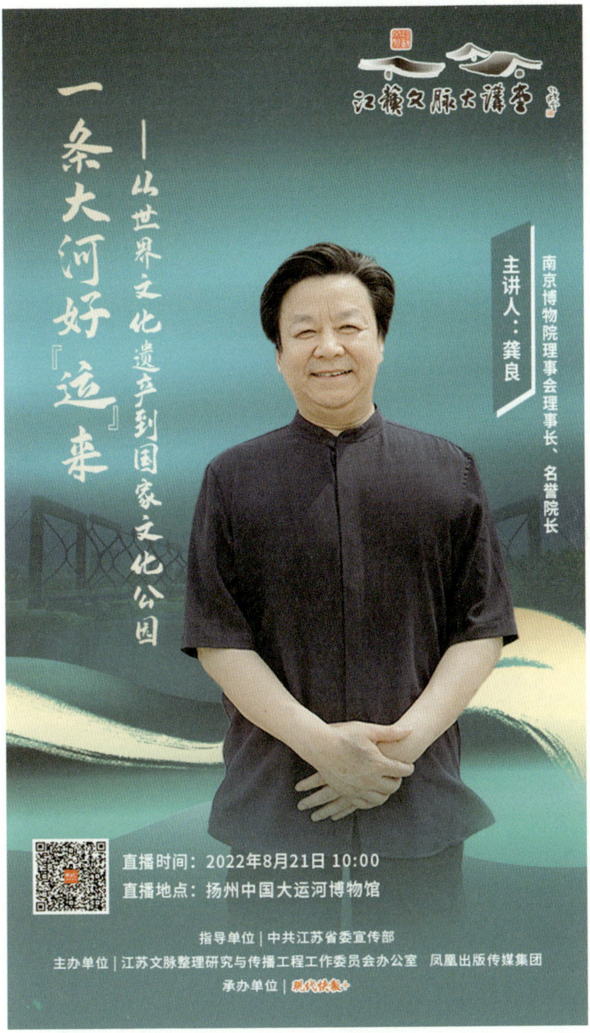

主讲人：龚　良

南京博物院理事会理事长、名誉院长

　　中国大运河滋润哺育了沿岸的人民，她犹如一条生命脐带，源源不断地为两岸人民注入营养，并孕育一代代子孙，给人们带来希望和美好的生活。运河之于沿岸城镇，不是生母，便是乳娘。在绵延 3200 千米的运河两岸，一座座历史文化名城和街区集镇因"运"而生，造就繁华。在今天，我们努力推进中国大运河文化带的建设，努力实践中国大运河从文化遗产的保护利用到文化景观的保护恢复，再到国家文化公园的建设发展，从中央到地方、从行业到社会各界都在群策群力，充分发挥创造力，让大运河带给人们更加美好的生活。一条大河好"运"来。

一、 从中国大运河申遗成功说起

　　我们通常说的申遗，是指向联合国教科文组织世界遗产委员会（UNESCO World Heritage Committee）申报，将本国最优秀的遗产列入《世界遗产名录》（The World Heritage List）。世界遗产分为文化遗产、自然遗产、文化与自然双重遗产、文化景观四类，实施依据是 1972 年联合国教科文组织在巴黎通过的《保护世界文化和自然遗产公约》（Convention Concerning the Protection of the World Cultural and Natural Heritage）。其中世界文化遗产专指"有形"的即物质的文化遗产，是人类最高等级保护的遗产。2014 年 6 月 22 日，中国大运河通过在多哈（Doha）举行的第 38 届世界遗产大会（Session of the World Heritage Committee）审议，正式列入《世界遗产名录》。中国大运河的保护与申遗工作被国家文物局评述为"史无前例的文化遗产保护国家行动"。

　　在 2000 年之前，对中国大运河的遗产保护是零星的、局部的，比如说将大运河上面的一座桥、一座码头、一座水闸公布为各级文物保护单位。到 2003 年考虑大运河申遗时，首先也是从文物的角度加以保护，于是 2006 年"京杭大运河"被公布为全国重点文物保护单位。2007 年，

"大运河"申报世界遗产工作正式启动后，2013 年又把全流域的京杭大运河、隋唐大运河和浙东运河，共同公布为全国重点文物保护单位"大运河"，随之申遗名称正式改为"中国大运河"。2014 年，"中国大运河"申报世界遗产成功，它的物质形态还是京杭大运河、隋唐大运河和浙东运河，但它同时包含大运河水上和沿岸人们的生产生活状态，世界文化遗产"中国大运河"是大运河物质和非物质遗产的总和。

1. 江苏与大运河

江苏是水做的，江河湖海是我们的血脉。江苏是长江下游文明的重要区域，是鱼米之乡。我们所知道最早的江苏是鱼米之乡的实物佐证，是考古发掘出土了人工栽培的炭化水稻，如距今 5500 多年的苏州草鞋山遗址、距今约 6500 年的扬州高邮龙虬庄遗址、距今约 8000 年的宿迁泗洪顺山集遗址，同时还伴随出土有渔猎经济所需的工具、器物和动物残骨、植物种子。也就是说，江苏的苏南、苏中、苏北都在新石器时代出现了农业经济（栽培水稻）、渔猎经济共同发展的状态，使得江苏成为名副其实的"鱼米之乡"。

江苏和大运河有着非常密切的联系，"江河湖海"的河，指的就是大运河。在宋代以前，大运河穿过长江的交汇处以下部分，就是流入东海的一个喇叭口。所以，大运河和长江的交汇处成为"一带一路"的交汇点。江苏古代经济的发展，是长江早期文明培育和大运河加持的结果。从古到今，江苏的经济都是非常发达的，在宋元之交以前，江苏的江淮地区和江南地区都是发达富裕的区域，因此我们说大运河的一个端点永远在江淮和江南地区。元代以后，苏北地区因为黄河泛滥形成了"黄泛区"，经济发展才受到了阻碍。

在运河保护过程中，需要明确"运河""大运河"和"中国大运河"这三个概念的差异。"运河"是人工开凿的、能够航行的河道。世界上有很多运河，包括最深的运河、最长的运河、最高的运河，奇异多姿，只要符合人工开凿和能够航行两大要素，就是运河。"大运河"是全国重点文物保护单位，但其前后内涵是存在差异的，2013 年以前指的是京杭大运河，2013 年以后则包含了隋唐大运河、京杭大运河和浙东运河。"中国大运河"指的是大运河所有的物质和相关联的非物质文化遗产，是世界上开凿时间最长、里程数最长、延续使用时间最长的运河，也是给沿岸人民带来美好生活的运河。

中国大运河最早开凿的两个河段，一条叫胥河，一条叫邗沟，都在江苏，前者是为了连通"江"（长江）和"湖"（太湖），后者是为了沟通"江"（长江）和"淮"（淮河）。到隋唐的时候，隋炀帝常从东都洛阳前往扬州，发现江淮和江南的物产完全可以满足东都洛阳和首都大兴的需要，同时隋炀帝雄才大略，希望整个国家更强盛，所以一段一段地将自然河道、自然湖泊和以往开凿的运河连接起来，最后连接开凿成了一条"人"字形的隋唐大运河，首次贯通了中国的东西南北，把江淮和江南的物产运到了首都，然后再从首都把相关的货物、人员运往北方。到元代，要裁弯取直开通京杭大运河，是因为元代首都迁到了大都（今北京），从江南、江淮地区经山东取直道到大都，比原取道洛阳附近到大都，节省了近1000千米的路程。以后，不管首都如何变迁，江淮和江南永远是其中的一端。运河交流、融合、发展，使得江苏的古代经济沿运河发展，集聚成为最重要的经济发展区，并导致了明代中期资本主义萌芽在江苏苏州的孕育和出现，导致了清末民初中国近代民族工商业在苏州、无锡、常州、镇江等地的兴起。今天江苏最重要的历史文化名城、名镇，也基本上都在运河的沿岸。

2. 申遗阶段江苏的主要贡献

江苏在保护和申遗过程中发挥了积极作用。大运河江苏段列入世界文化遗产的资源数量多、价值大、类型全、分布密，其综合规模居全线各省（市）首位：河段占全长的1/3，遗产区占总面积的46%，遗产点占总数的40%。江苏用实际行动和最终成果实现了在申遗之初作出的承诺——"以一流的遗产管理工作和一流的运河保护成果，为大运河成功申遗作出江苏应有的贡献"。

回顾中国大运河的申遗，从最初酝酿到进入国家程序，再到申遗成功，其历程延续近十年。2003年，国内有包括罗哲文、郑孝燮先生在内的4位著名专家，一起提议大运河要作为重要的文化遗产去对待，去申报世界文化遗产。但是，当年我们对大运河的认识，仅认为它是一条活态的还在用着的运河，并不是文物保护单位，要与世界文化遗产建立联系，有一个从主观认识到理论诠释的过程。运河是人工开凿的河流，运河是航道，运河也有水利的作用，当然运河也是有文化的。我在参与大运河申遗工作以后，梳理了相关论文，发现在中国最早提出"运河文化"这一概念的是南京博物院的老院长梁白泉先生，他在 20 世纪 80 年代的时候就写过一篇论文《论运河文化》，提出大运河不仅是水道，也不仅是交通通道，它还有文化。这样的概念，在申报世界文化遗产的过程中有着非常重要的作用。

江苏从 2006 年、2007 年开始大运河申遗工作，经争取将中国大运河申遗办公室设在扬州市。在申遗过程中，我们始终坚持高标准的自我要求，主要完成了以下工作。

一是率先编制遗产保护规划。江苏出台了运河全线第一部大运河遗产保护规划编制要求，并委托东南大学朱光亚教授领衔担纲大运河省段及沿线 8 市运河遗产保护规划编制工作。2012 年 6 月，江苏省政府正式批准公布了《中国大运河（江苏段）遗产保护规划（2011—2030 年）》，使其成为江苏运河遗产管理中十分重要的规范性文件。

二是率先建立申遗工作机制。大运河的多重功能属性决定了其申遗工作是一个跨地域、跨部门、高度综合性的系统工程。2009 年 6 月，省大运河保护和申遗市厅际会商小组成立，分管副省长担任组长，沿岸 8 个市的分管副市长和省相关厅局的分管领导任成员。省市相互配合、协调处理遗产保护与生态水利、航运、南水北调等工程建设关系，规范运营、协力发展。

三是率先实施运河保护工程。自 2010 年起，江苏率先启动了为期五年的"江苏省大运河沿线重点文物抢救保护工程"，重点实施文物古迹维修保护及历史街区整治工程，每年完成一批运河遗产点段及河道环境的重点保护整治，将运河沿岸的水工设施、文物保护单位、古镇、古村落进行了保护修复。如扬州的邵伯古镇，根据传统的格局进行保护，对传统建筑进行修缮，开辟相应的展览展示空间，恢复了运河古镇的历史面貌。又如常州"运河五号创意产业园"保护工程项目，将一个传统的即将关闭的棉纺厂，改造成为今天人们乐于前往的文化创意休闲空间，里面有用棉纺车间改造成的美术展览厅，有用锅炉房打造的音乐酒吧，有普通厂房改建的创意集市。我们今天看到的常州运河五号，成为一个工业遗产保护的示范点，是人们很乐意前往的文化休闲场所。

四是率先开展传承利用研究。通过研究，探寻过去发生的故事以及蕴含的遗产价值。常州运河边上有条青果巷，是申报历史文化名城最重要的历史文化街区，"一条青果巷，半部常州史"，通过研究可以认识到街区的文化价值，以及过去生活空间整体保护的重要性。苏州古城区的整体格局是在南宋平江府的基础上发展起来的，是南宋都城临安（今杭州）通过大运河向北的第一座主要城池。今天在苏州的盘门，我们看到的依然是水陆城门，水城门进入苏州城内，连通了"人家尽枕河"的以人工开挖为主的城市水系，这些人工河道基本上都可划小船通行和运输，应该是中国大运河最密切的组成部分。通过开展研究和保护工作，我们对苏州平江历史街区、苏州山塘历史街区的认识也有了较大的提升，它的价值不仅是苏州名城内的一个街区，而且体现了大运河与城市格局的构建、与城市的经济生活直接且有益的关系，是运河给城市和人们带来了美好生活。扬州的瘦西湖也是运河遗产，是自然河道、池塘与人工河道结合成的运河，是无数个小园子、无数个住宅组成的住宅园林区，保护时更着重文化景观的修复，是生态和旅游结合得很好的示范。

苏州盘门

淮安总督漕运部院（俗称总督府）遗址

无锡清名桥历史街区保护强调了原住居民的生活，不仅保传统建筑，还保人们的生活状态，是运河休闲旅游发展的杰出代表。

五是率先落实完成迎检准备。主要是针对运河申遗工作中的运河水工设施、附属建筑、周边城镇、文化景观、百姓生活进行考察评估，并了解相关联的第三方（主要是运河沿线生产生活的直接劳动者）对申遗的态度。2013年9月19—24日，国际古迹遗址理事会（ICOMOS）专家对中国大运河江苏段申遗项目和相关管理工作进行考察评估，并给予了高度肯定。同时，国家文物局也认为江苏的工作为中国大运河申遗作出了突出贡献。

六是始终贯彻"申遗过程就是保护过程"的理念。大运河承载着厚重的中华传统文化。大运河申报世界文化遗产，对于传承民族优秀传统文化、促进大运河有效保护和合理利用、改善沿岸人民的生活环境和生活质量、推动运河沿线经济社会发展等，具有十分重要的意义。江苏在大运河申遗中所贯彻的"申遗过程就是保护过程"的理念，获得了沿线政府、部门和广大人民群众的共同支持。我们在保护那些遗迹点的时候，要考虑将来能否建成遗址博物馆或者遗址公园，更好地服务公众。如淮安清口水利枢纽，应该是一个很好的遗址公园，里面体现的水工智慧，包括"蓄清刷黄""束水攻沙"等，都可以在遗址公园的展示里有所体现。还有经考古发掘实证的淮安漕运总督府遗址，在展示中应该侧重于漕运总督的职责范围，是管理运河上的船、人、物以及运输和税收等，应该和位于山东济宁的河道总督管理运河的开凿与疏浚所展示的内容和方式是不一样的。

3. 注重运河的遗产价值和使用价值

在世界遗产里有一类叫线性遗产，或称为遗产廊道，它通过一条相关联的通道，让这条通道两端和沿线的人民都因此得益，都能够因为这条通道的建设发展而结出果实。大运河就是一条重要、活态且价值巨大的遗产廊道，我们特别重视运河的遗产价值。今天在北宋都城汴京（也称东京，今河南开封）附近考古发掘的古汴河，就是北宋张择端所绘《清明上河图》里的运河，河道两侧店铺林立、熙熙攘攘，呈现出隋唐大运河两岸的繁华兴盛，体现出当时运河城市人们的美好生活。但从南宋开始，首都迁至临安（今杭州）后，汴河从江淮、江南到开封的运输功能出现衰退，疏浚运河的必要性和积极性有所减弱，因此渐渐地淤积堵塞，到清代时成为一条很浅的河沟，到今天已成为一片平地。随着古汴河考古工作的开展，河南省考古工作者已将汴河的整体剖面清理出来，明确呈现运河在唐宋时还有六七十米以上的宽度，到明清时只有二三十米宽。我们在河南同行的帮助下，将这一剖面整体揭取至扬州中国大运河博物馆内进行展示，一方面体现运河河道千年的变迁，另一方面呈现出运河河道遗迹和大体量视觉观感，成为"大运河——中国的世界文化遗产"的重点展品，深受观众欢迎。大运河带动沿岸繁荣发展，安徽的淮北市和宿州市是最好的见证。通过考古发掘实证，这两个城市从隋唐到北宋都有很好的发展，地下出土的文物种类多、质量高，形式也特别漂亮，是全流域物产流通的重要证据。而到了南宋及以后，出土的文物以本地产的为主，说明运河的运输功能有很大的衰退。

运河的遗产价值还体现在实现了文化上的交流融合。以扬州城为例，因为隋炀帝开凿连通了隋唐大运河，扬州实现了沟通首都（东都洛阳、首都大兴）和江南的目标，因而得到了很好的发展。唐代的时候，长安和洛阳城里面实行里坊制，每一个里坊都有坊墙坊门，便于安全管理，需要的时候可以宵禁。唐代扬州城虽然也有里坊，但由于经济发展、商业经营的需要，里坊制逐渐被打破，考古发现唐代扬州城南地区老百姓居住的地方，里坊制"坊"的格局还在，但坊墙名存实亡，封闭管理的"制"也不复存在，大致逐渐向《清明上河图》里汴京沿街商铺的方向发展，促进了扬州城的经济发展、商业繁荣。因大运河繁荣的扬州，也成为国际交往的一个重要节点。唐宋时从海外来的使节商队，都会沿长江喇叭口向上从扬州登岸，等运河上有漕船的时候才能前往洛阳、长安、汴京，回去时也要坐运河上的船前往扬州，等有出海的商船才能搭乘回国。隋唐时的日本遣隋使、遣唐使是如此，唐宋时的阿拉伯商人也是如此。而在扬州的等待在当年可能是一个比较漫长的过程，于是在扬州就出现了相应的建筑和人物，唐代的仙鹤寺、宋代的普哈丁墓园，韩国的崔致远、意大利的马可·波罗，都是扬州对外交往的见证，证明我们对外交通不仅有往日本、韩国的海上丝绸之路东海航线，也有前往阿拉伯国家的南海航线。扬州从隋开始一直到宋，城市得到了极其飞速的发展，除了长安和洛阳，它的经济发展总量被称为"扬一益二"，扬州第一，益州（成都）第二。扬州今天成为"一带一路"的交汇点，即向西通过洛阳—西安连通了丝绸之路经济带，向东通过长江出海口连接了 21 世纪海上丝绸之路。

　　同时，我们也重视运河的使用价值。京杭大运河是元代裁弯取直方便抵达首都的产物，其南北向的制高点在山东济宁北侧的南旺。我一直不太明白这处南、北地势都低的制高点，运河上的船是怎么通过的，而且用的是一级一级渐升渐降的船闸。经过现场实地考察，我发现能让运输船只翻越的这个制高点，不是我们平时理解的一个脊背，而是一片较高的平地，平地的北侧有更高的山地，通过筑坝让更高山上流下来的水，沿大汶河、小汶河进入运河的最高点平地。同时，在平地的两侧构筑"水柜"，即围筑积蓄水量较大的湖泊，让水柜里的水根据运输需要较快速地放入包括最高一级在内的运河船闸内，解决运输船队快速向最高平地两侧通行问题。也即最高一级船闸里面的水因行船放掉以后，可以把两边水柜里面的水快速放入，水柜里面的水降一点，船闸里的水就能快速充满，水满后船就可以通过。这就是著名的"南旺水利枢纽"，这样的水工智慧是老百姓创造的。大运河上的很多水工设施，都是人民智慧的结晶。

扬州中国大运河博物馆建在扬州三湾生态文化公园内。"三湾"今天是个地名，过去是古运河上水工设施的名称，即通过运河水道转三个湾，减慢运河水流的速度，让上游扬州城内增加水位高度，下游减少水流的总量。"三湾抵一坝"，且是不阻碍航行的虚拟的"坝"，这又出自百姓的水工智慧。

航运交通是运河非常重要的使用功能之一。当年江苏无锡的茂新面粉厂紧邻运河，解决了小麦面粉运输量大的问题，如今修缮后被建成了无锡中国民族工商业博物馆。在运河沿岸，当年货物吞吐量大、运输量大的工业遗存，特别是从明中叶资本主义萌芽开始以后的工业，基本上都建在运河边上，比如砖窑、面粉厂、纺织厂、机车厂等。

今天的大运河仍然能够给人们带来航运的使用价值。江苏境内的运河从宿迁、徐州经淮安、扬州、镇江、常州、无锡到苏州，是大运河全线通航条件最好、效益发挥最为显著的区段，保留着极高的水上运输量，大概占京杭大运河全年通航里程的 78.3%，江苏段 2020 年货运量约占京杭大运河全线货运量的 80%，也远大于京沪铁路加京沪高速公路的总货运量，而且运河水上运输每吨千米的成本低廉，大约是铁路的1/4、公路的 1/10，效能明显。使用中的大运河到今天还发挥着巨大的作用，除了运河的航运，在南水北调东线工程中，扬州是一个汲水口，通过江都水利枢纽抽取长江水，依托大运河一直往北，送往华北的北京、天津、雄安等。2022 年，国家相关部门宣布京杭大运河经补水后实现百年来首次全线水流贯通，这为今后发挥贯通南北的京杭大运河的水利与航运价值奠定了基础。今天大运河江苏段仍在高负荷地通航、调水，这是运河使用价值的体现。

二、 努力保护恢复大运河文化景观遗产

2020 年 11 月 13 日，习近平总书记在扬州三湾生态文化公园城市书房的古运河边，眺望正在建设中的扬州中国大运河博物馆时指出："千

百年来，运河滋养两岸城市和人民，是运河两岸人民的致富河、幸福河。希望大家共同保护好大运河，使运河永远造福人民……要把大运河文化遗产保护同生态环境保护提升、沿线名城名镇保护修复、文化旅游融合发展、运河航运转型提升统一起来，为大运河沿线区域经济社会发展、人民生活改善创造有利条件。"习近平总书记的殷切期待，是我们今后运河保护、利用、传承的不竭动力。

1992 年 12 月，联合国教科文组织世界遗产委员会在美国圣菲（Santa Fe）召开第 16 届会议，提出了"文化景观"这一世界遗产的概念。其代表的是《保护世界文化和自然遗产公约》第一条所表述的"自然与人类的共同作品"，分为"由人类有意设计和建筑的景观""有机进化的景观""关联性文化景观"三类。中国大运河是世界文化遗产，同时也具有强烈的文化景观色彩，特别是江苏段文化遗产的景观价值，是中国大运河申遗成功的重要内容，也是大运河带给沿岸人民美好生活的重要内容。

1. 中国大运河是世界文化遗产，也是文化景观遗产

在中国大运河的保护过程中，有"文物""文化遗产""世界文化遗产""文化景观"这几个概念需要明晰。"文物"指的是人类在发展过程中遗留下来的具有历史、艺术、科学价值的遗迹和遗物，呈现出来的是物质状态。比如古桥、古塔、古建筑、陶器、书画、青铜器等，只要是具有相应价值或是发展过程中作为重要"见证物"的，我们都可以称它为文物。运河上的堤坝、桥梁、水工设施、建筑物、构筑物，都是运河中的不可移动文物。而今天的"大运河"是国务院公布的全国重点文物保护单位，当然是所有运河点段作为不可移动文物的整体反映。"文化遗产"指的是人类历史上留下来的有价值的物质遗产和相关联的非物质遗产的总和，或者说是文物再加上其所不可割裂的生产技艺和生活方式的体现，就是文化遗产。比如高邮盂城驿，盂城驿是文物（全国重点文物保护单位），现在我们并没有称它为文化遗产，因为盂城驿的驿站功能没有体现出来，那它只能是文物保护单位。扬州瘦西湖是世界文化遗产的组成部分，因为除了其中的文物建筑，瘦西湖沿岸仍然保留着一些传统的生活方式。过去保留下来的扬州漆器、扬州盆景，可能成为可移动文物，但如果这些漆器、盆景中体现了过去的制作技艺，或过去人们

使用的生活方式，它就成为非物质文化遗产，或兼而有之的文化遗产。而文化遗产保护中最高等级的，是经联合国教科文组织批准列入世界遗产名录的，即我们今天所说的"世界文化遗产"。"文化景观"指的是在自然要素的基础上，通过人为的努力和劳动创造，产生和谐、匹配、恰当的美感，让随之产生的景观效应远远大于自然要素和人文要素之和，能产生一加一大于二，甚至二减一大于二的效果。比如山村路口的小山上有座小塔，小山的自然景观要素有 3 分，塔的人文景观要素有 2 分，但因为在路口看到山和塔是一个整体，人们就会惊叹建塔修塔的艰难，感慨鬼斧神工的杰作，勾起乡影乡情的记忆，就会让小山加小塔产生的景观效应远远大于 10 分，这部分多产生出来的效应就是文化景观效应。我们耳熟能详的岳麓山上爱晚亭、洞庭湖畔岳阳楼、法海水漫金山寺、群山环绕古长城等，都是这样的文化景观。

　　中国大运河成功列入《世界文化遗产名录》的标准，有许多与文化景观遗产的标准是一致或相近的。中国大运河符合《实施〈世界遗产公约〉操作指南》的标准有：一是"作为人类天才的创造力的杰作"（标准ⅰ），二是"能为延续至今或业已消逝的文明或文化传统提供独特的或至少是特殊的见证"（标准ⅲ），三是"一种建筑、建筑群或技术整体、或景观的杰出范例，展现人类历史上一个或几个重要阶段"（标准ⅳ），四是"与具有突出的普遍意义的事件、活传统、观点、信仰、艺术或文学作品有直接或有形的联系"（标准ⅵ）。这些标准的阐释让我们有充分的想象空间来理解大运河遗产的景观价值："创造力的杰作"不仅是创造性地把自然的河流和湖泊连接成一条连通的、统一管理的大运河，而且让其在国家意志下产生了互通、交流和融合，使之成为景观上的异质和精神上的纽带，带动了沿岸的农业、商业、工程和设施的发展，这何尝不是一种现实的景观；"文明或文化的特殊见证"，耳熟能详的"漕运"和"盐运"故事及因此而遗留下的特殊的河道地点、船闸桥梁、纤道码头等，都是旅游的极好景观和素材；"建筑或景观的杰出范例"往往体现在运河和水工设施、运河和沿岸建筑、运河和科技创造之间的空间营建和相互关系上；而"突出的普遍意义"则建立在人们对生活和艺术的向往之上，如"人家尽枕河"的生活方式，"运河上漂来"的城市、街区和村镇，都表现出生活越独特，景观越丰富。

最好的文化景观，当然是通过人，让人文和自然最有机、最良好地结合。比如，在沙漠这样的自然景观里，突然有一队驼队响着驼铃行进在山脊上，或从山后缓缓出现，它就成为文化景观。让我们想象一下，如果你是一位在沙漠里面走了一天一夜的探险者，走得又渴又累，走得快要没有希望的时候，突然发现后面的山脊上冒出来这一驼队，你会发现这是世界上最美好的文化景观。而在创造文化景观的过程中，人的作用是第一位的。扬州何园中石涛的"片石山房"将假自然和真山石做了绘画般的结合；扬州个园因园内遍植青竹而得名，"春、夏、秋、冬"四季假山分别用笋石、湖石、黄石、宣石叠成，真真假假、寻寻觅觅，是自然和人文的最好结合，文化景观价值巨大。

2. 鼓励对大运河文化景观遗产的保护

文化景观遗产一定是通过人为的努力形成的。淮安的水上立交，就是大运河和苏北灌溉总渠入海水道两者的结合，这一水位不一样高的河道立交，低水位不用通航的苏北灌溉总渠（也是今天的淮河入海水道）在下层，而通航运输量大的京杭大运河则在上层，这样建设的水上立交，当然具备了文化景观的特性。江苏兴化有一片占地47万亩的垛田，是由古潟湖逐渐淤积而成的湖荡沼泽地，是自然的馈赠，它不是文物，不是文化遗产，也不是文化景观。但是突然有一天，人们发现这个沼泽地有水有土，如果把沼泽地里面低一点地方的土挖出来，垛在高一点的地方，就能形成如今形态的河道和土地（即垛田），土地上面可以种庄稼，河道里面可以养鱼，种庄稼和养鱼的收益比沼泽地好，垛田就成为农业文化遗产。2014年，联合国粮农组织公布兴化垛田为全球重要农业文化遗产。垛田在唐宋时大面积成田，明清时有了"十里莲塘""两厢瓜圃"的称号，种的多是瓜果莲藕，应该说这时候还不是文化景观。20世纪50年代，随着集体经济的发展，垛田大规模种植油菜，油菜籽单产曾创全国之冠，有"垛田油菜，全国挂帅"之誉。突然某天有人发现，当我们在这些垛田上全部种上油菜，且黄颜色的油菜花盛开的那两个多月里，周边的人们都会来欣赏花开的美丽景致，并且产生额外的人文赞誉和今天所说的旅游收益，当这个收益大于种植油菜和养鱼收益的时候，它就成为文化景观。今天，兴化垛田的主要收入已经是旅游收入，作为文化景观，人们都愿意观赏、游览，仅看一眼，什么都不带走，当地百姓获得旅游收益，这就是文化景观的魅力。

在杭州和南京各有一个湖，一个称西湖，一个称玄武湖。这两个湖20世纪六七十年代在国内是齐名的。从湖边所有的遗产价值和景观价值来讲，玄武湖边上是紫金山和南京城墙，是国内最著名的自然和人文景观，在国际上也很有影响力，杭州西湖的周边也有山、有城、有岳庙这样的人文景观，但是它没有留下城墙。从水面形态来看，玄武湖比西湖甚至更好看一点。但是在几十年以后的今天，我们发现南京玄武湖的文化景观价值远远低于杭州西湖，玄武湖在保护传承发展中究竟出现了什么问题？与西湖的差距在哪里？从自然景观看，玄武湖还是玄武湖，西湖还是西湖，但玄武湖总是绿色的，而西湖的四季是彩色的；玄武湖四周高楼林立，而西湖除东侧是城市高楼外，北、西、南侧保留了原有的自然状态的建筑高度，环境控制得很好，这也是申遗带来的效果。从文化景观的保护、营造与发展来看，杭州西湖申报成了世界文化遗产中的一个类别"文化景观"，因为西湖里有文化，当我们面对故事感满满的西湖十景——苏堤春晓、断桥残雪、花港观鱼、雷峰夕照、三潭印月等的时候，里面满满的人文故事，让我们睹物思人、浮想联翩，它里面有我们耳熟能详的东坡和西湖的故事、青蛇和白蛇的故事、雷峰塔和白娘子的故事。而南京玄武湖的"五洲"快被人遗忘了，其他的故事普通公众也很少了解。

从文化景观这个意义上，我们再来看扬州，瘦西湖是扬州的文化景观，也是世界文化遗产中国大运河的遗产点之一。扬州瘦西湖的保护至少持续了30年，历届政府都矢志保护好扬州这一受全市人民关注的文化古城。在扬州城的所有建设项目中，规划的硬性规定是在瘦西湖景区里面看不到任何一栋现代建筑，也就是说城市建筑的限高规定可以有不同区域的要求，但对瘦西湖的影响来说是一致的，就是不能让公众在景区内见到，从而产生较差的景观效应。经过30余年的努力，今天的瘦西湖作为文化景观来说是完整的、历史的、纯粹的，是明清时期因大运河而产生的休闲生活的真实反映、正确解读，也就成为大运河国家文化公园的重要组成部分。

江苏通过实施大运河遗产保护工程，加大对运河生态环境和人文环境的整治恢复。同时，我们惊喜地发现，大运河江苏段沿岸各市都有了更加亮丽的文化景观遗产。苏州的山塘历史街区"好风光"、吴门桥盘门景区，无锡的清名桥历史街区"水弄堂"、运河中的地标黄埠墩，常州的环城运河步道"走大运"、青果巷历史街区，镇江的西津渡小码头街、有待恢复环境的新河街片区，扬州"三湾抵一坝"的三湾公园、丰富的盐商住宅和邵伯古镇，淮安的里运河城市景观、漕运总督府遗址，宿迁的龙王庙行宫，以及徐州的窑湾古镇等，无一不是当地最具内涵的文化遗产，也是当地最具价值的文化景观和旅游胜地。

3. 在保护中积极改善环境，恢复大运河文化景观

自启动中国大运河申遗以来，江苏始终积极改善运河生态环境，努力恢复而不是新建大运河文化景观。一是坚持将运河遗产保护与延续运河功能相结合。加速整治运河环境，加大对运河遗产合理利用的探索，做到既妥善保护遗产，又尽量发挥运河各种实用功能。如常州加强对运河沿岸工业遗产的保护，依托恒源畅厂旧址建成运河五号创意产业园，不仅保护好文物，改善了环境，同时也形成了很好的文化产业。二是坚持将运河遗产保护与城镇发展建设相结合。坚持"修复"而非"创建"因运河而发展的传统古镇、古村落、集市、码头等文化遗存，在运河沿岸修复与现代休闲生活相融合的滨河景观。如淮安以复兴运河城市为目标，通过适度利用实现真正的保护，达成保护和发展"双赢"。三是坚持将运河遗产保护与历史文化展示相结合。各地努力恢复大运河文化景观，使之成为最美丽的风景。如苏州致力于将运河遗产建设成大运河"最精彩的一段"，打造"一条河、一座城""河城一体的遗产城市"形象，使之成为展示、传承江南优秀传统文化的平台。四是坚持将运河遗产保护与生态环境保护相结合。苏州是唯一以城市概念纳入大运河申遗的，该市以整治"两河一江"为抓手，使大运河沿岸的人文环境、生活环境有了明显提升。自 2018 年以来，苏州在全面推进堤防加固工程的同时，开展休闲健身、绿化景观、文化旅游配套设施等工程建设，使运河沿岸更加美丽舒适，运河沿线正成为最美的文化景观。

最美的文化景观，是自然与人文的最有机结合，自然应当是最像自然的生态，人文是最真实感人的人文。我们在文物保护中强调的"环境背景"，在遗产保护中强调的"原真活态"，在文化景观保护中强调的"有机恢复"，都是让人们在与祖先的遥远记忆沟通时，能够产生联想和

感悟。今天我们看到的江南水乡古镇，它往往与大运河有着密切的联系，通过物的交流、人的交往，体现在运河水系与古镇建筑、街巷、集市、生活、饮食、民俗等的相互关系上，从而产生不同于别的地方的有时代特征的文化景观。有人说延安窑洞最美的文化景观，是远远望去黄土塬下的窑洞窗口上，坐了两个人，两人下垂的双脚，一双穿着黑鞋，一双穿着红鞋。黄土塬、窑洞、窗口、黑鞋与红鞋，这就是最美的文化景观。

今天大运河作为世界文化遗产，其许多点、段和特殊场所也是重要的文化景观遗产。加强对大运河文化景观遗产的保护恢复，既是遗产保护的需要，也是今天人们美好生活的需要。淮安总督漕运总督府遗址从遗址发现到抢救性考古发掘，再到大遗址保护项目的实施和漕运博物馆的建设运营，使该遗址从深藏地下的遗迹，变为当今展示大运河漕运文化的重要景观和淮安的重要旅游景点，其中保护是其最重点的要求。宿迁龙王庙行宫的保护修缮"不改变文物原状"，完全尊重了原有的建筑，仅增加了说明建筑与运河、与乾隆下江南驻跸行宫的关系，让人产生相应的联想。扬州邵伯古镇的保护性修缮，突出其与大运河的空间联系和人们日常生活的联系，让人能遥想过去依运河而生活的场景。无锡清名桥历史街区附近的大窑路窑群遗址，从破败不堪到维修完好再到环境整治改善，结合烧窑技艺，成为城市内、运河旁的新的文化景观，让旧窑厂成为新景区。苏州的宝带桥，原来是运河上古纤道的组成部分，如今宝带桥的保护加上周边环境整治，使之成为新的文化景观，成为苏州的"运河十景"之一。

三、思考实践建设大运河国家文化公园

2019年7月，中央全面深化改革委员会第九次会议审议通过了《长城、大运河、长征国家文化公园建设方案》，正式宣示要将大运河及沿岸地区建设成国家文化公园。文化公园是人文要素叠加环境要素的为大众服务的文化休闲场所，突出的是某一类特定的文化积淀，注重的是环境的舒适性、景观化。而国家文化公园应是在文化公园的基础上创造的文化景观，符合国家传统文化传承和精神目标追求，也即体现在对中华

核心价值的保护展示上，具有国家性和人民性。文化公园的景观要素可以是物质的、非物质的文化遗产，也可以是将大众聚合在一起的公共文化活动，或者是人和自然的有机结合，其主题应具有文化性和娱乐性，其基础设施应该满足公园为大众服务的较高品质要求。因此，大运河国家文化公园的建设，尚需要我们通过正确理解和试点实践，来创造性地开展工作。

1. 学习理解大运河国家文化公园

成功申报世界文化遗产后，2017 年我国开始推进大运河文化带建设，就是通过联系大运河的两个端点以及沿岸经济社会的发展，将其作为一个整体考虑，积极发挥"交流、融合、发展"的作用，让沿岸的人民因运河而获得美好生活。那两个端点是什么？一端就是我们历史上一直富饶的江淮和江南地区，另一端是国家的统治中心——首都和对外交流交往的中心——出海的港口。大运河文化带建设，主要体现运河沿线经济社会的发展，要符合交往交流、包容共鉴、融合发展的特征，要强调与沿岸城市的互通、互助、互利，有意识地组织相应活动，彰显大运河文化带建设就是发挥交通连通、经济相通、民心沟通的作用，是文化融合、国家治理的重要内容。

2019 年，中央提出建设国家文化公园。国家文化公园应体现国家性和人民性。我们认真学习《长城、大运河、长征国家文化公园建设方案》，充分认识其目的宗旨，"对坚定文化自信，彰显中华优秀传统文化的持久影响力、革命文化的强大感召力具有重要意义"。作为一个线性遗产和规模巨大的世界文化遗产，中国大运河要建设国家文化公园，需要将运河文物、运河沿岸的文化遗产和公园有机结合起来，创造出新的文化景观，来服务人民的美好生活。其传播的主题应明确为"连通、交流、融合、发展"，其反映的景观作为世界文化遗产来说应具有真实性和延展性，其服务的对象应是运河沿线的普通群众和外来的游客。其景观设计应通过文化遗产保护、传统环境恢复、历史景观再现、文化活动创意、公园设施配套等手段，成为社区居民和外来游客休闲娱乐场所和观光体验目的地。在这一过程中，进一步展现运河形象、传播运河文化、彰显运河价值，对国外游客来说，展示的是中国国家形象和中华民族精神。它首先是文化文明价值的需要，其次才是发展旅游的需要。

　　文化公园是人文要素叠加环境要素的为大众服务的文化休闲场所，突出的是某一类特定的文化积淀，注重的是环境的舒适性、景观化。而国家文化公园应是在文化公园的基础上，体现国家意志，创造文化景观，符合国家传统文化传承和精神目标追求，也即体现在对中华核心价值的保护、展示上。文化公园的景观要素可以是物质的、非物质的文化遗产，也可以是将大众聚合在一起的公共文化活动，或者是人和自然的有机结合。其主题应具有文化性和娱乐性，其基础设施应该满足公园为大众服务的较高品质要求。国家文化公园的建设可以有多角度的表现形式，如文学、文物、非遗、美食、文化活动、过去的生活展示等，它必备的载体是公众共有的自然和文化结合的休闲空间。"国家文化公园"在中国属于首创，目前还没有规范的标准、配套的法律、成熟的理论和成功的经验。

　　大运河的突出价值还体现为国家治理的重要作用，这也是构建扬州中国大运河博物馆展览的精神内核。一是有助于维护国家统一、增进文化交流、促进经济发展。大运河的一端是江淮和江南，另一端是国家的首都，首都的变迁决定了运河的变迁。如宋代定都开封，自河南荥阳至江苏盱眙的通济渠依旧发达，但从洛阳通往北京的永济渠就不再繁忙；南宋定都杭州，开封到淮河的汴河开始淤塞，淮北、宿州的地位下降，而苏州（平江府）成为运河沿线的重要城市；元代定都北京，裁弯取直开通了京杭大运河。在古代，国家层面的物资调配主要靠大运河，进而带动了商业和人的交流，促进了生产力发展。二是工程体系庞大，水利技术领先。它开创了很多古代水利水运技术的先河，不是静态的"文物"，而是流动的文明，仍然发挥着重要的航运、防洪、灌溉、供水等功能，其对于中央统治的命脉意义始终未变。三是活态在用和价值多元。中国大运河区别于其他遗产的一个鲜明特征是其仍在各领域被持续使用。运河沿岸衍生出独特的城市与村镇，经济不断增长，城市逐渐发展，为今天留下了独特的街区和古镇，影响着沿岸广大地区的发展繁荣。

　　大运河国家文化公园的国家性就体现在大运河对国家的作用上，主要体现在国家治理的过程中，既让运河两个端点的城市和地区的人民有所收获，又让沿岸的人民有所得益。过去的运河滋润了两岸的人民，那今天我们建的国家文化公园，能不能让沿岸人民更富足、更幸福，这就是"一条大河好'运'来——从世界文化遗产到国家文化公园"的转变。这个转变，从零星的文物保护，到全国重点文物保护单位，到世界文化遗产，到大运河文化带建设，再到国家文化公园建设，20年时间，中国大运河发生了翻天覆地的变化。

2. 交流融合带来美好生活

中国大运河，给过去和今天的人们带来美好生活。不同于天然河流滋养的地域文明，大运河催生的文化源自交流与碰撞、融合与发展，属于因素多元、内涵包容、富有活力的文化面貌。运河两岸的岁时节日、民间信仰、饮食习俗、游艺竞技和诗词曲艺等，因地域差异而各具特色，因运河连通而渗透融合。流淌的运河影响着两岸的儿女，他们开阔了视野，往往不会固守一隅，而是像河水一样四处奔流，不断吸纳进步，最终又相继归来，将经验和多元的文化带回故乡并生根开花。运河通则物产通、人员通，运河盛则国家强、文化盛。

今天我们看到的大运河江苏段沿岸，都是最美好的生活状态。中国古代最主要的体现国家意志的运输，往往都是通过大运河实现的，东粮西输、南物北运，都是供给首都的需要。北宋时的花石纲，就是因为要在首都汴京（今开封）的东北角建一个名叫艮岳的园林，需要江南地区的太湖石，于是派下一道税赋"花石纲"，并且通过隋唐大运河运往汴京。故宫博物院的单霁翔先生写过一本书，叫《大运河漂来紫禁城》，因为营建紫禁城所需的物质形态的砖、瓦、木头，都是通过大运河运输（漂来）的，紫禁城里面的非物质状态的建筑营造技艺、玉雕漆器制作技艺、陶瓷砖瓦烧造技艺，有很多也是通过大运河从江南传播过去的。我们常说的明清宫廷使用的官窑瓷器，是江西景德镇窑烧造的；明清北京紫禁城建设的工匠，烫样设计方是北京人，但营建的木作、瓦作等工匠则大多是江苏苏州香山帮的传承人；宫廷玉器的雕刻主要是苏州和扬州的艺人，扬州艺人擅长雕琢玉山子，苏州艺人更熟悉雕刻把玩件；扬州的漆器也是宫廷里常用的物件；紫禁城太和殿里铺的金砖，是苏州陆慕（今相城区）制造的，今天在相城区建有苏州御窑金砖博物馆，保存着原先的窑址。总之，运河在国家治理中发挥了重要的作用。

在江苏，大运河沿线古城、古镇、古村落、古码头、古驿站、古遗址等文化遗产星罗棋布，都是运河给我们带来的财富和幸福。今天我们所看到的运河上那些古镇街区，扬州的那些富裕盐商的多进院落住宅，以及匹配的宅园，是运河、盐商、财富和营造技艺的结合，瘦西湖、个园、何园、汪氏小苑无不如此。汪氏小苑是我很喜欢的一个扬州宅园，保留了较多的原真和雅趣。而因运河、盐商带来的淮扬菜，则由江苏扬州、淮安遍及整个江淮地区，成为江苏菜的典型代表，它用家常的材料做出了人间的美味。

今天的江苏运河两岸，是人民最美好的生活空间。淮安大运河清江闸周围，也成了淮安今天最美好生活的场所。我曾在傍晚的时候在那儿散步，看到众多民众在跳广场舞、沿河道散步锻炼，生活得非常热闹、惬意。同样，苏州城市的"姑苏繁华"、无锡清名桥的活态"水弄堂"、镇江西津渡"北望瓜洲"、高邮镇国寺"塔河相望"等，都是运河儿女的杰出佳作。运河水养育着江苏儿女，造就缤纷多彩、千姿百态的文化面貌，铺就江苏美丽家园、美妙生活、美好未来的人文底色。

国家文化公园的建设可以有多角度的表现形式，如文学、文物、非遗、美食、文化活动、展示过去的生活等。而策划扬州中国大运河博物馆的展览正是基于这样的考量，希望能成为全面反映大运河历史概况和现今状态的一流博物馆，能成为大运河国家文化公园中的遗产集合和文化核心，能成为公众喜爱的学习教育地、文化休闲地和旅游目的地。

3. 从点做起：策划实施中国大运河博物馆的展览

中国大运河是活态的文化遗产、流动的历史文脉。江苏省委、省政府十分重视并积极推进大运河文化带、大运河国家文化公园江苏段建设，扬州中国大运河博物馆（以下简称中运博）是其中的标志性项目，也是新时代文旅融合在大运河文化展示中的创新尝试。

中运博坐落于扬州三湾古运河畔，占地200亩，总面积7.9万平方米，由展馆、馆前广场和大运塔三部分组成。2018年8月，南京博物院接受任务，负责大运河博物馆的展览运营。我们用两个月的时间，完成了《中国大运河博物馆陈列展览及运营功能总体策划方案》，并与设计方讨论建筑内部空间的调整。2019年9月，中运博正式开工建设。2020年3月，完成大运河博物馆（筹）展览内容设计专家评审；11月，博物馆建筑主体工程完工，布展方深化展览形式设计，并与建筑施工方等现场对接。2021年1月，布展工作正式开始；6月16日，博物馆建成并对公众开放。

中运博的建设运营，目标是成为展示国家精神、彰显历史文化、体现时代特色的标志性工程，成为保存大运河历史记忆、传承大运河文化的新时代经典之作，成为展示大运河文化特色、时代特征且经得起历史检验的精品工程。因此，发挥新建博物馆在大运河文化带和国家文化公园建设中的作用十分重要。而作为国家文化公园中的中运博，则既要展示大运河作为文物保护单位和世界文化遗产的价值内涵、保护传承意义和历史教育作用，又要展现文化带和国家文化公园建设能给人民群众带来更多美好生活，发挥传承运河文明、讲好运河故事的重要作用。

考虑到国内已有的 6 座大运河主题博物馆的展览状况，在零展品起步、中运博无任何人员的情况下，我们将中运博定位为全流域、全时段、全方位地展示大运河历史、文化、艺术的专题博物馆，并且在开始时就明确了博物馆的定位：一是要建成一座大运河国家文化公园内的博物馆，而不是普通的博物馆；二是要建成一座反映大运河给人民带来美好生活的博物馆，即大运河在过去给沿岸人民带来美好生活，大运河博物馆也要给今天的人民带来美好生活。

按照上述定位和构想，整个展览从大运河沟通南北东西、促进融合发展的维度入手，全馆以 3 个常设展览、5 个专题展览、1 个动态虚拟展览、1 个数字化沉浸式展厅、1 个小型剧场传统戏曲展演、1 个青少年体验展示项目、2 个临时展厅，通过向公众提供优质的包括展览在内的文化产品，讲述大运河的前世今生，展示中国大运河作为文物保护单位、世界文化遗产、国家文化公园的价值和作用，以及大运河给人们带来的美好生活。3 个常设展览在一楼，第一个是"大运河——中国的世界文化遗产"，是从遗产的角度全时段、全流域、全过程地展示运河的变迁和作用，里面用了征集来的近 7000 件文物作为支撑，其中有许多大型的考古出土文物和遗迹，如古汴河的考古发掘地层剖面、运河边的碎石路面、考古发掘整取的唐墓宋窑等，有非常良好的体量感和视觉效果。在展览结尾部分，做了一个以五折屏方式体现的多媒体视频，反映的是今天大运河沿岸人们的美好生活，获得了观众的极大欢迎，每天都有排队等候观看的人群。第二个是"运河上的舟楫"，提前做了六七十条船模，展示其形象与用途，同时做了一条民间使用的被称为"沙飞船"的大船模，长22米、高17米，放在展厅后部，并在船的周围做了一圈环幕，通过影片所产生的视觉差，让公众登临沙飞船，有一种船往前开的感觉。而影片的内容正体现出船从杭州开出，经过苏州、无锡、常州、扬州，一直开到北京。在这个展览里，最重要的是影片所反映的运河上的桥梁和运河两岸的建筑必须是真实存在的，而不是臆造的，这是博物馆展览、展示的原则要求。为此，我们用了一年多的时间，派出调查团队沿岸去拍照片、收集资料，使得影片真实、直观、好看。第三个是"因运而生——大运河街肆印象"，展示了大运河沿岸城镇的街道和商店的印象。这里展示了大运河四个主要节点城市的地域风貌和时代特征的印象，一是唐宋时的洛阳和开封，二是京杭大运河北方地区的北

"应运而生——大运河街肆印象"装修中

京和天津，三是江淮地区的扬州和淮安，四是江南地区的苏州和杭州。这四个地区特征的街道连成一条街，之间用牌楼给它做一个区隔，街道中的商店买卖的都是反映地域特色的商品，我们将这种表现方法称为"城乡历史景观的再现"。5个专题展览在二楼，有"世界知名运河与运河城市""中国大运河史诗图卷""大运河非物质文化遗产""紫禁城与大运河""隋炀帝与大运河"，讲述了运河文化、艺术、遗产的方方面面。此外，我们还为10岁以下的小朋友做了"运河湿地寻趣"展览，里面不仅有运河湿地里动物、植物的标本，还养有活的小鸟、小鱼、乌龟等，让小朋友寻觅。当人们参观得有些累的时候，讲述运河水带给人们美好生活的沉浸式体验展"河之恋"出现了，这是给参观观众的又一个巨大惊喜，展厅内满满的带着喜悦憧憬的观众是给我们的最好回报。最后，我们在负一层，为10—15岁青少年设置了一个类似密室逃脱游戏的教育活动项目，叫"大明都水监之运河迷踪"，通过参观学习、答题打卡的方式，让青少年在游乐中得到教育。这个项目很受欢迎，必须提前较长时间才能预约到入场门票。

总体来说，中运博是一个公共文化服务场所，同时也是一个文化旅游的重要目的地，是一座能够给人民带来美好生活的博物馆。今天的中运博，不仅有如公园般美丽的博物馆环境，有新唐风格调、内外空间适宜的博物馆建筑，而且有深受公众喜爱的博物馆展览、展示、展演，充分彰显了大运河的千年底蕴、时代价值、当代形象，是一座国家文化公园内的博物馆。

中国大运河是一条绵延不绝的母亲河，养育了沿岸的无数儿女，凝聚了国家的力量和民族的尊严。从文物、文化遗产、文化景观到国家文化公园，中国大运河正从一条交流融合的人工河道，转变为带给人民美好生活的幸福风景。

（图片均由龚良提供）

从面向大海到背倚大江

——原来你是这样的常熟

江蘇文脈大講堂　　常熟文化大讲堂(第21期)

原来你是这样的常熟

从面向大海 到背倚大江

南京大学教授　博士生导师

主讲人：张学锋

时间：2022年9月12日 14:00
地点：常熟大剧院

指导单位：中共江苏省委宣传部
主办单位：江苏文脉整理研究与传播工程工作委员会办公室　凤凰出版传媒集团
承办单位：现代快报+　中共常熟市委宣传部
支持单位：常熟市保利大剧院管理有限公司

YUSHAN

主讲人：张学锋

南京大学教授、博士生导师

一、引子：我与常熟

首先聊一下我与常熟的故事，作为这次讲座话题的引子。

我相信全国各地大部分像我这个年龄的人（我今年 60 岁），一定是通过革命样板戏现代京剧《沙家浜》才知道常熟这个地名的。20 世纪六七十年代，娱乐活动很少且单一，观看、学唱八部样板戏成为当时全国人民共同的爱好。《沙家浜》这一出戏，给我们留下最深刻印象的两句台词，一句是"朝霞映在阳澄湖上，芦花放，稻谷香，岸柳成行"，这是一个非常美妙的江南风景的白描。第二句就是春来茶馆前刁德一的那一句"这个女人不寻常"。所以我觉得，讲到沙家浜，讲到这两句台词，在我这个年龄层次的人群中，可以引起非常大的共鸣。

第二个是我少年时代的常熟记忆。我是苏州城里人。常熟人通常不承认自己是苏州人，是吧？其实在我们苏南地区，大家都一样，如果有常熟人说："我是苏州人。"那么，我们苏州市区人也一定会反问："你怎么是苏州人啊？"在 20 世纪 70 年代，从小学到初中、高中，学校几乎所有的课程老师都是用方言讲的。我后来就是回忆不起来，当年上语文课时，老师是怎么带我们念课文的。也许语文老师是外地人，他会讲普通话。在我初、高中的教师团队中，教化学的徐祖耀老师是常熟人。虽然他可能也学过普通话，但上课时他自始至终讲的都是常熟话。徐老师和我的父亲差不多同龄，对学生和蔼可亲，在这么好的老师的指导下，我的中学化学学得特别好。记得有一年，我和我们班（当时已经分了快慢班，我在理科快班）的另外两位同学在徐老师的安排下报名参加了江苏省中学生化学竞赛，徐老师是送考老师。考试安排在上午，但前一天放学时徐老师对我们说："明天早晨不要吃早饭啊！"我们心里想，出门前总得吃碗泡饭吧，要不然一上午的竞赛怎么考啊？后来约好四人集合的时间和地点就各自回家了。因为是冬天，第二天早上师生见面时天还没亮透，徐老师带我们走进了一家面馆。我记得，那家面馆在道前街（当时叫红旗西路）吉利桥东。徐老师给我们一人点了一碗焖肉面。那碗面，好吃得简直令人一辈子难忘。后来才知道，那碗面当时要3两粮票2角2分钱。那碗面，至今我都没有忘记。

作为常熟籍的老师，徐老师不仅关爱学生，而且他的常熟口音也给我们班同学留下了深刻的印象。高中毕业20年后的同学聚会，徐老师来了。当时，大家都要谈谈高中时候留下的深刻印象，我就讲了徐老师。我说，每次上化学课的时候，徐老师都拎着一个放着试管等各种仪器的木盒走进教室，他把那盒子往讲台上一放，讲出他那句经典的开场白："俺哩同学晓得，化学反应方程式的配平是蛮难葛……"（此处自行"脑补"常熟话）结果在场的老师、同学笑得前仰后翻，可见一个老师对学生的影响之大。1980年我高中毕业，一心想考北京化工学院，结果没考上。第二年，父母尊重我的意愿让我选择了考文科。当年，我作为苏州市高考文科探花，被南京大学历史系考古专业录取，在那里求学、任教，一直到今天。这是我少年时期对常熟非常深刻的记忆。

虽然自己早年对常熟就心向往之，且常熟与苏州也近在咫尺，但我第一次来常熟，已经是我40岁的时候。2002年，当年的常熟师专，即今常熟理工学院承办了江苏省六朝史学会的年会，我带着两个学生来常熟参加了会议。其中一个硕士生叫崔世平（现暨南大学副教授），河南人，当然也是第一次来常熟。在常熟的那几天里，他第一次见到了蒸食的大闸蟹，第一次吃到了炒螺蛳，他都不知道怎么下口，还第一次吃到了真正用铁锅烧出来的白米饭。我说："今天再给你配一碗鲫鱼汤吧。"说到这里，我就会联想起两千多年前西汉司马迁在《史记·货殖列传》中提到的江南地区的饮食习惯——"饭稻羹鱼"。司马迁的《史记·货殖列传》是非常有意思的一篇人物传记，"货殖"就是发财致富的意思。在这篇传记中，记载了数十位春秋到西汉时期发财致富的群像，用我们今天的话来说，就是历史上的"福布斯富豪榜"。司马迁在讲到我们江南地区时说："楚越之地，地广人稀。"今天，我们江南地区是全国最繁华的地区之一，但在春秋战国秦汉时期，却是个地广人稀的"蛮夷"之地。接着司马迁记录了当时江南的饮食习惯，这就是前面提到的"饭稻羹鱼",吃的是稻米做成的饭,喝的是鲜鱼做的汤。在江南人的日常生活中,"饭稻羹鱼"是不错的饮食,但在北方人司马迁看来,却是非常粗粝的食物,因为他接着说,那里的男人个个都短命(丈夫早夭),既没有富豪,但也不会饿死人(无冻饿之人,亦无千金之家)。但司马迁也不得不承认,江南之地自然食材丰富,不会因为农业歉收而饿殍遍野(地势饶食,无饥馑之患)。我们江南地区自然条件太好了,社会发展比较均衡,可能找不到富豪之家,但也饿不死人。没有饭吃的时候,可以去抓鱼摸虾,采蚌觅螺,加上水生的茭白、莼菜、莲藕、红菱、鸡头米,这些天然水生动植物都是我们江南自古以来最典型的食材。从这些方面来看,再回忆一下刚刚提到的《沙家浜》唱词"朝霞映在阳澄湖上,芦花放,稻谷香,岸柳成行",可以说常熟是江南地域特色最鲜明的城市之一,是吴文化的核心区域。这就是我对常熟历史文化的一个基本认识。

二、 一个小人物的故事:第一次触摸到的常熟历史

大学毕业从事历史研究以后,我第一次触摸到常熟的历史,其中有这么一个机缘。有一种历史文献,叫《建康实录》。我们都知道统一的秦汉王朝,历经400余年,经东汉晚期的军阀混战,最终形成了曹魏、蜀汉、孙吴三国鼎立的格局。孙权在江南建立了政权,定都今南京市,当时称建业。西晋平吴后,全国进入了一个短暂的统一时期。不到30年,全国又陷入了混乱,西晋王族司马睿在王导等人的协助下,渡江南下,在今南京建立了新的王朝,史称"东晋",都城亦改名为建康。公元420年东晋灭亡后,又先后出现了宋、齐、梁、陈四个王朝,继续以建康为都。这四个王朝加在一起又称"南朝",后人将孙吴、东晋、宋、齐、梁、陈这六个王朝连称,这就是"六朝"。当时的华北地区经历了十六国、北朝,王朝更替,难以计数,最终为隋朝统一。因此,从东汉末年的分裂到隋朝统一的这段历史,又被称为魏晋南北朝时期,前后相继近400年。六朝的都城均在今天的南京,除孙吴时期称建业外,其他时期都称建康。《建康实录》就是一部专记六朝历史的史书。

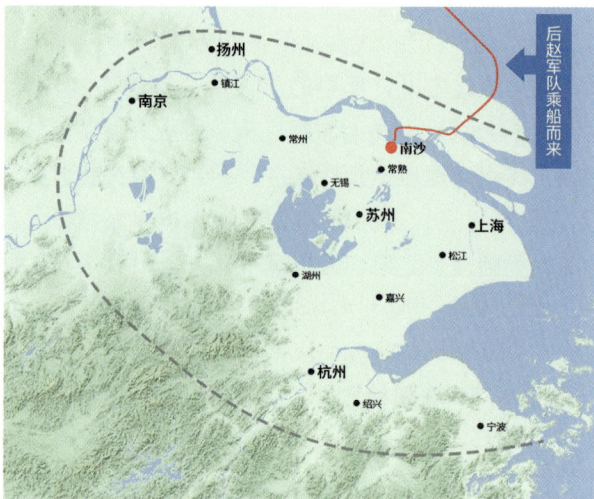

后赵军队袭击南沙示意图　现代快报顾子臻制

　　我读《建康实录》时很早就关注到，《建康实录》的作者叫许嵩，唐朝人。《建康实录》里有很多人物传记，其中有一个人物叫许儒。在《建康实录》的第七卷，晋成帝咸和五年（330年）夏五月，北方十六国之一的后赵国国主石勒，派遣将军刘征率领舰队，从今天山东半岛一带沿海南下袭击南方的东晋。后赵军队偷袭的是什么地方呢？这个地方叫南沙。南沙就在今天的常熟境内（参见上图）。在这场偷袭战争中，后赵军队"害都尉许儒"，即在南沙任都尉的许儒被后赵军队杀害了。许儒被害事件，按通常的历史书写应该非常简单，史书中能留下一句话"害都尉许儒"就不错了。但是，许嵩却刻意在内容庞大的《建康实录》里为这个小小的南沙都尉许儒立了小传，而且还写得比较详细。

　　都尉是什么官职呢？南沙都尉的具体职责又是什么呢？南沙，六朝时期是一个县，位于今常熟市境内。都尉的职责是专管一地的军事戍防及治安，南沙都尉就是南沙县军分区司令或公安局局长，品级不高，最多是个副县级。许嵩把一个副县级的低级官员，在如此规模庞大的史书里面留下了100多字的记载，一开始读来，实在有点匪夷所思。接下来，我们可以看一下许嵩是如何记载许儒这个人的。

　　《建康实录》卷七记载：

　　夏五月，石勒将刘征寇南沙，害都尉许儒。儒字思行，高阳人。祖勋，吴御史中丞。父延，河间相。儒幼而立行，清素忠烈，有曾、闵之性。早丁母忧，在殡，遇凶贼放火。儒抱柩悲号，贼为救火保护之，所居一里赖全。起服，为郡功曹。元帝宅江左，澄洗九流，妙于选举，为司徒参军。出为南沙都尉，县为石勒所寇，遇害。

　　许儒字思行，高阳人。高阳县在今河北省南部。东汉末年南北分裂后，由于北方战乱频繁，很多人都逃到南方来了。许儒的祖父叫许勋，孙权时就做了孙吴的御史中丞。可见高阳许氏的一支很早就迁到江南来了。100多字的记载中主要说了许儒孝行感动窃贼的故事，这在当时是对一个人道德规范的最高赞誉。最后，许儒离开京城到南沙这个地方来做都尉，然后就在石勒将军刘征的偷袭下战死了。《建康实录》里对许儒的记载，一开始我是觉得不可思议的，后来突然想通了。《建康实录》的作者许嵩姓许，高阳人。许儒姓许，也是高阳人，不排除是许嵩的远祖。原来，许嵩是在"开后门"啊！
　　这就是我最早触摸到的常熟的历史，时间是在20世纪的80年代末，已经过去30多年了。当时我的这些思考，写成了一篇小文《后赵浮海抄略散论》，发表在《南京史志》1991年第3期上。

三、 从僻壤到腹地：常熟历史上的行政建置

　　那么，许儒传记中出现的南沙县的核心区域，或者说县政府又在今天的什么地方呢？就在今天望虞河与福山塘流入长江的三角地带，今天这里的中心聚落叫福山村。这个地方，今天虽然离长江不远，但六朝隋唐时期，南沙县却位于海岸线上。
　　接下来讲讲常熟的历史。我相信在座的各位大多在常熟住了几十年，应该能与这个话题产生一些共鸣。
　　我们再次看一下前面已经看过的那张地图。这是一张长三角的地图，东边是大海，沿海岸线北上，是后赵石勒手下的将军刘征占据的山东半岛。许儒离开都城到南沙县任都尉，这个地方当时是很偏僻的。从都城建康出发往东，要过镇江，过常州，过无锡，然后到苏州。苏州当

时叫吴县。吴县最北边的这个小红点，也就是今天的福山村一带，这个地方才是南沙县所在地。后赵军队乘海船而来，我画了一个示意的线路。为什么行军路线会画到今天南通的陆地上？是因为东晋时期此地都还没有成陆，都是大海。所以，船只不需要通过今崇明岛转入长江口，而是从现在的南通就可以一直到常熟了。

把上面的话题稍微解释以后就会发现，当时南沙县与后来的常熟县还不是同一个概念。后赵军队浮海南下的这场战争，《建康实录》用了"寇"这个字，而不是征伐的"伐"。如果是"伐"，那就是有组织、有计划地来讨伐一个对象。"寇"，很明显，就像一股流匪突然之间打过来抢了一批就走了那样，应该是一场遭遇战。许儒因此战死在了今天讲起来是江边，但那时候却是海边的地方。

常熟地貌的演变，就存在着一个从面向大海到背倚大江的过程。

讲到从大海到大江，我们还得看一下下图。这张图是今天长江三角洲地区的卫星图，中心区域是太湖，太湖东岸是苏州，常熟在苏州的北

西晋时期长江口海岸线与南沙、今常熟位置示意图

偏东。但是，常熟北部包括今张家港的很多地方，尤其是今天张家港北部的常阴沙，成为陆地，到现在大概最多也就 1000 年吧。1000 年以前，这些地方全是大海。这张地图上画出了距今约 1700 年前西晋时期长江口南北的海岸线，从图中不难看出，当时的长江口有多大。长江口北部，从今盐城市区到海安县城，往东全部是大海，没有今天的南通，没有海门，没有启东，最多到今天的如皋。长江口以南，历史上属于常熟的张家港北部，都是浩渺的大海。今天有一条国道 G346，即张杨公路，公路以北就是大海了。因此，我们在思考常熟的历史文化时，就必须将地理环境的变迁作为一个重要的参照因素。再次确认一下，前面多次提到的南沙县，就在当时的海边。所以，从北方沿黄海南下的船只，沿着盐城、东台，然后从海安、如皋过了海口就是南沙。当时的长江口在哪里？从地图上可以看出，江北是扬州，江南是镇江，到了这个地方，长江其实就结束了，从这儿往下就全是大海了。

今天的主要话题，是谈唐宋时期长江口海岸线的变化给常熟的区位特征带来的影响。先来了解一下常熟的历史沿革。今天的常熟是怎么来的？过去的常熟又是一个什么样的状况？这叫行政建置的沿革。我们先看今天，然后倒过去推。

从"苏州市地图"可知，最近苏州市提出了区域一体化的目标。区域一体化，首先要造轻轨，把苏州市下辖的这几个区市全部贯通，这是个好事儿。北边的淡橙色区域是常熟，很大。东部的浅绿色区域是太仓，东南部浅粉色区域是昆山，苏州市区北郊是相城区，南郊是吴中区，南部与浙江接壤处是吴江区。我没有提到张家港市，因为它重要，所以要单独提出来，离开了张家港，我们的常熟就是不完整的了。

再看一下这张"苏州市地图"。常熟西北浅粉色的这一块就是今天的张家港。今张家港市的大部分区域，历史上是属于常熟的，这种归属持续到了 1957 年。1957 年，国务院批准设立沙洲县。今天年轻的一代都知道这个地方叫张家港市，我小时候就记得那个地方叫沙洲县，县政府所在地叫杨舍镇。经过几年的筹备，1962 年，一个新的行政区域正式成立了。这个行政区域以江阴、常熟两县的一部分为其辖境，常熟划出 14 个公社，江阴划出 9 个公社，共同建立了沙洲县。江阴划出来的土地比较少，而常熟为设立沙洲县做出了重大的牺牲，失去了大量的土地。

苏 州 市 地 图

苏州市地图

1986 年，沙洲撤县改市，称张家港市。今天，我们在讲常熟历史的时候，会把常熟西北这块土黄色的张家港市全部纳入进来。

除此以外，常熟隔壁的太仓，它形成的年代也很晚。这块区域原本全部叫昆山县，一直到明朝，太仓都是昆山的一部分，是昆山这个大县靠海的地区。明朝以后，为了海防的需要，专门把它划出来成立了一个中央直属的太仓州，当时还不叫太仓县。这个时候又从常熟割了一块过去，太仓西南方向有一个乡镇今天叫双凤，双凤镇本来也是常熟的。

当我们把这些历史弄清楚以后，可以看到唐宋时期的常熟有多大。北边，从张家港市区还要往西那个叫鹿苑的地方开始往东，一直到今太仓西南部双凤镇，都是常熟县辖境。但当时的土地面积并没有今天这么广袤，因为在唐代以前这里的沿海地区都还没有成陆，是大海、沙滩及海口的沙洲，一片苍茫。

我们从今天往以前推，整理出了常熟历史地理的变化过程。接下来，我们反过来，从最早在常熟这个地方的行政建置开始看。西汉景帝，就是汉武帝的爸爸在位期间，在常熟地面上首次设了一个乡。县的下一级是乡，乡的下一级是里。那么，这个乡的上级机构县是什么县呢？这个县就是设在今苏州市区的吴县。吴县的北边太空旷了，于是选了一个地点设了一个乡，这个乡叫虞乡，出现了"虞"这个字。今天我们常熟最主要的风景区就是虞山，当时就是利用这座山的名字来给这个新成立的乡起的名字。虞乡的中心位置，基本上和今天的常熟市区在一起了。过了100多年，东汉时期，在虞乡的西北又设立了一个乡，这个乡叫南沙乡。东晋时期许儒战死时，南沙乡早已经升格为南沙县了。行政区划细分的基本依据，是这个地方户口、生业、要害等因素的变化。西汉在吴县北部设置虞乡，可能是因为这个地方的人口增加了，需要有个乡政府来进行治理。后来在虞乡西北又设置南沙乡，是不是如此偏僻的海岸旁人口也增加了呢？这倒未必。因为在西汉设置虞乡的同时，在虞乡的海边还设置了司盐都尉署。司盐都尉署就是食盐生产销售管理处，这个食盐生产销售的地点就是南沙。顾名思义，南沙的意思，就是大海南岸的沙地。很明显，常熟北边，它沿的哪是大江啊，沿的分明是大海。海水是咸的，没有海水、海滩，怎么能制盐呢？

　　从司盐都尉署这个管理部门的设置可以看出，常熟原本是一块面向海洋的大地。我们来谈谈中国古代食盐是怎么生产的。今天，江苏沿海也很少生产盐了。历史上，江苏沿海的主要产业是食盐生产，产出来的盐叫淮盐。在工业制盐普及以前，我们食用的盐是怎么生产的呢？我们马上会想到在海滩上晒盐。但是，江苏虽然海岸线漫长，但沿海却没有很好的海滩。汉代以来的产盐重镇盐城，今天是麋鹿的保护区，广布滩涂，根本没有海滩可供晒盐。所以，中国最古老的制盐，是用锅熬出来的，古代叫"煮海为盐"，又叫"熬波"。但是，直接把海水倒入锅中熬煮，那效率太低了。人们把海边滩涂上含有盐分的涂泥挑回来，然后放在水池子里面倒入海水浸泡，经太阳照晒，水分蒸发掉一部分后，留下的液体就是含盐量很高的盐卤，把盐卤倒到锅里用火慢慢熬干，就形成了盐。

　　把思绪拉回到汉代的常熟，吴县北边最偏僻的南沙乡，即今天福山村一带，往北全是海滩。在这里挖取海滩上的涂泥，经过淘洗、沉淀、暴晒，获取盐卤，最后用炉灶把它熬制成盐。推想南沙食盐的产量应该不低，以至于朝廷要在这里设立司盐都尉署来专门管理。所以，制盐业，应该是农作物生产和鱼虾、螺蛳、河蚌等自然采集物以外常熟真正的"产业"。常熟在宣传自身历史文化的时候，我觉得这一点应该大书特书。为什么呢？现在全国各地都在推进一个重大的项目，叫"中华文明探源工程"，江苏省设定的文明探源工程的子项目之一就是盐业。

两汉时期，吴县北部设置两个乡——虞乡和南沙乡。公元280年，西晋平了江南的孙吴，实现了全国的暂时统一。西晋王朝在平定江南统一全国的次年，便着手对全国的行政区划进行重新调整。就常熟而言，动作非常大，把原本吴县北部的虞乡升格为县，这个县被命名为海虞县，海虞县的核心地区就是今天的海虞镇，就是今常熟市区。从虞乡升格为县，继续保持"虞"这个字，完全在预料之中。那么，为什么在"虞"字前加上"海"字？有了上面的知识铺垫后，就很容易理解了，因为这片土地就在大海边上。作为地理标志，一个大海，一个虞山，两者之间新设的县，称海虞县，我觉得是非常恰当的。数十年后的东晋时期，政府又把海虞县的西部划出，在原本吴县南沙乡范围内设置了南沙县。海虞、南沙，吴县北境的这两个乡，两晋时期终于升格为海虞县、南沙县。行政区划调整的背后，无疑说明了今常熟地区经两汉400余年的发展，开发程度逐渐提高，人口增长快，生业稳定，符合了设县管理的条件。

那么，今天常熟这个地名最早又可以追溯到什么时候呢？南朝时，在这块土地上新设了一个郡，这个郡叫信义郡。郡比县要高，郡统辖着数个县。原本统辖海虞县、南沙县的郡叫吴郡，治所很远，在今天的苏州市中心。现在在吴郡之外又另设了一个信义郡，统辖的地区虽然还包括今昆山、太仓的一部分，甚至还有长江北岸泰州的部分地区，但其中心地域就是海虞县和南沙县。信义郡的郡治即处理郡务的衙门设在南沙县，很明显，信义郡的设置，目的在于控扼喇叭形的长江口，突显其地位的重要性。不仅如此，还有一件大事必须说明，在南沙县新设信义郡的同时，还把南沙县这个地名改了，不再叫南沙县了，改成常熟县。这是"常熟"这个地名的首次登场。最早的常熟县不在今天的常熟市区，而在今天的福山村。至于为什么要取"常熟"这个名字？各种历史记载说法都大同小异，因为自然环境好，粮食作物常年都成熟嘛。但是，历史研究者不一定会相信这样的说法，这里土壤膏沃，岁无水旱，一年到头既没有旱灾，又没有水灾，每年都是丰收的，这样的描述与历史史实之间并不一定相符。

公元589年，隋朝平定了江南的陈朝，分裂了近400年的中国重归统一，隋朝政府将信义郡废了。南朝晚期，政治腐败严重，经常可以看到的现象就是"郡县滥置"，一个大的郡把它分成好几个小郡，一个县把它分成好几个小县。为什么？为了安排人去当官啊。所以，当时的历史记载说，有的县只有100多户人家，就相当于我们现在的一个村，但它依然是个县。到隋朝再次统一后，新政权对江南这些听都没听说过的海阳县、前京县、信义县、兴国县以及此前的海虞县进行合并，合并以后的新建置称常熟县，县政府所在地依然设在南沙，也就是今天的福山村一带。

隋朝建立后，推行新制度，地方上的第一级行政区划就不再叫郡了，把它改成了州。譬如说苏州，本来一直叫吴郡，但隋朝统一全国以后，把它改成了苏州。附近的吴兴郡改成了湖州，余杭郡改成了杭州。那么，以常熟为中心的这个区域称什么州呢？答案：常州。用了常熟的常字。所以，今天常州这个地名，取自常熟。有了常熟才有常州。后来常州的行政中心即州治迁到了武进县，武进县成了常州的行政中心。为什么会迁到武进县？常熟一直以来其实都比较吃亏，因为它不在交通主干道上。历史上的交通主干道是运河，而武进县在江南运河的岸边。近代以后铺设的沪宁铁路，常熟又不在沪宁铁路沿线。江南名邦名城常熟，由于历代交通路线的改变，可以说没有占到什么好处。现在有了高铁，在区域一体化进程中，我坚信常熟以其文化底蕴，一定会迎来一个发展的新局面。

时代发展到了唐代，公元624年，即唐朝建立后的第七年，常熟县的县治终于从今福山村一带移到了今海虞镇，就是今天的常熟市区。自此以后1000多年，至今没有改变。我的专业是考古学，如果在福山村一带进行考古发掘，也许在地底下会发现好多唐朝以前人类活动的痕迹，但很难发现唐朝以后有分量的人类活动痕迹。因为福山一带失去了行政中心的地位，而海虞，虞山脚下的这片土地变成了它的中心。

四、 面向大海：作为国际大港扬州卫星港的常熟诸浦

虽然说交通问题影响到了以后常熟区位的发展，但在长江口尚未淤塞的时代即唐代，常熟却是面向大海的聚落群，妥妥的海港城市。

首先，我们要了解一下唐宋以前长江下游河道及长江口的地理形势，思考一下现代化港口出现以前，大型船只如何才能在宽阔的水道上靠岸登陆？我们先把眼光朝向长江下游河道。

航行在大江或长江口的大小船只，在什么样的条件下才能靠岸上岸呢？这跟常熟又有什么关系呢？我们再来看两张常熟旧志上的地图。

明清以来的很多地方志都保存到了现在，为我们了解地方历史文化提供了宝贵的资料。地方志的卷首往往有一些地图，但都是人工手绘的，没有比例，缺少准确的方向感，示意而已。这张"常熟县界图"比较早，是明朝建立以后不久修纂的《洪武苏州府志》里保留下来的常熟县界图。图的中央是常熟县城，虞山、尚湖的位置跟今天一点都没变。

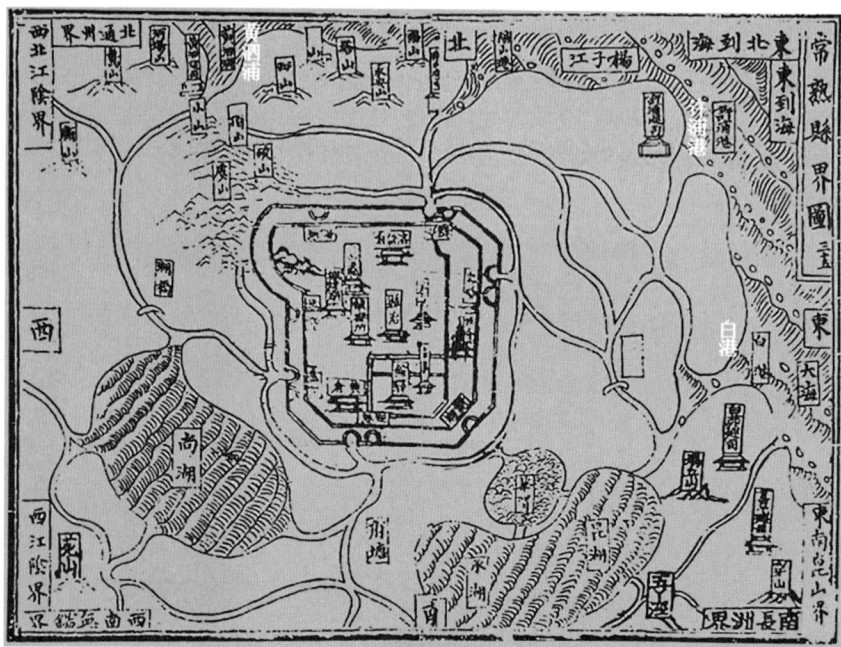

常熟县界图（《洪武苏州府志》）

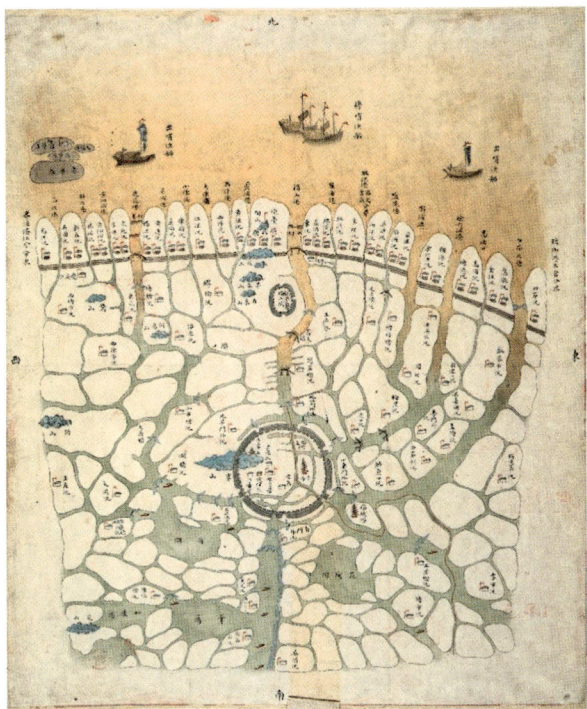

常熟北部的入江诸浦（清末《常熟舆图》）

它的周边地区就是它的乡村，北边是长江，图的右上角上写了"东到海"，东边一直到海。西北是江阴界，西南是太仓州，南面是昆山。虽然地图的比例很成问题，但疆域概念描述得还是很准确的。在这张图的上部长江沿岸，还能看到有好多的长条形方框，因为这张图是木刻本，本身就看不太清楚，能看清楚的有这么几个：东边这个方框里写着"白港"，更熟悉的叫法是"白茆港"。中间这个方框里写着"许浦港"，到了西边，在今天张家港境内有一个著名地方叫"黄泗浦"。黄泗浦现在属于张家港管辖，原来在常熟地界。上图是据清末编制的《常熟舆图》高清化了的图。常熟县城北部，像一棵枝叶繁茂的树冠，几十条河道向北流入长江。在河道的入江处，密密麻麻地写满了字，放大后可以看到写的都是某浦或者某某浦、某某港。参照这些旧地图，参考历史文献的记载，在常熟地界上，至少可以数出27处。浦也好，港也好，都是长江南岸的支流。直接流入长江的支流叫浦，浦跟长江交汇口叫浦口，浦口如果形成了港，这个地方就叫某某港。那么，这又涉及另外一个问题，我们接下来要面对的唐宋时期这些港浦的海洋意义又是什么呢？

唐宋时期，苏州的北边和东北边就是常熟和昆山两个县，当时还没有太仓。史书上留下来的浦有多少呢？有三十六浦。这三十六浦是太湖泄水的重要通道，为确保太湖平原不遭受内涝，三十六浦的疏通是极重要的工作之一。北宋赵霖写的《三十六浦利害》中，就写到了苏州官府为治理这三十六浦绞尽脑汁。昆山、常熟一共三十六浦，除常熟的许浦、白茆浦及福山浦三浦还比较宽、比较深以外，其他的三十三浦都逐渐淤塞了。长年住在常熟、太仓或嘉定的"土著"都知道，北边沿江地带叫高地，南边叫低地。北边它本来不高，但因为长江的淤沙，地势变得越来越高。低地的水流不出去会怎样？那就会发生严重的内涝。所以，一直到唐宋时期，常熟都无法保证每年都大丰收，更何况比它早五六百年的南朝呢！

常熟境内一共有二十多个浦。这二十多个浦，我们一起来读一下，看看有多少是今天的常熟人听说过的：黄泗浦、奚浦、西陈浦、东陈浦、水门浦、崔浦、耿泾浦、鱼碑浦、邬沟浦、瓦浦、塘浦、高浦、金泾浦、石撞浦、陆河浦、北浦、甘草浦、千步泾、司马泾、钱泾、黄莺漕……今天我们查看卫星地图，图上已经很难确认这个地方曾经有过入江的河道了。所以，作为长江国家文化公园建设的一环，我觉得常熟可以在具有历史意义的二十多个浦上做文章，确认其地点，在那儿立个简单的石碑，指明这里曾经是唐宋时期的某某浦。这二十几根石柱连起来，就是常熟长江国家公园建设的一道风景线，更可以让常熟市民了解自己的历史文化，感悟沧海桑田。

常熟诸浦对当时人们的生产生活又有什么意义呢？

对比六朝时南沙县、长江口的位置，今天我们想看汹涌激荡的海潮，都要跑到浙江海宁或杭州去看钱江潮。但是，唐宋以前根本就不需跑到杭州或海宁，常熟应该就是看海潮最好的地方。当时镇江、扬州以外的长江口，是一个巨大的喇叭口，与其说是长江口，不如说是长江口外的海湾。如果喇叭口海湾涌上一亿立方米的潮水，它的宽度是 30 千米，可能基本上看不出汹涌澎湃的景象。同样是一亿立方米的潮水，如果喇叭口宽度缩小到了 10 千米，那么，海潮的气势就涌现了。到了扬州、镇江之间，长江口的宽度只剩下 5 千米了，不难想象，涌潮该有多么壮观。隋唐时有一道著名的风景叫"广陵潮"。广陵就是现在的扬州。广陵潮前面还可加上一个字"涌"，就成了"广陵涌潮"，如果加上广陵潮多发的春天，就成了"广陵春潮"，马上就被赋予诗情画意。潮水涌进喇叭口的海湾后，乘势而上，无法停息，一路沿长江河道往上涌，到都城建康，在城西石头下的江面上形成了"石城春潮"。潮水大的年份，可以继续往上涌，一直冲到今安徽省马鞍山的采石矶。采石矶古称牛渚，于是在牛渚形成的涌潮又叫"牛渚春潮"。但是，公元 10 世纪唐末以后，由于长江口地区的大规模淤沙堆积，改变了长江口外海湾的面貌，这些传统的风景就逐渐消失了。

在当时那样的环境下，从长江上顺流而下的大型船，以及来自洋面的大型船只要进长江口，想直接进入城市是非常不容易的，因为无法在江岸或海岸两边直接停靠。因为两边都是沙滩或者滩涂，必须得有内河支流，趁着潮涨时进入支流，到风平浪静的内河支流里来靠岸。前面我们讲到的昆山、常熟三十六浦，它的重要意义就这么凸显出来了。

最令中国人觉得自豪的时代，就是唐朝。唐朝尤其是唐中后期，当时最大的国际大港不是今天的广州，也不是泉州，竟然是扬州。扬州这座城市，在唐代成了交通的十字路口，往西可以进入长江流域的腹地，往东面向大海，南北又有大运河。隋炀帝在位时期整治的大运河系统，把扬州这座城市推向了公元 8—9 世纪东方最大的国际港口城市。擅长航海的阿拉伯商人还专门写下了海外贸易指南，告诉阿拉伯商人怎么才能去印度，怎么才能去广州，怎么才能去扬州。那么，扬州国际贸易港地位的确立，对常熟、昆山的三十六浦又有什么意义呢？

接下来貌似题外话，但实际上一点都不题外，任何话题都是非常有机地结合在一起的。隋唐运河的中心在今天的洛阳，当时是隋唐两朝的东都。隋唐运河系统，以洛阳为中心，往北一直可以到幽州，往南通过通济渠（汴河）到淮河北边的今盱眙，进入淮河，稍微利用一段淮河水道到达今天的淮安，然后再沿着邗沟到扬州。在扬州渡过长江到镇江，然后它就一直伸向繁华的江南地区了。镇江那个时候叫润州，润州、常州、苏州、湖州、杭州，这五个州再加上一个今千岛湖所在地睦州，这六个州在唐代中后期又叫浙江西道，是全国经济最发达的地区。

但是，这只是就我们中国国内的形势而言。这几年在探讨和阐释大运河的价值时，我更多的是在思考大运河的世界史意义。大运河对于我们中国来说，无疑沟通了国内的南北交通，南方的粮食物资可以顺利地运往都城，维护了中国大一统的局面。但是，如果我们把眼光放到欧亚大陆交通线路上去观察，中国国内的这么一条人工运河，在世界历史上又有什么意义呢？

我们知道，丝绸之路有南北两条通道，一条是陆上丝绸之路，基本上从中国的洛阳、西安开始，经过河西走廊，过新疆塔里木盆地到了中亚，然后到了西亚的地中海沿岸。同时，汉代以后，又逐渐形成了一条海路，今天称其为海上丝绸之路。汉代以后，中国的航海起点通常都在广州或广西的合浦，然后沿着中南半岛南行，一路取得补给，到今越南南部的占城，过马六甲海峡，经孟加拉湾到斯里兰卡，渡过阿拉伯海进入波斯湾，到达叙利亚。到了这里，海路就终止了。但是，从叙利亚可利用所谓的"两河"，即幼发拉底河和底格里斯河，往北到达地中海沿岸的阿勒颇。

南北两条交通主干道，就像我们今天现代化的高速公路。城市道路如果形成了环状线，那么，交通一下子就便捷了。原本陆上丝绸之路的东端，与海上丝绸之路的东端，在中国的东部是个死胡同，接不上。只有等到隋炀帝完善了运河系统以后，尤其是从洛阳、开封到扬州这一段，即沟通了汴渠、邗沟，陆上、海上丝绸之路东端就被打通了。也许有人会问，你有史料证明吗？没有史料，我们只看结果。在大运河开始发挥作用的唐代，善于国际贸易的阿拉伯人、波斯人，经陆路而来的他们，目的地不再单纯的是长安、洛阳；经海路而来的他们，目的地也不再单纯的是广州。一个巨大的变化是，他们来到了长江与运河交汇处的扬州，在扬州建立起了繁华的居住地，从事商贸活动的"胡商"据说有数千人之多。他们逐渐组建了自己的社区，称"蕃坊"。他们经营的大多为香料、珠宝，价值非常高。扬州因此成为唐中后期最大的国际贸易港，也因此成为仅次于长安、洛阳的大都会。唐晚期人们有个共识，叫"扬一益二"。扬州是当时的第一都会，益州（成都）是当时的第二都会。但是，如此繁华的国际港口城市，随着长江口的淤塞很快就失去了它的地位。

在扬州作为国际大港发挥它功能的时代，常熟、昆山诸浦，实际上是扬州港的重要组成部分，如果说扬州港是母港，那么，常熟、昆山诸浦就是卫星港。从海上进入长江口海湾的船只，一天的航行是到不了扬州的，一定要进入海湾南岸（北岸缺少内河支流）的某一个浦停靠，进行休整、补给，然后再驶向扬州。当时，所有从长江口进入的外国人都必须到扬州去，因为需要在扬州办理入境手续，用我们今天的话来说叫落地签证。扬州大都督府长史有权签这个证。

五、 海港的高光时刻：黄泗浦与鉴真东渡

常熟、昆山诸浦无疑是扬州港系统中的重要组成部分。海外交流的形式是多样的，通常我们把它分成两大类，一类是政府间的交往，一类是民间的交往。政府间的交往，最典型的事例是日本国的遣唐使。

日本国一共派遣过 23 次遣唐使，实际成行的是 18 次或 17 次。由于东亚形势的改变，往来的航路也在不停地改变。一条叫北路，沿着朝鲜半岛往北走，然后从辽东半岛到今天的烟台、威海一带，因为沿着大陆线走是最安全的。第二条叫南路。由于朝鲜半岛形势发生改变，不让日本人沿半岛海岸航行，遣唐使船只能往南走，从日本九州渡黄海，直指中国的长江口。第三条叫南岛路，经冲绳渡海，直指中国长江口。南路也好，南岛路也好，那时还没有指南针，大家都在搏命，但目的地只有一个，那就是长江口。远远看到大陆长江口外的海湾，水也开始有点浑浊了，船上的人们第一个想到什么？想到的应该就是苏州。我们的船要往什么地方去？看天候，要么就是昆山，要么就是常熟。所以，在当时的中日官方交往中，大海南岸的昆山、常熟诸浦发挥了很大的作用。

但是，过于日常的事情，反而很难在史书上留下记载。三十六浦中，在唐代的海外交通史上，只有常熟的黄泗浦出现过一次，因为这一次跟鉴真和尚东渡有关。需要留心的是，虽然黄泗浦只出现过一次，但并不是说黄泗浦只被利用过一次，因为历史记载是相当零碎的、不完整的，不能把它作为完整的数据来看待。

那么，这一次记录出现在什么地方呢？有一本著名的书叫《唐大和上东征传》，专门记录了鉴真和尚六次东渡日本的过程。鉴真和尚到了日本以后，他招的弟子中有一位叫真人元开，他还有个名字叫淡海三船，他跟着鉴真学习汉文，因为当时日本还没有自己的文字，官私文字记录用的都是汉字，而且需要跟中国的文言文一样写，所以这本《唐大和上东征传》，我们中国人完全能读得懂。这本书很薄，除《唐大和上东征传》这个书名外，还有《过海大师东征传》《鉴真和尚东征传》《鉴真和尚传》《东征传》《法务赠大僧正唐鉴真过海大师东征传》等不同称呼。在这本书中，有这么一段记载：

大和上于天宝十二载十月二十九日戌时从龙兴寺出，至江头乘船下。时有二十四沙弥悲泣走来，白大和上言："大和上今向海东，重觐无由，我今者最后请预结缘。"乃于江边为二十四沙弥授戒，讫，乘船下至苏州黄泗浦。

天宝十二载是唐玄宗在位的时候，为什么鉴真和尚放着"盛世"的生活不过，非要跑到海外去呢？这是值得我们学历史的人去思考的问题。在天宝十二年（753年）十月二十九日这一天，这时候天已经比较冷了，农历十月已经进入冬季了。大和尚在这寒冷的冬天戌时（晚上7—9点），从扬州龙兴寺带着几个徒弟偷偷地出来了，到了江边，乘上船准备渡江。早已等候在江边的24个沙弥悲切地走来对大和尚说："大和尚今天就要到海东去了，我们再也见不着面了。虽然是半夜，我们请求您为我们授个戒吧！"于是在半夜，鉴真和尚为这24个沙弥授了戒。授完戒后踏上船，顺江而下，第二天到了苏州的黄泗浦。

黄泗浦作为航海路线上的港口，在历史上只在这里出现过一次，但这对黄泗浦来说太重要了，对常熟来说太重要了，对历史上的中日文化交流来说太重要了。鉴真等人为什么要到黄泗浦去？因为完成出使任务的遣唐使船，正在黄泗浦等候鉴真一行上船。

因为是冒着生命危险的海外出航，有各种准备要做，鉴真一行与遣唐使船在黄泗浦停泊了近一个月的时间，到十一月二十三日，遣唐大使让鉴真一行分别坐上了遣唐使船。但是又发生了意外，听说扬州方面已经知道鉴真和尚跑了，政府正派人来追查。如果发现鉴真一行在遣唐使船上，可能会影响两国外交关系，于是就叫鉴真和尚一行下船躲避。这么一躲又是17天。17天以后的十二月十日晚上，鉴真一行再次被偷偷地安排到了船上。十三日，等待的最后一位日本僧人从绍兴赶到，一上船，船就起锚了。十五日，出了长江口，4艘遣唐使船升帆同发，6天后到了冲绳，然后北上，5天后到达日本国西部的主要城市太宰府。可见当时从黄泗浦出发到日本太宰府，航行时间基本上是半个月。当然，前提是途中没有发生海难。

那么，遣唐使船的规模有多大呢？鉴真东渡前后的遣唐使船队通常有3—4只船组成，每只船可以装载150个人（见下图），总的使团人数可能在500人。加上鉴真他们20来个人，这都不是个事儿。2010年上海世博会，日本国根据历史图片复制了一艘遣唐使船，并把船开到上海黄浦江江面上来庆贺世博会。经研究复原后的遣唐使船，船长33.6米，宽9.2米，排水量64吨。这么大的一艘船，如果在内河河道上行走，考虑到来回交叉、内河河道两侧浅水区等因素，河道的宽度应在百米左右。也就是说，能够停泊海船的常熟诸浦，靠近入海口的地方宽度应在百米以上。只有具备这等规模的内河支流，才有可能成为大型船舶停靠的港口。

历史资料中的遣唐使船

接下来讲一下中日间的民间交往。有一个日本僧人叫圆仁，跟着实际成行的第 17 次遣唐使来到大唐。当时的遣唐使船上跟着好多人，其中就包括到大唐各地学习巡礼的僧人。如果跟着遣唐使船来，又跟着同一次遣唐使船回国，这样的学生就叫"还学僧"。还学僧往往是在研习佛典的过程中遇到了疑难的问题，立志渡海到大唐，向大唐的高僧求教决疑。决疑，解决的决，疑问的疑，就是把这个疑问解决掉。这需要的时间不长，通常来了以后跟着遣唐使到长安或其他地方的佛寺，把问题解决以后就回去了。圆仁的身份是还学僧。还有一类人是需要长期留在大唐学习的，跟着遣唐使船来，等到下一次遣唐使船来时再回国，这样的僧人叫留学僧。跟随遣唐使来唐朝的年轻学生也分两种，一种是还学生，一种是留学生。

圆仁的师父更有名，叫最澄。最澄和尚就是跟着遣唐使船来，在扬州登陆的。最澄和尚当时有 36 个疑问，自己研读怎么都解决不了，就跟着遣唐使船来到了天台山，把问题解决了，又跟着遣唐使船回去了。最澄的身份是还学僧。与最澄同船来的还有一位僧人，叫空海。空海随着遣唐使到了长安，在长安著名佛寺青龙寺里钻研密宗，等待下一次遣唐使的到来。空海回国后，不仅创立了日本佛教的密宗，相传他还创立了日本的文字片假名和平假名。前面讲到的圆仁的师父、到天台山决疑的最澄，回国后创立了日本佛教的天台宗。作为最澄徒子，圆仁觉得自己的老师太牛了，啥都懂，所以决定跟老师一样，去大唐天台山国清寺学习。他们乘坐的遣唐使船，非常不幸，在如东近海遭遇了海难，圆仁等人抱着散落的船板漂浮到了今如东县掘港街道附近。掘港当时还是一个海边的乡村，有一个寺庙，叫国清寺。圆仁在国清寺休养了几天以后，才沿着运盐河经过如皋到扬州，就是希望当时的扬州大都督府长史、淮南节度使、扬州刺史、著名的政治家李德裕给他签证。但出于种种原因，李德裕没给圆仁发放签证，要求他跟着遣唐使回国。圆仁没办法，只能跟着遣唐使船回去，当遣唐使船经过今江苏连云港停泊时，圆仁偷偷带了几个随从下了船，躲进云台山，留着不走了。这种非法滞留的现象，我们现在通常叫"黑下来了"。这一"黑"就是八九年。在这期间，圆仁带着几个随从在大唐各地到处转，他们的经历，圆仁逐日作了记录，这就形成了日记体《入唐求法巡礼行记》，也是用文言文写的，我们完全看得懂。这本《入唐求法巡礼行记》记录了好多事，今天成为我们研究晚唐社会的重要资料。

比如，《入唐求法巡礼行记》中涉及了江南苏州、常州界，还有"唐船""李骎德船"等信息。这些海船每年都往返于苏州与日本、常州与日本之间。日本寺院里的很多僧人，都会"年年将供料到来"，简单说，就是每年都会请"唐船""唐商"带着供品送到中国的寺庙里去供奉。从这些零星的史料中不难想象，从长江口昆山、常熟诸浦出港的海船应该很多。圆仁一行在大唐"黑"了好多年，最后还是要回国。从什么地方回的呢？从今天山东半岛的最尖端成山角。唐朝，从山东半岛到今连云港、淮安一带，居住着很多朝鲜半岛的移民，他们在这里建成了许多自己的聚居区，称"新罗坊"。他们在山东半岛文登一带有自己的佛寺，叫"赤山禅院"。圆仁最后就是在赤山禅院这个地方等待从长江口出来的苏州海商的船，然后渡过黄海，沿朝鲜半岛南下回到日本的。这中间又牵扯到新罗人，苏州船上的唐商叫江长，渡海时有新罗人导航、翻译。这些船从苏州的通海诸浦发往日本。从这些零星的记载中，我们可以推断，江南多个州县的江海沿岸都可以出航，而常熟诸浦应该是最重要的地点。也就是说，晚唐时期，包括黄泗浦在内的常熟诸浦，它的海港功能仍然没有丧失。

六、 沧海桑田：常熟的再出发

接下来再讲一个话题：扬州港及海口卫星港的衰落与常熟区位特征的转变。

扬州港的衰落是长江口不停地淤堵造成的。长江口及口外的喇叭形海湾为什么会在不长的时间内淤堵？原因之一是唐代中期以后长江流域开发大踏步前进。进入唐代，长江中游地区的今湖北、湖南一带的开发日新月异，江水带来的泥沙越来越多。我们都知道李白有一首《望天门山》："天门中断楚江开，碧水东流至此回。两岸青山相对出，孤帆一片日边来。"天门山在安徽江北的和县与江南的当涂县之间，江北的叫西梁山，江南的叫东梁山，两山隔江相对，好像天的大门，所以叫天门山。天门山以上的长江河道相对较窄，江水的流速快，泥沙不易沉积。

但长江过了天门山往下游，江面一下子就变得开阔了，泥沙开始慢慢沉积，在长江江面上形成了很多江心洲，南京附近的江心洲、新洲，镇江、扬州之间的瓜洲等都是历史上著名的沙洲。在长江口外，常熟、昆山与南通之间的崇明岛，更是宋朝以后因涨沙形成的大面积沙洲。江阴、常熟之间的常阴沙，也是著名的沙洲，最后与南岸的陆地连成了一片。

　　长江口诸浦港口功能丧失的原因，不仅是上游来沙的增加，而且还与海潮的涨落有关。被长江水裹挟而下的泥沙，在喇叭形的海湾遇到了上涌的海潮，两者在这里形成碰撞，在上下的推力基本保持平衡时，泥沙便在这一带的海底逐渐沉积。其中，受害最大的就是常熟和昆山。此外，还有一个地质因素。据地质调查资料，原本在长江口外今天所说的东海大陆架上，曾经有一条巨大的海沟，这条海沟到公元9世纪（唐代中期）以后，从钻探资料来看，已被逐渐填平，江水带来的泥沙无法掉落到海沟里，只能平躺在长江口外的海底上了。公元9—10世纪，即晚唐、五代和北宋时期，这100多年间，长江口的变化最大。总而言之，泥沙沉积的结果，抬高了诸浦口外的海床，堵塞了诸浦的入海口。以黄泗浦为例，黄泗浦口原本是比较平坦的，直通大海，但是，顺流而下的长江泥沙在海潮的推力下在黄泗浦口外慢慢沉积，抬高了黄泗浦口外的海床，黄泗浦的出海口逐渐被堵塞。潮汐推起的沙地是高的，原本的大陆是低的。因此，宋代以来，常熟、昆山以及后来建置的嘉定、太仓，地势上都有一个特征，北高南低。棉花的种植技术传到江南后，北部含沙量较大的高地就比较适合种植棉花，成为前近代这一带的重要产业之一。

　　昆山、常熟诸浦逐渐淤塞以后，人们应该如何应对呢？这是宋朝以后苏州及属县面临的一个重要问题。人们不知道这是一个不可逆转的自然现象，总是在前人经验的基础上来对待新发生的现象。当扬州港及黄泗浦等港口功能衰落以后，为了寻找出海通道，人们不再往北努力，而是往东经吴淞江出海。吴淞江西段连接太湖，一路往东，到今天的上海青浦区东乡入海。最近十余年来，上海博物馆在青浦区青龙镇展开了长期的考古发掘工作，青龙镇就位于两宋时期吴淞江流入大海的附近。历史文献及考古发掘资料证明，青龙镇一带，成了两宋时期苏州出海的主要港口。青龙镇的命运与昆山、常熟诸浦差不多，到了元朝，港口功能也逐渐消失。人们寻找到的新港口，就是太仓浏河口。前几年，在太仓有一个重要的考古发现，在樊村泾这个地方发现了一处元代仓库遗址，仓库里面存放着难以计数的元朝瓷器。这些瓷器都是当时集中到太仓来准备向海外输出的，结果不知道什么原因突然停止了，仓库也废了。好东西可能被人家顺走了，剩下来的不好的或者打成碎片的，就被埋到地底下去了。

更大规模的港口出现在了浙东运河东端的宁波。从宁波开始，往南到温州，然后到福州、泉州、广州，这条路线成了宋代以后中国航海路线的主干道。

扬州、常熟、昆山，在告别了海洋时代后，进入了真正的农耕时代。

唐末五代的人大概无法找到长江及诸浦淤塞的真正原因，但是他们一直在努力。五代十国时期控制太湖平原的政权叫吴越国，都城在杭州。苏州属于吴越国，是吴越国的生产基地，所以对这个地方环境的变化，吴越国很放在心上，专门组织了两支军队对太湖水系进行整治，从军队的名称"撩清军""撩浅军"，就不难看出他们的主要任务。撩清军的主要工作是清除以太湖为中心的众多湖泊中的杂草，撩浅军的工作重点就是昆山、常熟诸浦的疏通。堵了就挖，再堵了就再挖。从当时的记载来看，常熟的福山浦、许浦、崔浦和黄泗浦这四个大浦是撩浅的主要对象。

但是，吴越国后来以和平的方式把土地版图献给了北宋，这叫"纳土归宋"，也正因为是和平方式，吴越国的两大主要都市杭州和苏州没有遭受战火的摧残。吴越国时期，苏州对他们来说太重要了，因为浙江省平地较少，因此，作为立国根本的农业生产主要倚仗苏州。但是，统一的北宋政权政治中心在开封，苏州成了边地。因为江南的生产水平高，所以对北宋朝廷来说，只要漕运畅通，将粮食物资顺利运到开封就行。这么一来，地方治理的重点就不再是撩清、撩浅，而是转化为确保漕运。

诸浦淤塞，造成最大的灾难就是太湖平原的内涝，水排不出去。所以，内涝问题成为北宋时期苏州最令人头疼的问题，城市基本上三分之一被泡在水里。只要看看北宋一朝来苏州当官的那些人的文章就可以明白，甚至不要等到宋朝，晚唐白居易、刘禹锡他们在苏州任职时已经碰到了同样的难题。不过，最严重的还是在北宋时期。但是，北宋人依然延续前人的方法，挖呀挖呀，但他们力图疏通的并不是所有的浦渎，常熟梅李塘、白茆浦、福山浦、黄泗浦是重中之重。但是，他们不知道，这是人力所不能胜任的。

我们非常熟悉的在苏州任地方长官或部门长官的范仲淹、苏东坡、赵霖、陈弥等人，都面临着苏州长期内涝的困境，努力寻找对策。范仲淹还留下了《上吕相并呈中丞咨目》万言书，内容主要是针对苏州内涝的。苏东坡推荐了一个宜兴人单锷写的《吴中水利书》。赵霖还亲自写了《导水方略》，陈弥写了《水利议略》，都在不停地往朝廷中送。地方官员外，江南的士大夫也非常关注长期内涝的问题并积极探索内涝的原因，寻求解决内涝的方式。今天我们可以看到的有苏州城里人朱长文的《治水篇》、昆山人郏亶的《吴门水利书》等。读过这些书以后，你会有一个很明确的感觉，就是政府官员虽然一直在努力清淤，但效果一点都不好，劳民伤财。从他们书中不难发现，人们的关注方向出现了很大的变化：到底是应该继续撩清，寻求排水口甚至出海口，还是改变思路，考虑另外的方策？

这儿再介绍一部书，这本书叫《中吴纪闻》，作者是南宋昆山人，叫龚明之。吴越国时期，苏州不叫苏州，叫中吴，并设置了中吴节度使。《中吴纪闻》里写了好多两宋时期苏州的事情，在这本书里，我们可以明确地看到关注的方向发生了改变。

从《中吴纪闻》的叙述来看，宋代，就苏州水患治理问题，提议的人虽然很多，其中已经有不少人意识到了治水要分不同的时期，认识到以前的那个时期已经过去了，必须面对新时期的挑战，单纯地疏通，或单纯地立闸，到了这个时期都已不再是良策。龚明之本人则主张改进围田，使水系内外沟通，确保粮食作物的收成。这样的想法正好符合朝廷的要求，提供粮食物资就行，搞什么出海口啊。

实际上，龚明之的想法，代表了当时苏州一带拥有较多土地并且想进一步扩大经营、抢占沙地的富户们的共同心愿。这也正是北宋以后朝廷不再关注长江口一带的航海通道，将唯一目的放在确保朝廷财赋收入上的鲜明反映。

在这个问题上，北宋昆山人（后属太仓）郏亶的《吴门水利书》中有这么几句话，我们一起看一下：

> 常熟之北接于北江之涨沙，南北七八十里，东西仅二百里，其地皆北高而南下，向所谓欲北导于江而水反南下者是也。

北高南低，所以要将南水北排，这是吃力不讨好的，也基本上是不可能的。众多议论者只知道要排水，却没有考虑如何才能把形成的沙地改造成良田，所以郏亶说："议者但知决水不知治田。"郏亶进而主张："治田者，本也，本当在先；决水者，末也，末当在后。"在他看来，开垦土地才是第一要务，治水只是服务于农田的开垦，两者不能本末倒置。

与前代人相比，郏亶关注的方向完全改变了，从确保入海航道、确保排水，转向了农田开发。而且，郏亶还提出了农田整治的根本方法，即开挖系统的田间沟渠，完善更大范围内的纵浦横塘，"五里七里一纵浦，七里十里一横塘"。通过纵向开沟、横向筑塘，使得低洼积水之地及新长出来的沙地形成纵横交错的沟渠，便于水的流淌。水沿着浦塘畅流后，土地上层慢慢干涸，干涸以后，即可开垦成良田。两宋以后，江南太湖平原地区的纵浦横塘成为一大特色。

千年以前，常熟是面向大海的。但由于长江口的淤塞，常熟成了背倚大江的江南福地。千年以来，太湖平原逐渐形成了纵浦横塘这一江南独有的风景。

用《沙家浜》里郭建光的唱词结束今天的讲座：全凭着劳动人民一双手，画出了锦绣江南鱼米乡！

"苏湖熟，天下足"背后的江苏密码

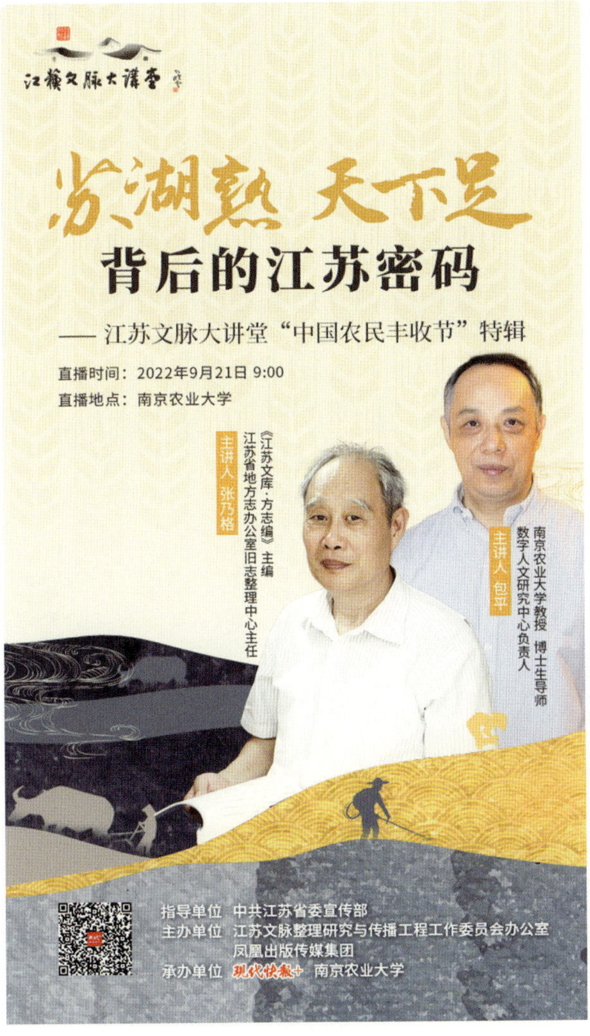

主讲人：张乃格

《江苏文库·方志编》主编
江苏省地方志办公室旧志整理中心主任

双手"刨"出鱼米乡

现在是秋天，丰收的季节。再过两天，就是中国农民丰收节。这里是南京农业大学，一所以农业和生命科学为优势与特色的教育部直属全国重点大学。此时、此刻、此地，举办这样一个活动，非常有意义。对我而言，这也是一次致敬活动。首先是致敬全国农民兄弟，致敬江苏历代劳动人民。其次是致敬南京农业大学农业遗产研究室，数十年如一日，连续几代人薪火相传，不懈奋斗，成果累累。我是一个地方志工作者，今天却要在南京农业大学内，在全国农业遗产研究的"高地"上来讲江苏古代农业，简直是班门弄斧、不自量力，心里发虚。最后是致敬包平教授。如果从农业遗产研究专业的角度看，他是先生，我是学生。

一、 丰收节前说"农业"

俗话说：人是铁，饭是钢，一顿不吃饿得慌。在这个世界上，所有的人一生下来就是天然的唯物主义者。不管他是哪个阶级，不管他是什么性别，贵贱贫富、男女老少都一样，首先要填饱肚子，才能谈得上其他。

比如说，有一棵参天大树，诗人来了以后，可能会发出感慨，歌颂它的挺直、挺拔，傲然挺立，坚韧不拔。建筑师来了，可能会惊叹于它的高大、笔直、粗壮，认为如果盖个庙宇的话，可以做个大梁。培养盆景的园艺师来了，可能会发出另外一种感慨：这棵树像一根电线杆子，直挺挺的，平直而简单，缺少龙蟠虬结的变化，太单调，太乏味，太枯燥，一点美感都没有。假如大家一连饿了三天三夜，粒米未进，滴水不沾，饥肠辘辘，前胸贴后背，而且气温低到零下二三十度，寒风刺骨，虽然有人送来了一堆食材，却是生的，此时恐怕诗人、建筑师、园艺师想得最多的是变换身份，把自己变成伐木工，把参天大树变成一堆柴火，生火取暖，生火做饭，填饱肚子。有个成语叫"直木必伐"，又作

"直木先伐"，很有道理。因此，不论是中国人还是外国人，不论是古代人还是当代人，吃饭总是生存第一需要。

《尚书》里面有一篇《洪范》，洪水的"洪"，范围的"范"。所谓"洪"，就是大。"范"，就是规范、规律。《洪范》讲的就是天地大法、根本规律。里面提出"八政"的概念。八政，就是治理国家所涉及的八个方面。其中第一条为"食"，讲的就是吃饭。民以食为天，国以农为本。因此，前些年中共中央连续多年出台文件，每年年初发布、编号为第一号的文件都是有关农业、农村、农民问题的。

中共中央把一号文件放在农业方面，无疑显示出农业问题的重要意义。我特地查了一下，首轮《江苏省志》有一部《财政志》，记述了农业税在国民经济中的比例问题。1950 年农业税的比例在所有的产业中占 65.9%，约等于 66%。但是到了 1990 年，这个比例就降到了 4.07%，这个比例十分低。仅从数据上看，农业问题好像地位越来越低。其实并非如此。只是其他产业发展起来了，这是国民经济发展到一定程度后的必然结果。这些年来，国家一直把粮食安全问题当作国家战略问题。现在，全国的农业税早在 2006 年就取消了，江苏农业税取消得更早。不但如此，政府还要反哺农业，倒贴钱。只要农民种田，政府不但不收农业税，还要给补贴。取消农业税，不是降低了农业的地位，而是为了从根本上减轻农民负担，更好地发展农业。这恰恰说明政府对农业更加重视。

现代社会这样，古代农业社会尤其如此。而且这不但是政府的认识，还是全社会的共识。

比如说这里有两个字：富、畐。这两个字是一组同源字，"畐"是"富"的简化。"富"字可以分成三个部分，上面的一点一横像个斗笠。中间是个"口"。下面那个"田"是什么呢？外面的大框像肚子，中间的"十"字是一个符号，表示肚子里面有"货"。

现存我国第一部字典是东汉许慎的《说文解字》，里面收录了这个字，类似于"高"字的简体。解释说："从高省，像高厚之形。"经过后代文字学家研究，他这个结论不准确。其实是什么意思呢？就是一个人肚子里面有"货"，吃饱了。在古代能吃饱饭，就是一种富裕的生活，所以在上面加了一个表示家的"宀"成为"富"字。再到后来，人们已经不了解这个字的原始意义，又在它的左边加上表示神乎其神的"礻"，变成了"福"字。肚子吃饱了，肚子撑得太大，人还没到面前，肚子就先到人面前了。人们又在"畐"字的下边加了个"走之底"，表示逼近、逼迫，就成了"逼"字。可见，从古至今，农业、粮食都是根本问题。有个成语叫"本末倒置"，"本"是农业，"末"是商业。"本"，原意是植物的根，指事物最重要的部分。

二、"输在起跑线上"

江苏省简称"苏"。"苏"字繁体写作"蘇"，包括"艸""鱼""禾"三个部分。"艸"就是"草"，"禾"是庄稼。不妨说，"蘇"字本来就含有草木茂盛、鱼米之乡的意思。的确，在人们的印象中，江苏是山美水美、物产丰饶的地方，是人间天堂。

但在最初，江苏地区根本不是这个样子。恰恰相反，条件非常恶劣。在早期，长江下游这一带有三条大河流过。中间是长江，南面是古钱塘江，北面是古淮河。这三条河的入海处在当时都是浅海，陆地与大海相连处根本没有海堤，海潮经常侵漫内陆。后来长年累月，上游泥沙不断沉积，浅海边缘逐渐形成断断续续的沙坝。时间愈久，沙坝不断延伸，最后渐渐闭合，这样在江南就形成了长江和钱塘江之间的古太湖，江北形成了长江跟淮河之间的古射阳湖（现在里下河地区的前身）。

开头的时候湖水是咸的，因为是海水。后来又经过许多年，海水渐渐淡化。因为靠近江海，地下水的水位很高，难以耕种。我国现存最早的文献总集是《尚书》，其中《禹贡》篇说："淮海惟扬州……厥土惟涂泥……厥田惟下下。"经后人研究，涂泥可能就是滩涂附近水分比较大的一种泥土。因为水分太多，这种土壤不适合植物生长。《禹贡》篇的"扬州"不是现在的扬州，它相当于现在长江以南，包括我们苏南、浙江、上海、安徽、福建这一大片辽阔的土地。"下下"，是《尚书》记载的土地肥力等级。这部书根据土地肥力情况，把全国的土地分成上上、上中、上下、中上、中中、中下、下上、下中、下下，一共九等。江南一带的地力为第九等，也就是最后一等，可见古代江苏自然条件之差。

《尚书·禹贡》篇有关江南土地肥力和贡赋等级的记载

　　江苏不但发展农业生产的"先天条件"不足，"后天条件"也不好，我把它叫作"先天不足，后天失调"。因为发展农业生产需要很多条件，地力是其中一个条件，另外人力也是重要条件，没有人就无法生产。当时江苏的人口很少。比如《史记·货殖列传》就说："楚越之地，地广人希（稀）。"楚越之地，也包括今天的江苏。人口少到什么程度？古代缺乏系统的统计数据，据人口学家推算，春秋战国时期现在江苏地区大概是 100 万人。100 万人口是个什么概念？如果是以现在江苏地域范围计算的话，那就是每平方千米只有几个人。人口如此稀少，要想大规模发展农业生产，当然相当困难。

据统计，江苏现在全省人口大概是 8000 多万，这相当于春秋战国时期的 80 倍。也就是说，现在 80 个人的资源，在春秋战国时期只有一个人在用。反过来就是，春秋战国时期一个江苏人，可以拥有现在 80 个人的生活资源。那我根本不需要劳动，就可以填饱肚子。《史记·货殖列传》就说："楚越之地……不待贾而足，地埶饶食，无饥馑之患，以故呰窳偷生，无积聚而多贫……无冻饿之人，亦无千金之家。"

这就派生出了第二个问题，不但人口少，而且人们的性格也比较粗犷、懒散，就是前面引用过的《史记》里说的"呰窳偷生"。"呰窳偷生"，形容生活懒散，日子得过且过。

江南人古代是断发文身的。什么叫断发文身？中原男人女人都不剪头发，大家把头发往后面一挽，干净利落。但是江南人却要剪头发。为什么剪头发？古人有很多讲法，但是根据现在民俗学家的研究，是因为江南夏天太热了，头发那么长，中午热到 40 多摄氏度，既不方便生产，也不方便生活。同时江南水多，到水里面去捉鱼，那么长的头发跟水草缠在一起，不方便活动不说，弄不好还会闹出人命。所以必须要断发文身。文身，也就是刺青。为什么要刺青？《淮南子·原道训》说江南人"陆事寡而水事众，于是人民断发文身，以象鳞虫"。有的说刺上猛兽图案，可以吓退水怪。实际上这是当时江南人的一种审美观，他们可能认为文身可以让自己显得雄壮，可以震慑敌人。对于江南人的这种生活习俗，文献上的记载很多。这里举两个例子：

《左传·哀公七年》："太伯……仲雍嗣之，断发文身，裸以为饰。"
《淮南子·泰族训》："夫刻肌肤，镵皮革，被创流血，至难也，然越为之以求荣也。"高诱注："越人以箴刺皮为龙文，所以为尊荣之也。"

断发文身反映了当时江南人粗犷的性格。《汉书·地理志》里说："吴粤（越）之君皆好勇，故其民至今好用剑，轻死易发。"人与人相见，话不投机便拔剑相向。《吴越春秋·王僚使公子光传》有这样一个故事。楚平王听信谗言，杀了忠臣伍子胥之父伍奢、长兄伍尚，并在全国通缉伍子胥。伍子胥经过千难万险，好不容易从楚国逃到江苏。过江以后，饥饿难耐。江南渔夫见状，把自己的干粮给他吃。伍子胥吃完以后，告诫渔夫说，你赶快把这个饭篮子藏起来，后面如果有追兵，千万不要让他们发现。渔夫答应了他。伍子胥刚走几步，回过头一看，渔船"已覆"，渔夫也"自沉于江水之中矣"。在渔夫看来，你既然不相信我，那么我以死明志，以此显示自己绝对不会向追兵暴露你行踪的决心。伍子胥心里很不是滋味，"默然"继续逃跑。不料中途病倒，流落溧阳，沿路乞食。溧阳浣纱女见他可怜，也把自己的干粮给他吃。伍子胥吃饱后又告诫浣纱女，赶快把这个装干粮的罐子藏起来，不要让后面的追兵发现。这个浣纱女也投水自尽了。江南渔夫和浣纱女都非常豪爽，把命看得根本不值钱。

性格粗犷的人，一般心都比较大，他们的生产活动自然也是粗糙的。所以《汉书·武帝纪》里记载："江南之地，火耕水耨。""火耕"，就是用火把田里面的杂草烧掉，然后用一根棍子戳个洞，把种子埋在里面，等于是播种了。种子长起来以后，农作物往往与杂草并生，这时就放水，把草淹掉，让庄稼长起来，这就是"水耨"。这种生产手段非常原始，非常落后。

三、 面朝黄土"刨"千年

1. 人力、生产技术的持续输入

三国时期，中原大乱，国家分裂，今江苏地区大部属于东吴。为躲避战乱，中原人口大量南迁。《三国志·吴书》列传部分共收录 60 多位东吴名臣的传记，其中差不多有一半来自中原地区。西晋末期，北方再次陷入战乱，中原人口再次南迁。《晋书·王导传》里说："洛京倾覆，中州士女避乱江左者十六七。""江左"，就是现在的江南。《资治通鉴》卷八七里也说："时海内大乱，独江东差安，中国士民避乱者多南渡江。"这里所说的"中国士民"就是中原士民。据统计，自永嘉之乱到东晋末年，规模较大的南迁就有 5 次，南渡到长江流域的有政府户口的侨民超过 70 万人。南朝刘宋时期又出现两次中原人口南下高潮。大量流民南渡江淮，南朝政治中心建康（今南京）及其周边地区成为当时人口集中地。此后的齐、梁两朝，人口南迁一仍其旧。五代时期，中原又一次爆发战乱，人口再一次大规模南迁。宋金对峙，人口大规模南迁的剧本重新上演。历史上人口多次南迁总的路线，是从中原地区、北方往南方迁，其中相当部分，或者说大部分都迁往江南，特别是今天的江苏地区。

外地人到江苏来，通常不是一个人来，而是拖家带口、成群结队。《三国志·吴书·鲁肃传》就说，鲁肃迁入东吴时，就有"三百余人行"。不但如此，南迁人口连老家的"流亡政府"也带过来了。所以，当时江南地区有很多的侨置郡县。什么是"侨"？侨就是客居他乡。现在我们还把定居外国，但拥有中国国籍的人称为华侨。侨置郡县，就是侨民把老家的州、郡、县政府带到江南来。有的"流亡政府"没有土地，有的"流亡政府"有土地，有土地的叫作实土。比如说徐州，现在是在淮河以北。但今天的镇江以前也叫徐州，准确地说是叫南徐州，南徐州就属于侨州。像这样的侨置郡县当时有很多。南京大学胡阿祥教授写了一本书，书名叫《东晋南朝侨州郡县与侨流人口研究》。里面就写到，公元418年，东晋共辖23个州，其中的侨州有9个，侨置州占东晋总州数的39%。公元464年，刘宋有251个郡，其中有97个是侨郡，侨置郡也占39%的比例。公元497年，萧齐共辖有22个州，其中侨州10个，侨州占总州数的45%。像南徐州，也就是现在的镇江一带，当时有侨民22万，而本地人口只有20万，侨民人口居然超过本地人口。

而且有一个现象，凡是从中原地区、北方地区侨迁到江南来的人，一般文化层次、社会地位都比较高。万绳楠根据读书笔记整理的《陈寅恪魏晋南北朝史讲演录·人口流动的三个方向》，其中记载了陈寅恪先生分析当时中原人口迁徙不同方向的人口素质："南来的上层阶级为晋的皇室及洛阳的公卿士大夫，而在流向东北与西北的人群中，鲜能看到这个阶层中的人物。中层阶级亦为北方士族，但其政治社会文化地位不及聚集于洛阳的士大夫集团……下层阶级为长江以北地方低等士族及一般庶民，以地位卑下及实力薄弱，不易南来避难，人数较前二者为特少。"胡阿祥教授还曾根据正史资料对南下的中原士族进行过系统统计，统计结果显示，永嘉之乱后迁居建康（今南京）及其周围地区的北方士族主要有王导、王敦、王隐、庾亮、郗鉴、明僧绍等75个家族，迁居京口（今镇江）、晋陵（今常州）一带的北方士族主要有祖逖、祖约、徐澄之等7个家族，迁居吴郡的北方士族主要有王廙等3个家族。（详见胡阿祥《东晋南朝侨州郡县与侨流人口研究》）。这些家族无不是中原精英，南迁始祖在《晋书》《宋书》《陈书》《南齐书》等正史中都立有传记。而且，南朝时期宋、齐、梁、陈四个朝代，其中宋、齐、梁三代开国皇帝祖籍都在苏北，后来才迁到江南的。

人口持续南迁，北方侨民带来了中原地区先进的文化、先进的生产技术。唐代大诗人李白，曾经代人写了一个表上奏皇帝，建议把全国的都城放在金陵，就是现在的南京。这篇文章题目是《为宋中丞请都金陵表》，现在收在《李太白全集》卷二六。其中说："天下衣冠士庶，避地东吴，永嘉南迁，未盛于此。"同样是唐代人梁肃，写过一篇《吴县令厅壁记》，收在《全唐文》卷五一九，其中也说："中原多难，衣冠南避，寓于兹土，参编户之一。""参编户之一"，就是客居江南的北方人占到户籍人口的三分之一。

数百年里，人口持续性大量输入，再加上东吴、东晋和南朝宋、齐、梁、陈相继定都南京，这就带来另外一个问题，即人口的突然大量增加，粮食需求也必然急剧增加。而且中央政府在这个地方，国家要养活大批官吏，还要养活大量的军队。在这种情况下，春秋战国时期地多人少的现象出现了"反转"，变成了人多地少。土地面积没有增加，恶劣的生产条件没有改善，吃饭的人却出现几何级数的增长，这样一来，不仅对于朝廷、官府，对于每一个江南人来说，都面对着重大生存问题。

既然土地面积不可变动，唯一的办法只能是改变恶劣的生产条件。为了改变恶劣的生产条件，同时也是为了自己的生存，江南人民含辛茹苦，历尽艰辛，父死子继，世代相承，千百年如一日，为此付出了巨大的努力和牺牲。清光绪《常昭合志稿》就记载，梁大通二年（528年）到清光绪二十六年（1900年），有111年在大兴水利工程。

历代江南劳动人民的奋斗主要体现在兴修大、中、小各级水利工程，开垦农田，精耕细作等几个方面。

江南是水乡。水既能造福人民，所谓"水利"，也能为害百姓，所谓"水患"。为了变"水患"为"水利"，江南人民兴修重大水利工程，努力改变农业生产的基本条件。可以说，农业是国民经济的命脉，水利是江南农业的命脉。我们这里所讲的重大水利工程，主要指修筑防洪大堤，包括捍海大堤、太湖大堤、洪泽湖大堤等；中等水利工程，主要指修筑区域性水利工程；较小水利工程，主要指农田水利基本建设。

2. 修筑捍海大堤

江苏东部地区北濒黄海，南临东海，海堤是民生、农业的必要保障。

长江口以南的海堤通称海塘，东汉到南朝时期不断有所修筑，但大多是局部的、零散的，没有形成较为成熟的系统。唐开元元年（713年），重筑太湖东南沿海防潮工程，南起今天浙江海宁盐官镇，北到古吴淞江口，全长214里（《新唐书·地理志》说是124里）。当时太湖平原东缘海岸线大致在今浦东的北蔡、周浦、下沙、航头一线，川沙、南汇一带的沙嘴还未涨成，唐海塘就位于这一条沙带上。这条古海塘遗址前些年也得到考古工作的证实（详见黄宣佩的《从考古发现谈上海成陆年代及港口发展》，发表在《文物》1976年第11期上）。此后，五代时钱氏改进筑塘方法，用装满石块的竹笼层层叠堆，背水面培筑土塘，同时在迎水面即塘前海滩打入挡浪木桩，进一步形成钱氏海塘。

江苏长江口以北沿海挡潮大堤古代通常称捍海堰。以古淮河入海口为界，淮北地区早在北齐天保年间（550—559）就有海州刺史杜弼在海州湾东所筑的捍海堰。根据北宋《太平寰宇记》卷二二、民国武同举《江苏水利全书》卷四三《江苏海堤附编》的记载，隋开皇九年（589年），东海县（大略相当于今天的连云港）县令张孝徵在县北3里处筑西捍海堰，"南接谢禄山，北至石城山，南北长六十三里，高五尺"。唐开元七年（719年），县令元暖又在东海县东北3里处造东捍海堰，此堰"西南接苍梧山，东北至巨平山，长三十九里"。这些捍海堰"外足以捍海潮，内足以贮山水"，"民获灌溉之利"。

古淮河入海口以南地区捍海堰的修筑始于唐代。唐代宗大历年间（766—779），淮南黜陟使李承以自然沙脊（即东冈）为基础，发动民工北从阜宁起，中间经过盐城，南到今东台市北，修建了一条捍海堰，全长142里。这道大堤位于地势高爽的古砂岗上，堤基较高，一般高潮位不致浪拍堤身，有较强的御潮能力。《新唐书·李承传》里说，这条海堤筑成后，原先的大片斥卤之地成为沃壤，"收常十倍它岁"，所以人们叫它"常丰堰"。因为工程是由李承主持的，也叫"李堤"。当初筑成的常丰堰是土堤，后来年久失修，到北宋初年已逐渐崩塌，海水倒灌，良田碱化。天禧五年（1021年），范仲淹来监泰州西溪盐税，见状便向淮南制置发运副使张纶请求重修捍海堰，得到张纶的赞同。为此，张纶奏请朝廷批准，同时推举范仲淹为兴化县令，具体负责捍海堰的工程。天圣二年（1024年），范仲淹征集兵夫40000多人兴筑捍海堰。时值隆冬，雨雪纷飞，海潮汹涌而至，兵夫惊散，淹死200多人。有人趁机上书朝廷，反对修堰，朝廷下令暂行停工，派淮南转运使胡令仪查勘实情。胡令仪早年曾在如皋担任过县令，深知古捍海堰年久失修，农田、盐灶和百姓生命财产难以保障的危害，便和兼知泰州的张纶联名奏明朝廷，获准继续开工。其间，范仲淹因母亲去世，按惯例离任回籍守丧。服丧期间，他还屡次写信给张纶，请求张纶无论如何

范仲淹倡修的范公堤（示意图）

也要将捍海堰修成，并表示若有事故，朝廷追究，他愿一人独担其责。这次重修工程前后历时 4 年，在天圣五年（1027 年）结束。堰长 25696.6 丈，合 71 千米，堰基宽 3 丈，高 1 丈 5 尺，顶宽 1 丈。《读史方舆纪要》卷二三《南直五·通州》里说："范公堤在州（通州）东北。《志》云：堤起自海门吕四场，迄于盐城之徐渎，绕三十盐场之西，去海远者百里，近者数十里。堤之外俱灶户煎盐之地，淡水出则盐课消，故堤以护之。堤以内俱系民户耕种之田，潮水入则田租损，故堤以防之。"当地百姓深受其惠，因此称这条大堤为"范公堤"。

3. 修筑重要水利工程

三国吴赤乌八年（245 年），今无锡地区开凿长广溪，南口通太湖，北口通太湖北汊，长 30 里，宽 1 里多，贯穿无锡西南，除引太湖水灌溉农田外，还可兼作防洪排涝等其他用途。南朝宋、齐、梁先后在武进修阳湖堰，在句容开赤山塘、上容渎，在丹阳修建思湖、长塘湖、高湖，筑陂塘，立堰闸。数百年间，类似的水利工程遍布江南各地。这些水利工程既可以蓄水、灌溉，是发展农业的重要条件；同时，还可以泄洪、通航，是促进水网地区经济、社会发展的重要条件。

4. 开展农田水利基本建设

江南农田水利基本建设最为典型的例子，是太湖圩田的建设。

曾经供职于南京农业大学农业遗产研究室的汪家伦教授有一本书，书名叫《中国农田水利史》，其中有关太湖圩田建设的内容十分丰富。根据他的研究，太湖地区的地形特点是四周高、中部低，构成以太湖为中心的碟形洼地。沿海滨江的碟缘高地称之为岗身地带，海拔高度为 5—7 米，高地患旱，需开凿河港、引水灌溉。腹里洼地海拔高度为 4—5 米，有的地方在 3 米以下，不少地方低于太湖平均水位。洼地病涝，需筑堤作围，防洪除涝。圩田就是在这种特殊的环境下，在开发和利用水土资源的过程中逐步发展起来的。

经过六朝时期的开发，太湖地区的水利建设已奠定了较好的基础。但有规则的纵浦横塘的开凿和棋盘式圩田格局的形成，则是在中唐以后。其具体做法：一是在低田区筑堤作圩，防洪排水。吴淞南北每 7 里、10 里开一纵浦，以通于江，通江处设闸控制；又在浦之东西，每 5 里、7 里开一横塘，以分水势。塘、浦宽 20—30 丈，深 1—3 丈。利用

江南等地古代家具人力龙骨水车

开挖塘、浦取出的土料，在纵浦横塘之间筑堤作圩，构成棋盘式的圩田系统。圩岸高的 2 丈，低的也不下 1 丈。这样，水虽大也不能为害农田，最终经塘、浦之间循序出海。二是在高田区深浚塘浦，引水灌溉。也是 7 里、10 里一纵浦，5 里、7 里有一横塘。在塘、浦通江达海之处，设有堰闸控制，防御江洪海潮之害。高田区与低田区交界处设有堰闸，雨季控制高地径流汇集低区，减轻圩区洪涝压力；旱时就地储蓄雨水，或引江河之水以供高田灌溉。

太湖流域是江南农田水利建设的典型，常熟又是太湖圩田建设的典型。根据历代常熟地方志的记载，到南朝萧梁时，全境"高乡濒江有二十四浦，通潮汐，资灌溉，而旱无忧；低乡田皆筑圩，足以御水，而涝亦不为害"。为此，梁武帝在大同六年（540 年）以南沙县改置常熟县，取旱涝无忧、年年常丰之意，命名"常熟"。

5. 大规模开垦农田

三国时，东吴先后在溧阳设屯田都尉，在毗陵（今常州）设典农校尉，负责屯田等事务。其中毗陵典农校尉辖有今无锡、常州、丹徒、丹阳等地，经营的规模非常可观。《三国志·吴书·诸葛瑾传》注引《吴书》说，赤乌（238—251）中，东吴"诸郡出部伍，新都都尉陈表、吴郡都尉顾承各率所领人，会佃毗陵，男女各数万口"，呈现出一派大会战、大开发的火热景象。

与此同时，曹魏名将邓艾在淮南、淮北率屯卒 5 万人，以 1 万人轮休，4 万人"且田且守"。史书上记载，邓艾的军屯"岁完五百万斛以为军资，六七年间可积三千万斛于淮上，此则十万之众五年食也"。后来的东晋与南朝时期，像这样的屯田现象并不少见，成为大办农业的国家现象。

另外，垦田也在社会上大规模展开。原来一些偏远的山区无人居住，这时候也不断被开垦成良田；一些已被抛荒的生、熟荒地，也由政府聚集流民开垦、复垦为沃土。

6. 精耕细作

江南的地力原本在全国属于最后一等，自然条件奇差无比。人们只好采取精耕细作的方式，力争在同样面积的土地上，生产出更多的粮食。正好侨民把北方精耕细作的先进生产方式带过来。江南人民便学习北方的先进经验，一是采用"区田"法，也就是在山陵丘地上开出一个个小块区田，集中使用水肥。有了充足的水、充足的肥料，作物高产才成为可能。二是在水田中普遍使用绿肥，秋稻收割以后种植苕子（红花草，学名"紫云英"），来年耕翻后作为插秧种稻的肥料。三是在扬州里下河等地区，推行夏、秋两熟制，秋收之后种植越冬三麦，夏季收割。

四、 人间堪比天堂美

1. 历史文献记载

经过江南人民世世代代持续不断的开发，江南终于由原先的"输在起跑线上"，变成了鱼米之乡。对此，史书与古人诗文记载不胜枚举。今天姑举数例：

《宋书》卷五四《传论》：地广野丰，民勤本业，一岁或稔，则数郡忘饥……扬部有全吴之沃，鱼盐杞梓之利，充仞八方，丝绵布帛之饶，覆衣天下。

《新唐书·权德舆传》：江淮田一善熟，则旁资数道，故天下大计，仰于东南。

《资治通鉴》：（安史之乱后）方今用兵，财赋为急，财赋所产，江淮居多。

《韩昌黎集》：（唐德宗时）赋出天下，而江南居十九。

白居易：当今国用多出江南，江南诸州，苏最为大。

范成大《秋日田园杂兴》之八：新筑场泥镜面平，家家打稻趁霜晴。笑歌声里轻雷动，一夜连枷响到明。

范成大《秋日田园杂兴》之九：租船满载候开仓，粒粒如珠白似霜。不惜两钟输一斛，尚赢糠核饱儿郎。

2. 相关统计数据

明漕粮岁额：浙江 63 万石，湖广 25 万石，庐州府 1 万石，松江府 23.3 万石，苏州府 69.7 万石（后两个都是江苏的，松江府现在已经属于上海了，但过去一直属于江苏。一个苏州府竟然比浙江省还多，接近湖广的 3 倍）。

清岁漕统计：乾隆三十一年（1766 年）正漕（未计附加、耗费等），江苏岁漕京师 176.3 万石，存留 32.3 万石，占全国漕运总数的 25.07%。

3. 苏常（湖）熟，天下足

范仲淹《范文正公集》卷九《上吕相公并呈中丞咨目》：苏、常、湖、秀，膏腴千里，国之仓庾也。

范成大《吴郡志》：谚曰"天上天堂，地下苏杭"，又曰"苏湖熟，天下足"。湖固不逮苏，杭为会府，谚犹先苏后杭。

陆游《常州奔牛闸记》：予谓方朝廷在故都时，实仰东南财赋，而吴中又为东南根柢。语曰：苏常熟，天下足。

"苏常熟"和"苏湖熟"，一字之差。但是有时候会引起人的想象，到底是"苏常熟"在先，还是"苏湖熟"在先？我觉得可能先有"苏常熟，天下足"，后有"苏湖熟，天下足"。

"苏常熟"的"苏"和"常"，通常理解为苏州、常州。但常州的"根"在常熟。常州始置于隋开皇九年（589 年），治常熟县，不久割常熟县属苏州，常州遂移治晋陵县（即后代武进县）。而常熟始置于梁大同六年（540 年）。范成大《吴郡志》成书于南宋绍熙三年（1192 年）。

《吴郡志》作者范成大像

陆游《常州奔牛闸记》撰于南宋嘉泰四年（1204 年）。早在南宋"苏湖熟""苏常熟"流行之前六百六七十年，"常熟"就已经存在了。

4. 城市工商业繁华水平

以城市工商业繁华程度而论，江北以扬州为代表，江南以苏州为代表。

隋唐大运河的开凿，位于长江、运河交汇处的扬州迅速成为南北交通、经济、文化的枢纽。加之隋炀帝早前曾任扬州大总管，驻节广陵十年，对扬州具有特殊感情。即位后隋炀帝在扬州筑江都宫，有上林苑、长阜苑、萤苑等建筑。其中长阜苑依林傍涧，随城垣高低建归雁、回流、九里、松林、大雷、小雷、春华、九华、光汾、枫林十宫。并在扬子津口建临江宫，城东五里筑新宫，扬州一时成为全国最为繁华的大都市，史称"扬一益二"。"扬一益二"，就是以城市工商业繁华水平而言，扬州第一，益州第二。益州，就是现在的成都。唐人歌颂扬州的佳句迭出，李白有"烟花三月下扬州"，杜牧有"二十四桥明月夜，玉人何处教吹箫"，徐凝有"天下三分明月夜，二分无赖是扬州"，李绅有"夜桥灯火连星汉，水郭帆樯近斗牛"，张祜有"十里长街市井连，月明桥上看神仙；人生只合扬州死，禅智山光好墓田"等。张若虚的《春江花月夜》有"孤篇盖全唐"之誉，也以扬州为背景。

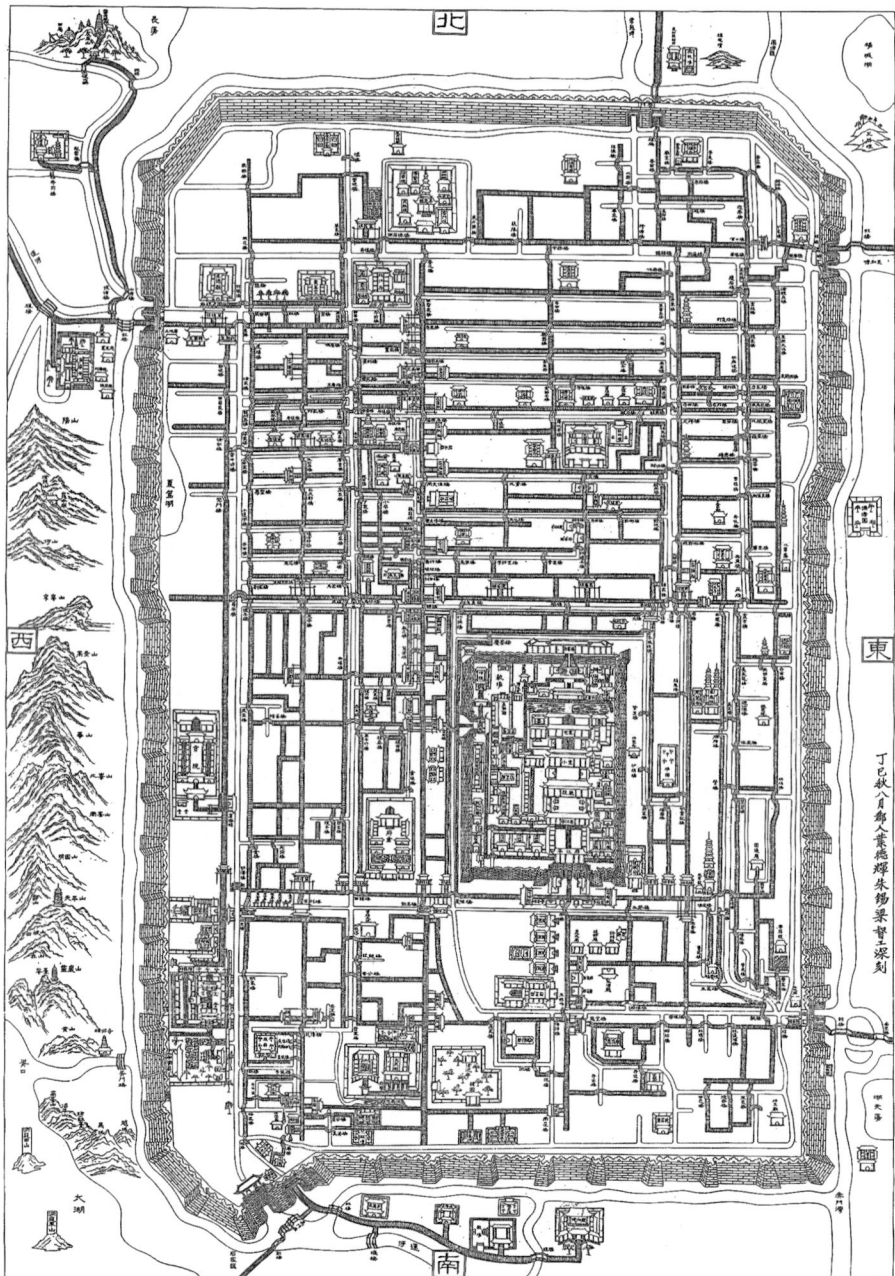

苏州平江图

　　五代两宋期间，苏州的繁华程度，我们可以从宋代的《平江图》碑刻中找到答案。当时苏州称平江。为什么叫平江？好像是城外的水与苏州城齐平，所以叫平江。《平江图》碑刻于南宋绍定二年（1229年）。上刻苏州内外二重城垣及水陆五门，其中外城南北长约1335丈，东西宽约1002丈，城周折合约31里。城内屋宇倚河而建，前街后河，河街相依，有大街20条、小巷里弄288条，坊表65座，大小桥梁314座，庙宇、殿堂250余处，另有公署、学校、楼台、亭馆、园第、寺观、坛墓、古迹等标出题榜者60余处。即使在今天，城市规模也非常可观。

　　5. 上有天堂，下有苏杭

　　元初奥敦周卿有一首双调《蟾宫曲·咏西湖》，其中写道：

　　西山雨退云收，缥缈楼台，隐隐汀洲。湖水湖烟，画船款棹，妙舞轻讴。野猿搦丹青画手，沙鸥看皓齿明眸。阆苑神州，谢安曾游。更比东山，倒大风流。

　　西湖烟水茫茫，百顷风潭，十里荷香。宜雨宜晴，宜西施淡抹浓妆。尾尾相衔画舫，尽欢声无日不笙簧。春暖花香，岁稔时康。真乃上有天堂，下有苏杭。

　　大家不妨仔细体会一下，"苏常熟，天下足"和"上有天堂，下有苏杭"之间有没有什么差别？在我看来，"苏常熟，天下足"关注的焦点在于"熟"，讲的是农业。"上有天堂，下有苏杭"放眼的是"天堂"，除了农业的五谷丰登，还有手工业、商业等其他经济门类，包括百科百业。不仅如此，甚至还包括环境优美、社会和谐、文化昌盛等。总之，山清水秀、风调雨顺、人寿年丰、父慈子孝、市井繁华、童叟无欺……凡是人类可以想到的美好事物，应有尽有，无不具备。

　　至此，江南经过历代劳动人民持之以恒的拼搏，已从当年条件恶劣的不毛之地，先是拼到"苏湖熟，天下足""苏常熟，天下足"的"单打冠军"，然后又拼到环境、经济、社会等各项综合指标都堪比"天堂"的"团体冠军"，实现了历史的跨越，登上了全国的高峰！

　　　　　　　　　　　　　　　　　　　　（图片均由张乃格提供）

主讲人：包 平

南京农业大学教授、博士生导师
数字人文研究中心负责人

大地星辰：江苏物产的时空文脉

非常高兴，也非常荣幸今天跟张先生一起，在丰收节即将到来之际，做一个主题演讲。

大地星辰，大地上生产的物产，尤其是植物，我们说是大地的星辰。在数百年、数千年的变迁中，有许多我们是知道的，但也有很多我们不知晓，就像天空的星辰那样，所以取了这样一个名称来讲。我讲的跟张先生有点不太一样，张先生说暖场，实际上他是来给我撑场的。我更多的是凭借一些大数据尝试去解读一些历史现象，属于一家之言。大家从不同的角度，也会得到一些自己的答案，我希望今天这一个小时能够给大家更多的启发。

一、 文献记载中的物产

中国幅员辽阔、地大物博，那么地有多大、物有多博呢？地有多大，现在从技术条件来讲，卫星遥感可以测得非常准确。但是大家有没有想过，我们物有多博，谁能说得清？一方水土养一方人，其实一方水土出一方物产，一方物产养育一方人。人类进化与文明的进程就是天、地、人、物的交响。

2014 年，*Science* 杂志上有一篇文章，以中国的长江为界，长江以南、长江以北两个不同的农业文明区，在数千年的农耕实践中形成的人群的心理和习性的差异，一个是稻作文明，一个是麦作文明，这篇文章从心理学、人类学和社会学的角度作了一些实证，得到了一些很有意思的结论。

其实，早在 1000 多年前，唐代的史学家刘知几就有这么一段话，很好地概括了我们今天讲的这个主题，他讲：九州土宇，万国山川，物产殊宜，风化异俗。前两句话都是说我们的祖国幅员辽阔、地貌丰富。第三句话讲的是物产殊宜，也就是物产的地域性差异。风化异俗就是形成了风俗各异的人群。这个总结非常精练、非常准确。我们的先人在 1000 多年之前就做出这样的总结，真是了不起啊！

人类在长达两三百万年的历史演进中，绝大多数时间跟动物一样逐水草而居，茹毛饮血。只是在近 10000 年前后的时间，才开始圈养动物、种植植物。几大文明起源的先辈们在 5000—6000 年农耕文明的演进中，选择培育出与生活息息相关的农作物是多少种呢？大概 640 种，其中有 136 种（约占 1/5）来自中国。我们自豪于我们的祖先对世界作出的巨大贡献。

中华农业文明研究院的前任院长王思明教授，也是我的博士生导师，他提出一个观点，他说中华民族的农业也有四大发明，是哪四大发明呢？第一是稻作栽培。我们现在每天都要吃米饭，世界上有多少人每天都要吃米饭？我们的栽培稻是从什么时候开始驯化的？最早的考古发现追溯到了距今 1.2 万年到 1.6 万年前，从湖南的玉蟾岩遗址（山洞）已经挖掘出稻作人工栽培的痕迹，长江中下游已经挖掘出 5000—6000 年的稻作文明遗存。第二是大豆。栽培大豆也是原产中国，但是我们现在的大豆 85％以上要靠进口，我们要居安思危，我们的单产和老百姓种植的经济价值失去了优势，要解决这个问题，科技创新尤为重要。第三是养蚕缫丝。古代的丝绸之路，从张骞通西域开始，从古长安一直到意大利的罗马，这条丝绸之路是过去 2000 多年中华民族与外部世界的主要交流通道，丝绸是我们输出的代表性物品。后来随着海上航行的发展，海上丝绸之路开通。现在有新的丝绸之路，比如"一带一路"倡议中的数字丝绸之路，我们在这方面一直在跟世界分享文明、携手共进。第四是种茶制茶。世界上最早的茶书，也是中国第一部茶书，就是陆羽的《茶经》。现在世界的茶文化千姿百态，日本的茶道非常细致，英国贵族的下午茶也很有特色，中国的茶就更不用说了。农业的四大发明跟我们今天的生活是不是息息相关？跟世界的文明是不是息息相关？

中国自有文献记载以来，累计记载了哪些物产？刚才说大地星辰，大地上的物产与太空的星辰一样无法计数，但是能不能把文献中所记载的物产整理出来？而文献中记载的物产，都是跟我们的生活和文明息息相关的。物种的演进与消长，从文献的角度也是可以找到线索的。我们有些物种消亡了，不要简单地看这个消亡的物种，它对我们人类的影响也许是深刻的。随着现代文明的发展与变化、环境的逐渐恶劣，给一些物产的生长发展带来了极其不利的因素，以至于对我们人类生活造成了影响，这些我们都不可忽视。

首先讲一个概念，什么是物产？天然出产的和人工制造的物品都叫物产。这个概念很大，我们的研究无法全部涵盖，所以我们今天重点讲植物和动物，跟我们农耕文明息息相关的这两个生物性物品，其中重点讲植物。

先秦时期，物的描述信息非常简明扼要，还多灵异色彩。那个时候人类认识自然的能力有限，解释不了的现象，可能就用神话传说来描述。《山海经》主要以某地"多某物""有某物"来描述；《尚书·禹贡》以"贡某物"的形式记述九州之贡；《周礼·职方氏》通过"利某物""宜某物"来记载。我们举个例子，在《山海经》的《南山经》里面有这么一段描述："长右之山，无草木，多水。有兽焉，其状如禺而四耳，其名长右，其音如吟，见则郡县大水。"这一段三十几个字的描述，就反映了我们古人在 2000 多年前对于物品的一个粗浅认识，说是见了该物以后某地就会有大水（水灾）。类似的描述，在古代文献里面到处都是，遇到一些不可解释的现象，就跟神话传说联系在一起。

"物产"一词最早以条目的形式设立于西晋时期张华的《博物志》。卷一《物产》："……山有沙者生金，有谷者生玉。名山生神芝，不死之草。上芝为车马，中芝为人形，下芝为六畜……"灵芝这种物产，是不老之神草，最上等的灵芝长得像车马，中芝像人形。"……五土所宜，黄白宜种禾，黑坟宜麦黍，苍赤宜菽芋，下泉宜稻，得其宜，则利百倍……"古人总结认为，看土壤的颜色来种庄稼，不同颜色的土壤适合种不同的庄稼，古人叫辨土，这个在物产志、博物志和古农书里都有记载。

到了中古时期（秦至五代），地记、图经等文献持续载录物产。地记阶段（1—6 世纪），东汉至南北朝，有《华阳国志》等；图经阶段（6—12 世纪），隋、唐至北宋以后，有《诸郡物产土俗记》《沙州图经》等，物产记载文献不断增多，描述信息日益丰富。

举个例子，南朝宋山谦之《丹阳记》："江宁县南四十里慈母山，积石临江，生箫管竹。"制箫制管的竹子，王褒《洞箫赋》所称即此也。

其竹圆致，异于众物。这个时候已经开始描述它能当什么东西用了，除了在什么地方长什么东西，还有它能做什么用，外形跟其他有什么不一样，字数不多，非常精练。

宋元以来《地方志》成为全面系统记载物产的重要文献，"物产"篇目被纳入地方志文献的收录体系之中且体例日益完备，书写方式和知识体系初步建立。宋代到现在，物产就作为《地方志》里一个栏目固定下来，并且有个特点，就是系统记载当时当地之物，就是这个时期我们这个地域范围内种的、养的、有的物品。因此，这就成了长时段持续保留下来的重要历史文献，或者说历史线索。再后来，物产记载文献不断增加，描述的信息日益丰富，人们认知的程度也在渐渐地提升，从"花草鸟兽虫鱼"到"界门纲目科属种"，现代西方的科学分类体系逐渐引入，我们古代的文献记载也能看到这种变化的线索和脉络。到清末民初的时候，我们物产的分类也跟西方接轨，跟现代科学接轨。物产的描述信息包括名称（别名）、时间、产地、性状、功效、相关的人物与典故等，还有一些引书，它引自什么地方、从哪儿来，比如《尔雅》《山海经》《农书》《本草纲目》等，这就让我们有了溯源的线索。

比如，南宋《景定建康志》："鹿梨，《本草》云江宁府出一种小梨，名鹿梨。叶如茶，根如小拇指，彼处人取其皮治疮癣及疠癞，云甚效，八月采。"你看，就这40多个字，讲了多少信息，叫什么，然后它是在什么地方产的，形状长得什么样，有什么功效，什么时候采摘，引自何处，都交代得很清楚。古人惜字如金，这些字让我们今天来整理的话，能够充分地挖掘出每一个字里面众多的有价值信息。

二、《方志物产》背后的"三生三世"

《方志物产》是南京农业大学中华农业文明研究院几代人的工作，现在收集的宋代以来至1949年以前的载有物产的地方志有9224种，累计文字达4800万字，179万条次，179万个记载的条目不代表179万种物产，它有好多是重复的，平均每个条目有27个字的解释信息。刚才我们已经给大家看过几段例子，大概在30多个字，不少精练的就是一句话，有些尚没有解释信息。为了形成今天这个记载物产的最大规模的专题数据库（我现在还没有看到比我们这个规模更大的），我们经历了几代人的努力。据说，德国马普科学研究所也一直做中国地方志文献的智能整理与应用研究。

我每次对外介绍时都要讲一下这几代人的故事，我比喻为三生三世。一生一世从哪儿来？就是从20世纪50年代开始，时任中国农业遗产研究室主任万国鼎先生，他也是农史研究领域的知名学者，万先生最多的时候组织了100多人到全国40多个城市的100多个文史单位，摘抄了7532部地方志里面的物产信息，形成了3600万字的手工摘抄的文献，真了不得啊！在今天的人看来，这是不可能做到的，这是一个非常伟大的人工工程。我们做了一个地方志分布图，根据颜色的深浅来看各行政区域地方志的多少，给大家一个直观认知，最多的是河北，最少的是新疆，中国台湾、西藏都有，可谓全地域。

我们拍了一组组装照片给大家看一看，这个装订成册的红本子远远不止这么多，是一排架子。摘抄的文本为什么页眉和空白处还有红字的标注？这就是我们先人非常严谨，抄过了以后还会有专业人士进行校对，还有一些批注，以至于现在有些出版商希望我们将这一套东西尽快

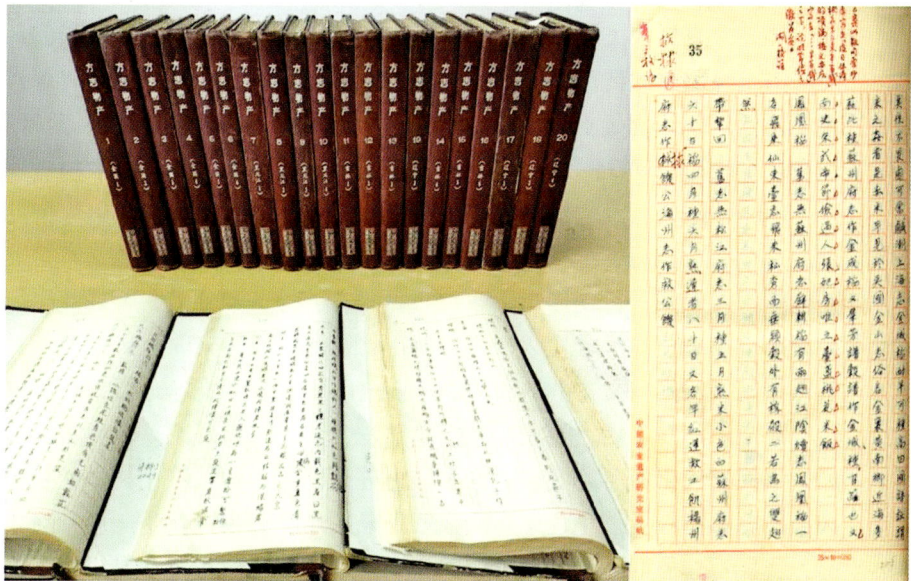

手抄本《方志物产》样本

出版，我们也正在谈，把这些东西出版，让更多的人来用它们。

后来王思明教授团队开启了方志古籍数字化保护和文本转换的工作，完成了手抄本《方志物产》从扫描图像到电子文本的人工转录与校对工作，为后续数据化、知识化、平台化奠定了坚实的基础。3600万字，逐字输入计算机，又一个令人尊敬的人工工程！计算机输入的时候还会遇到很大的麻烦，有很多的异体字（集外字），计算机不认识的字，因为有些物产名称是当地老百姓造的字，现有字库里根本找不到。那么这些字怎么去处理？这些具体的技术处理今天就不讲了，但是这个工程非常大，当时科技部也给了一些基础设施的经费，相当于3600万字又人工做了一遍。这是二生二世。

我们团队从2008年开始，10多个年头了，在前两代人的基础上，做进一步的智能化的知识挖掘。我们做了哪些工作？我用几分钟介绍一下。

第一，进一步收集、整理地方志物产文献。我们发现县志和县志以下的志书，是没有收全的，而这一部分志书里面收集的物产是最多的。我们对海南的整体文献梳理了一下，发现在县和县以下的志书里面，记载物产是相对完整的，而这一块是一般大型的文史单位缺收的，所以我们后续收集的工作任务还很重。另外，还有一部分散落在国外，众所周知，早先万先生在民国时期收集的那些东西，后来大多不见了。我们知道，南京经历过大洗劫，经历过战争，我们不能说这个东西确定是谁弄走了，但是的的确确不见了，我们现在只能重来，进一步去收集。我们现在已经收集了9224种志书中载有的物产信息，但我估计到最后可能在10000种左右。我们把这些资料拿过来，在电子文档基础上首先要处理的是什么？就是要把它进行结构化处理，因为原来那个电子文本是非结构化的，无法进行使用，然后我们要把它进行多元分类，要建立一个素材库，将来便于大家检索使用，现在已经初步能够实现全文检索。

第二，对这些文本的数智化。结构化以后，要把文本进行词汇级标注，将来才能便于后人使用。我经常举一个例子，就好比一个巨大的仓库，里面有几十万种物品，怎么去给它进行标号？位置唯一化，让机器人给它一个指令就能把这个东西抽取出来，在什么架位、是一个什么物品，我们现在做的就是这个工作。大家看一下，我们是用计算机里面的人工智能深度学习的方法，自动地来帮助我们识别标注词汇的分词、词性和实体，我们的研究已经使分词和词性的智能识别准确率达到90%以上，而实体的准确率已经达到99%。这只是拿了一个50万字的样本来做的。随着这个样本量的进一步增加，它的准确率还会进一步增加，这就是技术给我们带来的便利，使我们今天能够事半功倍。

第三，就是我们做了这些工作都是为了什么。是为了深度利用，能把这些历史文献里面一些有价值的东西，让我们的政府、我们的企业、我们的学界、我们的公众来使用。保存是一方面，激活利用也是我们的任务。国家现在也非常重视历史文献中有价值的内容的解读和应用，所以我们现在要把它呈现出来。我举个例子，以云南地区的物产作为一个例子，这个叫"云南方志物语"的知识库能检索左边这一排的相关字段，右边是一个结果的界面。我们也可以从不同的行政区域地图，呈现从明代到清代再到现代的某些物产的变化。我们用不同时期的地图，对物产进行多元、多层级标注后，就可以精准地还原物产历史。

第四，其实是我们遇到的一个最大的问题。这就是在《地方志》物产里面，有很多文献记载的物产是同物异名和同名异物，这个问题是让我们最困扰的。物产与历史人物不太一样，你说李白，他最多叫李太白等，就三四个名字。但是一个物产，在不同地方叫了不同名字，也许同一个名字，它不是同一个物产。这个问题是在历史文献记载里面让我们最头疼的事情，我们现在也要想办法来解决它。用人工的方法不现实，或者说需要一辈子甚至几辈子来做，那我们可以用大数据处理的办法，能不能根据相关特征算出一个相似度来，比如根据上下文，根据它的分类层级和其他的一些特征，算出一个相似度，超过80%的相似度阈值，我们就初步判断为同一物产；反之，小于30%的相似度阈值，我们就判断为不是同一物产。根据计算机算出的相似度，我们再去进一步人工判别。有一个例子，一个学生做了山西卷的物产，江山社稷的稷，就是古代的小米。在山西，从明到民国几百年间有41个别名，计算机没法弄（或者现在还弄不好）。正在发展的智能技术也许逐步可以弄，我们正在联合攻关。

第五，就是供所有相关的研究将来解读它。我们呈现的这些数据，希望各领域的专家来解读，从不同的角度，自然、社会、文化的角度来做一些专题的研究。现在有些方面已经开始了工作，我们团队和一些合作对象正在开展相关的研究。比方说，长江下游的稻作。长江下游是稻作文明的起源地，浙江的上山遗址是万年稻，苏南的稻作文明，也有7000年以上的考古发现，我们要把这一部分文献（包括考古发现）整理出来。当然，我们现在只有3000多年的文字记载，更早的是一些传说。再早的和有争议的，我们要依靠考古和自然科学的方法，所以习近平总书记讲，我们要把考古探索和文献研究同自然科学技术手段有机结合起来来解读中华文明，就是这个道理。

我们的目标是想把全部历史文献里记载的物产都整理出来，但是难度很大，一步一步来，先把《地方志》物产做全。但是，《地方志》以外的文献记载的物产收集、整理起来就比较难了，大海捞针不说，什么口径？什么体例？都要加以研究。我们最近在海南实现了区域目标，因为海南区域范围没有什么变化，就是一个岛。从东汉到民国，海南近2000年记载物产的文献全部要把它整理出来，约80万字，后面的整理、校对、编排的工作量也很大，计划能够把它出版。

另外，我们还在做一个工作，还有一些功能性物产的开发，我跟我们学校的遗传育种专家一起讨论这个事，专家认为我们挖掘的稻作文献资源里，有的记载早熟品种，有的记载比较优异的品种，这些线索对他们都有意义。他们可以循此去筛选里面的基因，对育种很有作用。地标产品、药用价值物产，都有开发的价值。还有一些文旅产品，我们可以说说名优物产前世今生的故事，赋予文化意义，它的价值就不一样了，经济价值就会提升。阳山水蜜桃、阳澄湖大闸蟹、苏州碧螺春茶等，把这些故事讲一讲，经济和文化价值都能进一步提升。

举两个例子，康熙三十年（1691年）《苏州府志》写道："六十日稻，四月种，六月熟，米小，色白，又名早红莲，又名救工饥。"这为水稻早熟基因的寻根提供了线索。古人是很有智慧的，在遇到灾害的时候，季节时长不够的时候，在中间抢一季，两个月就够了。所以在《苏州府志》中就有这样的记载，在那个地域是不是将来还能找到这种野生稻的基因，这就给我们的专家提供了一个很好的线索。

第二个例子，乾隆十五年（1750年）《如皋县志》记载："地丁，有紫白二种。生平地者抽茎，生水边者引蔓叶。似柳而微细，夏月开花如铃状。疮毒初起时，连根捣烂入酒同煮，或取汁搅酒中，饮神效。"把这个东西饮下去，对疮毒有神效。就这么一段字，给我们的信息就是地丁里面有一种物质，把它提取出来，如果能入药的话，当然要用一定的配方，跟酒在一起，就有药效。讲到这里，我就想起葛洪在《肘后备急方》里描写的那 15 个字："青蒿一握，以水二升渍，绞取汁，尽服之。"后来提炼出的青蒿素，给今天人类解决疾病提供了一个重要线索。我们古代的很多地方志记载的药用物产在本草里面都没有记载，这也是我们将来要挖掘的一个重点。

再举一个例子。清嘉庆二十四年（1819 年）《松江府志》记载："秋风糯（瞒官糯）粒圆、稃黄。大暑可刈，其性难变，不宜酿酒。"《农圃四书》松江谓之：冷粒糯每岁代晚稻输租，又名瞒官糯。容易种，不好吃，所以又名"瞒官糯"。这是在地方志里有记载的百姓交租的对策，不是我说的，因为产量高啊。这些信息都是从物产解释信息里面整理出来的。

一般讲到这儿，我会拿出这样一张图，跟大家做一个交流，中间的这个黑色树干《方志物产》就是我们那个手抄本，地下的根不断地去吸收含非地方志文献中的物产信息，名人笔记、博物志、食货志、农书等，从这些史料里面去吸收物产记载的信息，再借助不断发展的外部信

方志物产智能化整理与利用示意图

息技术环境，这棵大树就会结出又大又好看的果实。将来我们能解读很多的现象，能回答很多的问题，当然这个需要多学科、多领域的专家协同。随着人工智能的快速发展，计算机能解决的问题会越来越多、越来越好，其能力远超我们的想象。

三、 用数据解读"苏湖熟，天下足"

我们用数据来看一看"苏湖熟，天下足"。目前，我们整理的江苏地方志有500多种，10万多条物产记录，时间跨度从宋绍熙三年（1192年）《吴郡志》到民国三十二年（1943年）《兴化县志》，将近800年。我们看一看这个图，排在第一位的是鱼，排在第二位的是稻，排在第三位的是豆。如果用一个信息化的词频图来看一看，最大的这个字就是出现频次最高的，江苏是鱼米之乡，江苏的物产，鱼米最多，我们是不是更加有底气？我们可以很自豪地说，我们是鱼米之乡。

我在这里斗胆解读一下江苏这个名称，如果把江苏两个字的繁体字拆分成5个偏旁部首，江分为水、工，江苏人勤快、有智慧，苏分为一

（单位：次）

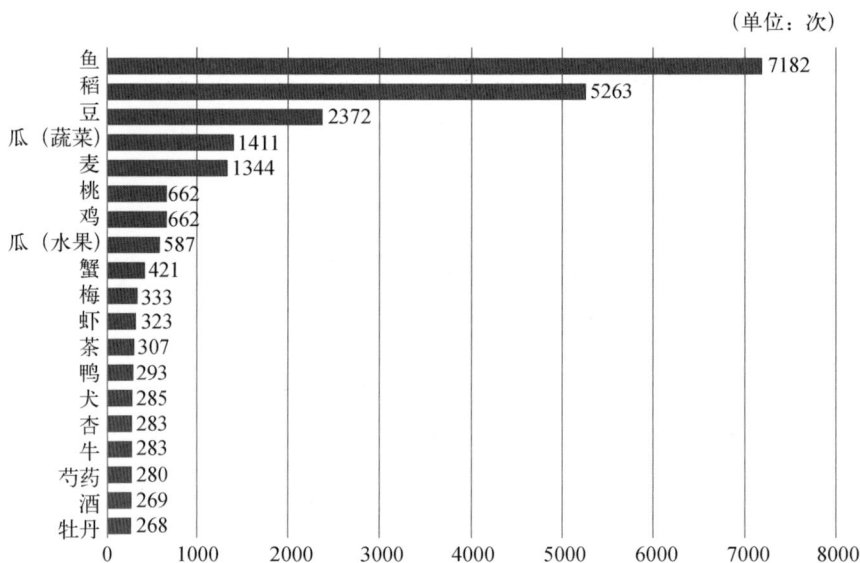

江苏地方志记载物产频次前 19 名排序情况

个草字头，加上一个鱼，加上一个禾。在古代，这个禾字更多的是小米，但现在也讲稻，所以我们说将这个字解读为江苏是鱼米之乡还蛮有意思、蛮有文化的。当时取这个名字，原意也许没有这个意思，但是恰恰印证了鱼米之乡的内涵。

大家都知道有一个成语叫"莼鲈之思"，该成语的典故，据《晋书·张翰传》记载："翰因见秋风起，乃思吴中菰菜、莼羹、鲈鱼脍。"张翰所思的是家乡江南的三种物产名品。张翰在洛阳当官，官不大，因时局想辞官回乡。有一首诗为证："秋风起兮木叶飞，吴江水兮鲈正肥。三千里兮家未归，恨难禁兮仰天悲。"（张翰《思吴江歌》）莼鲈之思现在就成了一个思乡的成语。

再讲一个名茶的故事，从"吓煞人香"到"碧螺春"。相传康熙帝南巡到苏州洞庭东山，江苏巡抚进奉当地名茶"吓煞人香"。皇帝不喜其名，看此茶"条索纤细，卷曲呈螺，茸毛遍体，银绿隐翠"，遂钦赐茶名"碧螺春"；诗人龚自珍在《会稽茶》诗序中赞曰："茶以洞庭山之碧螺春为天下第一，古人未知也。近人始知龙井，亦未知碧螺春也。"所以碧螺春是江苏名茶、中国名茶、世界名茶。

还有大闸蟹。中国已有近5000多年的吃蟹历史。考古工作者在发掘浙江余杭的良渚文化层时发现，在先民食物的废弃物中，就有大量的河蟹蟹壳。包天笑《大闸蟹史考》就有名称由来。江苏阳澄湖河蟹——阳澄湖大闸蟹，名称其实跟当时的农民怎么去捕捉蟹、用什么工具有关系，要顶灯，要有笼，要有闸，又结合方言，有很多的故事。

我们还要讲文明，讲物产与人类的生活。物产是人类赖以生活的基础，人类是在不断生产和利用物产中一起发展的。物产的变化牵动人类的命运。实际上很多物种都在极端的环境下消亡，而物种的消亡对人类是一种警告。所以我们要尊重自然，要智慧地改造和利用自然。物产跟我们的生活息息相关。我简单总结一下物产有几个方面的特性。

一是物产的历时性。物产是随着自然的进化跟人类的驯化两者合在一起演进的。我们刚才讲的稻作文明有1万多年的历史，稻作培育在1万多年里经过自然演进和人工驯化，两者交织在一起，所有的驯化物产其实都是这样一个过程。不同时期物产的进化、分化、改造的历程不一样。举个例子，猪的演化，野生猪的演进。野生猪的猪头特别强壮，占体长的 2/3；到了现代家猪，头就萎缩到 1/3 左右了。所以它的功能在发生变化，这个就是演化跟驯化同步在进行。这个过程不是一天两天，是几千年，甚至是上万年形成的。

二是物产的共时性。自然存在差异，文明也有先后。同一个时期的物产的进化，分化改造，是有差异的，同一个时间段里面，不同的文明发展的阶段，也是有差异的。自然也存在差异，温度低的、湿度大的与干旱的不太一样。举个简单的例子，这个是被历史误读了的。我专门请教过果树专家，橘生淮南则为橘，橘生淮北则为枳，同一个品种，在淮北就变成了另外一个品种，这是不对的。柑橘，是一个属，下属有很多品种，橘与枳其实是两个不同的品种，只是这个枳更耐寒，在淮北能结果实。古人认识水平、认知能力有限。

三是物产的演进性。物产自然的遗传与变异是没有停歇的，是一种交响，对于很多物种的进化，它是变异来的，变异好了，我们就把好的性状保留下来了。另外，科技和文明不断地在赋能，使得我们今天的水稻产量能够超过 1000 千克/亩。现在人类文明可以做生物育种，但是我们用的材料还是要来自自然，不能把自然丢掉，我们多样性的物种，是至关重要的。我们现在跟先进国家的差距也在这儿。我讲一个例子，很有意思。"菰"由粮食作物菰米（六谷之一）转化为蔬菜作物茭白，反映了自然生态环境的变迁。水环境的变化导致菰黑粉菌寄生滋长，坏事变好事，原来吃菰米，现在主要吃茭白。

四是物产的适用性。适者生存，有目的地驯化与创造，守正创新。物产的适用性是针对物产与自然、物产与人的。比如"苜蓿"功能的演变，汉代是观赏，唐代是马政牧草，宋代是文人和百姓的食蔬，明清又由于人口压力，功能拓展为牧草、食蔬和绿肥了。地名南京城郊接合部的苜蓿园值得考证。到了明清，我国的人口急剧增加以后，对土壤的要求、产出的需求更大，苜蓿固氮肥田的功效就更为突出了。地名苜蓿园、马群、五棵松等，其实背后都有很多的故事，这些都是以物产的名称命名的地方。

讲到这里，我要引用一下樊志民教授的一个观点，他观察了世界上的几大文明古国，发现水系的走向有差异。他说，中华文明的两大主要水系，基本上都是东西流向，沿着纬度，这样，一旦上游出现了问题，人们就会自然移动到中游，中游出现了问题，就可能移到上游或下游，这使得中华文明抗击灾害的能力大大增加。我觉得很有道理。我们简单看看其他文明的河流，古埃及文明的尼罗河南北走向，古巴比伦的两大河流——幼发拉底河和底格里斯河南北走向，古印度的河流也是南北走向。这不是偶然的，为什么中华文明几千年没有间断，是不是从这里能找到一些答案？这个仁者见仁，智者见智。我们中国有这么好的独到的自然禀赋，还有中华民族充满智慧的生存理念，我们没有犯过大的错误。中国人讲究天地人和谐，没有在历史上犯过大错误。我们有强大的自我更新和完善的能力，这个是我们中华民族的优良传统。跟大家分享这个，其实我重点要讲江苏。

江苏人杰地灵，上善若水，水是好东西，是万能的。江苏，江河湖海，全了。长江东西横贯江苏 400 多千米，京杭大运河南北纵贯江苏 700 多千米，关键是京杭大运河在江苏段依然在使用，江苏海岸线 900 多千米。中国的五大湖泊，江苏有两个。这样的土地，虽然面积不是最大的，但是自然禀赋好，天佑江苏。

前面我讲了约 640 种人类驯化的现在依然在使用的作物，有 136 种来自中国。其实在历史文献里面，从张骞打通了西域以后，我们在不同时期就有了"胡海番洋"：胡，胡椒、胡瓜；海，海棠、海藻；番，番瓜、番茄；洋，洋葱、洋芋。不同时期，中国通过各种途径，从海上也好，从西域也好，引进了很多的物产。在给世界输出的同时，我们也吸收了世界很多的对于我们有用的物产。举两个例子，我们吃的玉米、土豆，这两个作物来到中国也就几百年，明代的中后期才来中国，最早都是长在美洲的，今天已经成为我们的主粮。

我要告诉大家的是，世界上物产文明是互鉴的，是相互共享的，不以谁的意志为转移。我们在不断输出的同时，也获得了我们所需要的。包括小麦，小麦在中国有 5000 年的栽培史，但实际上它的祖宗是在两河流域。

所以，物产犹如浩瀚星河中美丽而闪烁的星辰，有的已知，有的未知，始终跟我们在一起，构成了我们农耕文明延续不断的地力密码。物产是连接人类命运的大地纽带，使我们人类成了一个命运共同体。

（图片均由包平提供）

江苏文脉大讲堂第六讲

寻踪明代南京园林里的人文足迹

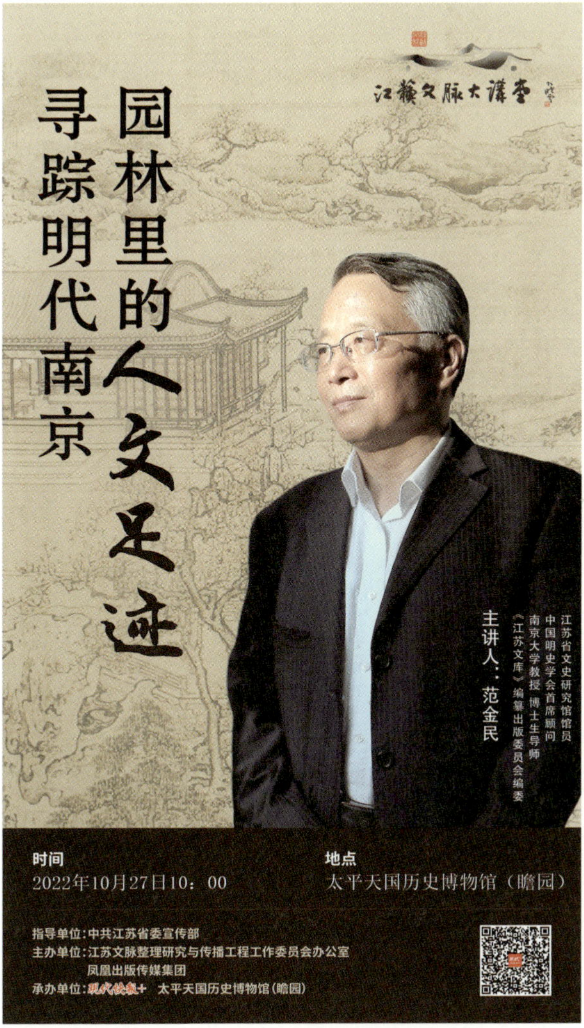

主讲人：范金民

《江苏文库》编纂出版委员会编委
南京大学教授、博士生导师

作为都城和乡试考场，明代南京是全国政治和文化中心，仕宦文化发达，文人雅士云集。明代南京园林别有意趣，在江南园林中有着突出的重要地位。明中期起，南京和吴中人文交游趋向兴盛，园林成为人文交流的热闹场所。时、地、人三者兼具优势，人文交流极盛。嘉靖中期，以魏国公徐俌公子徐天赐七十寿辰聚会盛筵为主，东园主人屡屡在园中举办唱酬宴游活动，江南士人谈艺论道，各显身手，形象地展示出明代升平时期江南人文交流的风貌，对南京园林的发展、昆曲的流播、士风的嬗变以及南京城市本身的盛衰，均产生了较为深远的影响。

一、 明代南京的园林

明代南京，先为京师，后为留都，始终是明代全国政治和文化中心。

明初南京，博大爽垲，为东南第一，四方人物莫不奔走会集。（贝琼：《贝琼集》文集卷二十）但声势最为显赫的是那些功臣宿将、淮西勋贵。诗人贝琼就曾描述："两河兵合尽红巾，岂有桃源可避秦。马上短衣多楚客，城中高髻半淮人。"（贝琼：《贝琼集》诗集卷五）朱元璋依靠淮西人打天下、建明朝，明祚鼎立，高皇帝封王赏侯，畀以良田美宅。苏州人黄姬水形容："天街半是五侯家，处处燃灯斗月华。自是帝城春色早，千枝万树一齐花。"（黄姬水：《白下集》卷六）南京麇集众多的功臣宿将、"五侯之家"，朝廷赏赐、私人营构，也就分布着诸多园林，南京成为明代著名的山林城市。

关于历史上江南的园林，著名园林设计家童寯先生于 1937 年曾概论道："吾国凡有富宦大贾文人之地，殆皆私家园林之所荟萃，而其多半精华，实聚于江南一隅。……明更有金陵、太仓。"（童寯：《江南园林志》原序）园林是明代江南文化的重要特色，而"南都山川形势之美，衣冠文物之盛，甲于四方"，南京的园林在江南有着重要地位，而且富有特色。

嘉靖时，大学士昆山人顾鼎臣说："江南大家，皆有园林之胜。"（顾鼎臣：《顾鼎臣·松筹堂集》卷三）明末嘉兴人沈德符更总结说："嘉靖末年，海内宴安，士大夫富厚者，以治园亭、教歌舞之隙，间及古玩。"（沈德符：《万历野获编》卷二六）清初吴江人陆文衡讽刺明末江南缙绅三病之一，是"不置田园置花园"。（陆文衡：《嗇庵随笔》卷四）园林以及园林冶游是明后期江南士大夫仕宦生涯的重要内容。

南京园林得山水天然之势，在明后期江南文坛领袖太仓人王世贞的笔下，明代南京的名园，为徐氏西园与东园、凤凰台、魏氏南园与万竹园、金盘李园、朱氏同春园、姚氏市隐园、武氏园。这些园林，各具特色，"最大而雄爽者"是徐氏东园，"清远者"是西园（城西南瓦官寺附近，徐达府邸对街西南偏），次大者是四锦衣之东园，"华整者"是魏氏西园，"小而靓美者"是魏氏南园与三锦衣之北园（徐达府邸东弄之东），其总体形胜"远胜洛中"。（王世贞：《弇州续稿》卷六四）洛中园

莫愁湖公园　现代快报记者施向辉　摄

瞻园航拍图　现代快报记者吉星　摄

林形胜，历代形容隋唐洛阳城地位重要、城市繁荣，王世贞之所谓"远胜洛中"，恐指其时南京园林之胜远在北京之上。

其实其时南京园林著名者，还有顾璘的息园和徐霖的快园，小巧玲珑，环境优幽，景致宜人，也非常有名。活跃于正德年间南京文坛的金銮，其散曲就说："我则见钟陵山千重翠霭，石头城万点苍烟，更和那清溪一带明如练。……比着那息园、快园，几十年文物人争美。发扬深，品题遍，得个王维画辋川，意趣天然。"（金銮：《萧爽斋乐府》卷上）这些文人士大夫的园林，若论规模气势，自然无法与徐氏东园等相比。

"最大而雄爽者"的徐氏东园，坐落在城东南武定门内。万历年间，文坛领袖、著名文学家王世贞在其《游金陵诸园记》中对东园有详尽描写："初入门，杂植榆、柳，余皆麦垅，芜不治。逾二百步，复入一门，转而右，华堂三楹，颇轩敞，而不甚高，榜曰'心远'。前为月台数峰，古树冠之。堂后枕小池，与'小蓬莱'对，山址激沵，没于池中，有峰峦洞壑亭榭之属，具体而微。两柏异干合杪，下可出入，曰'柏门'。竹树峭茜，于荫宜，余无奇者。已从左方窦朱板垣而进，堂五楹，傍曰'一鉴'，前枕大池，中三楹，可布十席；余两楹以憩从者。出左楹，则丹桥迤逦，凡五、六折，上皆平整，于小饮宜。桥尽有亭翼然，甚整洁，宛然水中央，正与'一鉴堂'面。其背，一水之外，皆平畴老树，树尽而万雉层出。右水尽，得石砌危楼，缥缈翠飞云霄，盖缵勋所新构也。画船载酒，由左溪达于横塘，则穷。园之衡袤几半里，时时得佳水。"从中可知，赫赫有名的东园，其范围其实不过"半里"，当时的园主徐继勋在其父造园的基础上又有增扩新构，布置更为周全，游赏景点更多。

园主徐天赐，为徐达五世孙徐俌少子，字申之，自号"中山王孙东园徐天赐"，人称"东园公子"。此东园，本是由徐鹏举继承的太傅园，徐天赐在原园主衰败之际攘为己有，凭借雄厚的财力，大兴土木，拓建成当时最为恢宏气派的园庭。徐天赐"能文章，喜宾客"，极喜风雅之举，不时招请江南士大夫特别是在南京的缙绅士大夫，不惜巨资，举办诗文雅集，赋诗作画，丝竹骈陈，盛况空前。正德《江宁县志》载："徐太傅园，在县正东新坊北。太傅讳达，开国元勋，赠中山王，谥武宁。永乐间，仁孝圣后赐其家为蔬圃。正德三年，东园公子天赐，遂拓其西偏为堂，曰'心远'。又购四方奇石于堂后，垒山凿渠，引水间山曲中，乃建亭阁，环杂山上，下通以竹径，甚幽邃，为金陵池馆胜处。"此记叙与王世贞所见相吻合，东园公子的营构，至少几十年格局未变。

至于徐天赐何以能够夺得太傅园，至今似不清楚。万历四十八年（1620年）江西巡按张铨《国史纪闻》记："正德二年夏四月，逮巡抚江南右都御史艾璞下狱，编管南海。先是，勋戚徐俌受无锡奸人投献土田，民讼之朝。下璞勘，悉以还民。俌贿刘瑾，遣官覆勘，承瑾旨，乃悉归俌，且劾璞前勘非是。瑾矫旨，逮璞诏狱，讯之。璞不屈，曰：'实民田也。'瑾怒，棰之，几死，除名，全家徙南海琼州。"（张铨：《国史纪闻》卷一二）按照张铨的说法，徐天赐之父徐俌接受无锡奸民投献田土以逃避税赋，百姓控告到京师，朝廷下令应天巡抚艾璞覆勘。艾璞勘得实情，将田还民。徐俌贿赂权势熏天的太监刘瑾，朝廷派遣大臣再行覆勘，钦差承奉刘瑾旨意，不但判令田产仍归徐俌，而且奏劾巡抚艾璞覆勘有误。刘瑾将艾璞逮至京师，下在诏狱。廷审时，艾璞不肯屈服诬称，认定徐俌接受投献的确是民田。刘瑾大怒，将艾璞杖击将死，开除官职，全家流放琼州。如此颠倒黑白，连应天巡抚这样的封疆大吏都被诬陷获罪，反映出勋戚徐俌勾连权阉，手眼通天，有着异常声势。此事发生在正德二年（1507年），次年，徐俌少公子徐天赐就开拓太傅园西岸偏为堂，说明太傅园易手之时，正是徐俌、徐天赐父子声势鼎盛时期。

　　无论如何，徐氏家族作为南都最为显赫的家族，明中期以来凭借中山王徐达的世代财势，在南京营建了一批颇负盛名的园林，华堂丽亭，奇峰碧水，古木嘉卉，各臻其妙，带动南京园林再度走向兴盛。徐氏诸园由此而兴，成为明代南京私家园林的代表，在江南园林中别具特色。江南其他地区的园林，均是个人营筑，而南京园林，最出名者是由皇帝赏赐、经朝廷勋贵经营而成，带有一定的皇家气息，所以才具有"雄爽"的一面，展现出非同一般的气势。

二、 南京园林内的人文交流活动

　　《明史》总结南京人文之兴盛，谓："南都自洪、永初，风雅未畅。徐霖、陈铎、金琮、谢璿辈谈艺，正德时，稍稍振起。自璘主词坛，士大夫希风附尘，厥道大彰。许榖、陈凤、璿子少南，金大车、大舆、金銮、盛时泰、陈芹之属，并从之游。榖等皆里人，銮侨居客也。仪真蒋山卿、江南赵鹤亦与璘遥相应和。沿及末造，风流未歇云。"（《明史》卷二八六）又论苏州一带的人文，谓："吴中自吴宽、王鏊以文章领袖馆阁，一时名士如沈周、祝允明辈与并驰骋，文风极盛。徵明及蔡羽、黄省曾、袁袠、皇甫冲兄弟稍后出。而徵明主风雅数十年，与之游者王宠、陆师道、王穀祥、彭年、周天球、钱穀之属，亦皆以词翰名于世。"（《明史》卷二八七）

　　后来，明末文坛领袖钱谦益论南京文会盛况道："嘉靖戊午、己未间，子价在南主客，何元朗在翰林，金在衡、陈九皋、黄淳甫、张幼于皆侨寓金陵，留都人士金子坤、盛仲交之徒，相与选胜征歌，命觞染翰，词藻流传，蔚然盛事，六朝之佳丽，与江左之风流，山川文彩，互相映发。"（钱谦益：《列朝诗集小传》丁集上）嘉靖戊午、己未是嘉靖三十七、三十八年。朱子价即宝应人朱日藩，何元朗即华亭人何良俊，金在衡即侨居南京的金銮，陈九皋当即南京人陈芹，黄淳甫即苏州人黄姬水，张幼于即苏州人张献翼；南主客指南京礼部主客司，何元朗在翰林，指何良俊在南京翰林院任孔目。

《明史》对明中期南京和苏州两个城市文坛交流的总结和钱谦益对明后期南京文坛的交流盛况的总结，形象生动地描摹出明中后期江南乃至全国的两大代表性城市的文人交游盛况及其地域人文特点。以顾璘、陈沂、王韦"金陵三俊"与许榖等为代表的南京文人士大夫群体，以文徵明、皇甫汸、皇甫冲等为代表的吴中文人士大夫群体，以及以金銮、黄省曾、何良俊、张献翼为代表的侨寓南都文人士大夫群体，甚至加上以王廷相、湛若水等为代表的南都士大夫群体，在此交游酬唱，在文学史上写下浓墨重彩的一笔。按钱谦益和《明史》的说法，无论南京，还是吴中，这两大人文重地的人文活动和文化创造在明代中后期是最为兴盛时期，而其人文活动和文化创造或多或少与南京有着紧密的联系。

南京因着都城和应天乡试所在地的独特地位，朝廷官员、江南士人和各界社会名流等，就在南京园林旅游胜地频频开展诗文唱酬活动。其中，在徐氏东园屡屡举办的人文活动就非常热闹，富具典型性，最具说明意义。谨将文人诗作中描述徐家宴饮的情形，缕述如此。

1. 顾璘

《东园雅集诗序》：

夫名胜者，天地之灵标，文章者，江山之藻色。遐阻不足以伟观，故方域宗乎神京；微眇不足以大承，故川薮主乎世胄。徒大不足以振奇，故妙用裁乎幽抱；徒物不足以名世，故事实托乎雅言。盖地隆则灵，族尊则显，情幽则迈，言清则华，具四盛者，其唯东园乎。东园者，中山王孙锦衣将军徐君申之所筑也。在南都东城隅，去赐第仅为百武许，盖别墅焉。叠山疏池，力夺天造，崖壑广远，圃在庭宁，嘉树丛生，华构间起，疏密有象，采朴适衷，俪诸前古。岂曰无间，然曲阳引水而犯礼，奇章品石以宣骄，即玩成愆，于斯为劣矣。当夫芳时令日，秩筵永谶，则有王公大人缙绅先生与夫江海闲游之士宴集乎其中！尊簋陈乎商周，肴羞备诸山海，交必以礼，言而成章。叙景则陶铸极于崇深，舒情则放诞齐于冲邈。琅函湘帙，宝袭而锦呈蔼乎，道德之腴，郁乎烟霞之薮，岂徒季伦金谷，托潘陆为丝簧，晋卿西园，借蔡为藻（缋）而已哉！诵斯知之，弗俟赘已。噫嘻盛哉！唯我皇明之有南都，犹周丰镐、汉西京也。龙山虎阜，长江大湖之胜，盘郁滉漾，控天下之上游，可不谓百二乎？维居守保厘，则中山孙子恒执其柄。飞龙羽翼，长夹辅于二南，磐石根砥，实卫翊乎九鼎，故江淮以南晏然永宁者，伊谁之功也。乃若瓜瓞之英进，未膺推毂之寄退，不为山泽之癯抱，明质以闲居，挺幽襟而特起，又安寄其高朗乎！是以东园之筑，匪唯招名流广文赋，以润饬于侯门，抑亦引升平之渥泽，招佳丽之奥区，用辅相于皇邑云尔。古人有言曰：名园之兴废，洛阳之盛衰也，洛阳之盛衰，天下之安危也。亶其然乎？园有亭榭，并太宰白岩公前为南司马时所题，园曰小蓬山。敻哉！仙乎游诸霞外矣。堂曰远心，迹近而神超，其大隐之道乎？亭有六，曰迎晖，曰揔春，顺天之时于山，熙熙尔扬而畅也；曰一鉴，曰观澜，察地之理于水，渊渊尔阴而寂也；曰萃清，资之竹者深矣；曰玉芝，丹室所以全其身乎？归云洞息也，柱笏峰固也，司马公所教于徐君者如此。（顾璘：《顾华玉集·息园存稿》文卷一）

《东园分韵》：

竹坞红亭隐，松岩碧磴悬。云光浮蚁爵，秋律应鹍弦。缓坐延明月，高吟对暮天。不因开洞府，何以狎群仙。（顾璘：《顾华玉集·息园存稿》诗卷八）

顾璘（1476—1545），字华玉，号东桥居士，吴县人，寓居南京（《明史》谓上元人）。弘治九年（1496年）进士。历官浙江左布政使、山西巡抚、湖广巡抚、右副都御史，所至有声。迁吏部右侍郎，改工部，迁为南京刑部尚书。罢归，年七十岁而卒。顾璘年少即负才名，与“前七子”何景明、李梦阳等人不相上下。与徐霖颇有私交。为推动南京的诗学，曾在清溪之上集会，其门下陈凤、谢少得、许穀、金大车、金大舆等人日夕相从，讲艺论学，蔚为盛事。钱谦益记载：“晚岁家居，文誉籍甚。又居都会之地，希风问业者，户履常满。构息园，治幸舍数十间，以待四方之客。客至如归，命觞染翰，留连浃岁，无倦色。即寸长曲伎，必与周旋，款曲意尽而后去。喜设客，每张宴，必用教坊乐工，以筝琶佐觞。……每发一谈，则乐声中阕，谈竟乐复作。议论英发，音吐如钟，每一发端，听者倾座，咸以为一代之伟人。处承平全盛之世，享园林钟鼓之乐，江左风流，迄今犹推为领袖也。"（钱谦益：《列朝诗集小传》丙集）有《浮湘集》《山中集》《凭几集》《息园诗文稿》《国宝新编》《近言》等。

顾璘曾在南京任过朝中高官，晚年寓居南京，无论仕宦官职，还是诗文词曲功夫，足为文坛领袖，个人又擅声曲，财力雄厚，构筑息园，喜客张宴，殆无虚日。顾璘不是参与东园雅集，就是在自家息园召集同好，谈曲论艺。顾璘曾作《东园雅集诗序》，高度称颂东园的地势和景致，称"地隆则灵，族尊则显，情幽则迈，言清则华，具四盛者，其唯东园乎"，在南京的诸多园林中，只有东园具地灵、族尊、景幽和清华"四盛"之美。《东园雅集诗序》更铺陈了园中的文人雅集盛况，赴宴与会者，是"王公大人缙绅先生与夫江海闲游之士"，园主巨富，生性豪爽，宴集档次一流，"尊簋陈乎商周，肴羞备诸山海"，与席者多是文坛领袖，出口成章，"交必以礼，言而成章"。如此雅集，较之历代盛会，不遑多让。顾璘又与众人一样，作《东园分韵》，吟诵东园雅集。

2. 许毂

《夏日宴笃轩魏国公第》：

> 画栋连云暑亦凉，上公邀客敞虚堂。
> 冰盘特送麒麟脯，玉盏频倾琥珀浆。
> 无数歌钟依凤律，许多舞队象霓裳。
> 留欢竟日犹云少，更展华筵水石傍。

《东园公七十寿歌》：

> 当代王孙谁第一，东园先生真间出。
> 钟山发祥非偶然，旷度英姿故难匹。

许毂，字仲贻，号石城。父许陞，字彦明，号摄泉，人称摄泉先生。许毂举嘉靖四年（1525 年）乡试，嘉靖十四年（1535 年）会试第一。历司封郎，转文选。时行取官候选日久，旧例，后任者至，多反前所举者，而低昂之。许毂说："此不肖之心也！"亟白堂官考选。堂官说："大觐伊迩，须觐后行之。"许毂说："觐官丛至，万一有蜚语，则行取者难为去留矣。"堂官韪其言，竟以二日毕考选事，均谓其公而厚云。后来任满当选，因乞南行便养，遂升为南京太常寺少卿，改为江西提学佥事。在任谨守功令，而名臣后裔又每询录左右文行，无不当于人心。可见许毂有政事之能。后升南京尚宝司卿，以大察致仕，家居三十余年。缙绅先生至留都，无不过存者，每投辖款待，然竟不谒谢，或疑其简慢，则说："林下当如是也。"许毂日与故旧亲戚酣饮赋诗，歌咏太平，自得其乐。许毂平生坦荡和煦，不设城府，人比之东汉名士刘宽、卓茂。年八十三卒。所著有《省中》《武林》《外台》《二台》《归田》诸稿行于世。（万历《上元县志》卷九）许毂从顾璘学，负时名，风流儒雅，继顾璘以耆旧主盟词坛。潇洒有远韵，好与诸名胜登游觞咏为乐，所至有作，皆可传诵。许毂有《夏日宴笃轩魏国公第》，描写东园雅集器食之精，又有《东园公七十寿歌》，歌颂东园主人是不世出的王孙公子。由文徵明、王廷相、尹台、王维桢等人的诗作推算，徐公子七十寿辰之年在嘉靖三十四年（1555 年）。

3. 文徵明

《徐东园》二首：

我别东园三十年，紫芝眉宇想依然。凤凰台下山如画，总落幽人杖屦前。

钟山东下凤台前，春满名园万树烟。解却金貂娱水石，始知平地有神仙。（文徵明：《文徵明集》补辑卷一三）（周道振按：两诗在钞本中虽被钩除，然是文氏所作，仍录于此。）

《春夜曲》：

霭云贯月溶金波，碧烟幂树春婆娑。海珠泣红花露重，臙脂流绛兰逶迤。越罗复幕交流苏，绣褥结带明青娥。金壶转刻形龙湿，漏水潋潋辘轳涩。辘轳沉沉轧银井，昼毂难淹夜愁永。起看青汉不成眠，不见双星见河影。河明月旦斗横斜，通宵春思匝天涯。眉端心事说不得，自调新谱按琵琶。

《东园图》：文徵明于嘉靖九年（1530年）所绘，表现了东园雅集时的情景。图之引首有徐霖隶书"东园雅集"四字，卷后有湛若水楷书《东园记》和陈沂行书《太府园宴游记》二则。

文彭《菊宴诗画图卷》：南京市博物馆藏。引首为文徵明之子文彭八分隶书"菊宴"，其后为王逢元所绘《菊石图》，之后为蔡羽行书《顾东桥菊宴诗序引》，而后分别为蔡羽、徐霖、罗凤、许廷、陈沂、顾璘、顾琛的题诗（以标注的形式出现，在徐霖、文彭、陈沂三人后附东园图的落款，王逢元注为王韦之子，文彭注为文徵明之子，顾琛为顾璘堂弟）。此画卷集诗、书、画于一体，为嘉靖十四年（1535年）秋九月在南京青溪息园顾璘别墅赏菊宴会上所作。《菊宴图》卷与《东园图》卷两幅图卷形制相同，所绘雅集都发生在园林之中，反映出金陵艺文圈复杂的交游网络。

文徵明《东园图集》   现代快报资料图

文徵明（1470—1559），初名壁，作璧，字徵明，后以字行，更字徵仲，号衡山，长洲（今苏州）人。书画并负盛名，"吴中四才子"之一。自弘治八年（1495年）至嘉靖元年（1522年）在南京参加十次乡试，常常出没于南京士大夫家。儿子文彭与南京士大夫也有交谊。文氏父子与南京缙绅编纼往还，保持着热络关系。弘治八年，文徵明26岁，始赴应天乡试，馆于王韦家。正德八年（1513年），再试应天。其时顾璘贬官，便道还家，与徵明及王韦等相晤。正德十四年（1519年），徵明又试应天，子文彭侍行。此番逗留，与许誉、林达等晤聚，即留宿许誉之惟适轩。其间游览金陵诸名胜，赋诗诸篇。正德末年以岁贡生诣吏部试，授为翰林院待诏，人称翰待诏。嘉靖二年（1523年）修《武宗实录》。嘉靖五年（1526年）弃官还乡，专事创作。能诗、善绘、工书，长于楷书、行书。徵明归隐后，还常至南京，与顾璘、刘麟等唱和。嘉靖六年（1527年）九月，与子文嘉前往南京，访问顾璘、许誉、刘麟等人，并有诗怀悼王韦。当时顾璘病免在家，刘麟以都察院右副都御史移病归已三年，是月起为大理寺卿。同月九日，与许誉及其子穀同游嘉善寺（在城北）及雨花台，徵明均有诗作，且题诗嘉善寺竹上。嘉靖九年（1530年），徵明至金陵，为顾璘父纹八十岁祝寿。作为吴地文人的代表，徵明寿高，从青年到晚年，几十年中屡屡前往南京并到处游览，可能是次数最多之人，与南京文人诗文唱和也最为热络频繁。

文徵明之于东园，有《徐东园》二首，其一谓："我别东园三十年，紫芝眉宇想依然。凤凰台下山如画，总落幽人杖屦前。"可能正德十四年（1519年）文徵明于南京之行遍游诸景时就曾造访过，到嘉靖三十多年东园公70岁时，几十年间不止一次出没于东园，以致30年后仍然萦绕于心。其二则谓："钟山东下凤台前，春满名园万树烟。解却金貂娱水石，始知平地有神仙。"称颂东园为万树园，园主深解园林之趣，日常生活娱山娱水，有如神仙。嘉靖九年（1530年），东园雅聚时，文徵明发挥绘画特长，专门绘就了《东园图》，形象展示了东园雅集情形。

文徵明之子文彭，字寿承，号三桥，能画，工诗。工篆隶。镌刻图章，超卓古今。曾任南京国子监博士。其篆刻雅正秀润，风格遒劲，章法疏朗，改变了元代以来板滞纤弱的弊病，恢复了汉印传统，主张篆刻必须精通六书，才能入印，取得了空前的成就。文彭于正德十四年（1519年）随父南京赶考期间曾遍览各地，此行有可能进入过东园，至少于嘉靖十四年（1535年）秋九月参与青溪息园顾璘别墅赏菊宴会，席上并作《菊宴诗画图卷》。

4. 皇甫汸

《徐公子徙宅秦淮寄赠》：

榛隐移新宅，桑情托旧溪。水声喧户近，山色入檐低。地僻心从远，观幽物自齐。思君梦中路，犹识五陵西。（皇甫汸：《皇甫司勋集》卷一九）

《访徐公子新居病起慰款追昔作》：

第宅逢新徙，琴书俨旧存。钟山遥入户，淮水正当门。隐几枚乘发，穷途阮籍樽。谁怜众宾客，今日散平原。（皇甫汸：《皇甫司勋集》卷一九）

《诸同年邀游徐氏东园》：

王家别业帝城隈，仿佛离宫天上开。仙榜曾看中赐出，名花多自远移来。千山凿石崝函似，百道疏泉太液回。胜概不殊金谷里，兹游欲赋谢潘才。（皇甫汸：《皇甫司勋集》卷一九）

《与徐公子书》：

缅昔奉使南都，杯酒之欢，奉歌咏之教，幸甚！然云雨既散，山川间之自是兰心，遂成萍迹。谢公尝谓，风流得意之事迹来都尽。因思待月移席之句，宛然在梦，契阔数年，此岂可复得哉！执事省同此情也，居忧抱病，有怀莫致。顷承玉体康胜为慰，雕撰盈箱，不惜贻示。万万秋晨，萧瑟西向，无任驰恋。（皇甫汸：《皇甫司勋集》卷四八）

皇甫汸（1498—1582），字子循，号百泉，长洲（今苏州）人。父录，弘治九年（1496 年）进士，任重庆知府。生四子，冲、涍、汸、濂，四子并好学工诗，号"皇甫四杰"。汸七岁能诗，名动公卿。嘉靖八年（1529 年）中进士，官南京工部主事。因监运陵石迟误，被贬为黄州推官。屡迁南京稽勋司郎中，以吏部郎中左迁大名通判。政余不废吟咏，尤工书法。汸和易，近声色，好狎游。于兄弟中最老寿，年八十乃卒。有《百泉子绪论》《解颐新语》《皇甫司勋集》。（《明史》卷二八七《文苑三》）皇甫汸与东园主人关系较为亲密，联系较多，大约曾应科举同年邀约，群游过东园，并作《诸同年邀游徐氏东园》诗，形容东园离宫怪石奇花异木胜景。当徐公子徙宅秦淮河畔，皇甫汸即作《徐公子徙宅秦淮寄赠》；当徐公子生病，皇甫汸即前往探望，作《访徐公子新居病起慰款追昔作》；直到晚年，还专门驰书徐公子，追忆当他吏部郎中任上奉使南都时造访东园的情景。

5. 王廷相

《徐东园招饮限韵呈席上诸君子》：

东园池馆神仙府，闲日招邀便拟来。
况有朋宾连凤彩，能辞怀抱为君开？
盘行白玉江鱼馔，尊泛金波楚菊醅。
入幕欢歌竞相和，老夫那得厌深杯？（王廷相：《王廷相集》卷一九）

《欲假东园会客先简徐公子》：

百合花开桂叶新，东园风景最宜人。
山当晴牖涓涓翠，水抱层楼影影春。
世事倘来何足问，酒杯无恙且须亲。
魏家公子神仙韵，日日来游应不嗔。（王廷相：《王廷相集》卷一八）

《徐氏东园杂歌十首》：

魏国六公子先生，贤智谦晦人也。佳园别馆，瞰都城。亭池蔼三岛之幽，花卉极四时之变。旅怀浩发，借此登游，选胜探奇，莫之与俪矣。仆也自惟南鹜，得从诸贤，秋月春花，燕游屡屡。座中豪客不闻梓里之谣，海内文宗未托辟疆之记。高风逸事，殊阙赞述，对景即筵，窃为慨叹。乃撰《东园杂歌》十篇，为群公倡。嗟乎？胜会难常，古有临觞之怆矣。而况浮生无几，流化瞬速，转盼之间，鸿泥渺绝，岂不悲哉！则夫振鹭翩翩，何辞醉舞，清吟妙曲，可使来者之无述乎？

一：水环石屿小蓬丘，白日青霞烂不收。东风未暖春池沼，怪底金鱼匝地游。

二：东园花树锦婆娑，花发流莺树树歌。一种池亭供客赏，春来偏费酒钱多。

三：看花曾不被花恼，中酒何尝与酒违？昨日花开太烂熳，几使山公倒载归。

四：绣球临水簇仙娃，红药当筵散彩霞。不论含香与含色，大家只赏牡丹花。

五：牡丹花里绿云袍，锦瑟瑶笙越调高。千古东山抱逸兴，只今谁似谢公豪？

六：金陵城里花茸茸，饮酒看花兴颇浓。我醉狂思泛沧海，蓬仙乞尔玉精龙。

七：百尺起楼临碧波，吹箫拂舞唱云和。三百六旬不惜醉，雨雨风风能几何？

八：筝丝十四凤皇鸣，弹尽南声与北声。一曲伊州刚入破，梁园词客不胜情。

九：翩翩魏国六公子，携客看花吹玉笙。不将豪贵骄尘俗，直欲飡霞凌紫清。

十：绮阁朱阑近水滨，不分晴雨自生春。时时燕舞迎人惯，恰好莺歌劝酒频。（王廷相：《王廷相集》卷二〇）

王廷相（1474—1544），河南仪封人，字子衡，号浚川、平厓。弘治十五年（1502 年）进士。选庶吉士，授兵科给事中。嘉靖九年（1530 年）正月二十八日至嘉靖十二年（1533 年）四月十六日任南京兵部尚书。廷相博学好议论，以经济称，反对朱熹、王守仁之学，认为"天地未生，只有元气"；"致良知"是误人家国之事。卒谥肃敏。著有《雅述》《慎言》等，收入《王氏家藏集》。明中期南京哲学，除心学大行其道外，气学也获得了较大发展。其代表人物主要是罗钦顺和王廷相。廷相作为理学大家，居然在南京兵部尚书任上的三年多时间，也与徐公子觥筹交错，屡屡出没于东园。廷相曾因徐公子之招请，席间与一众主客分拈韵作诗《徐东园招饮限韵呈席上诸君子》，诗谓"东园池馆神仙府，闲日招邀便拟来"，恐怕造访东园，廷相也是常客；"盘行白玉江鱼馔，尊泛金波楚菊醅。入暮欢歌竞相和，老夫那得厌深杯"，看来面对美味佳肴金尊名酩，廷相也极为享受，从不推辞。屡屡受请之后，廷相专门赋诗《徐氏东园杂歌十首》，尽情形容东园之如蓬莱仙境般景致，以及主客众人在园内的宴游酬唱情形，"翩翩魏国六公子""只今谁似谢公豪"句，说明当时文人士大夫一致认为东园主人是出手豪爽的翩翩公子；"花发流莺树树歌""大家只赏牡丹花"，印证了东园的万树园之美誉，而以园中的牡丹花最为出名；"三百六旬不惜醉"，说明东园雅集时时开宴，殊少间隔；"吹箫拂舞唱云和""筝丝十四凤皇鸣，弹尽南声与北声"，说明东园雅集时赋诗度曲，争奇斗艳，精彩纷呈。如此名流云集的奢华场面，恐怕只有在南都这样的政治文化中心才能见到。

　　廷相在南京兵部尚书任上，除了不失时机地参加东园雅集，在政务方面还做了两件大事，一件即与徐公子有关，就是举劾徐公子的族人徐鹏举侵蚀南京草场及其芦课银，予以惩处。嘉靖九年（1530年），廷相上《请革内外守备弊政疏》，就关口盘诘、守备政务与差官点闸与内外守备有关的三方面政事管理提出看法，主张南京龙江等五个税关由内外守备奏讨添设的盘诘之官并收茶果内臣，通行革退，以除民害；民事非内外守备之所当理处，而南京地方凡人命盗情必经内外守备而后行，守备往往任情决断，不致于理，今后凡遇人命窃盗，只禀巡城御史，照例参送法司施行，勿得更禀守备，以致烦扰废法；内外守备官每年春秋二季前去安徽、九江等处点闸官军，此等官员差去，狐假虎威，凌轹有司，无所不致，而地方设有兵备副使和守备都指挥，足以固守，不必年年差官，徒致烦扰，请求行令内然守备不必再行差官点闸，以致扰害。（王廷相：《王廷相集》卷八）这是要实行改革，削弱甚至剥夺守备外官徐鹏举职守之外的权力。即将升任进京，廷相奏请，举劾太监杨奇、卜春及魏国公徐鹏举侵蚀草场、芦课银，三人遭夺禄处罚。进入左都御史，廷相更上《请议南京内外守备事权疏》，疏言南京守备权太重，不宜令魏国公世官。给事中曾忭也上奏言之，遂解徐鹏举兵柄。（王廷相：《王廷相集》卷八）由魏国公徐鹏举世袭的南京守备一职，因为其侵蚀所管草场、芦课银，经王廷相的奏请，竟至被罢黜，徐鹏举堪称遭到了灭顶之灾。

　　徐俌、徐天赐父子，先是通过结交朝中权阉刘瑾，斗倒了封疆大吏应天巡抚，从其族人徐鹏举那里夺得了太傅园，后来又通过南京兵部尚书王廷相的大力参奏，剥夺了徐鹏举的南京守备要职，可见东园公子其实不只财力和学养兼优，而且其社会地位也不容小觑，直可比肩王公贵人。

　　6. 尹台

《寿徐东园锦衣七十》：

　　异姓王孙今代闻，风期千古信陵君。神仙第宅元霄汉，宾从笙歌自水云。

　　种竹凤台留客看，买山燕渚与僧分。斫断岁月从今数，赤篆长开蕊箓文。（尹台：《洞麓堂集》卷九）

《少东锦衣灯会病不及赴次孙宗伯韵》二首：

　　信陵公子夜开堂，宴客张灯水槛傍。自放梅风入绮户，仍邀竹月下银塘。

　　花边锦炬参差影，树里星球点缀光。却笑病愁难料理，卧怜箫鼓竞更长。（尹台：《洞麓堂集》卷十）

《病后徐锦衣重招灯宴再用前韵》二首：

　　其一：华宵胜集阻春堂，绮宴重叨上客傍。妙舞百回临雾树，繁灯千簇出烟塘。

　　仙人阁吐神藜焰，汉女珠摇水珮光。换席翻嫌寒漏促，欲教短夕向君长。

其二：醉吟北斗挂虚堂，起视明河绛阙傍。点座银花辉别馆，钩帘火树炫回塘。

屏间雾隐三山色，槛外星浮一水光。拟共升平传乐事，笙歌齐庆帝年长。（尹台：《洞麓堂集》卷十）

《魏公西园赏牡丹次康少宗伯》二首：

其一：冶城西畔魏公园，仙客同开上日尊。花绕复亭深隔市，柳藏幽径曲成村。

帘栊昼启春阴静，睥睨晴通野气昏。向夕不须仍秉烛，缤纷萝月映阶繁。

其二：未说昔时金谷园，且倾今日看花尊。风流合并洛中社，胜绝元称白下村。

展席醉延池月吐，开轩吟对水烟昏。百年嘉集应难数，莫厌归灯拥路繁。（尹台：《洞麓堂集》卷十）

《徐公子宅赏牡丹次孙大宗伯》二首：

其一：东风吹暖散千门，浪蝶狂蜂亦自喧。公子名花开别院，佳人锦瑟对瑶尊。

宋中车马交梁苑，洛下衣冠盛白园。此地仙僚时恣赏，春光何美乐游原。

其二：扬子传奇浪载尊，陶公卜舍漫辞喧。能娱病客三春日，独爱王孙十亩园。

忆昨看花同曲水，只今好客几平原。韶华况过清明雨，管占芳菲信尔门。（尹台：《洞麓堂集》卷十）

尹台（1506—1579），字崇基，号洞山，江西永新人。嘉靖十四年（1535 年）进士，选庶吉士，授编修。出为南京祭酒，历官南京礼部尚书。留意理学，邹元标称其学不傍门户，能密自体验。著有《洞麓堂集》及《思补轩稿》。卒年七十四。尹台这位理学家，是继王廷相之后常常出没于东园的南京朝中高官。在徐公子七十寿辰时，专门赠送寿诗《寿徐东园锦衣七十》；因病未能赶上徐公子招请的灯会雅集，又赋诗《少东锦衣灯会病不及赴次孙宗伯韵》二首；病后徐公子重招灯会雅集，更赋诗《病后徐锦衣重招灯宴再用前韵》二首。在前两诗中，尹台比王廷相更进一步，直接称多财好客的徐公子为信陵君。尹台是与徐公子交好留下较多诗作的一位缙绅士大夫，其又有《魏公西园赏牡丹次康少宗伯》二首和《徐公子宅赏牡丹次孙大宗伯》二首诗，分别步韵康太和和孙升，记录这些在任高官在东园赏牡丹的情形。诗作中的康少宗伯，当即康太和，于嘉靖三十三年（1554 年）三月至嘉靖四十年（1561 年）二月任南京礼部侍郎；孙大宗伯，当即孙升，于嘉靖三十六年（1557 年）三月至嘉靖三十九年（1560 年）六月任南京礼部尚书。

7. 王维桢

《寿东园公七十序》：

> 是日东园公为诸大夫设宴，宴中琴瑟歌管，皆被以鹿鸣天保之章，其诸浮艳新声，悉屏而弗举，彬彬乎。东园公固近世之佳公子也。

王维桢（1507—1556），字允宁，号槐野。明朝华州平定里（今陕西华县）人。维桢博学多才，少年时代广泛涉猎古文辞，嘉靖十四年（1535 年）中进士，选授翰林院庶吉士。三年后授翰林院检讨，后累任翰林院修撰，进秩为右春坊右谕德，署南京翰林院事、南京国子监祭酒。在文坛也有一定名气，以博学强识著称。曾多次担任考官，号称得士多人。署南京翰林院事在嘉靖三十年（1551 年）冬，晋秩为南京国子监祭酒在嘉靖三十三年（1554 年）春。嘉靖三十四年十二月十三日（1556 年 1 月 24 日）陕西华州大地震，居家的王维桢遇难去世，终年 49 岁，时人为其早逝而叹。维桢雅意经世，然优游馆阁间，积 20 余年，迄不留任。故不及以功业自见，时托之著述。有稿 30 余卷，有《王氏存笥稿》。时人何良俊高度评价其诗，称其崇尚"前七子"之一的李梦阳，"其才亦足相第敌，但持论太高而气亦过劲"，但"若孙忠烈传与白洛原墓碑诸篇，便可度越康李，与古人争骛矣"。（何良俊：《四友斋丛说》卷二三）这样的一个文坛高手和国学祭酒，在徐公子七十寿庆之时，也奉赠寿序，盛称其为"近世之佳公子"，可见其时徐公子在南京官场和文坛的地位。

8. 何良俊

《奉寿东园徐公七十》：

王公开邸帝城闉，多士争驱献寿辰。见辟西园能驻景，更开东阁胜留宾。

金貂七叶恩光重，玉树千寻气色新。不必功求方外去，中山元自有仙人。（何良俊：《何翰林集》卷五）

何良俊（1506—1573），字元朗，号柘湖居士，松江华亭人。与弟良傅皆负俊才，时人以"二陆"比之。贡入太学，授为南京翰林院孔目。良俊文史学识颇负时誉，兼擅古物鉴赏，"喜南都山水奇丽，日与名人韵士相追随，品题殆遍"。又值王维桢至，"待良俊亦如之，每出游，必挟与俱，唱和篇章，具载集中。……其学无所不窥，下笔波委云属，千言立就，于金石、古文、书画、词曲精于鉴赏，卜居金陵十年始归。"著有《何氏语林》《四友斋丛说》《何翰林集》。在其文集中，就收有《奉寿东园徐公七十》一诗，高屋建瓴，称颂徐公子七十寿庆盛会。

何良俊寓居南都整整十年，城内外胜迹游赏殆遍，奉寿徐公子诗作之外，另有《白下春游曲》，其一谓："城市总居图画里，江山镇绕帝王宫。秦人漫自夸韦曲，越客何须说剡中。"（何良俊：《何翰林集》卷七）又有《集市隐园得霞字》，谓："大市南头一径斜，萧然门巷静无哗。扶疏竹树笼寒日，浩淼湖陂逗晚霞。天外喜逢江海客，寒宵同醉隐沦家。老梅亦似含情待，故傍山楹著数花。"（何良俊：《何翰林集》卷五）包括东园在内的南京园林，给何良俊这样的吴地才士留下了深刻印象。

9. 何良傅

《东园徐公七十寿序》：

东园公之贤，承累世之伐，素得都人士心，而宾客又皆当世所谓豪杰之士，则折冲樽俎之间，而谈笑以扫潢池之薮。

何良傅（1509—1562），字叔度，号大鐢，良俊弟。嘉靖二十年（1541年）进士，历南京礼部郎中。（《明史》卷二八七）学早成，体素赢，然立身守官甚严，与人坦易，不设城府。卒年五十四。嘉靖三十二年（1553年），良俊、良傅兄弟同官南京。

10. 吴承恩

《寿魏国徐公子六十幛词》：

信是人间，如公希有。山林钟鼎，一生兼足。宾客文章，享太平清福。淮海南飞，锦字相将，向楚云遥祝。

吴承恩（约1500—1582），字汝忠，号射阳山人，山阳（今淮安）人。少时有文名，屡试不第。嘉靖时举为岁贡生。嘉靖二十八年（1549年）迁居南京，卖文为生。嘉靖三十九年（1560年）任长兴县丞，不久辞职归里。隆庆四年（1570年）开始撰写《西游记》。在他移居南京之前，当徐公子六十寿辰时，吴承恩即致送寿幛词，足见徐公子交游之广。

麋集在徐公子周围、频繁出没于东园的文人士大夫，或是同年同僚，或是同籍同乡，或是同行同道，互相之间关系热络，多有诗文之长，社会地位和词翰声望大抵相近，平常也保持着紧密的联系，缟纻往还，时相过从。

南京本籍或移居南京的文人士大夫，顾璘及从弟顾琛、陈沂、王韦、许誙许毂父子、徐霖、刘麟之间，聚会游赏，殆无虚日。顾璘与徐霖是好友，有《和徐子仁游虎丘四首》诗。与陈沂是儿女亲家，常结伴同游南京景致，共度春秋，有《和陈鲁南遂初斋漫兴》《除夕二首和女丈鲁南》《和鲁南元夜雪》《和鲁南新春》《同陈鲁南雨饮永宁寺》《同陈鲁南宿天界竹居》《同鲁南天界方丈对雨》《病中忆鲁南钦佩》等诗篇，《复陈鲁南》《与陈鲁南》《寄陈鲁南》等文。与许誙、许毂父子两代人交谊甚厚，有《许彦明过荒斋看菊》《雪夜观灯和彦明二首》，许誙去世后，顾璘撰墓志铭，文徵明书墓石，陈沂篆题墓盖。在《摄泉隐君许彦明墓志铭》中，顾璘饱含深情地道出墓主与作者、文徵明、陈沂、王韦四人为"密友"，而四人"亦爱隐君无他，乐为倾倒，时时赋咏相酬和，

摅展情愫，不相较深浅工拙也"。（顾璘：《顾华玉集·息园存稿》文卷五）

吴地文人士大夫，如苏州文徵明、皇甫兄弟，华亭何良俊良傅兄弟等人，与南京文人士大夫群体，私交甚笃，过从也密。文徵明与"金陵三俊"陈沂、王韦、顾璘以及许隆、许榖父子为好友，他比许隆、陈沂小1岁，比顾璘大6岁，与王韦、顾璘订交很早，这些好友皆有诗文酬唱。据其文集，文徵明至少致王韦札共11件，致陈沂札1件，和诗多首，与许隆诗5首，与许榖诗1首，与顾璘诗1首，札1件，致南坦（刘麟）札1件。在《留别许彦明二首》中称："常爱金陵古帝州，每怀玄度晋风流。十年踪迹三回别，一榻风烟两月留。别院凉声荷叶雨，疏帘明月桂枝秋。为题贻谷堂中意，付与他时说旧游。""红尘来往十年交，三宿高斋不惮劳。脱略时情真长者，延缘世讲到儿曹。重闻夜雨惊陈事，相对秋风惜鬓毛。难会不堪容易别，归心已逐暮江涛。"（文徵明：《文徵明集》补辑卷六）在《寄许仲贻》诗中称："问讯幽人白下踪，若为清世不相容。几回对月思玄度，安得披云见士龙？落日横塘折杨柳，秋风南浦梦芙蓉。相思满目烟波远，吟得新诗手自封。"（文徵明：《文徵明集》卷一二）可见两人感情之深，互相牵挂。另有两诗，一诗兼简王韦，一诗怀念王韦。文徵明自弘治八年（1495年）至嘉靖元年（1522年），前后十次到南京应乡试，频频往返于苏州、南京之间，更不失时机与南京诸友晤聚。始赴应天乡试，就馆于王韦家。正德八年（1513年），文徵明再试应天，时顾璘贬官便道还家，与文徵明及王韦等相晤，文徵明与陈沂、王韦等赋诗为饯，并叙其首。正德十四年（1519年），又试应天，子彭侍行。与许隆、林达等晤聚至夜，并留宿许隆之惟适轩。其间游览金陵诸名胜，均有诗篇。归隐后，还不时至金陵。嘉靖六年（1527年）九月，与子嘉在南京访顾璘、许隆、刘麟等，并有诗怀悼王韦。时顾璘病免在家，刘麟以都察院右副都御史移病归已三年，是月起为大理寺卿。同月九日，与许隆、许榖父子同游嘉善寺（在城北）及雨花台，文徵明均有诗，且题诗嘉善寺竹上，文嘉即刊刻之。嘉靖十年（1531年）八月十四、十五日夜，文徵明独坐南楼，对月有作，当时子彭、嘉与汤诊、王宠等皆赴试金陵。顾璘有诗称："儒林挥笔掩群贤，湖海倾心二十年。……山馆穷愁欹枕日，拭君图画转凄然。"（顾璘：《顾华玉集·浮湘稿》诗卷三）惺惺相惜，深情寄念。顾璘又致信陈沂，通报将旧时草堂移入山中，与陈沂别业仅距三里，并对文徵明之画技深表叹服，称颂道："文衡山老性宽涵，画品精进。秋间欲迎来数日倾倒。世如此老，亦无几人。"（顾璘：《顾华玉集·息园存稿》文卷九）文徵明父文林去世，许毂为撰《明两京国子博士致仕赠文林郎文公墓志铭》。璘从弟顾琛，字英玉，性孤介，文徵明亦与之交往。

　　何良俊、何良傅兄弟都任过南京翰林院孔目，何良俊晚年寓居南京十九年，与南京士大夫关系密切。何良俊是顾璘息园座上的常客，其文集就收有《息园夜赏杏花得枝字》。（何良俊：《何翰林集》卷六）嘉靖十年（1531年），何良俊与其弟良傅前往南京参加乡试，就"各携所业"拜见顾璘。当时书法家长洲人王宠养病于顾璘爱日亭中，顾璘即将良俊兄弟所作行卷展示在王宠床前，"相与披诵，极口称赞"，（何良俊：《四友斋丛说》卷一五）奖掖后进，不吝辞色。嘉靖十六年（1537年）春，何良俊到南京，为求父墓文见顾璘，顾璘回访，与何谑语，何亲身感受顾璘"阔大爽朗"而好谑的个性。顾璘好客，座上客常满，又喜谈诗，曾亲闻顾璘评论李梦阳作诗必用杜甫之得失，某日，何又听顾璘评论何大复诗作之。何良俊自诩饮酒、听曲和谈谐三者为"夙业"，但较之前辈挚友顾璘来，不免逊色。良俊记道："顾东桥文誉籍甚，又处都会之地，都下后进者皆来请业，与四方之慕从而至者，户外之屦常满。先生喜设客，每四五日即一张燕。余时时在其坐。先生每燕必用乐，乃教坊乐工也，以筝琶佐觞。有小乐工名杨彬者，颇俊雅，先生甚喜之，常诧客曰：'蒋南泠诗所谓消得杨郎一曲歌者，正此子也。'先生每一谈，则乐声中阕，谈竟，乐复作。议论英发，音吐如钟，每一发端，听者倾座。真可谓一代之伟人。"（何良俊：《四友斋丛说》卷一五）又记，"吾松士大夫家燕会，皆不令子侄与坐，恐亦未是。顷见顾东桥每有燕席，命顾茂涵坐于自己桌边。……皇甫百泉、许石城二家，其二郎亦皆出坐，与客谈谐共饮。"（何良俊：《四友斋丛说》卷三四）东桥即顾璘，皇甫百泉即皇甫汸，许石城即许毂。如此传神逼真之笔，只有身与其事才能记载下来。顾璘之外，何良俊与南京的许毂等人交往也多。何良俊曾听得许毂述说顾璘与严嵩赏鉴书画轶事。何又记："南京前辈如徐髯仙、许摄泉诸人，许即太常卿仲贻之父，其神情高远，绝无都城纨绮市井之习，亦一时胜士。东桥石亭之公甚重之。余小时至南都，数与游处。后窃禄时，二公已亡，每思其人，辄为惘然。"（何良俊：《四友斋丛说》卷一五）何又记其知交中称善饮者，"则有宝应朱射陂子价，南都许石城仲贻，姑苏袁吴门鲁望，太仓王凤洲元美，上海朱醉石邦宪。每饮必竟日，恬愉畅适，所谓令人欲倾家酿者也。"（何良俊：《四友斋丛说》卷三三）徐髯仙即徐霖，许摄泉即许陛，石亭即陈沂，何良俊年少时到南京即已随他们游览诸处。何良俊如此笔触，只有对相知甚深之人才能写得出来。

　　至于文徵明、皇甫汸与何良俊等吴地士大夫之间，关系更加密切，日夕过从。试举何良俊与文徵明之关系，以概其余。何良俊晚年，移居南京和苏州时日最多，他记与文徵明之关系："余造衡山，常径至其书室中，亦每坐必竟日。常以早饭后即往，先生问曾吃早饭未，余对以'虽曾吃过，老先生未吃，当陪老先生再吃些'。上午必用点心，乃饼饵之类，亦旋做者。午饭必设酒，先生不甚饮，初上坐即连啜二杯。若坐久，客饮数酌之后，复连饮二杯。若更久，亦复如是。最喜童子唱曲，有曲则竟日亦不厌倦。至晡，复进一面饭，余即告退。闻点灯时，尚吃粥二瓯。余在苏州住，数日必三四往，往必竟日。每日如此，不失尺寸。"（何良俊：《四友斋丛说》卷一八）何良俊亲身经见的文徵明之饮食情形，如此生动逼真，两人之关系，何良俊居然近乎每天前往造访，甚至可以在文宅吃早饭。何之年纪，小文徵明整三纪，在文老先生前，是名副其实的晚辈，忘年之交，可以到如此地步，真属罕见。何良俊撰有《何氏语林》，文徵明为撰序言，益见两人私谊。

　　综上所述，以徐公子东园为主体的这些赏景盛筵、诗文唱酬、戏曲演奏活动，参与者不是南京或吴中的士大夫，就是任职南京的士大夫，前者不少人是乡试应科、出仕为官或退官以后在南京出没的，后者是正在南京官场履职者。顾璘是移居南京的吴县人，官至南京刑部尚书，致仕在家，家有息园，园内常有雅集，主持南京风雅几十年；许穀是南京人，官至尚宝司卿，致仕在家；文徵明是长洲人，在南京参加十次乡试，无数次到过南京，与南京的诸多缙绅士大夫如顾璘、许穀和其父许陛私交甚笃，后来文徵明的儿子文彭与南京士大夫也有交谊，文氏父子与南京缙绅缙绅往还，保持着热络关系；皇甫汸也是长洲人，嘉靖八年

（1529年）进士，任过南京工部主事；王廷相是弘治十五年（1502年）进士，任南京兵部尚书三年半，多次出没于南京的名园，留下不少相关诗文；尹台是嘉靖十四年（1535年）进士，任南京国子监祭酒，历官南京礼部尚书，在南京较有年头，常到徐氏园亭，留下相关诗文篇什最多；王维桢是嘉靖十四年（1535年）进士，署南京翰林院事、南京国子监祭酒。这些人，互相之间关系较好，情投意合，私谊较深。这些人，富有才情，博学多识，工于诗文，雅善诗文唱和，对游宴雅集抱有浓厚兴趣。馆谷主人徐天赐，工诗擅文，雅好唱酬，既有才，又有财，大方大度，不停地为文人士大夫雅集提供不赀的花费，成为真正的居停（馆谷）主人。东园等唱和诗，都是夸赞园主徐公子风雅有才情，描写东园景致之绝胜，感谢园主之慷慨大方，挥霍不靳。徐氏作为中山王魏国公的后裔，拥有一般人所没有的勋贵身份和丰厚资财，人、地、时三者交融，造就了其时人文交流的胜景。这种诗文雅集唱和，正是明代升平时期江南士大夫人文唱和最为典型的形式。

三、 南京城园林内外的戏曲演奏

明代中后期的南京，作为留都，拥有其他城市所没有的丰厚人文资源，人文交流活动处于特别繁盛时期。罗钦顺记："南京文武诸司，其职务多简，凡有官君子，每朝视事，或不过数刻即罢，居常既多暇日，则往往相与为诗酒之会，山泽之游，畅然皆有以自乐者，积日累月，以至于三载，则其事业之所成就，亦皆可书，华秩崇阶由此而进，视彼惨惨畏咎不已于行者，其所得不既优乎！"（罗钦顺：《整庵存稿》卷五）钱谦益《金陵社夕诗序》："海宇承平，陪京佳丽，仕宦者夸为仙都，游谈者据为乐土。"吴伟业眼中的明末南京："饶山水，多高贤，宜诗酒，有此三快，三公不易矣。"（顾师轼：《吴梅村先生年谱》卷二）

明代后期的南京，不独园林文化臻于极盛，也是南戏和北曲交流争胜的场所，经过改良的昆曲，就是由南京推衍流布到北部中国大地的。江南士大夫和南京官员的戏曲欣赏活动，自然并不局限在园林中，园林之外，他们同样"弹尽南声与北声"。在戏曲表演方面，南京与园林雅集一样，同样拥有人、地、时的有利条件。明后期的南京，是全国各地商人特别是最为富有的徽商活动的大本营，徽商是最为钟情于戏曲演奏的地域商人。嘉靖时经营于江南的歙商潘周南、召南兄弟，笃好戏曲，好丝竹高会。召南之子之恒，挟父辈之高资，侨寓金陵，"留连曲中，征歌度曲，纵酒乞食"，"从秦淮联曲宴之会凡六七举"（钱谦益：《列朝诗集小传》丁集下），江南重要的戏曲活动均亲与其事。

明后期的江南士大夫，赋诗度曲，高手众多，集中在南京者也不少。主持南京风雅几十年的顾璘，仕宦位置显要，诗文素养为一时翘楚，而且极为热衷审音度曲。其老友何良俊说他："顾尚书东桥好客，其坐上常满。又喜谈诗。余尝在坐。"（何良俊：《四友斋丛说》卷二六）又称他："先生喜设客，每四五日即一张燕。余时时在其坐。先生每燕必用乐，乃教坊乐工也，以筝琶佐觞。"（何良俊：《四友斋丛说》卷一五）

家有快园的徐霖，地方文献记他"能自度曲为新声，伎乐满前，无日不畅快也"（万历《上元县志》卷九）。徐霖善词曲，武宗南巡时得演员臧贤推荐，为武宗作曲，备受宠幸。其所作戏文有《绣襦记》《三元》《梅花》《留鞋》《枕中》《种瓜》《两团圆》等数种，其中影响最大的当数《绣襦记》，该剧原是海盐腔的演出剧目，后来改编成昆腔。徐霖被称为"曲坛祭酒"。顿仁是正德、嘉靖年间南京著名的教坊曲师，曾随武宗入京，沈德符《顾曲杂言》称其"尽传北方遗音，独步东南"，是南京戏曲表演由北曲转换到南曲时期的关键人物。晚年曾被华亭人何良俊请去教授家中女乐。"金陵三俊"也是当时著名的戏剧作家。顾璘对戏剧颇有研究，著有《息园存稿》《浮湘集》《山中集》等。王韦著有《高原家藏记》《王太什记》等。此外，明代南京从事戏剧创作研究的还有陈所闻，曾辑有《北宫词纪》《南宫词纪》各六卷，汇集了元明人散曲，颇具资料和研究价值。徽州歙县人潘之恒，官至中书舍人，长期居住于南京，是著名的戏曲表演理论家。潘之恒热爱戏曲，著有《亘史》《鸾啸小品》等，曾多次主持曲宴演出活动，并为许多著名演员写过情辞恳切、生动优美的小传，因此获得"姬之董狐"的雅号。潘之恒针对演员的素质、表演的技巧以及表演时的情感体验等问题提出了诸多深刻的见解。他要求演员要有才、慧、致三者兼擅，表演时要求演员注意度、思、步、呼、叹等，还要注意吐字发音。潘之恒谈论演员表演时的情感体验极为精辟。他赞扬出色的演员，每每用"痴情"或"情痴"二字来形容。他又认为演员表演要能解情，出色的演员不仅要熟人情，而且要善解人情，不仅能在曲师、教习等人的指导下熟悉作品，了解人物，而且也要凭自己的智慧去理解角色情感背后更深层的东西。潘之恒在戏曲鉴赏时强调区分赏音和赏曲。

"园林成后教歌舞"，明后期，江南文人流行演唱昆曲，赋诗度曲，教习歌舞，良辰美景奈何天，公子落难后花园，剧情大多不离园亭，于是园林成为戏曲表演的实地场景，颇具雅人情致。明代戏曲家王骥德认为，度曲最惬意的场所就是华堂、青楼、名园、水亭、云阁、画舫、花下、柳边。如前所述，在南京任过高官、晚年移居南京的吴县人顾璘，其私宅息园内常常丝竹骈陈，戏曲表演不断。寓居南京十余年的华亭人何良俊，更是当时少有的度曲赋声高手，十分热衷于昆曲表演活动，编剧本，赏名曲，捧名角，调教戏曲演员，奔走于演出场所。

明后期南京声势和影响最大的戏曲表演，就是嘉靖后期由徽商策划和赞助的竞技表演。嘉靖时，南京戏班数十个，最著名的是"兴化部"和"华林部"。徽商"合两部为大会"，遍征金陵之贵客文人，与夫妖姬静女，莫不毕集。将"兴化部"与"华林部"东西分列，同时演奏《鸣凤》剧。实际是动用重金，聘用两个戏班，让它们互相竞争，分别高下。结果"兴化部"技不如人，"华林部"独著。"兴化部"主角马伶不甘失败，为了演好相国严嵩这一角色，特意进京投身可与严嵩相比的另一相国家，察言观色，熟悉言语。三年后回到南京，请求徽商再开戏宴，召集前次大会的宾客，与"华林部"再奏《鸣凤》剧，终于以惟妙惟肖的精湛技艺胜过了"华林部"。（侯方域：《侯方域全集校笺》文集五）两大戏班的前后两次竞争性演出都是由徽商策划和赞助的。

范仲淹的忧乐人生

江苏文脉大讲堂
范仲淹的忧乐人生
直播时间：2022年11月22日 14：00
直播地点：苏州市天平山风景名胜区
指导单位：中共江苏省委宣传部
主办单位：江苏文脉整理研究与传播工程工作委员会办公室 凤凰出版传媒集团
承办单位：现代快报+ 苏州市园林和绿化管理局
支持单位：苏州市天平山风景名胜区管理处
主讲人：高峰
南京师范大学文学院院长 教授 博士生导师

主讲人：高 峰

南京师范大学文学院院长、教授、博士生导师范仲淹是江苏文脉一颗熠熠生辉的明星。党的二十大提出把马克思主义基本原理同中国具体实际相结合、同中华优秀传统文化相结合。范仲淹的人品、人格，对我们现在不管是为官、为人、为学，都有很大的启示。

首先，给大家大致梳理一下范仲淹的生平经历。范仲淹生于 989 年，卒于 1052 年，字希文，是北宋前期杰出的政治家、文学家、军事家、教育家。

范仲淹的先祖是唐朝宰相范履冰，世居邠州，也就是现在的陕西彬州。他的高祖范隋于唐懿宗时渡江南下，任丽水县丞，也就是在浙江丽水县掌管文书、仓库，当时正逢中原兵乱，从此就定居吴县，就是今天的苏州。在五代十国时期，范仲淹的曾祖、祖父、父亲都曾经在吴越国任官，因为当时苏州属于吴越国的管辖范围。北宋建立之后，他的父亲范墉追随吴越王钱俶归降大宋，任武宁军节度掌书记。所谓掌书记，相当于秘书，是掌管一路军政、民政的机关中的僚属。宋太宗端拱二年 (989 年)，范仲淹出生在他父亲担任徐州节度掌书记的官舍。

苏州天平山范仲淹雕像　现代快报记者顾闻　摄

第二年，范墉因病卒于任所，妻子谢氏贫困无依，只得抱着两岁的范仲淹，改嫁淄州长山（今山东淄博长山）人朱文翰。范仲淹也改从继父的姓，取名朱说（yuè）。两年后，继父朱文翰任职届满，返回故乡，朱说母子随同来到了朱文翰的家乡长山县。此后，范仲淹在这里开始了他的童年生活。

范仲淹在长山县的一处寺庙——醴泉寺里励志苦读，因为家境贫寒，便用两升小米煮粥，小米粥经过一夜冷却、凝固后，用刀切成四块，早晚各吃两块，再切一些腌菜佐食。

他曾经请人替自己占卜前程。他问算卦之人："我将来能做宰相吗？"对方说不能。他再祈祷说："做良医也可以。"得到的回答还是不能。于是，他仰天叹息："不能利泽生民，非大丈夫平生之志。"那么，范仲淹的人生理想是什么呢？他的人生理想就是大丈夫苦读圣贤书，遇到贤明的君王，得以施展自己的远大政治抱负。如果不行的话，就做一名好的医生，上可以治疗君王、亲人的疾病，下可以拯救贫民困厄，中可以保养自己、健康长寿。

范仲淹22岁的时候得知自己的家世，原来他不姓朱，是姓范。他伤感不已，毅然辞别母亲，前往南都应天府（今河南商丘）求学。他刻苦攻读，冬天读书疲倦发困时，就用冷水洗脸；没有东西吃时，就喝稀粥度日。他能够忍受一般人难以忍受的艰难困苦，并且培养了自己坚忍不拔的意志。数年寒窗生涯后，范仲淹已经博通儒家经典，怀抱着兼济天下的远大抱负。

宋真宗大中祥符八年（1015年），范仲淹考中进士，被任命为广德军司理参军，掌管讼狱、案件事宜，官居九品。鉴于已有朝廷俸禄，范仲淹便把母亲接来奉养。天禧元年（1017年），他由于刚正不阿、政绩突出，升任为文林郎、集庆军节度推官。此时，他认祖归宗，恢复了范仲淹的姓名。

此后，范仲淹历任兴化县令、秘阁校理、陈州通判、苏州知州、权知开封府等职，因秉公直言而屡遭贬斥。后来宋朝与西夏爆发战争，宋仁宗康定元年（1040年），范仲淹与韩琦共同出任陕西经略安抚招讨副使，采取"屯田久守"的方针，稳扎稳打，防守反击，努力积蓄力量去跟敌人进行斗争。他巩固边防，对稳定西北边境的局势发挥了重要作用。因此，宋仁宗任命范仲淹为枢密副使，后拜参知政事。针对北宋时期日益严重的社会矛盾，范仲淹上《答手诏条陈十事疏》，发起"庆历新政"，积极推行对于政治弊端的改革。

不久之后，新政在保守派的强烈抵制下失败，范仲淹自请出京，历任邠州、邓州、杭州、青州知州。皇祐四年（1052 年），身患重病的范仲淹改知颍州（今安徽阜阳），在赴任途中不幸逝世，享年 64 岁。宋仁宗亲自为他书写碑额"褒贤之碑"，此后累赠太师、中书令兼尚书令、魏国公，谥号"文正"，世称范文正公。

范仲淹在中国文化史上具有非常重要的地位，受到了世人的普遍崇仰。他的人格意义可以体现在以下六个方面。

一、　刚正不阿

范仲淹在朝廷当中，坚持原则，秉公直言，即便是触犯了皇上的威权也在所不惜。宋仁宗天圣七年（1029 年），仁宗皇帝已经 19 岁了，但是朝政大权仍然掌控在章献太后（宋真宗章献皇后）的手中。这一年的冬至，仁宗准备率领百官在会庆殿为太后祝寿。范仲淹认为这一做法混淆了家礼与国礼，就上疏仁宗说："皇帝有事奉亲长之道，但没有为臣之礼；如果要尽孝心，于内宫行家人礼仪即可，若与百官朝拜太后，则有损皇上威严。"谏言仁宗放弃朝拜事宜。上疏奏报内廷，没有获得答复。范仲淹又上书章献太后，请求还政于仁宗。奏书传入内宫，再次石沉大海。作为范仲淹步入官场的举荐人，明哲保身的宰相晏殊听说这件事，大惊失色，立刻把范仲淹召过来，批评他过于轻率，不仅影响自己的仕途，而且会连累举荐之人。范仲淹据理力争，并且给晏殊写了一封长信，表明自己的政治立场："侍奉皇帝绝不阿谀奉承，只要是有益于朝廷社稷之事，必定秉公直言，虽有杀身之祸也在所不惜。"

明道二年（1033 年）七月，天下大旱，蝗灾蔓延，江淮和京东一带灾情尤其严重。为了安定民心，范仲淹奏请朝廷派人视察灾情，仁宗不予理会。范仲淹便质问仁宗："如果宫中停食半日，陛下该当如何？"仁宗幡然醒悟，派遣范仲淹安抚灾民。范仲淹应诏赈灾，开仓济民，并将灾民充饥的野草带回朝廷，以警示六宫贵戚戒除骄奢之风。

　　范仲淹生性耿直、疾恶如仇的政治态度令其在仕途当中多次因为直言进谏而遭受贬谪。他的好友梅尧臣写了一篇《灵乌赋》，劝诫范仲淹要学做报喜之鸟，不要像乌鸦那样因为报凶讯而遭人唾骂，平时要少说话、少管闲事，过上超尘脱俗、逍遥自在的小日子。范仲淹回复梅尧臣，也写了一篇《灵乌赋》。他在赋中斩钉截铁地写道，无论如何他都要秉持正义，坚持真理，不管人们怎样厌恶乌鸦的聒噪之声，他始终都是"宁鸣而死，不默而生"，始终都要保持为民请命的凛然大节。范仲淹曾经由于慷慨直言，三次遭到贬谪，但是他的无私义举反而得到了广大文士的崇敬，并且深刻影响了当时士风的振作。因此，他每次被贬，都被看作一件荣耀之事，第一次称为"极光"，第二次称为"愈光"，第三次称为"尤光"，由此造就了他的"三光风范"。

二、革新政治

　　范仲淹作为北宋杰出的政治家，对于革除朝廷积弊做出了很大努力。景祐二年（1035年），范仲淹出任吏部员外郎、权知开封府。他在京城大力整顿官僚机构，革除弊政，开封府由此"肃然称治"，城市治理得井井有条。当时人们就称："朝廷无忧有范君，京师无事有希文。"他已经成为稳定政治局势的重要人物。

　　但是，当时的朝政被保守派领袖、宰相吕夷简所把持，他培植党羽，任用亲信，致使整个朝廷因循守旧、暮气沉沉。范仲淹对此极为不满，于是向仁宗进献《百官图》，对宰相用人制度提出尖锐批评，劝说皇帝革新制度、亲自掌握官吏升迁的大事。吕夷简不甘示弱，诬蔑范仲淹"越职言事、勾结朋党、离间君臣"。范仲淹便连上四道奏章，斥责吕夷简为人狡诈，由于言辞激烈，遭到罢黜。范仲淹与吕夷简之争，实质上是革新派与保守派的斗争，深刻影响着宋朝的政治走向。

　　到了仁宗庆历三年（1043年），有鉴于北宋官僚机构庞大、行政效能低下、人民生活困苦、边防侵扰不断等内忧外患的严峻形势，宋仁宗拜范仲淹为参知政事，与富弼、韩琦、欧阳修等人形成宰辅核心机构，积极推行新政。范仲淹向仁宗上《答手诏条陈十事疏》，提出10项以整顿吏治为中心，意在限制冗官、提高效率，并借以达到节省钱财的改革主张。欧阳修等人也纷纷建言献策，努力开展政治革新。但是，庆历新政严重触犯了贵族官僚的利益，因而遭到他们的强烈阻挠。第二年，范仲淹、韩琦、富弼、欧阳修等人相继被排挤出朝廷，各项改革也被废止，新政彻底失败。这次改革虽然失败了，却为后来的王安石变法拉开了序幕。

三、 安定边防

宋仁宗宝元元年（1038 年），西夏国主李元昊称帝，进攻宋朝边境；宋朝国防非常松懈，因此宋军屡战屡败，丧师失地。在此危急关头，范仲淹被朝廷任命为陕西经略使，兼知延州，相当于现在陕西延安的市长；后来又知庆州，相当于现在甘肃庆阳的市长。他率领士卒修筑城池，加强训练，严明纪律，屡挫敌兵，打击了西夏的嚣张气焰，致使西夏人对他十分忌惮，称"小范老子腹中有数万甲兵"。称他"小范"，自然就有"大范"，大范就是他的前任范雍，只会死读书，不懂军事，结果打了大败仗。在西夏人的眼里，范仲淹腹中有数万甲兵，运筹帷幄，处理军事非常有才干。范仲淹与著名政治家韩琦一起，抵御西夏的侵略，取得卓越的功绩，因此边境上就流传着这样的歌谣："军中有一韩，西贼闻之心骨寒。军中有一范，西贼闻之惊破胆。"范仲淹的代表性词作《渔家傲》即创作于这个时期。

塞下秋来风景异，衡阳雁去无留意。四面边声连角起。千嶂里，长烟落日孤城闭。

浊酒一杯家万里，燕然未勒归无计。羌管悠悠霜满地。人不寐，将军白发征夫泪！

这首词上片着重写景。起句"塞下秋来风景异"，"塞下"点明了作者当时所处的地理位置。我们讲这首词，一直都认为是在延州写的。当代著名学者王兆鹏、肖鹏先生经过实地考察，最后得出结论：范仲淹是在庆州，也就是甘肃庆阳写的。因为只有那里的地理环境，符合这首词的创作背景：庆州是防范西夏进攻的军事重镇。

　　"秋来"点明季节，"风景异"概括地写出了庆州秋季与内地风景迥然相异。范仲淹是苏州人，他对塞下的季节变换，远较北方人来得更加敏感，所以用一个"异"字概括，这中间含有惊异的意思。那么，塞下秋来的风景到底"异"在哪里呢？"衡阳雁去无留意"，意思是说这里的大雁到了秋季纷纷离开边塞，毫不留恋地向南方飞去。这里描写大雁南飞，反映了秋季的边塞寒风萧瑟，满目荒凉。

　　"四面边声连角起"，从听觉的角度描写庆州傍晚时分的战地景象。所谓"边声"，如同西汉李陵《答苏武书》中所写："凉秋九月，塞外草衰。夜不能寐，侧耳远听，胡笳互动，牧马悲鸣，吟啸成群，边声四起。"胡笳声、牧马声、风吹的声音都构成了边声，它泛指一切带有边地特色的声响。这些声音伴随着军中的号角声而起，形成了浓厚的悲凉气氛。

　　"千嶂里，长烟落日孤城闭"，则是从视觉的角度描写宋朝军队所驻守的城池以及周围苍茫的地理环境。修筑在层层山岭之间的一座紧闭的孤城，自然给予广大读者强烈的孤寂凄冷的情感体验。

　　词的上片着重写景，展现了边塞孤城在秋季黄昏之际一派荒凉景象。下片着重抒情，表现了在"卫国"与"思家"的矛盾中守边将士的真情实感。一方面，作者以守边御敌、保家卫国为己任："浊酒一杯家万里，燕然未勒归无计。"作为边塞主帅的范仲淹，重任在肩，虽然难免乡关之思，但是敌寇未除、战功未立，当然丝毫不敢懈怠。燕然，山名，即今蒙古国境内的杭爱山。据《后汉书·窦宪传》记载，东汉和帝永元元年（89年），车骑将军窦宪率军大破北匈奴，"登燕然山，去塞三千余里，刻石勒功，纪汉威德"。范仲淹希望仿效东汉窦宪追逐匈奴至燕然山勒石记功，一举平定西夏，得胜凯旋。但是，北宋统治者采取重内轻外、崇文抑武的既定国策，致使整个国家军事呈现疲弱的局面，这并不是依靠一个范仲淹就能够扭转乾坤的。因此这里的"未勒"，也就表明抗击西夏的战争并没有取得决定性胜利，宋朝将士只能旷日持久地坚守城池，却无法实现回归故乡的心愿，字里行间充满着无奈而悲壮的感情。

　　最后三句突显军营之内萧瑟悲凉的景象，抒发出浓烈沉重的思乡之情："羌管悠悠霜满地。人不寐，将军白发征夫泪！"年迈的将军和年轻的士卒因为思念家乡亲人而伤心落泪。夜空当中悠悠的羌笛，大地之上惨白的秋霜，共同渲染出一种悲怆苍凉的艺术氛围。

这首边塞词，表现了作者御敌守边、建功立业的气概和抱负，同时也反映出边地之苦和思乡之情，风格悲壮苍凉，感情细腻深沉，开北宋豪放词的先声。清朝词论家陈廷焯《云韶集》评论此词："悲壮沉雄，唐人塞外诸曲无此沉着痛快也。悲而壮，一腔热血，满纸忠爱，想见文正生平。"

传说当时欧阳修谑称这篇作品为"穷塞主之词"，实质这首词作表达了作者范仲淹在边塞生活中的真切感受。据宋人魏泰《东轩笔录》卷十一记载："范文正公守边日，作《渔家傲》乐歌数阕，皆以'塞下秋来'为首句，颇述边镇之劳苦。欧阳公尝呼为穷塞主之词。"其实，欧阳修在这里称呼范仲淹是"穷塞主"，是包含一些鄙夷之意的。但是范仲淹以自己的艰苦卓绝、勇于担当，体现出儒家知识分子坚贞报国的意志。范仲淹作为枢密使晏殊西北经略的重要支撑力量，两人的关系非常亲密。范仲淹"终身以门生事之，后虽名位相亚亦不敢少变"（叶梦得《石林燕语》卷九）。和他相反，在朝廷用人之际，欧阳修却较多顾及自身的利益得失。康定元年（1040 年），"范仲淹副夏竦为陕西经略安抚招讨，辟修掌书记。修以亲为辞，且曰：'今世所谓四六者，非修所好。兼此末事，有不待修而能者。'"（李焘《续资治通鉴长编》卷一二七）欧阳修不屑跑到西北边陲去屈居人下，干一些掌管文书的琐务。在他心中更加热望的，还是奔向京城政治文化的核心，实现自己的功名追求。正是欧阳修平时大话连篇、关键时刻又推诿塞责，引起了老师晏殊的不满，最终导致了他们师生关系的交恶。

范仲淹在镇守西北期间，善于慧眼识才，并且因材施教。行伍出身的狄青，在抗击西夏李元昊的战争中，屡立战功。他喜欢头戴一副铜面具，披头散发地冲锋陷阵。范仲淹认为他是良将之才，劝他去读《左传》，并且对他说："将领不知古今，只是匹夫之勇。"狄青从此发奋读书，精通历代将帅兵法，最终成为北宋一代名将。

张载少年时，喜欢谈论兵法，有投笔从戎的志向。他专门赶赴延州谒见范仲淹。范仲淹认为他是读书种子，具有成为学问家的潜质，去做将领实在屈才，于是勉励他说："儒者自有名教可乐，何事于兵？"并且开导他说："人各有所长，当以所长报效国家。忠君报国，并非只在沙场。你若能光大儒学，比攻城略地的将帅对国家的贡献更大，必可扬名立万！"张载听从范仲淹的劝告，通读儒家经典，后来成为宋朝儒学大师。

四、 造福百姓

宋真宗天禧五年（1021年），范仲淹调任泰州西溪盐仓监，负责监督淮盐贮运及转销。西溪濒临黄海之滨，唐朝时官员李承修筑的旧海堤因年久失修，多处溃决，海潮倒灌，淹没良田，人民深受其苦。于是范仲淹上书泰州知州张纶，建议沿海筑堤，重修捍海堰。天圣二年（1024年），张纶奏明朝廷，仁宗调范仲淹为兴化县令，全面负责修堰工程。范仲淹征集兵夫四万余人开始兴筑海堰。此后，由于母亲病逝，范仲淹辞官守丧，工程由张纶主持完成。前后历时四载，捍海堰终于修成，并且发挥了重要的水利作用，"来洪水不得伤害盐业，挡潮水不得伤害庄稼"，外出逃荒的两千余民户回归家乡，百姓得以安居乐业，农业、盐业的发展都得到了保障。人们为了感念范仲淹的首倡之功，将阜宁至吕四的海堤统称为"范公堤"。

宋仁宗景祐元年（1034年），苏州阴雨连绵，造成江湖泛滥，洪涝成灾，农田被淹没，民不聊生。范仲淹担任苏州知州后，根据水情与地理环境，提出开浚昆山、常熟间的"五河"，将积水导流太湖、注入大海。范仲淹以"修围、浚河、置闸"为主的治水措施，收到了实际效果。此后历代的两浙官员，都依照这个模式来整治水患。

正因为范仲淹抱持着以民为本、造福百姓的信念，所以他不管在什么处境下，都始终体现出关心民生、忧乐天下的博大胸怀，正如他在《岳阳楼记》中，通过对洞庭湖和岳阳楼的景物描写，展现迁客骚人面对客观环境的不同感受，进而抒发了高远的人格理想和宽广的政治胸怀。文章最后写道："不以物喜，不以己悲，居庙堂之高则忧其民，处江湖之远则忧其君。是进亦忧，退亦忧。然则何时而乐耶？其必曰'先天下之忧而忧，后天下之乐而乐'乎！"这既是范仲淹身处"江湖之远"时的自我激励，也是对朋友滕宗谅的劝勉；不仅是范仲淹伟大人格的真实写照，也成为后代仁人志士的道德准绳。

五、 兴办教育

范仲淹继承和发展了儒家正统的教育思想，把"兴学"当作培养人才、救世济民的根本手段。他在《上执政书》中，明确提出"重名器"（慎选举、敦教育），把当时科举以考试取人而不在考试之前育人，比之为"不务耕而求获"，主张"劝学育才"。他在庆历年间主政时，着力改革科举考试制度、完善教育系统、加强学堂管理，各地纷纷奉诏兴办学校，地方学堂如雨后春笋般涌现，时谓"盛美之事"。

在师资选材上，范仲淹提倡明师执教、经实并重。范仲淹注重对教师的培养和选拔，把"师道"确立为教育的重心，他推荐的名师胡瑗、李觏等，皆为北宋著名的教育家。在教学内容上，范仲淹提倡"宗经"，以儒家经典培养能通达"六经"、通晓经邦治国之术的人才；同时注重讲授算学、医药、军事等基本知识，培养具有专门知识、技能的实用人才。

范仲淹本人在兴办教育方面能够身体力行，无论"居庙堂之高"，还是"处江湖之远"，都积极地将教育作为自己的政务重点。天圣五年（1027 年），范仲淹为母守丧，居住在南京应天府（今河南商丘）。当时晏殊担任南京留守、知应天府，听说范仲淹很有才华，就邀请他到府学任职，执掌应天书院教席。范仲淹主持教务期间，勤勉督学、以身示教、创导时事政论，每当谈论天下大事，辄奋不顾身、慷慨陈词，当时士大夫矫正世风、严于律己、崇尚品德的节操，即由范仲淹倡导开始，书院学风也为之焕然一新，范仲淹由此声名远扬。景祐元年（1034 年），范仲淹调任苏州知州，辟所居南园之地，兴建郡学。庆历六年（1046年），范仲淹出任邓州知州，创建书院学堂，并在书院东侧营造百花洲，花洲书院由此而得名。范仲淹闲暇之余亲自到书院讲学，使得邓州的教育风气大为兴盛。

六、 倡导慈善

范仲淹当年从朱姓复姓归宗的时候，受到了苏州范氏家族的冷遇，他在给朋友的书信中，曾经感慨姑苏"风俗太薄"。但是他不计前嫌，想方设法为范氏家族的长远发展深谋远虑。皇祐元年（1049 年），范仲淹调任杭州知州。他的晚辈认为范仲淹有退隐之意，于是商议购置田产以供其安享晚年，范仲淹对此严词拒绝。他在《告子弟书》中指出：

> 吾吴中宗族甚众，于吾固有亲疏，然吾祖宗视之，则均是子孙，固无亲疏也。苟祖宗之意无亲疏，则饥寒者吾安得不恤也？自祖宗来，积德百余年，而始发于吾，得至大官。若独享富贵而不恤宗族，异日何以见祖宗于地下？今何颜入家庙乎？

当年十月，范仲淹出资购买良田千亩，让自己的弟弟请人妥善经营，收入分文不取，成立范氏义庄，对范氏远祖的后代子孙义赠口粮，并资助婚丧嫁娶等用度。范仲淹为义庄订立了章程，规范族人的生活。他去世之后，其子范纯仁、范纯礼又续增规条，使义庄维持下去；后世范氏子孙也对义庄屡有捐助。范氏义庄组织规范、运作良好，前后持续了 800 多年，直到清朝宣统年间义庄依然有田产 5300 亩。它是中国慈善史上的典范，不仅是最早的家族义庄，还是我国史料记载的第一个非宗教性民间慈善组织。

范仲淹不仅设立义庄、义田，还兴办义学，对族中子弟实行免费教育。范氏义学在教化子弟、安定社会、移风易俗等方面都取得了巨大成就，开启了中国古代基础教育阶段免费教育的新风尚。

通过上面几个方面的介绍，我们确实能够感受到，范仲淹文武兼备、智谋过人、忠君报国、体恤民情，是北宋伟大的军事家、政治家、教育家。他所倡导的"先忧后乐"思想和仁人志士节操，为儒家思想中的进取精神树立了一个新的标杆，闪耀着人性的光芒，受到了后人的广泛崇仰和赞誉。王安石评价他："一世之师，由初迄终，名节无疵。"苏轼评价他："出为名相，处为名贤；乐在人后，忧在人先。"黄庭坚评价他："范文正公，当时文武第一人。"金代最伟大的诗人元好问评价他："文正范公，在布衣为名士，在州县为能吏，在边境为名将，其材、其量、其忠，一身而备数器。在朝廷则又孔子之所谓大臣者。求之千百年之间，盖不一二见，非但为一代宗臣而已。"南宋理学大家朱熹称誉范

苏州天平山范仲淹纪念馆　现代快报记者顾炜　摄

仲淹是"天地间气，第一流人物"，并且将他与诸葛亮、杜甫、颜真卿、韩愈一起誉为"五君子"。朱熹指出："此五君子者，其所遭不同，所立亦异，然求其心，则皆所谓光明正大，疏畅洞达，磊磊落落而不可掩者也。"（《王梅溪文集序》）毛泽东也对范仲淹给予了高度评价："中国历史上有些知识分子是文武双全，不但能够下笔千言，而且是知兵善战。范仲淹就是这样的一个典型。"

与此同时，我们也要还原一个全面生动的范仲淹，他不仅是宋代君子良臣，又是一位带有鲜明江南才子做派的性情中人。正因如此，范仲淹创作了一些歌咏相思愁怨之情的佳作，例如他在《御街行》词中所写："愁肠已断无由醉，酒未到，先成泪。残灯明灭枕头敧，谙尽孤眠滋味。都来此事，眉间心上，无计相回避。"更出名的是这首《苏幕遮·秋思》：

　　碧云天，黄叶地，秋色连波，波上寒烟翠。山映斜阳天接水，芳草无情，更在斜阳外。

黯乡魂，追旅思，夜夜除非，好梦留人睡。明月楼高休独倚，酒入愁肠，化作相思泪。

这首词上片写景，描绘出一幅苍茫、寥廓的秋天图景。"碧云天"与"黄叶地"，一个是碧云满天，一个是黄叶遍地，苍远萧瑟的浓浓秋意扑面而来。词人的视线不断向前延展，写到远方的水波，秋色与秋水连成一片，水面上漂浮着绿色的寒烟。"波上寒烟翠"，愈发增添了一股迷离凄清的寒意。"山映斜阳天接水，芳草无情，更在斜阳外。"画面的镜头再向前延展，采取翻进一层的写法，把词人的思乡之情表达得更加深远。

下片直接抒情。他黯然销魂，愁思缠绕，不忍心登楼远眺，触发起更加形单影只、孤独难耐的愁绪，只得借酒浇愁，却又更增一番愁苦。最后，郁积在胸的乡思旅愁通过相思之泪形象地表达了出来，尽显愁思难遣的苦闷。清人许昂霄不由感慨道："铁石心肠人，亦作此销魂语。"（《词综偶评》）

苏州天平山先忧后乐牌坊　现代快报记者顾炜　摄

　　不过，这首词的情调不同于一般纤柔词人的平弱浮泛，而是将苍茫的秋景与深挚的羁旅之情统一起来，表现得更为高远壮大，充溢着沉雄清刚之气，这也是范仲淹的刚直个性对词风的一种自然牵引。

　　通过如上所述，我们能够领略范仲淹在北宋政治、军事、教育、文学等诸多方面所作出的重要贡献，感受到范仲淹身上强烈的报国情怀、刚正的人格魅力、以民为本的思想、求真务实的风格，以及热爱家乡、造福后辈的热忱。"先天下之忧而忧，后天下之乐而乐"，范仲淹真正实现了一位儒家知识分子、一位贤者能臣的道德理念和品节操守。作为范仲淹的同乡后辈，苏州人民何其有幸、与有荣焉！希望大家能够继承并发扬范仲淹的精神传统，见贤思齐，关注当下，为创造人民的幸福生活作出更大的贡献！

能不忆江南

——解码无锡千年文脉

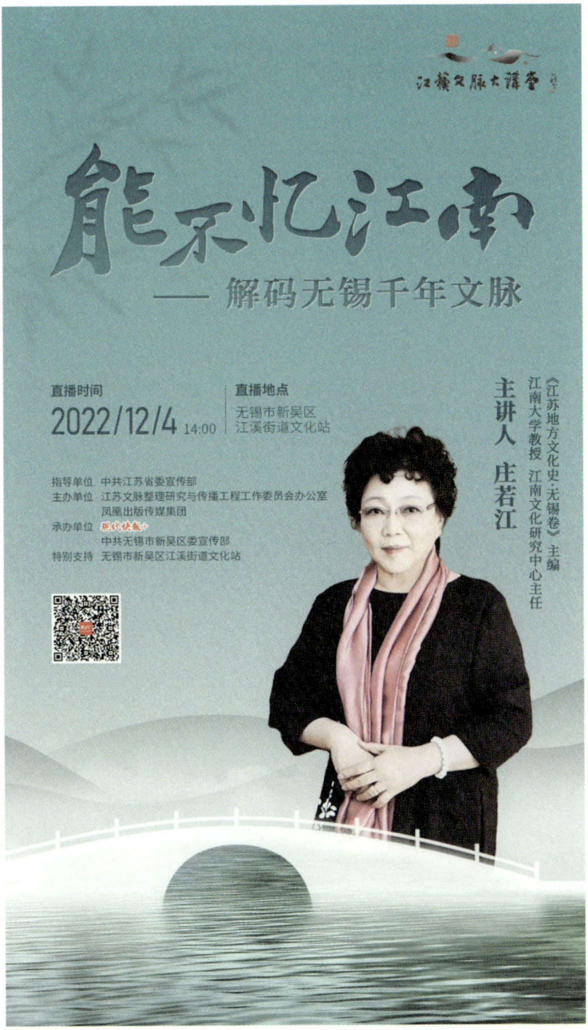

主讲人：庄若江

《江苏地方文化史·无锡卷》主编
江南大学教授
江南文化研究中心主任

　　说到江南，最耳熟能详的是两首词，一首是韦庄的《菩萨蛮》，"人人尽说江南好，游人只合江南老"，江南是词人心中最值得终老的地方，可见其对江南的偏爱。另一首是白居易的《江南好》，"江南好，风景旧曾谙，日出江花红胜火，春来江水绿如蓝，能不忆江南！"白居易曾为官江南，江南给了他最美好的回忆。

鼋头渚的春天

一、　何处是江南？

　　江南，是一片神奇而充满魔力的土地。但对江南的界定，不同的人有不同的说法：历史学家说她"悠久"；地理学家说她"温润"；语言学家的界定是"吴语";气象学家总结的气候特征叫"梅雨";美学家的评价是"诗性";经济学家认为江南是"富庶"和"繁华"的代名词;在文学家、艺术家眼里,江南就是诗词歌赋、画山绣水,就是风花雪月;在历代统治者眼里,江南是源源不断的财富;而对百姓而言,江南是人间最宜居的"天堂"……

　　江南并非一个明确的区划概念。提到江南,人们不禁要问:"何处是江南?"在中国,有山东就有山西,有湖南就有湖北,有河南也有河北,都是明确的省份。但江南,却不是一个明确的省份概念,她并没有具体的行政区划,也没有严格的地理划分。但每每提到她,人们想到的都是美好的词,鱼米之乡、山清水秀、富庶繁华,在中国人的传统文化认知里,她更像是人们对美好家园、人间天堂的指代。

　　"江南"最早出现在古代典籍中时,就是一个宽泛概念,并非某地专指,而是长江以南、南岭以北,包括江苏、浙江、安徽、江西、湖南、湖北等广大区域。

　　隋朝,隋炀帝开通了大运河,加强了南北联系,促进了江南的发展。当然要特别注意的是,这条大运河是隋运河,也称隋唐运河,并非我们今天所说的京杭大运河。隋炀帝开运河的初衷,首先是为了加强大一统南北统治,也为了从江南攫取财富供应朝廷和北方军队之需。但客观上看,运河水道的开通,也确实大大刺激了江南经济的发展。

　　到了唐代中期的时候,北方爆发"安史之乱",长达 8 年,让北方成为一片战场。据不完全统计,有 200 多万人口迁徙江南,大大充实了南方人口,也刺激了江南的发展。1127 年,汴梁沦陷,北宋灭亡,宋徽宗赵佶、钦宗赵桓、嫔妃皇子和文武百官等均被押往草原,徽宗第九子赵构率部逃往江南,在临安(今杭州)延续了赵宋国祚,即后来的"南宋"。宋廷政权的南迁,对江南的开发和繁荣起到了重要作用。江南也开始成为世人瞩目之地。

　　唐宋以降,江南的概念慢慢也发生了变化,经历了一个从大到小、从西向东、不断压缩的过程,最后聚焦在富饶的太湖流域。"江南"真正成为区划地名,从何而始?

　　公元 605 年,杨广登基后不久,他为了加强南北统一、从江南攫取财物,下令开凿运河,包括永济渠、通济渠、山阳渎(邗沟)和长江以南的运河。隋炀帝将吴王夫差所开的京口（镇江）到余杭（杭州）近800里长的河道称为"江南河"。

正因江南河这个称呼，唐贞观元年，对全国区划调整时，便把长江中下游以南、南岭以北的区域设为"江南道"。那时候全国共分为十个道，江南道的范围很大，包括浙江、福建、江西、湖南、湖北、江苏和安徽南部，以及四川、贵州的部分地区，江南首次成为行政区划的名称。唐玄宗时，又把江南道拆分为江南东道、江南西道和黔中道，江南东道是发展的亮点。

今天关于"江南"的界定，学术界普遍认可的是李伯重先生提出的"八府一州"说，即明清时期的苏州府、松江府、常州府、润州（镇江）府、江宁府、杭州府、嘉兴府、湖州府，以及从苏州府划出的太仓州，这一地区也称为"长江三角洲"或"太湖流域"，总面积约4.3万平方千米。这一地区在地理、水文、自然生态以及文化经济等方面形成了一个整体，是一个综合发展均衡之区。

二、　东南财赋地

江南，对国家有什么重要意义？先看经济贡献。唐代，韩愈曾说："赋出天下，而江南居十九。"当然，前面已讲到，唐代的江南包括苏、浙、皖、赣、湘、鄂六个省份，相当于六个省的税赋占到全国的十分之九，这个比例也足够惊人。宋代，更有耳熟能详的民谚"苏湖熟，天下足""上有天堂，下有苏杭"，足见这片区域的富庶与繁华，不仅是朝廷财政的主要来源，也是百姓公认的最宜居之地。

到了元代，江南的概念在缩小。明代时，南直隶大概是今天的安徽和江苏，承担赋税占到了全国的三成左右；明代因为朝廷机构扩大，战事增加，税赋不断加重，江南缴纳的税赋也不断增加。清代，有"江南财赋甲天下"之说，江南承担了全国25％的地丁银、65％的漕粮。

所以，康熙在第一次下江南时，看到了满眼的富庶与繁华，回去后在写给江南大小官吏的诗中，有"东南财赋地，江左人文薮"的诗句，显然，这位皇帝清楚地看到了江南是朝廷的钱袋子，也是人文渊薮重地。到了太平天国战乱爆发前的1850年，江南地区人口接近全国的

10％，达到 3600 多万，是经济最发达的富裕地区，也承担了国家最多的税赋。直到今天，情况还是如此，江浙两省的税收依然占全国税收的大头。

三、 江左人文薮

我们再来谈谈"江左人文薮"。江南是"人文渊薮"，并非康熙随便说说。江南崇文重教，读书仕进是民间传统。所以在普通人家的门楣上经常可见"耕读传家""诗礼传家"，"几百年人家无非积善，第一等好事只是读书"是江南世家望族最喜欢的名联。

自隋朝开科举，在近 1400 年的科举史上，一共诞生了 596 位文状元，江南状元总数在 40％以上，进士数更是半分天下。明朝 260 年里，共出了状元 90 名，其中江苏 17 个，浙江 20 个，占比为 41％。清朝 268 年，诞生 114 位状元，浙江 19 位，江苏 49 位（其中苏南 45 位），占比接近 60％。这些数字可从一个侧面窥见江南的人文底蕴。

2017 年 10 月，孔夫子旧书网通过大数据统计了我国秦汉以来诞生的诗人地域分布，江苏第一，4382 位，浙江第二，3959 位，广东第三，2001 位，福建第四，1682 位……总体看，是南方靠水的地方多，而江浙两省加起来就有 8000 人之多，占到了 40％左右。画家也是如此，明代一共诞生了 1114 位画家，其中 800 多位籍贯为江浙两省（江苏 553 位，浙江 253 位），比例占到 70％以上。

表面看，似乎只是文化艺术领先，但内在看却并非如此。试想，什么样的人才能成为诗人、画家呢？首先，要衣食无忧，经济没问题；其次，要受过良好教育，有一定的审美能力；最后，要有闲情雅兴，要有文化的活跃度，比如游历山川、聚会喝酒。《红楼梦》里赏菊喝酒，于是诞生了许多斗酒诗；王羲之和一帮朋友在兰亭游玩，曲水流觞，你唱我和，一天玩下来，结果出了个《兰亭集》。所以，诗歌也好，绘画也好，其实折射出的是当地社会综合发展的水平。

以上说的都是古代情况，有人会问现在呢？我们再来看一组数据：中华人民共和国成立后，注重发展自然科学，先后成立了中国科学院和中国工程院，简称"两院"。自中华人民共和国成立至 2017 年末，一共诞生了 1629 位两院院士。其中江浙沪籍（即江南）院士为 909 人，占比 56％。这个数字是不是跟古代进士比例很接近？跟前面说的诗人、画家比例也基本一致。这绝对不是偶然，还是因为这片土地的经济和文化。

四、 悠久吴文化

　　江南跟无锡，又是什么样的关系？江南主要指太湖流域，包括在春秋时期的吴国版图内，明清时期的八府一州，相当于今天的苏南（无锡、苏州、常州等）、浙北（湖州、嘉兴、杭州等）和上海（古代属于江苏省），而无锡地处太湖流域腹地，江南最中间的位置。

　　我们认为，江南的核心地区就是古吴国的底子。古吴国诞生于无锡，无锡是吴文化的重要发源地，吴文化是江南文化的前段。这样，无锡与江南的关系也就一目了然了。

　　为什么说无锡是吴文化的重要发源地？这要追溯到 3000 多年前的"泰伯奔吴"。勾吴古国诞生于梅里，这个梅里，很多考古学家一致认为就是现在无锡的梅村一带。古代时，梅村被称为"梅里"或"梅李"。据《史记·吴太伯世家》记载：周太王长子泰伯为禅让王位，从周原

泰伯庙

（今陕西宝鸡）南奔梅里，创立了"勾吴"。

泰伯到来后，筑城守民，汇通百渎，传播礼仪，对江南进行了早期开发，被誉为"开发江南的始祖"。泰伯的墓在梅村东边的鸿山，被称为"江南第一古墓"。历经 3000 多年的历史，泰伯筑的城、带来的农具等，都已无迹可寻。但站在无锡清名桥上，向南侧望去，那条向东流去的就是当年泰伯率众开挖的人工河——伯渎河，这是唯一留下的泰伯遗迹；往北侧望去，则是末代吴王夫差开挖的城南运河，历史就在这里发生奇特的交汇，能让你真切地感受到无锡这座城市的久远文脉。

吴国存世 650 多年，很多人可能只知道开国的泰伯、中原霸主阖闾和亡国的夫差，但吴国其实一共经历了 25 任王。其中，至第五任周章时期，正好是武王伐纣灭商，统一天下，重新进行了诸侯分封。周章被封为吴侯。这个封侯的意义可以这样理解：此前的勾吴只是一个部落，从周章开始，吴国真正成为严格意义上的封国。

当时吴国地处偏远、荒蛮，发展缓慢。直到寿梦（第十九任）即位，人如其名，他很长寿，活到 80 多岁，而且是位有梦想的吴王。在他任上，吴国建立了第一支水师、第一支骑兵，他还初通中原，去鲁国观赏乐舞，到晋国学习先进的车战术、弓弩术，吴国得以快速发展和扩张，司马迁给了他四个字的评价——"吴始益大"。

吴国历史上最值得一提的，是寿梦的长孙公子光。当时，楚国人伍子胥，因其父亲、哥哥都被楚平王杀害而逃亡到吴国。他寻找机会结识了公子光，并结成联盟，于是有了"专诸刺王僚""要离刺庆忌"的故事，在伍子胥的助力下，公子光顺利即位，为吴王阖闾。因得到伍子胥的辅佐，吴国国力与日俱增，版图发展壮大，成为春秋霸主。只可惜，阖闾的儿子夫差不是一个优秀的继承者、政治家，不辨是非，吴国很快被越国所灭。

我们看到，650 多年，吴国的版图越来越大，从早期太湖边的一小圈，到寿梦时版图扩大，形如一只幼龙；再到阖闾时，成了放大版的长三角地区，包括江西、安徽、江苏、半个浙江，甚至还包括部分河南和山东，已经逼近曲阜，这些都成了吴国的地盘。但吴国的核心从来都没有离开江南地区，也就是太湖流域。所以说，吴地与江南是重叠的，吴文化其实就是江南文化的前段。唐宋之后，随着这个地方的崛起，吴地的概念淡化，江南的称呼取代了吴。

五、"水文化"内核

江南文化到底是什么样的文化？我认为，它是一种"水文化"。

水，是地球上最奇特的物质。它自身善变，温度变了，可变成冰、变成雾、变成雪花；形态上随物赋形，一切都能适应，无论是瓶子、杯子、脸盆，乃至河道，它都可以适应。水，非常柔软，但它又是世界上最具能量的物质，以柔克刚，滴水穿石，汹涌的大浪更可以吞没一切，几乎无可阻挡。直到今天，洪涝、水灾等仍是人类无法抵抗的灾难。

水，还有很多特性。比如从高向低顺势而流，能够顺应时势。如果被阻挡住，它会冲出决口；原先的河道堵了，它会放弃旧河道，重新冲出一条新路，所以水本身具有探索性……世界上还有什么东西有这样的能量，只有水。

水也很包容，能够化解一切，无论茶、酒，还是颜色、味道。而这种水文化，其实最后都变成了江南人性格中的东西，深深地影响了江南人的思维方式、行事风格，这就是我们说的"环境育人"。

相对而言，山地文化就不同，"自古华山一条道"，走来走去没有第二条，当年的羊肠小道开成了平坦车道，但没有十字路口，也不需要导航，多少年走下来，人就会变得比较单纯，思维也比较简单。孔子说，仁者乐山，智者乐水。也是这个意思。所以说，山文化容易培养出仁厚的品格，比如愚公移山，他坚韧但不聪明，执拗地要把两座大山搬走，可搬家不是更方便吗？

江南人就比较灵活，他们在水上生活，会根据风向、星星、月亮来判断位置；还要寻找鱼群，眼睛、耳朵、手脚等各种器官都被调动起来。人们总把"见风使舵"视为贬义词，说到这里，你还会觉得"见风使舵"是贬义词吗？外部环境变了，及时调整自我，难道不应该吗？所以，江南为什么发展快，也跟江南人善于观察、善于改变、顺势而为、柔中有刚、刚柔相济的品质有很大的关系。敢于探索、随机应变、审时度势、刚柔相济，就成了江南人的群体禀赋。这种文化对江南发展具有极其重大的意义。

而且，江南的水是"众水之水"，丰富而全面。如果只有太湖，这个平均水深不到两米的湖，风平浪静，还能给人带来丰美的产出，孕育了江南人的安逸、舒适和小康，容易滋养小富即安的思想。但江南还有运河、长江，运河给人带来了通达、包容、交流，这是对太湖水文化的极好补充。无锡的江阴北枕长江，江水奔腾汹涌，锤炼人的意志，让人变得勇敢、刚毅，江阴人的性格比无锡市区的人要更刚一些，更敢闯一些。所以，江南的"水文化"是一个江湖河塘构建融汇而成的文化，太湖、运河、长江以及大量塘河，构成了富水的无锡，这样的水文化，有刚有柔，刚柔相济，让无锡人受益无穷。

除了水，人类生活离不开的还有路。古代没有路，水就是路。很早，江南人就知道造船、用船，船在水上行驶，用来贸易、运输、捕鱼。人在这样的水上船来舟往，就多了水性，就变得灵活。而且信息交流活动多了，人就会比较开放，开放就让人更有包容性、吸纳性。容易接受外来信息，容易自我扬弃，也就更容易实现发展。所以，外向型经济高地总是出现在长江三角洲、珠江三角洲这些水路四通八达的地方，这都是由地域环境决定的。

六、 百年工商城

运河，就是一条水上高速公路。明清时允许民间贸易，织布、纺纱、养蚕等逐渐兴起；清代的民间交易得到发展，运河畔出现了米市、布码头、丝码头、钱码头，无锡经济因此开始繁兴。得益于太湖、运河和长江，无锡因水而兴，因水而荣。而这些码头经济，也为无锡日后的工商业发展奠定了基础。

1895 年，担任过李鸿章幕僚的洋务派官员杨宗濂、杨宗瀚兄弟回到无锡，在运河边的羊腰湾创办了无锡第一家机器纺织厂——业勤纱厂，拉开了无锡民族工商业的序幕。同时期稍晚，南通张謇创办了大生纱厂，苏州的陆润庠创办了苏纶纱厂，业勤是最早开工的一家。所以，无锡不仅是吴文化发源地，还是民族工商业的发祥地。

1900 年，我们耳熟能详的民族实业家荣宗敬、荣德生兄弟在运河边西水墩建了无锡第一家面粉加工厂，1902 年开工投产，初名保兴面粉厂，一年后改名茂新面粉厂。现在，这座面粉厂的旧厂房，已经改造为无锡中国民族工商业博物馆，可见无锡在中国民族工商史上的地位。不过，现在看到的厂房是1945年战后重建的，老厂房在抗战时被日本侵略者的敌机炸毁了。

此后十年中，无锡陆续出现了大约20家工厂，有面粉厂、缫丝厂、纱厂、碾米厂等，1911年左右，又出现了机器榨油厂。可以发现，无锡的产业基本上专注于吃和穿，这是任何时代都不会过时的产业，所以说无锡的城市精神很"务实"。无锡的实业都是维系人们日常生活的，真的太务实了。

到1912年，无锡已有20余家民族工业，奠定了纺织、缫丝、面粉加工三大支柱产业，也慢慢形成了"锡商"群体。其中有无锡知名的六大家族，其实就是六个大型家族经济财团，杨家、薛家、荣家、周家，还有唐蔡、唐程，一个跟朋友，一个跟亲家结成财团。杨家做纺织，薛家做缫丝。荣家主要是面粉加工，后来转做纺织、机械，当面粉厂一天需要20万个面粉口袋时，就去办纺织厂；后来工厂机器需要配件、维修时，又建了机器厂，逐渐形成了一个产业链。周家最初在上海做煤铁生意，也被称为"煤铁大王"，后来加盟房地产、银行业，上海许多石库门房子就是周舜卿建的，后来回无锡开始建裕昌丝厂、建周新镇。唐家，一个是纺织、印染，一个是毛纺，后来在香港有南海集团，都做得非常大。

1936年，日本全面侵华的前一年，日本人要对中国城市的产业情况做一个摸底工作，希望入侵中国后借此控制我国的经济。那么，控制哪些城市就卡住了中国的经济命脉？他们列出了6个地方：上海、广州、天津、武汉、青岛，还有一个就是无锡。

其中，无锡是最小的，区区一个县，不到40万人口，当时的无锡县不包括今天的江阴、宜兴。无锡的地位为什么如此重要？因为当时的无锡，工厂数列全国第五位；产业总资产全国第五；工业投资总额也是全国第五；工业生产总值不包含农业，列全国第三。产业工人数全国第二，仅次于上海。2022年，无锡人均GDP全国第一，而且连续三年都第一。其实，在20世纪30年代的数值，无锡毫无疑问也是第一，只是没有精确统计而已。

这个脉络很清楚，之所以后来无锡一直保持强劲的经济态势，跟之

大运河沿岸的近现代工业遗址

前民族工商业的发展基础、无锡人务实进取的民风是一脉相承的。无锡的产业工人数仅次于上海，可能有人觉得工人多又怎样？当时在荣家，一个熟练工的月薪为 15 至 20 块大洋，而当时一个月伙食费只需两块大洋。所以可以想象，如果一个家庭有两个工人，这个家庭可以说是非常富裕了。

大家有没有想过，为什么无锡的特色小吃是酱排骨、小笼馒头、肉馄饨？为什么无锡人就可以天天吃肉，别人家的土特产就是萝卜干？为什么无锡人吃得那么甜？糖以前可是奢侈的东西啊。当时，非通商口岸城市中，无锡轻工业发达指数全国第一。中华人民共和国成立后，轻工业部要选择一座城市建轻工学院，最终选择了无锡，也就是现在江南大学的前身无锡轻工业学院。

水文化培养了无锡人积极进取、勇于探索、开放包容、善于变通的文化禀赋，所以，在 20 世纪两次大规模的工商业崛起大潮中，无锡人都走在了前面，始终扮演着"探路者"和"弄潮儿"的角色。

举几个例子。中国的第一艘蒸汽机，是徐寿和华蘅芳发明的。当时中国人都是用桨划船，外国船为什么跑那么快？徐寿上了法国人的船，回来后画了个图，依葫芦画瓢敲出来一个蒸汽机，结果蒸汽机供气不行，跑了 100 米就停了。回去后，他们就开始研制蒸汽机。第二次终于成功了，这就是中国历史上第一艘蒸汽机动力船——"黄鹄"号。

无锡外交家薛福成，是国内第一个提出"工商强国"的人，主张殖财养民、导民生财。现在"工商强国"似乎是很普通的一句话，但在当时，工商一直被视为末技，是最被人看不起的职业，甚至地位排在妓女之后。你能想象吗？当时，在只强调农业为本的时代，出使欧洲的薛福成就看到，一个国家要富强，不靠工业、不靠商业是不行的，所以他率先喊出了"工商强国"。当时大清国闭关锁国，原因居然是要求外国使团来了以后跪拜皇帝，人家不愿意，于是我们就不见。一个时代的闭关锁国让中国落后于世界。所谓的康乾盛世，其实只是封建王朝灭亡前的最后一抹夕阳而已。

1900 年，周舜卿发达后回到家乡东绛，就是现在的周新镇。乡亲们跟衣锦荣归的他说："我们要去崇安寺买个东西，来回要一天，太不方便了。"周舜卿说："我来造个城！"于是，他买下 68 亩农田，在农田里沿河造了一座城镇，有了百八十个店面，他开始招商、合作经营，便有了后来的周新镇。在我看来，这就是中国最早的经济开发区，在当时无疑是最先进的理念了。

还有，我国最早的"001"号商标叫"兵船牌"，是荣家注册的面粉商标。那时还没有商标局，无锡人就知道用商标保护自己的品牌了。这些都体现了无锡人"敢为人先"的特点。

大家知道，无锡古代一直是常州府下辖的一个县。但民国成立后，撤府设区，江苏有了 60 多个县。这时候"小无锡"就冒出来了。作为县，无锡经济总量在全国各县领先。20 世纪 30 年代，无锡县领导了无锡、吴县、吴江、常熟、昆山、武进、太仓、宝山、嘉定等 10 个县，包括无锡县自己，是事实上的"首县"。所以到 1949 年，苏南行政公署建立，将驻地设在无锡，无锡在当时就相当于苏南省的省会。虽然苏南苏北行署后来合并为江苏省，但无锡也从一个县跃升为地级市。

可以说，无锡靠着自身努力，创出了不凡业绩，走出了百年辉煌。由于地缘相近，民风开放，无锡也在跟大上海的交流中大获裨益。大批无锡青年在 14 岁到 17 岁到上海学生意，在上海学到了最初的市场经验、积累了一定财富后，回到无锡创业、办学、修路架桥，极大地带动了家乡的发展。

据资料，在上海产业工人中，无锡籍工人占 27% 以上。在上海的中等企业主中，无锡人半分天下；大企业家中无锡人也不少，"面粉大王""棉纱大王"荣德生和荣宗敬、"丝茧大王"王禹卿、"煤铁大王"周舜卿、"电气大王"祝大椿、"呢绒大王"陈梅芳、"桐油大王"沈瑞洲、"灯泡大王"丁熊照……其中，祝大椿还是旧时上海"十大民族工商业实业家"之首。20 世纪 20 年代始，无锡步入快速发展阶段，赢得了"小上海""太湖明珠"的美誉。

中华人民共和国成立后，国内实施计划经济，但无锡农民早在 1956 年就开始了社队经济的探索，如东亭的春雷造船厂。20 世纪 70 年代末，政策开始松动，允许乡镇创办一些集体经济，而无锡早已"三分天下有其一"；等到全国乡镇企业开始起步的时候，无锡镇企更是"半分天下"。今天回过头去看无锡的乡镇企业，红豆、阳光、海澜之家这些现在了不起的上市公司，其实都是从当时的社队企业成长起来的。

七、 为持续发展赋能

文化的价值之一是为经济发展持续赋能。

迄今为止，无锡依然保持了良好的态势。进入 21 世纪后，无锡主动优化产业结构，进行经济结构调整，抛弃了一些污染企业，转而创办数字产业、物联网产业，转向文化影视、生物医药领域，目前这些产业正在逐步做大做强。究其内因，是无锡人敏察善纳、勇于探索、善于及时自我调整的基因禀赋使然，在这些行动的背后，都有着水文化力量的驱动。

由吴文化机智灵活、善用计谋发展而来的生活智慧和处世技巧；由水上舟楫生活的敏于观察、善于转舵而来的审时度势、善抓机遇和处理问题的灵活机智；由崇文敬贤风气演变而来的重视教育、繁兴文化、推动全民综合素质提升；由经世致用、百业皆本发展而来的振兴实业、发展工商、分工细密和重视技能、精益求精的工匠精神；由刚柔相济、以柔克刚的水文化演变而来的善于进退的处事技巧；由注重审美的江南园林发展而来的注重生活和追求诗意的生活取向……这些正是江南地区始终走在全国前面的文化根源，也是无锡能走这么好的内在原因。

　　江南水文化，既有国家担当，强调责任，也强调个人的发展与诉求；既开放灵活、敢于挑战传统，又能守护既有文化内核与精髓；既有高远追求、优雅诗意，又求真务实、踏实稳健；既关注时代潮流，也注重个体内心的需求；同时，也很好地兼顾了社会客观存在的中立性、大众性和世俗性，反映出江南文化的最大优势特性，也最具"大道文化"的特质，理应在新时代的发展中受到珍视，得到赓续与传承。

（图片均由庄若江提供）

江苏古代学术传奇

主讲人：徐兴无

《江苏文库·精华编》主编
南京大学人文社会科学高级研究院院长、教授、博士生导师

　　江苏的文化太丰富。江苏文化有什么特点？我个人认为，有两个特点。第一，江苏文化跟整个中华文化相比，比较后起，因为早期中国文化的中心不在江苏，不在长江流域，是黄河流域先垫成大的文明。但是后起并不意味着不行，而是后起之"秀"。后起的文化都比较精致，比较深入，特别是文学。江苏文化的发展带来了中国文学的第一次巅峰，后来到明清的时候，江苏也是小说、戏剧的主要发祥地和兴盛地。第二，江苏的文化非常学术化，中国古代文化中不少学术巅峰都在江苏。特别是魏晋南北朝时期的文学艺术，比如书法，还有明清的学术、医学、科技，以及道教、佛教思想，都在江苏达到了那个时代的巅峰。所以江苏文化，一是比较精致，二是学术性很强。

　　另外，江苏是一个通江达海的地方。它不仅是古代运河的发祥地，还通过大运河把陆上丝绸之路和海上丝绸之路联合在一起。江苏从古代就是和东亚、和世界沟通的地方。在近代，1840 年的《南京条约》就在南京签署；南京下关的天妃宫既是郑和走向世界的地方，也是中国被迫接纳西方文化的地方。所以，近代民族工商业和变革思想，当时叫新学，也是江苏文化的特色。由于长期的学术进步，所以江苏在中国的发展中，一直走在前面。我们现在喜欢用一个词叫"率先"，江苏在古代也是率先的。

　　回到正题。学术最不好讲，因为它是一个很枯燥的东西，涉及专门的词语和专门的知识，不允许我戏说。而且，对不同职业身份的人也没办法"正说"，所以我就选择"话说"的方法。我选的"传奇"这个词，是古代小说的一个体裁，江苏也是中国古代小说兴盛的地方。中国古代小说不是现在意义上的小说，不是写一个小说给大家阅读，古代的小说从"说书"开始。敦煌出土了很多唐代的"变文"，佛教为了宣扬佛教道理，就把佛教的故事画成图画。在休息日，大众到寺院里面来听"俗讲"。"俗讲"就是给大众讲。一幅画翻开，就讲一段，再翻一下，再讲,这就叫"变文"。"变文"后来影响了唐代的说书艺术——"说话",出现了"话本",就是一个说话的底本,说书人可以再加发挥。中国人演戏也是如此,早期剧本是不写的,这就是"折子戏",演员上台的时候拿一把折扇,上面写几回大意,演员上来之后就自己发挥、表演。后来,唐朝的说话,宋朝的话本、小说、平话这些词,都出来了。

所以,江苏古代学术传奇,翻译成白话文就是,江苏古代学术的小说。小说的目的主要是叙事,叙事的目的是把意义展开,它的背景可以是真的,也可以是虚构的,当然学术不能太虚构。小说的场景也跟现在不一样,现在小说的场景是,一个人捧一本小说在读。中国古代传统文化中的小说场景,就是像我们今天这样,下面要有听的,上面有讲的,听的人叫"看官"。听的人和讲的人之间的关系,也跟现在的文化不一样。现在演讲的人,大家听他讲,他好像带有一定的知识权威,或者他是一个老师的身份,听讲的人是学生身份。古代不是的,古代看官、茶客都是"姑妄听之",不像现在大学讲堂,一个人讲的时候,观众需要很认真。讲的人也是"姑妄言之",彼此之间都不要较真,也就是娱乐性的。听的人来消磨时光,获得点知识,讲的人是为了谋生,要让大家高兴。这是古代的小说文化。

我顺便也讲讲中国小说的结构。中国古代的笔记小说、文言小说,是文人写给自己或者朋友看的,不是写给大众看的。写给大众看的,就是把说书艺人讲的东西写成文本,那就叫白话章回小说,比如《三国演义》《水浒传》。章、回,就是每一个章节要有一个回目。第一回一定是交代背景的,叫楔子,或者首引、缘起,真正的故事都是从第二回开始。我把"江苏古代学术传奇"这几个字,先费点口舌跟大家解释一下。

一、 江淮毓秀

江苏的学术,如果用回目的方法,怎么表达?我整理出十回。十回的回目基本可以概括古代江苏学术的大致脉络。

第一回叫"徐扬二州定于禹贡,江淮沃土孕育文明"。

在中国最早的地理文献《禹贡》里面,江苏是徐州、扬州的一部分。长江和淮河是孕育江苏文化的两条母亲河。江苏现在的海岸线还在向东延，江苏没有高山，是淮河和长江的冲积平原，这个冲积平原在古代不仅是良田沃土，更多的是南北交通的通道。江苏的南面基本上属于河姆渡文明、良渚文明，北面属于大汶口文明、龙山文明，是南北文明交接的地方。江苏的文化之所以能够发展得比较精致，也是因为多元文化在这里孕育、交融、激荡。

中国的王朝一般不会东西分裂，只会在南北分裂的格局里再分东西，因为中国的辽河、黄河、长江、珠江等都是南北分布的。但是文化的交流不见得是这样。以前讲中国文化的起源，有"东夷西夏"一说，东方的蛮夷和西方的蛮夷在中国不断交会。孟子曾说，舜是东夷人，周文王是西夷人，但是他们都得志于中国。中国就是古代的华夏地区，孟子就知道华夏文明其实是由四夷来拹成的。所以中华文明自古至今就是很多民族一起，到一个叫作华夏或者中国的舞台上面贡献自己的才华，创造、拓展一个更大的文明。这种四夷交会的行为持续到清代，中国的文明规模越来越大。南北方也是一样。江苏是大运河的发祥地，大运河就代表着南方起来的吴越文化要到北方去争霸。"争霸"听起来好像很暴力，但其实这是一种古代文明交会的方式。吴越文化有自己的根源，但是同时又受到北方夏商周文化的促进和助推，所以发展起来之后，它当然想到中国去做霸主。以前做霸主很简单，就是崛起了以后，召集各方，到北方去和那些老霸主，甚至周天子会晤一下，得到他们的承认，所以南方人也想到北方去。当然，我们历史上经常看到的是北方人南下，南下的北方人，有的是从草原来的，也有从中原发达地区来的。比如，魏晋南北朝时期，南下的都是北方的衣冠士族。因为更北方的许多民族南下了，逼迫他们从黄河流域南下到长江流域了。但是北方来的民族也很纠结。淝水之战很有名，氐族的首领苻坚打这一仗的目的是要统一中国，可是他觉得自己是个蛮夷，在中国做主人，必须把文化士族控制在手上，他才有合法的地位。所以他在发动淝水之战征服南方之前，把东晋皇帝和世家大族们的官职与官邸都安排好了。这也是文化之争，在中国做皇帝，既要有暴力支撑的政权，还要有文化正统。大历史学家陈寅恪讲得很好，他说，中国人认庙不认神。不管什么人，可以是匈奴人，可以是满族人，可以是汉人，也可以是西夏人，都可以在中国做主人，但是必须进中国的庙。这个庙是什么？就是中国的文化。如果来了以后，不按照中国的文化办事，怎么样来，还怎么样走。历史上也有这样的民族，比如说蒙古族，骑着马来，统治中国近100年，又骑着马回到草原。第一回大概就是这样的背景。

第二回叫"叹观止季札论诗乐，兴霸业孙武演吴姬"。

吴国的公子季札去鲁国访问，鲁国的贵族觉得他是南方的蛮夷，但是也听说他是个很有学问的学者，所以就给他演奏了整套的《诗经》。事先不报幕，他听完一首就能说出来这是什么诗，听完了就能说出来这是哪个国家的诗。最后给他演奏尧舜的音乐——"韶乐"的时候，他说："观止矣！"就是说："这是最后一个节目，下面不会有了。"这是中国传世文献里面整套《诗经》演奏的唯一记载，以后再也没有了。而且他评点这些《诗经》是在孔子之前。孔子比他小一点。孔子后来讲《诗经》的很多观点，包括汉朝人《诗大序》的思想，跟他说的话都有继承关系。这是一个南方人到北方去，那么一个北方人到南方来会发生什么呢？

南方如果要向北方称霸怎么办？自己没有军事专家怎么办？要从北方请一个人。北方人经常打仗，所以就产生了兵学，比如《孙子兵法》。南方人就把《孙子兵法》的作者孙武请到吴国教他们训练军队。吴王说，先看看你会不会练兵？就把吴国的宫女组成军队，让孙武训练她们。这些女孩子嘻嘻哈哈的，稍息立正都不听命令，孙武当场就杀了两个队长，吴王就信任他了，让他指挥吴国的军队打了胜仗。

从第二回的回目可以看出南北文化开始交融的场景。季札能把中原礼乐的精华评价得很到位，说明春秋时期，中原文化在吴国已经很深入了。

传说吴国是周文王的两个叔伯——仲雍和太伯奔吴立的国。对此，现在考古学界和历史学界有不同的说法，但是《史记》里面是这样记载的。我们姑且不问是真的还是假的，中国人受这个传说影响而形成的史观，可能比历史事实更重要，因为这个史观缔造了中国人的价值观并影响了后来的历史走向。所以，思想的力量和学术的力量往往在于它们创造的历史文化价值超过了历史事实，并不是我们发现了历史事实，就能简单地否定思想。从本质上说，真实的历史就是有意义的历史，而不是某个时空里面发生过的事件。

第三回叫"大同小康独授言子，陶朱事业归于江湖"。

孔夫子弟子三千，七十二位贤人。孔子的课程分四门：德行、政事、文学、言语，也叫"孔门四科"，其中"文学"方面的课代表是子游和子夏，子游是言偃的字。他是江苏常熟人，也是孔子弟子中唯一的南方人，后世称他为言子。一次，孔子在参加鲁国宗庙祭祀之后，对言偃讲了一段话，这段话就是非常重要的"大道之行也，天下为公"。他认为最好的社会是"公天下"的，但是由于道德衰败，夏商周三代只好父子相传，叫"家天下"。"家天下"是小康，还不是最好的社会状态。"公天下"的社会"老吾老以及人之老，幼吾幼以及人之幼"，老有所养，幼有所护，夜不闭户，人尽其力。这个思想也是战国时期诸子的思想。因为孔子生活的时代礼崩乐坏，这是封建制的崩坏。封建制是嫡长子继承所有东西。周天子是嫡长子，叫大宗。大宗百世不迁，他的长子继承他的位置。然后他的长孙继承他的位置，但是其他的兄弟和庶出的怎么办？就出去做诸侯，在这个诸侯国里面他是大宗，就像克隆一样。他家里面的地都封给大夫，封给他的亲戚，这就是"任人唯亲"的时代，血缘贵族才能做官。在这个阶段，很快就出现了最大的危机。这个危机就是孔子讲的"唯女子与小人难养也"。有很多人将女子理解为妇女，小人理解为儿童，这不对。女子是想废长立幼、搞乱秩序的那些妻妾，小人就是周围的宦官或者奸臣。一个国家发生动乱，大都是因为废长立幼。即便是嫡长子即位，但因为任人唯亲，也会政权旁落。比如说，鲁国国君即位了，三个叔叔孟孙氏、叔孙氏、季叔氏都在，这三个叔叔就欺负他。每年都说地里收不出东西来，少给点吧。然后，政权、军权、财富都掌握在他们手上，鲁国的国君就在外面流浪饿死了。

所以，有的国家就变法，比如晋国，经过这些动乱之后，吸取教训。一个太子立了以后，老国君往往会把他兄弟的势力都罢除了，以后他儿子做国君的时候，确实能把握好，不被这些人掣肘。但是他也没有亲戚好依靠了，那他靠谁？靠自己的舅舅，靠自己的奴才，这些人跟他不是一个姓，篡不了国。但这些人力量就上来了，不仅专了权，也会分裂国家。到最后，这些人三家分晋。所以在战国的时候，很多国家就实行郡县制。有了新的地，把它悬置起来，县就是悬空的"悬"，不封了。

原来打仗打下一块地或者哪个贵族犯罪没收的地，都要分封给叔叔、弟弟。国君说，这个地有争议，不封了，派个奴才去统治。这块地不是奴才的，他不能世袭，也不能给他儿子。国君就发现，派了奴才去，每年收获很多，以后再有地，也不封了。跟别的国家打仗，在边境的地叫"郡"，郡就是裙，就是边。郡打下来以后，以前要封给贵族，现在说那地方有危险，不封，也收了很多东西。后来这些郡守、县令地位越来越高，他们跟君主不是一家人。原来贵族做官的时候，只要讲一个道德，就是孝，只要祖先崇拜，强调我们都有一个共同的祖先，大家有血缘亲情就行了。但是后来就发展出忠，而且忠变得很重要。

中国人后来就说忠孝不能两全。《论语》里面有一个故事，孔子周游列国，跑到楚国去。楚国是一个礼乐文化传统比较弱的地方，所以很早就推行郡县制。遇到叶公，就是叶公好龙的叶公，叶字读作设计的设，现在也可以读作树叶的叶。叶公就对他说："这个地方治理得非常好。父亲偷了羊，儿子立刻去举报。"这就是郡县制，是靠法治。孔子就说，鲁国不一样。"父为子隐，子为父隐"，父亲做了错事，儿子包庇，儿子做了错事，父亲包庇。但是，后面一句话非常重要，孔子说："直在其中矣。""直"是指真正和真诚的人性就在这个当中。所以，孔子反对一切不建立在人性基础上的礼法。后来汉朝就折中了，儿子犯罪，爸爸包庇的要罚，因为没有把儿子教育好；爸爸犯罪，儿子包庇的要奖，这就叫"霸王道杂用之"，霸道是法治，王道是德治。

"公天下"是大同，事实上代表了当时郡县制的思想。《吕氏春秋》里面有一句说到"至公"，《贵公》里又说："天下非一人之天下也，天下人之天下也。"小康次于大同。我们说的"小康"也是借用古代的这个词，还有个最高的理想是大同。这个思想就是孔子先提出的，后来孙中山建立共和制，"天下为公"这四个字就刻在南京中山陵的牌坊上，这四个字又被赋予了新的时代内涵。南方夫子言偃听了孔子讲大同，将它带到了南方。所以，这个思想在中国的影响是非常大的，2 500 年以来不绝如缕。后来从秦汉一直到清朝，都实行了郡县制，郡县制就是公天下。只有君主还保持封建制的模式，传给儿子。但是整个的国家治理，文官制度、中央地方二级管理，都是公天下的。文官是社会教育的精英，经过考试选拔。中国是世界上最早实现这些制度的国家，在中国整个政治体制里面，仍然有这样的传统文化因素。中国现在很多制度，包括内外制、中央垂直管理的条块制，还有中央地方二级管理制，都是在古代中国社会，从秦汉到唐宋元明清，慢慢地建构起来的，这就是"公天下"。后来，共和制推翻君主制，把最后一个封建制残余给推翻了。

所谓"陶朱事业归于江湖"，指的是吴越两国争霸时期范蠡和计然的故事。计然和范蠡都是北方人，他们到越国来搞政治，帮助越王勾践称霸。计然向勾践提了七条发展经济的方法，比如，有几年大旱就有几年水灾、旱的时候粮食怎么收、水灾的时候粮食怎么收、卖谷物什么时候卖、什么时候高价买进、什么时候赈灾、什么时候收税，这七条大家可以去看《史记》。越王勾践称霸之后，范蠡觉得看错人了，越王不能与人同享福，只能共患难，于是他就归隐江湖。计然给勾践讲了七条，就让越国强大起来，范蠡想，我只要用其中五条，就能让自己变成一个富翁。所以他就归隐江湖做生意。他有个名字，叫鸱夷子皮，用古代的话说，就是一个大皮囊，可以卷起来，也可以放开来装东西，做生意就像这样，一方面要能隐忍等待，另一方面要有容量。汉朝人写的《越绝书》里讲他的故事，又多出来一个人，就是当时越国派到吴国的一个女间谍西施，和他一起归隐江湖。

第四回"吴楚王国文学汇聚，汉家朝廷赋颂兴隆"，这是讲江苏的文学传统最早从北方开始。第五回"四学五部标新立异，南朝诗国遗韵流风"，这是讲江苏第一个文化高峰出现在南朝，对学术和知识进行分类。第六回"一苇达摩飞渡江北，三论宗师创教摄山"，因为在栖霞讲这一讲，要讲点与栖霞有关的，栖霞最重要的文化就是佛教文化，这里是佛教圣地。

第七回"抱朴子有神丹仙秘，山中相持岭上白云"，是讲道教的。我们知道江苏也是道教的一个重要的发祥地。道教诞生的时候，并不像现在这样，按照佛教的样子有宗庙、经典、僧侣。开始的时候，是出于民众要求太平的信仰而兴起的一种民众运动，它更多的行为是造反，比如黄巾太平道、五斗米教。江苏北方的徐州跟山东青州这一带的黄巾军是曹操后来打天下的资本，曹操收编了黄巾军之后才打败了袁绍。但是随着佛教的进入，加之儒家的影响，太平道越来越宗教化，而且有了很多大的人物、大的经典，比如说魏伯阳，还有葛洪，葛洪写了《抱朴子》。《抱朴子》的内篇是讲道教的法术，外篇是讲怎样做人、人的道德修养。他本身也是一个大文学家。

另外，句容的茅山是中国道教圣地之一，与其他道教圣地相比，它的山不大，和江西的龙虎山、四川的青城山不能比。但是最早的道经是上清派的，就是江苏的茅山道，所以茅山道是学问最大的一个道教流派。这里面有很多人物，比如说陶弘景，又是艺术家，文章写得很好，号称"山中宰相"。还有陆修静，他是最早编道教经典目录《三洞经书目录》的人。这些人都是在南朝那个时代出现的。

在魏晋南北朝时，庐山有一个慧远，江苏有陆修静的茅山道教，还有一个重要的人物，就是隐士陶渊明，这三个人不知道是否见过面，但是古人经常画一张题为"虎溪三笑"的画，据说他们在慧远那里谈哲学、谈学术，谈得很好。因为慧远送人都只是送到门口，后来一直聊聊聊，不尽兴，就一直送送送，一直走到一条虎溪，离寺院很远了，这时他才发觉已经破了送人的规矩了，于是三人心照不宣地相视而笑。所以，这是表示那个时代儒、佛、道三教在心灵上的契合、在思想上的交融。

第八回"鉴真日本弘扬佛法，孤云东国开启儒宗"，讲唐代的域外文化交流。唐代扬州和今天的上海一样，临海，可以听到广陵潮。这个地方也是中国和东亚港口交汇的地方，有出去的，比如鉴真和尚到日本弘扬佛法。1980 年，鉴真和尚的塑像从日本回扬州展览。我小时候在扬州的时候，扬州大明寺叫法净寺，这个寺庙是南朝大明年间建的，所以叫大明寺。后来清朝统治中国的时候，不能让扬州的老百姓老想到大明，所以叫法净寺。现在要迎接鉴真回来，鉴真生活在大明寺里面，你把他带到法净寺，他也不认识，所以要给它改回来。鉴真是律宗大师，律宗就是研究佛教戒律的宗派。当时律师已经很少了，鉴真是被控制的人物，不能让他出去，唐朝是不给他发护照的。所以，他六次去日本弘扬佛法都是偷渡。六次，眼睛都瞎了。还有进来的，是朝鲜半岛新罗的，一个非常有名的文人，叫崔致远。他 10 多岁的时候就被送到中国读书，在中国参加科举之后做官。他是晚唐人。最早就在溧水做县尉，相当于溧水的公安局局长。后来高骈在扬州做淮南节度使时，聘他做幕僚，《讨黄巢檄》就出自他的手笔。之后他就回国去了。他把中国的文化、诗歌都传播到朝鲜半岛，被誉为"东国儒宗"。

第九回"洛闽中枢东林书院，陆王心法泰州别传"，讲宋明时期江苏的思想学术。宋明时期中国最大的学问是宋明理学，江苏也是宋明理学的重要基地，因为江苏出过一个重要的人物，就是创办泰州安定书院的胡瑗，后来范仲淹把他请到苏州府学任教。他是宋初的"三先生"之一，宋初"三先生"之后才有"二程"兄弟程颢和程颐的学术。"二程"的弟子杨时到了江苏，建造了一所东林书院，所以和"二程"是一脉。如果你们去河南嵩山书院，就会发现它那里有一个景点叫道南台，杨时拜别他的老师的时候，程颢就站在门口说："吾道南矣！"就是说我的道向南方传了。传到哪里呢？就传到江苏，他建立了东林书院，现在的东林书院里还有一座道南祠。东林书院对中国文化影响很大，明朝的时候还有东林党。清代学术有很多思想方法，比如重实学等，都是从东林学术发展出来的。你们到东林书院的时候，就会发现有一个匾额叫"洛闽中枢"。"二程"是洛学，南宋理学集大成的朱子是闽学，东林书院是这一学脉传承的中转站。还有一个浙江人叫王阳明，他是明代心学的宗师，心学和理学都是宋明理学，但心学更强调内在的精神主体而不是外在的天理。王阳明有个学生王艮，是泰州的煮盐的灶丁，后来经商，进而读书明理，宣讲"百姓日用即是道"，让儒家思想融入日常生活，被视为"王学左派"。

第十回"东南学人复兴传统，海国图志开启新知"，讲的是江苏学术的巅峰期。清代的东南学派包括江苏的吴派、扬州学派、常州学派，还有安徽的皖派，代表着清代学术的巅峰。"海国图志开启新知"自然也是讲江苏的。我们知道林则徐鸦片战争之后被贬，他就把他收集到的外国资料给了魏源，魏源就住在南京的龙蟠里，后来又在扬州做官，他编写的《海国图志》是近代中国睁眼看世界最早的著作。

这十回只是江苏学术的主要脉络。今天就选其中的两三回讲一讲。

二、　吴楚文学

先讲第四回"吴楚王国文学汇聚，汉家朝廷赋颂兴隆"。

江苏这个地方文学很兴盛。早期中国的思想文化中心都在北方，但是到战国的时候，儒兴于鲁，墨兴于宋，道兴于淮北陈蔡地区，阴阳、兵、医兴于东齐，名、法、纵横兴于三晋，商鞅、韩非子都是从山西那些地方出来的。那么文学家在哪里呢？

战国文学成就最高的是屈原，在楚国。楚国的地方特别大，力量特别强。不要以为中国人都是从北方往南拓展的，其实也有从南方向北方扩张的，战国的时候以楚国为代表，楚国地方越来越大。南京我们经常叫金陵，扬州叫广陵，江西吉安叫庐陵，凡是带陵的地方，一般就是楚国人统治过的地方。楚辞是发源于战国时期楚地的诗歌，因为《诗经》的时代到春秋就结束了。孟子讲得很好，王者之迹熄而《诗》亡，就是说文王、武王的王道政治崩溃了，《诗经》的时代就结束了。

《诗经》结束了以后，孔子作《春秋》，要靠义法来拯救这个社会，不能光靠《诗经》的那种礼乐教化了，因为礼崩乐坏了。诗歌的传统反而被楚国继承，这就是楚辞的时代。江苏属于楚国，在秦国统一中国之前就是楚国的领土。楚霸王就是宿迁那边的人，但他小时候跟他叔叔到了江南。刘邦是什么人呢？刘邦祖先是三晋人，是魏国的，秦灭了魏之后，把魏国的一些老百姓迁到这里。刘邦小时候不在现在的沛县，后来随着父辈移民来了。所以，刘邦就特别羡慕秦始皇，因为他老早就生活在了郡县制的社会里面，他统一天下之后，很容易接受秦国的郡县制，可以"汉承秦制"。

楚霸王就不行了，他是楚国的贵族，对秦国的制度特别厌恶。所以他把秦朝灭了之后，自己也不做皇帝，而是做个西楚霸王，自己弄一块封地，封其他反秦的诸侯这个王那个王。他们都很聪明，但项羽蠢了。你封王得封自己的子弟，怎么能封异姓王呢？刘邦没办法，开始时要团结大家一起灭秦，所以那些军阀都封了王，那些六国的贵族后裔或者民间起来的军事首领都封了。但是刘邦很着急，他一直到死都在平定异姓王。但是平定了之后，又出了问题。他是平民出身，不是贵族，妻妾太少，没有许多子弟，怎么办？哥哥是个农民，不能治理天下，做了代王，被匈奴打回来，刘邦只好把哥哥的儿子刘濞封在扬州。刘濞后来又造反。还有个叫刘肥，是高祖和另外一个女人生的，他和吕后生的儿子是后来的汉惠帝。惠帝这个庶出的哥哥在山东做了齐王，是因为高祖要把齐王韩信的兵权夺掉，夺掉以后就让这个庶出的长子去了。自己就一个嫡子，要留着继位。

刘邦还有一个少弟叫刘交。这个人不得了，少弟刘交是什么意思呢？就是刘邦的爸爸跟另外一个女人生的儿子，比他小很多。刘交的传记里面说刘邦打仗，他就做参谋、侍从，因为他有文化，为什么有文化？因为他的老师不得了，他的老师浮丘伯是荀子的学生，后来跟同学李斯一起在秦国做事，受到李斯的排挤就回家了，回到山东招学生，学生里面就有刘交。后来秦始皇焚书坑儒，他不敢教了，刘交就肄业了，没拿到毕业证书。刘邦是很看不起文人的，但刘邦这个人是第一个祭孔的皇帝，他在有天下之前就开始祭祀孔子，就由申公主持，他是刘交的同学。以后中国的皇帝都祭孔子，表示我认同中华文化这个庙，认同传统文化。刘邦家就刘交这么一个文化人，刘交封了楚王。所以晁错说："封三庶孽，分天下半。"就是说封了三个庶出的，都不是他同母的兄弟和嫡出的儿子，就把天下的一半地给封掉了。当然他后来做了天子，姬妾成群，儿子就多了，慢慢就封了不少王。但是封了这些王之后，又有了一个最大的问题，这就是"七国之乱"。

"七国之乱"景帝时期才平定。接着，汉武帝又采用了"推恩令"。什么意思呢？允许各个诸侯国再分封子弟，这样就削弱了各诸侯国，就是像春秋时封建制的崩坏一样。原来楚国文化的基础在江苏是有的，到了汉朝初年的时候，文景时代都是休养生息、无为而治。什么叫休养生息？国家经济不行，人口不多，要把农业发展好，繁殖人口，这就叫休养生息。在这种情况之下，谈不上发展文化事业。文、景二帝都不喜欢文学，文帝都不愿意祭祀天地，他嫌烦。所以这些文学家怎么办？文学家就只好跑到诸侯王的地区。诸侯王就是吴楚这一带的诸侯王，他的文学门客都来自原来的旧传统。吴王刘濞招揽天下文学游士，像枚乘，是淮阴人，严忌，是苏州人，还有朱买臣，也是苏州人。汉武帝的时候，才把最有文化的淮南王给干掉，然后把这些门客慢慢弄到他这里来。

举个例子，四川有个大文人叫司马相如，景帝的时候自费到中央做官。我们知道汉朝开始的时候，没有教育，没有选举制度，民间教育不行，察举制度还不完善，汉武帝的时候察举制度才严格起来。那这个时候怎么办？谁做官呢？官员怎么选拔呢？后来有科举制就好办了，一开始怎么办呢？

就两种人做官，第一种叫官二代，凡是俸禄两千石以上的大官，自己的儿子或者是亲兄弟，可有一个荫仕。这是什么意思？做郎官。因为皇宫里面有很多走廊，各个机构都在里面。我们大家到总统府一看就知道了，所有的部门都排在一个大走廊里，官员走来走去。所以皇帝公开的生活，都由郎官管；私生活进了后宫，由宦官管。你们到北京就知道了，故宫前面三大殿，是皇帝办公的地方，官员都可以进去，后面坤宁宫，只能宦官去。如果他的秘书要进后宫的话，那就要加个官叫侍中，或者叫郎中，才可以发通行证进去。这些郎官都是高官的子弟，一方面，皇帝和高官分享政治红利，他们的子弟先来见习，将来能做大官；另一方面，这就是人质，你们家的人在我这边做人质。所以，杨联陞先生有一篇文章叫《中国历史上的人质》。

还有一种人，叫作赀选，就是自费。商人的孩子是富二代，家里向中央交笔钱，你就可以来做官，做郎官。司马相如有笔钱，就从四川来了，景帝的时候，就做了赀选的郎官。后来还有一些很重要的人，也是赀选的郎官。比如桑弘羊，发明了盐铁官营，帮助汉武帝积聚财富打匈奴。司马相如来了一看，发现景帝不喜欢文学，不喜欢辞赋。以前一个作赋的人，学问要很大，一个作诗的人，可以学问不大，性情好就可以，写散文作赋的人得有很大的学问。比如，司马相如写了《上林赋》，他得对各种动物、各种食物的名称，对这个名物之学，对词典、字典这些学问，要有研究才能写出来，赋就是铺陈事物。左思写《三都赋》，那要对都城规划和历史都很熟悉，他才能写出来，要做很大的学问。所以以前的文人，往往在前面先放自己的赋，因为诗表现才华，文章表现学问，赋能把这两者结合起来，是综合体现。

司马相如去了以后一看不行，怎么办呢？正好梁王入朝，枚乘这些文学家都跟着他来，司马相如一下子找到知音了，然后就跟景帝说，我生病了，告辞了，就跟着他们去了。去了以后，发生了"七国之乱"，梁王受到处分，这些门客都散了。散了以后怎么办呢？司马相如不能再到中央去了，就回到自己的家乡，这就和卓文君有了一段故事。到汉武帝不同了，他要兴礼作乐。诸侯王的门客，他也想收揽，比如说枚乘，年纪大了，他派人用车马去接。汉武帝不知道司马相如这个人，他读司马相如的赋，感到飘飘然，说："哎呀，这个人要是活到现在就好了。"

旁边一个养狗的说："这个人还活着，是我老乡，在四川。"那么，司马相如就过来了，成了汉武帝的金马门待诏。

因此，我们可以看到，当时江苏是诸侯王国文学的一个重要的集散地，几乎所有的人都在这里。刘交这个人也喜欢读书，他因为自己做了楚王，后来打听到自己的老师又回到长安了，他不能再去学了，只能算肄业了，就让自己的同学白生、申公到长安去，代替自己把学业读完。他还写了中国最早一部解释诗经的专著《元王诗》，但是这本书佚失了。他的同学申公学成回来之后，正是文、景时期，这时朝廷立博士，立得最早的博士是《诗经》的博士。《诗经》的学派很多，文帝时立了鲁诗，因为宗师申公是鲁人。楚元王的五世孙、六世孙——刘向、刘歆父子，都是汉朝最有学问的人，我们之所以能看到中国的古书，都亏了他们父子俩。

古代的书，尤其是先秦的书，有两个特点。第一个是"不成于一时一人之手"，就是一本书可能写一百年，也可能写几十年。第二个叫"单篇独行"，比如《孟子》这本书的编纂，不是说孟子不当官了，回去跟自己的弟子讲学，然后编一本书叫《孟子》拿出来，不是的。孟子讲学的时候，今天讲了一个道理，你做学生的，这人记了一点，那人又记了一点。孟子死了之后，学生来凑。凑的时候，可能你手上的孟子讲课笔记有7篇，他手上的有6篇，他手上的可能是12篇，但是不管7篇的也好，12篇的也好，都不是以《孟子》这本书在外面流传的，而是《梁惠王》《公孙丑》这些篇章在外面流传。人家读《梁惠王》的时候问："这是什么？"这是《孟子》。读《公孙丑》时问："那个是什么？"也是《孟子》。

中国的书，之所以能够固定下来，一本一本，篇章不断，这就归功于刘向跟他的儿子20年的校书，把中国所有书的名字，以及这本书有哪几篇，都固定了。他们把天下的书，比如同样的《孟子》《荀子》都收来，重复的篇目合并，不重复的就求同存异。最后定下来《荀子》有多少篇，这样《荀子》这本书就完整了、丢不掉了。所以，你们翻开《荀子》，也有个名字叫《荀卿新书》。他们不仅把书编好了，而且还给每本书写了目录、书录，就是内容提要。古代的书是竹简卷的，每卷能放很长，书的体积太大，皇帝要看一本书，要一辆车子推来，皇帝一篇

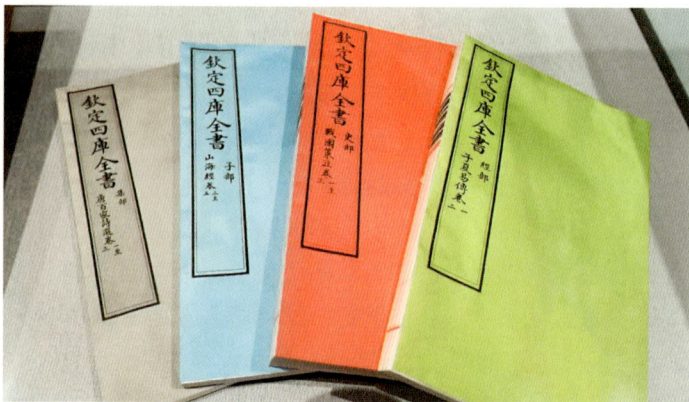

《钦定四库全书》影印本（拍摄于复建的扬州文汇阁）

篇翻，那是不可能的。所以每本书要写个目录，把目录另外抄一份放在图书馆，就像我们现在到图书馆先查目录一样。皇帝要看书，先把目录调出来看。把每一本书的目录提要单独抄出来，这叫别录。皇帝先看这个别录，别录里面有作者介绍、这本书多少篇、校勘是怎么校的、这本书有什么意义和价值，就像我们现在的内容提要一样。皇帝看了以后觉得很好，就调这本书来看。后来有了印刷术，但是清朝编《四库全书》也模仿刘向父子校书，所以《四库全书》也是人工抄的。刘向他们那个时候，书编好了以后，要重抄一遍，抄在竹简上。乾隆皇帝从各个地方收来不同版本的书，整理了以后，写一个《四库全书总目》，再人工抄七份，藏在中国的七个藏书阁里。所以，那么多书怎么看？先看提要，这个提要叫《四库全书总目》。这本书翻开来，有目录，每本书内容提要都写得很好。很多人做中国的学问，就是先读这本书。但是，因为书太多，最后又写了一个简明目录，就是只写一本书的名字、有多少卷、哪个作者就行了，便于检索。其他的内容想了解，你再去看那个总目。刘向父子也是这么做的，因为别录也太多，要堆好多，就再写一个《七略》，《七略》更简单，所以保存得很好。《七略》就是我们现在看到的《汉书·艺文志》。《史记》里面还没有国家图书馆的书目，因为司马迁还不能总结汉朝的学术，特别是不能总结先秦一直到汉代的学术，在《史记》里面达不到这个水平。到写《汉书》的时候，班固因为有了刘向父子的文脉整理工程，所以中国的二十四部正史里面就多了《艺文志》或《经籍志》，这样就可以总结学术史。这个要归功于刘向父子——刘氏皇族的人。

还有《淮南子》，刘安在淮南做王，编了这本书，是汉朝道家的著作。还有一些文学家，比如说淮阴的枚乘，写了《七发》，我们认为是汉大赋的开篇之作。

《七发》的内容，就是写如何享受音乐、美食、车马、游乐、田猎。还写到广陵观潮，广陵潮那段写得很美，还有"要言妙道"，就是读诸子的书，读哲学，谈学术，来启发太子的心智。这是什么原因？赋中说"楚太子有疾"，就是刚才讲的刘交的儿子——太子刘辟非。他生的什么病？就是心病，相当于我们现在的抑郁症，对什么都不感兴趣，日子过得太好了，让他去吃，不吃，让他去玩，不玩。所以，"吴客往问之"，吴王就派了他的门客去问候。"吴客"是谁呢？就是《七发》的作者枚乘。他到楚国后就跟太子交谈，说："怎么样？我们今天去哪弄点好的吃吃。"不感兴趣；"我们去找美女玩"，不感兴趣；"我们出去田猎"，也不感兴趣。最后说我们读孟子、读庄子，讨论"要言妙道"，这可以了吧？读了之后，太子"涩然汗出，霍然病已"。所以太子是个文化很高的人了，"涩然汗出"就好了。这就是一个典型的心理疾病治疗过程。汉人用赋治心理疾病，这是第一个记录。第二个记录是什么？跟刘向有关系。汉宣帝是一个了不起的人，但他生的儿子不行，就是汉元帝。汉元帝做太子的时候喜欢一个小宫女，可是小宫女死掉了，他老是以为别的宫女把她害死了，就抑郁了。怎么办呢？汉宣帝就让他的文学侍从们前往东宫，以辞赋"娱侍太子"，就是用辞赋去让太子快乐。去的人有刘向、华龙、王褒等，也把太子的病治好了。

所以，那个时候读赋是很满足感官刺激的，它的铺排能让人浮想联翩。无论是枚乘，还是刘向，都跟我们江苏文脉有关。还有严忌，会稽人，汉代会稽郡治在吴，就是现在的苏州，他的故事我在这里不讲了。

《汉书》里面说汉武帝得人之盛，有各种各样的人，这里面很多都是我们江苏人。比如枚皋，是枚乘的儿子。枚乘死了，汉武帝就起用枚皋。这些人都是文学待诏，其中有一个人，我多讲一点，就是朱买臣。

朱买臣，吴人。他一天到晚怀着远大的抱负，但是不会管理生计，穷得不得了，每天卖柴。卖柴的时候，他还不好好地吆喝，柴堆在那儿，他却读书、唱歌。他老婆实在受不了，就离开他嫁了别的人，跟着新的丈夫每每路过，看他很穷，还给他点吃的。过了很多年之后，他觉得自己备考可以了，就跟计吏去长安，计吏就相当于税务局局长，他每年要带着税金、带着财富，到长安去交税的。那时交税不像现在交钱，而是用重车，就是大车，带很多东西到长安去进贡、交税。朱买臣没钱，就要求做仆役，相当于现在做大卡车的司机，一起去了。他知道有个制度，什么制度呢？

汉朝有察举制，察举制是什么意思呢？就是说，地方官每年向中央交税的时候，还要带人才去，要推荐人才，如果你这个太守不推荐人才，我要惩罚你。"察"，是中央来考察你，察举制度都要有保人。这个人如果被察举的话，太守做他的保人。但是汉武帝还是觉得人才不够，就在北阙设了自荐制度。汉朝的宫殿正门朝东开，有身份的人从东门进，北面有个门叫"北阙"，开着，允许吏民自荐，就是小官吏和老百姓自己来上书。

一个人到长安吃喝怎么办？北阙旁边有一个大的招待所，叫"公车"，"公车"翻译成现代汉语就是传达室。上书进去以后，皇帝喜欢你了，就招进去做待诏，然后有官就给你做。如果皇帝不高兴，也可能不惩罚你，你在那里"书久不报"，就是好长时间没回信，你在里面没什么意思，吃得也比较差，自己就回家了。如果皇帝读了以后大怒，对不起，传达室对面有个叫"北狱"的大监狱，就立刻把你从这里抓到那里了。所以，自荐没有保人，你就要冒险。但是，朱买臣就走了这条路。他去了以后上了很多对策，汉武帝觉得没抓到痒处，就不理他。他在公车等待汉武帝回复时，东西用光了，钱用光了，跟他一起去长安的同乡就把钱借给他。好在汉武帝旁边有一个他的同乡严助，问朱买臣会干什么？他说我会读楚辞。严助说，皇上很喜欢楚辞。这样就进去做了侍中。成了侍中之后，汉武帝要攻打东越，就让他去做会稽太守，协调指挥。他死活不回去，说好不容易进了长安，到了中央做官，我怎么能回去呢？汉武帝做他工作，说大丈夫"富贵不归故乡，如衣绣夜行"，大丈夫得了富贵不还乡炫耀一下，就像穿了好看的衣服在夜里走。所以要衣锦还乡。他回去之后，看到原来的老婆和她现在的丈夫在修路，便带回太守府中养起来。他老婆受不了，一个月后就上吊了，真的后悔死了。后来有个戏叫《朱买臣休妻》，昆剧里面有，京剧里面也有。这个故事也算是传奇。

三、 古代的"诗国"

第五回"四学五部标新立异，南朝诗国遗韵流风"，我就简单地讲一讲。四学五部，就是到东晋南北朝的时候，南方跟北方对峙，南方成了中国的文化中心。北方因为动乱比较多，而且衣冠士族、文化人都过江了，所以江苏在东晋南北朝的时候，创造了中国学术、宗教、文学、艺术的辉煌时代。

经学有成就，比如皇侃的《论语义疏》，后来丢掉了，又从日本找回来。史学，比如《后汉书》《宋书》《南齐书》《三国志注》。文学，不是指创作的文学作品，而是指关于文学的学问、文学的理论，像《诗品》《文心雕龙》《文选》，都是这个时期的成就。《文选》是中国第一部文学总集，还有《世说新语》这样的文学小说，等等。目录学，刘向父子那个时候把中国的书分成七部，我们现在都流行四部——经、史、子、集，包括我们江苏文脉整理也是这样，这个四部的方法也是在这个时代形成的。艺术就不谈了，有王羲之的书法、顾恺之的绘画等。

高等教育，刘宋时期在国子学中设立了四部之学。第一是儒学，汉朝只有经学，就是儒学当中的一部分，指六经之学，其他的儒学，比如《孟子》《荀子》视同诸子，并不立于学宫，国家教育里面没有。但是这个时候立了儒学，抬高了儒学的地位。第二是玄学，以道家的《老子》《庄子》学说为主，就是哲学。第三是史学，史学自汉代起愈加发达，于是专门列了一个学科。第四是文学，魏晋南北朝以来文学自觉了，成果也很多，那当然要立一个学科。后来加上阴阳学，成了"五部学"。阴阳学相当于自然科学。我们看刘向的《七略》里有"方术"，方就是方技，相当于生命科学、医学，术就是术数，相当于自然科学、物理学、化学，道教的很多法术、方术都是从这个里面来的。所以这"五部学"里文、史、哲都有，还有国家的意识形态。儒学是最根本的，然后还有自然科学，文理兼备，算得上是人类历史上最早的高等教育分科。

另外，宗教也很发达。佛教此时在中国传播极广，中国的本土佛教也逐渐形成。东晋法显写了《佛国记》，他比玄奘更早到印度去求法，回来之后写了《佛国记》。还有《出三藏记集》，这是最早的中土佛教的目录学著作和一些高僧的传记。佛教还给我们的语言学带来了"四声反切"。什么是"四声反切"呢？中国的文字是形声文字，既有一部分象形，又有一部分声音，但是它主要是表意文字。比如说英文，它是抽象的字母拼起来的，几乎是拼音文字。拼音文字好不好？拼音文字是传播效率最高的，26个字母，几分钟就会了，然后把它一拼，book，我可以不知道是书，但是book的音，大家都能读出来。只要你读出book，别人能懂就行了，特别适合普及教育。

　　所以，民智的开启，还有信息的传播，以拼音文字最快。当然，我们现在是数字时代了，更好了，大家都用数字了。拼音文字的这个好处，也带来一个缺点，什么缺点呢？就是语音是变化最快的。你看我们中国多少方言，就连一个城市里面都互相听不懂。你像我回扬州，我说扬州话，现在年轻人也听不懂，为什么？因为我是少小离家，我带走的是20多年前的扬州话，语音会变。语音变得快，你这个语音系统就出问题了。所以，我们学英文、法文，还得用国际音标做校正。象形文字好不好？象形文字也好，一个"日"，画一个圆、一点，一个"月"，画个半圆、一点。最简单，一看就知道，象形文字表意最直接。拼音文字一下子听的是声音，不知道意思。象形文字一看就知道画的是什么，意思马上懂了。坏处是什么，太难传播了，一个东西画一个样子，一个人学字的时间、基础教育时间太长了。所以，象形文字，像埃及的象形文字，它只能掌握在统治者手上，掌握在那些书吏手上，这是权力。中国的文字也是这样，但走了一条折中的路。中国把一部分象形文字作声旁、表声音，一部分象形文字表意，比如说日、月拼起来，就是明。当然，也有文字学家认为不是这样的。再比如说江河湖海，一看三点水，就知道这肯定跟水有关系。江到底是什么，我不知道。河到底是什么，我不知道。江跟河的区别，我也可以不知道。但是一看到有水旁，那就是水，声音怎么读？工就读工的声音"gong"。我们现在普通话读"jiang"，因为后来北方人把入声字搞没了。看到河，看到旁边一个可，就读河。看到一个湖，就读胡，声音就读出来了。中国文字里的绝大部分都是形声字，形声字是为了表意，所以它走了一条折中的路，就是得花一点工夫学字，不是几分钟就能学会的，但也不是很难学，也能学好。它基本的字也就那么几千个，够用了。所以，中国的文字特别适合统一文化，中国地大物博，地方很大、方言很多、语音不统一，语音不统一不要紧，写下来的文字是统一的，书面语是统一的。其实音韵也要统一，比如说科举考试的时候，不管你是什么地方人，写诗押的韵要一样，要符合朝廷颁布或认可的韵书中的语音，也就是说书面语不仅要统一文字书写，也要统一读音，如同普通话一样。

但是，中国人编字典的时候就麻烦了，怎么标音呢？比如说中国最早的一部字典《说文解字》，写到红颜色的"红"的时候，写到天上彩虹的"虹"的时候，他只能说读如"红"——红颜色的红。红颜色的红可能大家经常用，但是如果我连红也读不出来，怎么办呢？就傻眼了，因为没有拼音系统。怎么搞出拼音系统呢？就是要在中国的文字里面找一部分文字，用它的声母，再找一部分文字，用它的韵母，两个字一拼合，就可以标注其他字的读音，这就是反切。这些充当声母和韵母的文字也就几十个字，把它们背下来就行了。这个方法的发明与佛教进入中国有关。因为佛教是梵语，拼音文字，佛经的译者多来自西域，所以他们学习汉字时，就先找到汉字的语音系统。当他们跟中国的士大夫进行文化交流时，中国的士大夫就发现了"四声反切"。第一，汉字的声调可以有四声——平、上、去、入，我们现在普通话里面没有入声字了，平声分成阴平、阳平。平、上、去、入，平叫平声，上、去、入三声叫仄声，仄就是有波折、不平坦。也可以分为阴阳，仄为阴，平为阳。南朝的时候，一个皇帝问大臣："你们老讲写诗要辨四声，这个四声怎么分？"这个大臣太聪明了，说："天子圣哲。"天是平声，子是上声，圣是去声，哲（zhe）是入声。我们南方人现在读吃肉的肉，白色的白，就是入声。所以，这个大臣说"天子圣哲"就是四声。

有了反切，就有了拼音系统。后来我们中国人编字典，天上彩虹的虹，就可以表示为"河工切"，用河的声母 h，用工的韵母 ong，就可以了。红颜色的红，也是"河工切"。这个对中国的文学有什么影响呢？中国人以前写诗，对汉字的语调与音韵不太重视，无论《诗经》、《楚辞》、汉乐府，都是歌词，它有音乐带着走，押韵不需要很精致。后来，我们自己发现有这么精妙的声音的韵律在里面，所以格律诗出现了。格律诗才是中国诗歌形式主体性的真正成立，诗不再是歌词了，诗歌本身的音律成了审美的主体。我们不仅能欣赏诗句里面写的东西，而且能欣赏诗句本身的音韵美。后来到了宋词，就是既讲音韵美，又讲音乐美，把中国语言里面音调的这种音韵美和音乐美结合在一起，所以词更美，它的形式更精致。"四声反切"和最早的格律诗——永明体也是在这个时代出现的。

《肘后备急方》（内页）

还有道教，像东晋葛洪的《抱朴子》内外篇，都是道教的重要经典。南朝上清派陆修静的《三洞经书目录》，是中国第一部道经目录。上清派陶弘景的《真诰》是道教的重要经典。中华书局出版的《真诰》最好，是我们南京大学文学院的赵益教授点校的。还有《本草经集注》，是中国医药学的经典。这些都是在这个时代出现的，都是第一流的。葛洪还写了很多经方，比如《肘后备急方》，说青蒿可治病。中草药都要炮制的，晒干了、切碎了，然后来煮。但是用青蒿做青蒿素的时候，老提取不出来，后来屠呦呦就读到葛洪的这个方子，里面说用青蒿治疟疾、祛毒的时候，如果来不及找到炮制好的青蒿，就把青蒿草绞成汁给病人灌下去。屠呦呦就用生青蒿提取了青蒿素。屠呦呦自己说，就是这句话给她的启发。

关于文学，我要讲讲南京为什么是名副其实的文学之都。还要说说我的太老师，就是我的老师的老师——胡小石先生，大书法家，也是国学大师。2019 年，南京被联合国授予了一个很重要的称号，叫"世界文学之都"，它还有一个"文学客厅"就在鸡鸣寺下面。拿到"世界文学之都"，大家都很高兴。其实最早向国际上宣布南京是"中国的诗国"，也就是文学之都的，是胡小石先生。1949 年 11 月，中奥文化协会由奥地利大使出面，请胡小石先生做一个演讲。当时胡小石先生在金陵大学任教，他就讲了《南京在中国文学史上的地位》。我觉得很有眼光，在那个时代不会有人讲这样的题目。他讲的时候是很隆重的。中奥文化协会为他印了中英文的演讲全稿，这篇文章收在《胡小石文集》里面，但是英文的一直没看到，我在孔夫子旧书网上买到了。

胡先生在中国学术史上，首次向西方世界阐明了南京独一无二的文学地位。他说，南京在中国文学史上独一无二的地位是从六朝开始的。第一，有了"山水文学"，中国人开始描写山水；第二，有了文学教育，文学成了大学分科教育；第三，文学理论独立了，文学的批评独立了；第四，有了声律和宫体文学。声律是什么？我刚才讲了。宫体文学就是专门写情的文学，我们以前老是觉得宫体诗是艳诗，是不健康的东西，但是事实上，如果有作家专写女性的美、花草、宫殿的生活，他实际上找到了一种文学训练、文学描写的题材。在这个题材里面，他把诗歌的声律、诗歌的用词技巧发展出来，这些遗产都被后来唐代的诗人继承了，杜甫就认为这些都是他非常重视的遗产。所以，我们讲格律诗最后的成熟是到唐代，但是开创的时代却在以南京为中心的南朝。所以胡先生认为，南京是"中国的诗国"。

四、 南朝的佛学

我们知道佛教是从两路来中国的。一路是从陆上丝绸之路，从长安这边来，还有是从海上来的。南朝的时候，既有跟着北方的士族下来的高僧，这批高僧比较厉害，还有从南方来的高僧，这些人有点先锋派，他们可能在印度的时候，就是不同的流派。小乘、大乘很复杂，我们在这里不作细分。但是，他们为什么能够跟中国的士大夫交流起来，赢得他们的喜爱呢？就是因为当时中国的士大夫都喜欢玄学，玄学里面讨论的问题，就是我们世界的根本在哪里。道家说是无，无中生有，后来有些人说不对，万物是自生的，我之所以是我，是因为我具有能够成为我而不是你的根据，那这个根据只能在我自己身上。这个有点像我们现在的存在主义。还有讲我们的语言能不能表达思想、言能不能尽意的问题。《易经》里面说："书不尽言，言不尽意。"庄子说要"得意忘言"，把握了意义之后，就不必在乎语言。后来禅宗讲"不要死于句下"，意思也差不多。这些都是很纯粹的哲学问题。很多高僧也参加讨论，比如《世说新语》里记载支道林在白马寺讲庄子的"逍遥游"，大家都认为他讲得好，能够"标新理""立异义"，我们现在有个成语叫"标新立异"，就出自这个故事。

诗人谢灵运写过佛教理论著作《辨宗论》。他认为，顿悟比渐悟还重要。中国的佛教比较讲顿悟，放下屠刀、立地成佛，渐悟就要经过长期的宗教修养和训练。还有反对佛教的，比如范缜写《神灭论》。当时的寺庙很多，特别是南京，"南朝四百八十寺"。北方喜欢建石窟，像云冈石窟，这是所谓的像教，强调信仰、虔诚供佛。我们都知道，文化越高的人，越不喜欢偶像崇拜，喜欢讲道理，所以南方佛教以义理胜，北方佛教以造像胜。但是，我们南方有没有石窟呢？也有，栖霞寺就是南方的石窟，但南方石窟的艺术跟北方是不能比的。不管怎么样，南朝的时候也有，就是栖霞寺。

当时还有一个先锋派的佛教，就是禅宗。禅宗太先锋了，因为禅宗可以不拜佛、不读经典、直指人心，明心见性就成佛。禅宗的初祖菩提达摩，到南京，见到梁武帝之后话不投机，因为梁武帝一见面就问他怎么样拜佛才能求得福分。达摩后来跟人家讲，梁武帝不过是个妄想求得福寿的老人罢了。大乘佛教《金刚经》里讲得很清楚，读一遍《金刚经》得到的福，要比"以恒河沙等身命布施"得到的福还要多。就是说，你拿印度恒河的沙子一样多的财宝，布施给佛教的话，都不如读一遍《金刚经》得到的福分多。用道理布施，宣扬《金刚经》、宣扬做人的道理、宣扬道德，佛教认为这个叫"法施"，以法布施，而不是以财布施。

　　前些天，星云大师走了。我记得星云大师给南京大学捐星云楼的时候，他来讲话时说："我捐一栋楼，这不过是财施，你们大学老师最了不起，你们去教育子弟、传授知识，你们这个在佛教里面是最好的，叫法施。"星云大师的这句话，我是在现场听的，很感动。他已经走了，我还想到他当时说的话。所以，境界高的佛教，在哲学思想上与大家互相启发、互相交流。

　　达摩来了以后，境遇就惨了，他在这里得不到寺庙、得不到布施、得不到供养。那怎么办呢？他一苇渡江，在江边找了一片芦苇踩着，渡过江去，到了河南少林寺。在那里面壁九年，等着有人来跟他谈道理。他渡江的地方，可能也是从栖霞山这边，渡到江心洲。想想看，长江那么宽，一苇渡江属于传奇了。可能是一只小船，他先到江心洲，然后再从那边过去。你们看关于达摩的记载，当时广州刺史把他带到梁武帝身边，他跟梁武帝谈话，梁武帝老是问他"如何是真功德"，意为我怎么样才能获得佛教给我的功德。他就说："净智妙圆，体自空寂。"意为你要知道什么是本体、什么是空，知道了这个之后，你就有福德了。这些不是求来的，福德不能去求，不是到庙里烧香布施供养求来的。梁武帝问："如何是圣谛第一义？"意为你们佛教的第一义是什么，最根本的道理是什么？达摩说："廓然无圣。"意为没有圣谛，我们佛教没有宗旨，没有宗旨哪来的第一义，只有空。然后梁武帝就听不懂了，说："对朕者谁？"意为既然只有空，那么你又是谁呢？你不是一个活生生的人在我对面吗？达摩说："不识。"意为不认识。就是说我不知道我是谁。梁武帝还不悟，达摩就知道"知机不契"，也就是话不投机，"潜回江北"，就走了，往北走，后来到了洛阳。到洛阳后，也是等。后来的禅宗二祖慧可每天来跟他说话，达摩不理他。最后二祖说："我一定要求法。"还断一臂送给他。达摩就说："你为什么要求佛法呢？"二祖说："我心不安啊！我没有安身立命的地方，我没有信仰，我不知道人生的价值在哪里，我心不安。"这时达摩怎么教育他呢？禅宗的教法是"直指人心，见性成佛，不立文字，教外别传"。据说释迦牟尼佛天天说法，突然不说了，拿出一朵花，大家都蒙了，只有弟子迦叶笑了。于是佛说："我有心法传给他。"这就有了禅宗。达摩说："既然你心不安，将心来，予你安。"你把手臂断给我了，现在说要求佛法，是因为你心不安，那你把心也拿出来给我，我来给你安。这时二祖一下子就悟了，心就在自己身上，只是自己把它给忘了！这就叫"直指人心"。传了法给二祖之后，达摩就走了，没了，消失了。

所以，禅宗都是用这样的话语机锋往下传。大家都知道，六祖慧能的偈子，什么"菩提本无树"，他最早也是这样传的。达摩到过我们南京，但没能传法，这也从反面说明当时南朝的文化太发达，这些哲学家的理论系统太深奥，大家的理论修养都太好，这时候忽然来了一个不要文字的，他们反而不能接受。所以我认为，禅宗来的时候太先锋了。六合有一个长芦寺，据说是达摩渡江的地方。

栖霞山在佛学上的地位非常高，不仅仅是佛龛和造像，它是中土佛教"三论宗"的祖庭。龙树是印度大乘教的一位开山祖师，龙树的《中论》《十二门论》，以及他的弟子提婆的《百论》，这"三论"被鸠摩罗什翻译出来了。鸠摩罗什是个西域人，现在到甘肃，他的庙、塔还在。他的翻译特别好，他翻译的佛经比玄奘要高级多了。比如说，我们现在读的《金刚经》，玄奘也翻了，没人读，因为玄奘是硬翻。他认为他读的很多佛经可能翻错了，所以他到西域求法，求了以后，有些经翻得太忠于原著，反而缺乏可理解性与和中文的契合度。倒是这个西域人，翻的东西都非常好，文学性也很好，在中国很流通。到了齐梁的时候，他的一个学生叫僧肇，把他的学问传到江南。

齐梁的时候，僧朗在栖霞山弘扬"三论学"，他的弟子僧诠、法朗就传他的学说。法朗的弟子吉藏，是隋代的高僧。所以，"三论宗"就成了隋唐时期一个很大的中国化的宗教流派。唐代哲学的巅峰，基本上都在中国佛教里。那么，栖霞山就是"三论宗"的祖庭，你们去的时候，可能祖庭的牌位还供在那里。

"三论宗"的主旨，就是认为一切事物的真相不是一个固定的本体，而是各种因缘和合的。拿我们现代的话讲，就是我们能看到的这个世界只是现象。比如说今天我在这里做讲座，诸位来，要是按照僧肇《物不迁论》的话，就是多少年前可能就已经拍好的一个电影胶片放映到现在出现的影像。画动画片的时候，每一张是不动的，要画几百张、几千张，然后机器一放就动了。他们的理论是，事物本来是不动的。我们老是觉得这个人变了，因为年轻的时候红颜黑发，老了头发也白了。但其实是这样的：物本身并不动，它自己是不动的，迁移是在因缘和合这个幻境里面开始的，所以我们看到的东西好像是变动的、各种各样的，这些都是因缘和合而起的幻象。所以，事物本来没有自性，是"性空"的。如果每个人还执着于一切东西后面有一个主宰、有一个真实的东西，那就是妄想了。所以，我们讲佛法，为了引导众生明白道理，只能用一些名词来把这个世界描述一番，其实这个世界是空的，所以不离性空而缘生的一切现象都是可见的。事物虽然有名称，但是事实上是没有处所的。比如我叫徐兴无，其实也是一种现象。这是"三论宗"大概的观点。

五、 茶圣的踪迹

栖霞山还有一个重要的东西，就是唐朝时陆羽在这个地方研究过茶、茶道。山上有白乳泉，陆羽在这里研究茶道。

中国汉字里没有"茶"这个字，写成"荼"。道教最早把茶作为仙药来吃，什么意思呢？道教要人飞升，你太胖了就飞不起来了。怎么办？第一步要轻身，要把身体变轻，怎么变轻？湖南武陵，就是那个《桃花源记》里的武陵源，有一棵大茶树，谁喝了那棵大茶树上的茶叶就能轻身。轻身到一定的程度，就能飞了。所以，唐朝卢仝写《茶歌》的时候说，吃了一碗之后汗就出来了，吃到七碗的时候说："七碗吃不得也，唯觉两腋习习清风生。"就是吃到第七碗的时候，要飞了，腋下好像有风了。

这就是用的道教文化来写喝茶。但是，道教是将茶当作药吃的，不能普及，怎么普及呢？因为茶有个问题，茶的产地不普及，只能在长江流域。

佛教坐禅的时候，过午不食，一天吃两顿饭，小和尚就发昏、打瞌睡。唐朝的泰山灵岩寺，有个老和尚就给他们喝茶。寺庙里面来往的文人学者很多，老和尚也给他们喝茶，这样品茶就成了佛教寺院里的一种文化交流工具。所以，史料里面有这样的记载：佛教寺院自己种茶，上等供佛，中等供客，下等自己喝。所以，李白也有到庙里面喝茶的诗，杜甫也有，白居易也有，颜真卿也有。敦煌遗书里面还有一篇五代十国时期的《茶酒论》，里面写茶跟酒吵架。酒说："没有我的话，怎么能成礼、祭祖呢？怎么成仙呢？"茶说："喝了酒之后亡国败家，只有我脑子清醒，还能给大家收税。"唐朝的时候，茶叶已经跟盐铁一样收税了，有利于国家。所以，茶一说话就代表佛教，酒一说话就代表儒家和道教。最后，水出来说："你们吵什么？没有我行吗？"这篇小赋叫《茶酒论》，茶酒争论。明朝的苏州人冯梦龙没读过敦煌里面的这个赋，但是这个故事可能一直在民间流传，所以冯梦龙写的笑话集《笑府》里面也有这个故事。茶酒争论的背景是什么？背景就是"三教论辩"。从北周到唐，中国的皇帝在元日或者自己过生日的时候，要举行三教论辩。佛教找一个代表，儒家找一个代表，道家找一个代表，在皇帝面前辩论。什么意思？皇帝今天过生日，搞一场学术演讲，这三个人来辩儒释道的长短，皇帝出个题，互相辩，你说我不好，我说你不好，最后皇帝出来说："你们都好，都要服从我，都要对国家有贡献。"

比如，白居易就担任过三教论辩里的儒家代表，你们看到唐代有些高僧的职称头衔里面有三教论辩，这是一种荣耀。这就造成了中国历史上没有宗教战争，因为中国的儒释道三教都是可以辩论的，而且辩论是游戏性、仪式化的，不是真的辩论，所以唐朝的时候，辩论完了之后，皇帝身边的小丑就出来说："他们三个人辩什么，水平太差了。其实你们都不懂，无论是孔子还是佛教释迦牟尼，还是老子，都是女人。"皇帝说："你说清楚了，怎么都是女人呢？"他说："孔子在《论语》里说：'沽之哉，沽之哉，吾待贾者也。'所以孔子是个待贾（嫁）的女子。佛经写佛坐下来说法，'敷（夫）坐而坐'。丈夫坐下才敢坐下，这也是个

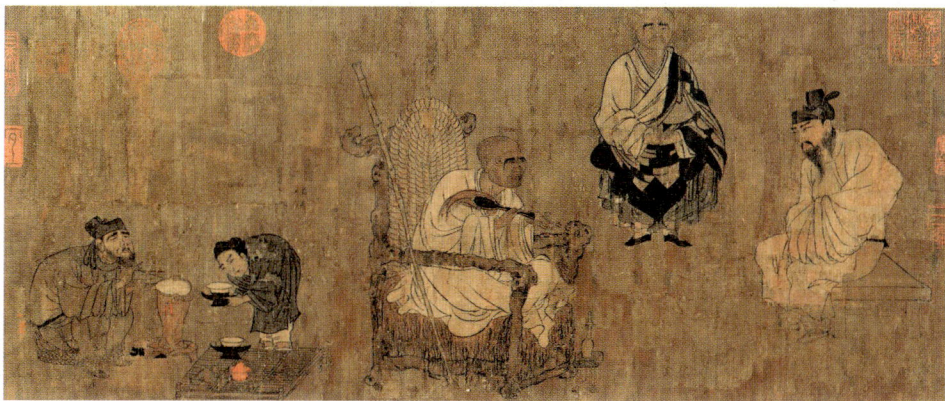

萧翼赚兰亭图

女人。《老子》里说：'我有大患，为我有身。'所以老子是个有身孕的女人。"小丑说完，大家哄堂大笑。所以三教论辩的时候，三个大学者辩论完了，还得给大家弄点娱乐，喊个小丑讲个笑话，这就是所谓的"唐戏弄"一类早期戏剧表演。扬州师范学院（今扬州大学）的任中敏先生把这些资料收集后，编了一部《唐戏弄》，是凤凰出版社出的，里面就有这类故事，大家有机会可以看看。

最后我们回到陆羽。为什么陆羽是中国第一个品茶的专家？他是个孤儿。湖北竟陵的和尚在水边发现了他，带回寺院里面养，他是在寺院里面跟着和尚长大的，所以他能不喝茶吗？能不喝成"精"吗？他对茶叶和水都很有研究，写了中国第一部茶学专著，叫《茶经》。他到南京，肯定要到栖霞寺。

《萧翼赚兰亭图》里面就有古人煮茶的情景。唐太宗索要《兰亭序》，可是《兰亭序》在辨才手上，辨才是位高僧。所以，唐太宗就派这位叫萧翼的大臣来跟他交流书法，趁他不注意的时候，把《兰亭序》偷走了。唐朝人阎立本画这幅画，画一个和尚，旁边就要画两个人在那里煮茶，说明这是一个和尚的"标配"，喝茶都是在寺院里面。安史之乱以后，国力大衰，主要靠我们江淮这一带的南方的税收，通过运河来支撑大唐的血脉，这里面很重要的财富就是茶。当时的少数民族，无论是吐蕃还是突厥，都需要大量的茶马贸易，用茶跟他们换马。这是国家的命脉，所以茶是专卖的。唐朝的法律里面就有一条叫"居舍僧保四犯至千斤者皆死"，私贩茶叶一千斤的就斩，说明和尚也大量地参与茶叶走私活动。唐亡了以后，我们这边属于南唐，五代十国立国的一个经济基础就是茶叶。所以，陆羽选择在栖霞寺研究茶，说明栖霞山既是佛教圣地，也是中国茶文化的圣地。

江苏人的读书故事

主讲人：程章灿

《江苏文库 · 文献编》主编
南京大学教授、博士生导师
教育部长江学者特聘教授

二月二，龙抬头，到南京图书馆讲"江苏人的读书故事"，我个人认为，是得天时、地利、人和。天时就不用多说，疫情肆虐的冬天过去了，春天终于来了。春天肯定是最好的读书天。说到地利，南京图书馆是江苏省藏书最多的单位，没有之一，南京图书馆也是全国排名第三的大图书馆，是全中国读书人乃至全世界读书人向往的地方。至于人和，我非常高兴看到今天有这么多朋友来到现场，这场讲座同时还有线上直播，听说线上的听众朋友也很多。

为什么要选择这么一个题目呢？我觉得，读书这个事，跟文脉的传承有着非常直接的关系。什么叫"文脉"？说到底，就是文化的传承。文化传承最主要的一部分，就是文献传承。我们要让中国的文化、江苏的文化像源远流长的脉络一样，一代一代地传承下去，肯定少不了典籍，更少不了喜欢读书、热爱读书的人。

从甲骨到简牍，从绢帛到石刻，从版刻到电脑排版，从纸质书到电子书，书的物质载体与外貌形态随时代而不同，读书的方式也因人、因时、因地、因书而异。中国的书籍，大概有三千年漫长的发展历史。在这个漫长的历史中，书籍的形态发生了很多的变化，最早有刻在龟甲和兽骨上的书，有刻在石头上的书，有写在竹简或木牍上的书，更有后来抄写、刊版、印刷在纸上的书。今天，我们不仅有各种开本的纸质书，还有各种形态的电子书，在电脑屏幕上，或者在手机屏幕上，都可以读到，这些电子书的复制、携带和传递都非常方便。总之，书的形态，在三千年历史中，发生了多种多样的变化。

书与时俱进，读书人也与时俱进。读书的故事，历代读书人的传奇，就江苏这个地方来讲，可以说是层出不穷。江苏有无数读书人，有许多读书的故事。我今天只能尝鼎一脔，就是说，从一整锅烧得很好吃的肉中，夹出来几块，请大家品尝，这当然是管中窥豹、挂一漏万。

江苏人好学、爱读书，这一特质亘古不变。数千年的积累，江苏的书香氛围越来越浓郁。给大家分享六段江苏人的书香故事，希望能够管窥蠡测、想见全体。希望从这六段江苏人的读书故事中，能够看出江苏人读书的传统；希望从这六段故事中也能够了解，为什么江苏的文化会有今天这样繁荣的发展现状，这是与它深厚的根基分不开的，也就是说，是与江苏三千年无数爱读书的人，他们所形成的读书传统密切相关。

六段故事的第一段，我想说说季札评诗的故事，这段故事的主题是"阅读塑造形象"。第二段故事的主题是"阅读开拓视野"，我想跟大家说一下子游读书的故事。第三段故事的主题是"阅读带来光明"，我给大家讲一讲汉代的刘向在汉代国家图书馆夜读的故事。第四段故事的主题是"阅读传承文脉"，我想给大家讲一下六朝时候一位著名的读书种子刘孝标的故事。第五、第六两段故事，我想给大家介绍两个读书的地方。今天的我们通常都会觉得，读书应该是在学校，应该在图书馆。这当然是不错的读书处。但是，古代有很多人读书，会在寺庙、山林里。我们今天的读书条件比古人好太多了，很多人都有自己的书房，窗明几净，最适合读书。所以，在最后这两段故事里，我要给大家介绍古代中国人尤其是古代江苏人在山林、寺庙中读书、藏书的故事，以及南京大学人的读书故事。

一、 阅读塑造形象

我们现在追踪三千年江苏人的读书历史，如果要找出谁是江苏的第一位读书人，我觉得基本上很难有一个准确的答案。但是我愿意把季札向大家做个隆重的推荐。

季札未必是江苏历史上第一位读书人。大家可以想象一下，如果说季札是第一位读书人，那么又是谁教他念书的呢？教他读书的那个人，就是比他更早的读书人。我想表达的意思是，季札是第一位在江苏、在吴国出现的，在当时有全国性的或者说有天下声誉的一位读书人。

季札在中国历史上是一个非常具有传奇性的人物，他的传奇性，我想至少从三个方面来说。这三个方面，关联他的三种身份。他这个人的身份很复杂，主要有如下三种：一是政治家季札，二是外交家季札，三是文艺评论家季札。

作为政治家的季札，他的出身是春秋时期吴国的贵族，父亲是吴王寿梦。吴王寿梦生了四个儿子，按照当时的嫡长子继承制度来说，寿梦死了之后，应该由他的长子诸樊来继承。如果诸樊不愿意继承，那就由他的第二个儿子继承，如果老二也不愿意继承，那就由第三个儿子继承。但是，吴王寿梦认为他的四个儿子里面，最突出的、最好的、最适合继位当吴王的，应该是老四季札。所以，他就要把这个王位传给季札，季札坚决拒绝。季札在历史上曾经多次逊让王位。第一次，他父亲要传给他，他不要。第二次，他的大哥要传给他，他也拒绝了。大哥去世后，二哥就继位了，二哥要让位给他，他还是拒绝。二哥只好传给三哥，三哥也要传位给季札，季札也拒绝了。这样王位就传到了下一代，季札的侄子继位了。这叫"三让王位"，三其实是多的意思。所以，作为一个政治家，季札是中国历史上罕见的一个谦让、谦逊的君子。

作为一个外交家，季札经常代表吴国、代表江苏出使当时的北方各国，比如说到鲁国、到齐国、到郑国、到楚国等。在那个时代，作为一个外交家，要履行外交职责的话，首先要有较高的文化修养。最基本的一条，就是要熟读《诗经》。当然，《诗经》那时还不叫《诗经》，而叫《诗》，或者叫《诗三百》。跟季札差不多同处一个时代的孔夫子就说过："不学《诗》，无以言。"也就是说，作为一个外交使节，要代表一个国家出使另外一个国家，如果不把《诗经》读得滚瓜烂熟，那么，你在出使、外交的场合，碰到鲁国、郑国或者楚国的使节，人家要接待你，你就不知道跟他们说什么了。他们与你对话的时候，都是要引经据典的，所引的经主要就是《诗经》。那时候的外交场合是这样的：两国的使者坐下来要谈一件事，就要"赋诗言志"，用我们今天的眼光来看，就好比开一场《诗经》的专题朗诵会。比如说，季札到了鲁国，他坐下来跟鲁国谈一个事，他就诵读一首诗，这叫"赋诗言志"。对方也知道你赋这首诗是什么意思，对方也念一句诗表达他的意思，赋诗交流，大家都能够相互明白对方的意思。所以，对当时的外交家、使者来说，读诗是最基本的文化素养。季札是一个非常杰出的外交家，他对《诗经》的掌握在当时是一流的。

在季札出使鲁国之前大约 32 年，他的父亲吴王寿梦曾经也到过鲁国，参加在鲁国的一次会盟，吴王跟鲁国的国君见了面。这是一个重要的礼仪场合，鲁国就安排演奏《诗经》，这时候就显出吴王寿梦对《诗经》不是那么熟悉。大家知道，鲁国最早是周公的封国，周公分封在鲁国，鲁国继承了周公的礼乐文化传统。所以，鲁国对于礼乐、对于《诗经》这种经典的掌握，在当时天下诸国当中，算是第一流的。吴王寿梦没有熟读《诗经》，在鲁国国君面前就感到有点自卑，有点相形见绌了。

32 年以后，寿梦的儿子季札再次出使鲁国，鲁国也安排了在这种外交场合常见的盛大的诗乐演奏，把《诗经》里面的十五国风、小雅、大雅、周鲁商三颂等作品依次演奏下来。季札熟悉得不得了，每当他们演奏到《诗经》的某一个部分的时候，季札都给予恰当的评说，他的评说还非常精确。这就是历史上著名的"季札观乐"的故事，被记录在《左传》里，并传到了今天。季札在鲁国欣赏鲁国人安排的《诗经》的乐歌表演，展现了吴国人的文化自信。按照《诗经》的顺序，鲁国人先是为他演奏《诗经》的《周南》和《召南》，接着演奏《邶风》《鄘风》《卫风》《王风》《郑风》《齐风》《魏风》《唐风》《秦风》等，这些都属于《诗经》十五国风，今天的顺序还是这样的。

我们现在读到的《诗经》十五国风的顺序，跟《左传》里面所记载的、季札当时在鲁国听到的《诗经》的乐歌是一样的。季札一个个评说过来，评说得都很到位。鲁国人很佩服：这季札不是只懂《诗经》的某一个部分，而是全部精通。鲁国人为季札演奏完十五国风之后，再为他演奏小雅。小雅演奏完之后，奏大雅。大雅演奏完之后，就再奏三颂。全部《诗经》演奏下来，季札从头到尾给每一个部分都做了非常准确精到的评说。这让鲁国人十分惊讶，没想到才隔了三十几年，情况就完全不同了。季札的父亲当年对《诗经》的了解可没达到这样的水平，比季札差远了。现在的吴国出现了这样的一个读书人，令人刮目相看。对于季札来讲，这只是他很多次出使北方诸国中表现比较突出的一次。

他在这些外交场合所展现的是什么呢？首先，他展现的是他对于《诗经》文本的精熟理解，他对《诗经》的全部内容都非常熟悉。我们今天讲中国文学史，第一部诗歌总集就是《诗经》，它对中国诗歌的影响太大了。我们都知道《唐诗三百首》，这是流传很广的一部唐诗选本，不知道大家有没有想过这么一个问题：为什么清代人编的是《唐诗三百首》，而不是编《唐诗二百首》或者《唐诗一百首》呢？那就是因为《诗经》是300篇，严格说来，《诗经》也不是正好300篇，而是305篇，取其整数，简称"诗三百"，就是"三百篇"。就古人来说，在很长一段时间里面，《诗经》是儒家的经典，是儒家十三经里面最重要的一部。对于吴国的季札来讲，这是当时春秋时期的贵族必须或者首先需要熟读的经典文本里最重要的一种。所以，孔夫子说："不学《诗》，无以言。"春秋时期有条件读书的，基本上都是贵族。大家都把《诗经》读得滚瓜烂熟了之后，在外交盟会的场合，就以《诗经》作为对话的一个基础文本。

季札出使观乐，既展示了他是一个外交家，同时也展示了他是一个读书人。更准确、全面地说，他是一个非常有政治智慧、有外交才能的读书人。由于他书读得好，由于他对《诗经》的掌握非常精深纯熟，他在这种外交场合就展现了吴文化的实力，也树立了吴国文化自信的形象。

在季札那个时代，吴国处于什么样的一个历史时期呢？基本上可以说，那时的吴国处于崛起的阶段。接下来，在季札的侄子那个时代，吴国崛起更为明显。他最有名的侄子，就是吴越争霸故事里那个有名的吴王阖闾。

说到吴越争霸，其实不只是吴越两国之间的事。吴越争霸获胜的一方，终究是要到北方跟中原列国争霸的。大家一定不要忽视了这样一点：吴国要与越国争霸，进而要北上争霸，有一个重要的前提，就是吴国不仅要有军事基础，要有经济实力，还得有一个文化基础。我觉得季札的出现，就代表吴国在文化上也在崛起，有了争霸的文化基础。

吴公子季札是跟孔夫子生活在同一个时代的，不幸的是，他去世在孔夫子之前。传说在他去世之后，孔子到了季札的墓前，为他的墓题写了十个字的碑文："呜呼！有吴延陵季子之墓。"这十个字非常有名，也很重要。传说，孔子一生总共就给两个人的墓题过字，一个是商朝的比干，那是历史人物。那么，要说给当代人的墓题字，那就只给吴公子季札题过墓。所以，这十个字非同寻常，有人说，这是最早的墓碑，有人说，这是最早的墓志。总之，这很重要。当然，也有可能这只是一个传说而已，孔子可能根本没有到过季札的墓地，也没有到过吴国。

传说也是有意义的。这个传说的意义是什么呢？它表明，吴公子季札是得到北方的文化圈的认可的，连孔夫子对他都是认同的，中国历史就此记下了他的名字。实际上，孔夫子在别的场合确实表彰过他。假设一下，如果周天子也像我们今天这样要搞全民阅读推广活动，如果当时的吴国也要像今天的江苏省这样要聘请一位书香江苏形象大使，那么，吴公子季札是非常合适的人选。他完全可以做周天子的阅读推广活动的推广导师，也可以做书香吴国的形象代言人。

这是我要给大家介绍的第一位江苏的读书人。从吴公子季札读书的故事中，我们还应该体会到这样一点：读书是所有人的事。做学生当然要读书，当老师也要读书。学生读书的效用，与老师读书的效用当然不一样。学生读书更多地关系到学生本人，关系到他的家庭；老师读书，那就不仅涉及他本人、他的家庭，还影响到他所教的学生，关系到他是不是能够教得好。一个外交家的读书，那就更为重要。一个知识渊博、谈吐典雅的外交家要读书，这是要影响到整个国家形象的。吴公子季札以他博雅的读书修养，塑造了一个文质彬彬的典雅君子的形象，为吴国在春秋历史上，也为江苏在中国历史上，塑造了一个很有榜样效应的君子形象。

二、　阅读开拓视野

向大家介绍吴国的另外一位读书人，他的姓名是言偃，字子游，后人通常尊称他为"言子"。他生活在吴公子季札之后，年代上相隔不久。如果大家今天到了江苏常熟，在常熟图书馆旁边不远的地方，就可以找到虞山。虞山上有言子墓，墓地前面有个牌坊，牌坊上面还有清代皇帝题写的八个字。这八个字是给予子游（言子）的很高评价："文开吴会，道启东南。"吴会，相当于今天的江浙，吴代表江苏，会代表浙江。所谓"文开吴会"，就是说，子游作为读书人，对于东南中国，对于江浙地区，对整个江南的读书风气，开创了一个先声，而且他引进了儒家的道，开启了东南中国的儒学传统。讲到这儿，要先给大家简单地介绍一下子游这个人。

季札那个时代，你要想读书，必须是贵族出身。我们今天讲到孔子，都说他是一个伟大的教育家。作为教育家，他最伟大的一个地方是开始办学，招收学生，而且有教无类。只要想读书、交得起束脩的人，孔夫子都收为学生。所以，从孔子开始，就培养了很多读书人，子游是其中一位。孔子所办的学校，分为"孔门四科"。通俗一点讲，就是说孔子开办的学校有四个专业，这四个专业就是德行、言语、政事、文学。德行、言语、政事，这三科大家从字面上基本能够了解大概是什么意思。唯独"文学"这两个字，我要特别解释一下。这个"文学"，跟我们今天讲的"文学"大不一样。我们讲的文学，既包括文学家即作家、诗人、剧作家等，包括他们所创作的作品，也包括对他们的作品的研究和评论等。英文中的 literature，就是今天"文学"的含义。

孔门四科的"文学"，其实就是教人读书的。读什么书呢？读典籍，具体来说，就是孔子所整理的《诗经》《周易》《尚书》等各种典籍。前人说过，"文学，谓善先王典文""文学指博学古文"。孔子开办这四个专业的学校，培养了很多学生，据说他教过的学生有 3000 人，其中贤人有 72 个。孔子教出来的学生里最优秀、最突出的只有十位，被称为"孔门十哲"，分别来自他所教的那四个专业。德行科有四个学生很有名，就是颜渊、闵子骞、冉伯牛、仲弓，其中颜渊可能是大家比较熟悉的，颜渊的德行修养，受到孔子最高的评价。言语科有两个优秀的学生，叫宰我、子贡。子贡很能干，他在孔子的学生里面特别会做生意。孔子的好多学生都很贫穷，但是子贡很有钱，因为他会做生意，有人把他称为最早的儒商。政事科也出了两个优秀的学生冉有、季路，季路就是子路，是孔子学生中岁数比较大的，为人果敢、勇于任事。文学科也出现了两个优秀的学生，那就是子游、子夏。

子游是江苏人，他从吴国出发，到鲁国去留学，可以说就是最早的从江苏到山东留学的学生。他进了孔夫子办的学校，选读"文学科"，专门跟孔夫子学习怎么读经典。子游读的这一科，其实是不容易的，因为孔夫子自己也非常重视阅读典籍，越到晚年越重视。

我们今天讲到文脉，讲到文脉传承或者文献传承的时候，经常会引述孔子在《论语·八佾篇》里说的一段话。孔子说："夏礼吾能言之，杞不足征也。殷礼吾能言之，宋不足征也。文献不足故也。足，则吾能征之矣。"这段话中的"礼"，指的是广义的"礼"，差不多就是文化的意思。孔夫子的意思是说，如果你们要让我讲讲夏朝的礼或者商朝的礼，也就是夏商两代的文化，这个我是能够讲一些的。如果你们要想了解夏朝或者商朝的文化，你们不要去找夏朝亡国之后留下来的后裔所在的杞国，也不要去找商朝亡国之后其后裔所在的宋国。这两个国家，他们没有足够的贤人和足够的典籍，找这两个国家没有用。所以，要想了解夏朝的文化和商朝的文化，或者说，要想把夏商两代的文化说清楚，需要什么呢？需要文献。那么，"文献"又是什么呢？"文"就是书，就是典籍；"献"相当于我们今天讲的贤人，也就是会读书、有文化的人。

孔子这段话的意思：要把历史或者文化讲清楚，就必须要有足够的文献，具体地讲，既要有足够的书，又要有足够的读书人。所以，孔夫子在自己开办的四个专业里面，专门设了一个科目叫"文学科"。我认为，这个"文学科"就相当于今天的"古典文献学"学科。孔夫子很重视文献典籍，重视典籍对于文脉传承的贡献，所以他很认真地教他的学生读这些典籍，传承这些文献。

孔子写过一本书，是他非常重视的一本书，那就是《春秋》。孔子极其重视《春秋》这本书，据说他作《春秋》的时候，"笔则笔，削则削，游夏之徒不能赞一辞"。过去人写书，不像我们今天有那么好的笔墨纸张，更不可能在电脑上打字，孔夫子那时候写书，是要写在竹简上面。在竹简上写字，如果字写错了要修改，就要拿出刀来，把写错的字给削掉，重新写。所以，写作叫作"笔"，修改叫作"削"。孔子在写《春秋》的时候，他怎么写，怎么修改，他最得意的文学科的两大门生子游和子夏，都不能够在旁边说什么。这句话有两层意思：第一层就是说孔子对自己写《春秋》极其重视，所以不跟学生合作，学生水平还不够；第二层的意思是说，在孔子的学生当中，子游和子夏两个人是最善于读书的，在典籍的述作、阅读和整理方面，他们最专业，所以，只有这两个人的名字被提及，被作为文学科的代表。

再讲一段关于孔门文学科如何善于读典籍的故事。稍微有点遗憾的是，这段故事不是关于子游的，而是关于他的同学子夏的。但是，没有关系，既然子游与子夏都是文学科的同学，子夏有这个本领，子游一定也有。有一次，子夏要去晋国，他途中经过魏国的时候，听到有人在读当时的史书。书上面说，晋国的军队带着三只猪过了黄河，所谓"晋师三豕涉河"。晋国的大军为什么要带着三只猪过黄河呢？莫非准备杀猪给部队的将士们吃吗？当然不是。子夏一听，就知道书上写错了，晋国军队不可能带三只猪。他说，"三豕"这两个字一定是"己亥"的错写。古人有用天干和地支来纪日的习惯。这就好比，我们今天说 2 月 2 日，古人不说 2 月 2 日，可能说这是己亥日。所以，其实史书上面应该写的是"晋师己亥涉河"。别人读错了典籍文本，子夏一下子就能发现，并且能纠正过来。这就是文学科子游、子夏在孔门读书所培养出的一种本领。

古人的书，都要通过传钞才能够流传，在传钞过程中难免会有讹误。所以，在读书的时候，首先就要选择一个比较好的、比较可信的版本。其次，如果有两种或多种不同的版本，或者说你自己手里的那个版本，你发现读不通、读不懂，就要找不同的版本来做校勘、辨证。这是孔夫子教文学科的学生子游、子夏读书的时候，要求他们掌握的本领。我认为，在孔子的学问中，或者在孔子一生的事业中，在他开办的"四科"里面，对后代中国历史，尤其是中国思想文化史影响最大的是文学科。儒家的"儒"字的本义，就是读书人，儒家特别重视读书，包括对于典籍要来回反复地读，要对典籍做注疏、整理，通过注疏、整理把典籍传到后代。所以，儒家后学不但重视读书，而且把读书融入中国历代的人才选拔制度中。古代中国人最重视的科举制度，就是考你有没有读书，有没有把书读通。明清几百年，科举考试重点考的是什么？考的是四书五经，就是儒家的经典。总之，这个传统可以追溯到孔子所开办的"文学科"。文学科里面，孔子教出来的最突出的两个学生，其中一位就是来自吴国，也就是来自江苏的子游。

子游还有一点了不起的地方：他在孔子的学生里面，属于年纪最小的那一批。孔子办学有教无类，很多学生都来，岁数差别很大。子路就没比孔子小几岁，孔子也收他当学生。子游则小孔子 45 岁。"孔门十哲"若按岁数来排序，那么，子游就是最年轻的，要排在最后。这说明什么？说明江苏人会读书，江苏人聪明，早慧的人多。人家 18 岁才能考得上清华，他 15 岁就考上清华了，子游就属于这样的人。

言子对于中国文化的贡献，尤其对于江苏文化的贡献，我想主要有以下两点。第一，他从鲁国留学归来，一定从鲁国带回了孔子教给他、传给他的许多儒家的典籍。第二，他把儒学的思想传到了江南，传到了吴会，传到了中国的东南地区。他也带回了孔子的教导，比如说："学而时习之，不亦说乎？""知之者不如好之者，好之者不如乐之者。"读书与学习，一个最有效的动力是什么？就是你要喜欢读书。喜欢读书了，你就不觉得累了，就可以学而不倦。所以在历史上，尽管关于子游的事迹传下来的文献非常少，但是我们从他的经历中可以看出：子游是一个胸怀吴国、放眼天下的读书人，他的胸怀是开放且包容的，他的视野是开阔的。

在后代，子游成了江苏各地争抢的一个文化符号。虽然子游是常熟人，但是别的地方也争相抢夺这一文化资源。他们争着说："子游也到过我们这里。"比如江阴、苏州、南京等地的方志上，都有这类说法。隔了2000多年，谁说得清楚呢？像这样的一些传说，很多见于地方志的记述，虽然未必可信，但是至少说明子游在江苏文化史上留下了深刻的烙印。苏州常熟有言公巷、子游巷、文学桥。为什么有文学桥？那是因为子游是从孔子办的学校里的文学科毕业的，要知道，这是春秋时期的"文学"，而不是今天所谓的"文学"。

总之，子游可以说是江苏第一个离开江苏、离开吴国，到鲁国去学习，并且把鲁国的儒家文化带回东南中国的读书人。他是一个有视野的读书人，他把孔门的文化视野带回了江苏。

三、 阅读带来光明

中国历史经过了战国时代的争战扰攘，总算迎来了秦始皇的统一。对于孔子来讲，书，或者说典籍，是文化传承的根基。但是，对于秦始皇来讲，书籍可能是天下纷乱、思想分裂的一个"乱源"。所以，秦始皇统一中国之后，就执行了一套焚书坑儒的政策。焚书坑儒政策最终的效果又是如何的呢？按照秦始皇的想法，他是希望焚书坑儒之后，可以保证大秦王朝的江山稳固，百年不变色，千年不变色。他是秦国的第一任皇帝，叫始皇帝，他的儿子就叫二世皇帝，然后就是三世、四世、五世、六世，一直传到一百世、一千世……他的如意算盘是这样打的。但实际上，秦始皇死了，他的尸骨未寒，大秦帝国就开始分崩离析。

唐朝诗人章碣有一首诗《焚书坑》写道："竹帛烟销帝业虚，关河空锁祖龙居。坑灰未冷山东乱，刘项原来不读书。"这首诗的主旨就是讥笑秦始皇。秦始皇虽然把一些书烧掉了，把一些不听话的读书人也杀了，但是有什么用呢？焚书坑的灰还没冷透，山东地区就乱起来了。大家知道，秦始皇死后不久，就有陈胜、吴广揭竿而起，"秦失其鹿，天下共逐之"。这场逐鹿，最后变成了两个江苏人之间的楚汉战争，一个江苏徐州人刘邦，一个江苏宿迁人项羽。这两个人有一个共同的特点：不读书。刘邦得了天下之后，甚至洋洋得意地说，自己是"居马上得天下"，书有什么用？大学者陆贾跟他说，打天下可以骑马上而得之，要治天下，就要读书，要复兴礼仪，重建制度。一开始，刘邦不理会他的话。后来，刘邦慢慢地体会到，陆贾的话是对的，治理天下，确实需要读书人。实际上，刘邦家族的子孙中，也出了一些相当杰出的读书人。

我下面介绍的第三个江苏的读书人，就是刘邦家族的后代，严格地说，是刘邦的同父异母弟弟楚元王刘交的后代，叫刘向。他是汉朝的宗室，是皇亲国戚。皇亲国戚有什么了不起的？也许并没有什么了不起，如果他一点不读书的话。刘向了不起的地方，是他作为皇亲国戚而能够读书，而且读得非常多、非常好。他担任汉朝国家图书馆的馆长，编定了当时国家图书馆的图书目录，叫《别录》，给这些书排定了一个顺序。

文献中记载了一段刘向夜读的故事。我觉得，这段故事写得太好了，寓意丰富，耐人寻味。这段故事出自魏晋时期的小说集《拾遗记》。这段故事简直就是一段关于读书的寓言，它的每一个情节都有寓意。

有一天，刘向在汉朝的国家图书馆天禄阁里读书。他读得专心致志，都不知道什么时候天已经黑下来了。这时候来了一位黄衣老者，他拄着一根拐杖，看见刘向在天禄阁里很认真地坐着读书，这个老者就吹了一下他的拐杖。这拐杖的头上就有火光出来，好比蜡烛一样被点亮了。然后，他就把这根拐杖移到刘向跟前，给读书的刘向照明，刘向就能够看得清楚了。他与刘向谈话，说了很多，从盘古开天地、三皇五帝到如今，什么五行、洪范，那些很玄妙的知识，都谈到了。他一直谈到天亮才走。刘向很讶异，跟他请教："老先生，您究竟是谁呀？"老人说："我是太乙之精，天帝知道你们刘家有个年轻人，也就是你，很喜欢读书，就让我来教教你，给你带一些好书，传授一些知识。"

古代的小说，大家在阅读的时候，有时只能得意忘言，不要太较真。你说，在西汉末年，在刘向那个时候，书要么是写在竹简上，要么是写在木牍上，要么是写在绢帛上，都是比较笨重的，一个老人能够随身携带的书，数量很有限。不像现在，我掏出一个 U 盘，几十个 G，汉朝国家图书馆全部的藏书都可以储存在这个盘里。所以，大家不要太在意这个细节。这个故事要说的是，这个老者是一个神仙，他奉天帝之令，看到有一个宗室子弟这么喜欢读书，要加以鼓励，给予赏识，所以把一些秘密的书、别人不知道的学问传授给他。后来，刘向又把这些书、这些知识传授给他的儿子刘歆。

接下来，我要对这段故事做五点阐释。第一点，刘向读书在什么地方？在天禄阁，这是汉朝的国家图书馆。我们今天读书，说实在话，条件比古人不知道好上几百倍、几千倍。古时候读书，要想成为一个渊博的学者，不借助官方力量，不借助国家图书馆的话，很多书看不到。但是今天，你到南京图书馆来，绝大多数的书都看得到，只有少量珍稀本可能不在这里。那么，你再到北京的图书馆、上海的图书馆等去找，大体上也可以解决了。刘向学问的形成，跟他自己好读书有关，跟他能借助图书馆也有密切关系。汉朝的国家图书馆，除了天禄阁，还有一个阁叫石渠阁。所以，如果你看到有一本书叫《钦定天禄琳琅书目》，你就知道这是国家图书馆的书目。封建时代，国家图书馆的藏书主要是为皇帝服务的，不是一般人想看就能看的。当然，像刘向那样管理图书馆的馆长或者馆员，就可以"近水楼台先得月，向阳花木易为春"。但是，无论如何，读书要借助图书馆，这是这段故事告诉我们的第一点。

第二点，读书要利用"三余"时间。白天可以读书，晚上也可以读书。春秋天当然好读书，夏天太热你就不读了？冬天太冷你就不读了？也要读。晴天要读书，下雨天也要读书。所以，古人有这样的说法："夜者日之余，冬者岁之余，雨者晴之余。"这就是古人讲的"三余"读书。刘向就是抓住"三余"里的"夜者日之余"，在晚上读书。夜读很有效率，刘向就是在夜读中积累了很多学问。

　　第三点，大家注意到这个老头来的时候拄着一根拐杖，这根拐杖代表什么？代表读书还离不开别人的扶助，也需要长辈的指点。

　　第四点，这个老头拄着拐杖来，他很神奇地吹了一下拐杖头，就有火、有光了。后来从这段故事里演化出来好几个典故、好几个词语："燃藜""藜火""藜照""青藜"。"藜"是什么？就是你在野外看到的一种树，长得疙里疙瘩的，把树枝砍下来，就能做一个拐杖，也就是藜杖。老人把拐杖点燃起来，就能够照明，能够给读书人提供光明。这就是"燃藜"的故事。"藜照"专门指为读书提供的照明，这是比较典雅的用法。南京大学仙林校区的杜厦图书馆旁边有一个小湖，它的名字就叫藜照湖。很多来往经过的人不知道是什么意思，我跟房产处领导说，要做个牌子，解释一下这个湖名的来历。这个湖的名字是我起的。藜照湖就挨着图书馆，图书馆里读书的灯光映照到这片湖面，书灯湖光，相互映照。南大别的地方也有水，别的地方也有湖，只有在图书馆旁边，像我们仙林校区这样的一个湖，才能够叫藜照湖。中国过去勉励年轻人读书，还经常用一句老话："天不生仲尼，万古如长夜。"这话的意思是说，如果没有孔夫子教会我们读书，那么，人类的历史就是摸黑前行。读书就相当于给人提供光明，给人提供启蒙，给人提供人生的很多温暖。这是关于刘向读书的这段故事应该阐释的第四点。

南京大学图书馆、藜照湖　现代快报资料图

　　这个故事里面还有第五点寓意。中国人过去老是想象，那些学问特别好的人，他怎么会读到那么多我们没见过甚至根本都没听说过的书？他怎么有那么多我们根本不知道的学问？那他一定有神奇的经历。比如说，他遇到了某个神仙，是神仙把学问传给他的；又比如说，有个神仙带他到某一个像金庸小说里面经常写到的密室，某个深山老林里的洞窟里，洞窟里面有很多"葵花宝典"之类的武林秘籍。刘向的这段读书故事也是这样，他见到的那些珍贵的书籍、难得的学问，故事里非要说是由神仙太乙之精秘密传授给他的，实际上这是为了渲染，为了突出刘向读书经历的神奇。

　　同时，这段故事还使我们产生了联想：中国人在文学想象中，经常把图书馆想象成什么？他们把图书馆想象作天堂，想象作琅嬛之地，总而言之，都是神仙之境，由此衍生出很多故事。当代世界著名的文学家、曾经做过很长一段时间阿根廷国家图书馆馆长的著名作家博尔赫斯（Jorge Luis Borges，1899—1986）说过："我心里面一直都在暗暗设想，天堂应该是图书馆的模样。"他说的这句话非常有名，流传很广。很多人也反过来说，图书馆应该是天堂的模样。我想，不管是中国古代的小说家，还是当代世界著名的小说家，都愿意把图书馆跟天堂相提并论，这不是巧合。我理解他们心中的想法，也理解这个隐喻背后的那个意思，这是希望跟年轻人说，读书是一件多么美好的事，是一件多么幸福的事。我希望大家从汉代刘向夜读的故事中也能够体会到这一点。

四、　阅读传承文脉

　　大概由于有了上述这样的认同，所以在汉代以后，中国历代都不缺乏喜爱读书的人。那些特别喜爱读书的人，我们就把他称为"读书种子"。江苏这类人太多了，给大家介绍一个六朝时的读书种子——刘孝标。

　　为什么要举这个人做例子呢？因为他是一个苦孩子，真苦。他一生很不幸，生下来刚满周岁，父亲就去世了。要提一下，他是出生在南京的。周岁的时候，母亲只好带着他回了山东老家，那是在南朝刘宋末年。他回到老家没几年，很不幸，山东那个地方被北魏攻陷，成了北朝领土。刘孝标一家就成了北魏军队的俘虏，并且被掠卖去给人家做家奴。多惨！就是在这样的惨境中，他还寻找一切机会来读书。这个痴迷读书的人总算碰到好运气了，他碰到一个好心的主人，叫刘宝。刘宝喜欢这个好学的年轻人，给刘孝标钱，资助他读书。我觉得，正史书上把刘宝这个人的名字记下来，对他是公正的，他应该名垂青史。后来，刘孝标又漂泊到了更北的地方，到了大同，还是没办法谋生，只好跟他母亲一起，出家到了寺院里。他在出家的寺院里，也受到了很多的照顾。很多僧人其实都不认识字，但是刘孝标这个孩子虽然贫穷，却认字，会读书，而且读了不少书。当时，寺院里有一个和尚在翻译佛经，刘孝标就负责记录，他因此接触了很多佛教典籍。

今天我在这里特别提到刘孝标这个人，一是因为他有漂泊、贫穷、坎坷、曲折的人生，更重要的是因为，他的人生经历非常励志，再穷、再苦、再漂泊，他都坚持读书。在北朝，他是那种被打入另册的人。因为他有南朝的背景，他有一个叔叔还在南朝当官，所以，北朝人根本不信任他。24 岁那年，他终于找到一个机会逃回南朝，回到了南京。在南京，他遇到一些好人，也碰到一些坏人。好人借给他书读，帮他找国家

南京图书馆藏《世说新语》，明嘉靖袁褧嘉趣堂刻本，据宋代陆游刻本翻刻　　现代快报记者钱念秋　摄

图书馆的书，借出来给他看。坏人就是不许他有读书、写书的机会。在这样艰难的形势之下，他还是留下了我们今天能看到的不朽的文化名著《世说新语注》，这是很了不起的。

《世说新语》这本书，是刘宋临川王刘义庆编的，也可能不是临川王本人编撰，而是由他身边的文人编撰的。临川王刘义庆算江苏人，所以，《世说新语》这本书是江苏人写的，也是江苏人注的。一般来说，注一部书，不如著一部书，我们往往不把注书太当一回事，觉得还是编写一本书更了不起。但是，《世说新语注》要另当别论，为《世说新语》作注是非常了不起的。怎么了不起呢？我说几个数字，大家就会有直观的认识。据统计，《世说新语》的正文也不过才 60859 个字，但是刘孝标注的文字多达 9 万字。这就是说，刘孝标注的字数，差不多是正文的 1.5 倍。有人统计了一下，《世说新语》全书一共有 1130 条，每一条平均正文 54 个字，而刘孝标的注平均每条 80 个字。我们今天读《世说新语》，不仅要读正文，还要读刘孝标的注，刘注的内容太丰富了，文献太珍贵了。从这些注里面，你就能看出这个人看了多少书。如果没有刘孝标给我们作注，唐以前有很多书、很多文章可能传不到今天，也就不为我们所知了。

《世说新语》是名著，《世说新语》刘孝标注是名注。他为什么能完成这样的"名注"？这大概跟他在大同寺院里出家有关。古代中国人翻译佛经，经常是同一部佛经有不同的翻译本。我们今天也是一样，同样一部西方名著，可能有好几种译本，不同的译本翻译自然就不一样。有的佛经译本，要么是对梵文理解不够透彻，要么就是中文的表达不够畅达，不太容易理解。有时候，需要把不同的译本合在一起，相互比勘。在佛教经典传播史上，这被称为"合本子注"。同样一本佛经，a 本翻译的是这样，b 本翻译的是那样，c 本翻译又是一种样子……把三家译文都汇集一处，a 译本看不懂就看 b 本，还看不懂，再去看 c 本。刘孝标给《世说新语》就是这么做注的：一本书记载这个人有这么一件事，另外一本书记载这个人有另外一件事，稍有异同。关于这个人的生平、言语，还有别的书是怎么讲的？将其汇集起来，附于正文之下，相互印证。刘孝标注使用的材料十分丰富，他真是博闻强识，书中所存的文献极为珍贵。

今天，很多人喜欢读《世说新语》，无论怎么读，肯定都离不开《世说新语注》。南京曾经评选过南京历史文化名著 24 部，其中就有《世说新语注》。这部名注居然是出自刘孝标这么一个贫穷的、从南方流落到北方又从北方最后逃回到南方的人，不能不说是一个奇迹。刘孝标回到南方以后，因为书读得好、知识渊博，还引起了很多人的嫉妒，包括引起当时一个重要的执政大臣的嫉妒，甚至引起了梁武帝的嫉妒，那是很危险的。人生如此坎坷、如此不幸的一个人，居然成为《世说新语》这本中国文化不朽名著的注者，这真的是很了不起的事。

讲到这里，我觉得，我们不仅要表彰、学习刘孝标这样一种刻苦读书的精神，而且还要理解，对于古代人来说，他们的读书方式跟我们今天不一样。刘孝标的很多书是通过什么方式读的？通过抄书。在刘孝标那个时代，很多人通过抄书，就能够赚一点小钱，于糊口不无小补。在抄书的过程中，自己先把这本书给读了，而那个托他抄书的人可能还没读。今天，我们读书越来越容易了，买书也越来越容易了，电子书越来越多，书到手越来越容易，我们反而越来越不认真读书。古人的书，因为来之不易，所以他们就读得更加认真。

刘孝标到南朝之后，还参加了编书，当然他自己也独自著书，这都是学问很好的表现。他的学问就这么积累起来了。我还得强调一下，刘孝标不只是一个纯粹的学者，他的文章写得也很好。大家都知道《文选》这部书，它是南朝梁代昭明太子萧统编的梁代以前的历代诗文选本，里面选了刘孝标的两篇文章，都写得非常好。单凭这两篇文章，刘孝标在中国文学史上就占有一席之地。

五、 山林读书与藏书

当刘孝标被北魏军队俘虏的时候，有一个山东人从现在的青岛崂山逃到现在的江苏连云港，过了几年，他又辗转南下，到了江苏南京的栖霞山。后来，他在栖霞山结庐隐居，读书讲学，这位著名的读书人，叫明僧绍。今天大家到栖霞寺，在栖霞寺门前右侧，会看到一块巨大的唐碑，叫"明征君碑"，碑上的这个"明征君"就是明僧绍。宋齐两朝皇帝多次征召他，请他出来做官，都被他拒绝了，所以，人们尊称他为

"明征君"。明僧绍初到栖霞山的时候，栖霞山还只是南京城东北远郊的一处环境幽静的山林，那时还没有栖霞寺。明僧绍在那个地方住下来，建了一个他自己的精舍，起名"栖霞精舍"。后来，从北方来了一个法度和尚，也驻于此地。明僧绍跟法度和尚非常要好，就把这个精舍送给法度，法度在栖霞精舍的基础上修建了栖霞寺。这就是栖霞寺的起源。现在，栖霞寺门前总共有两块碑，一块是唐朝的明征君碑，另一块是南朝的摄山栖霞寺碑，后者是前些年重书、重刻、重立的。从这两块碑文中，我们可以了解栖霞山和栖霞寺的历史。

古代中国人读书，有时候要找一个适合读书的地方，很难。家里没有这样的条件，很多人就跑到寺院里面，借住在寺院山林中来读书。为什么呢？因为寺院幽静，远离尘嚣，没人打搅你。还有，很多寺院里面有一些颇有学问的僧人，你不懂的书，还可以向他们请教。再有，一些寺院里面还有不错的藏书条件。我刚才提到的明僧绍读书的时候，还没有栖霞寺。后来慢慢地，在齐、梁两代，栖霞寺逐渐地发展起来，成为南京当时佛教、佛学讨论以及佛学教育的中心。我们今天来到栖霞寺，还能看到栖霞寺里挂着"中国佛学院栖霞山分院"的牌子，这很了不起。南京栖霞寺从六朝开始，就是佛学教育的一个中心。且不说寺里有很多高僧，很多读书人也跑到寺里去读书，或者跟寺里的僧人学习佛学。

不仅栖霞寺，江苏有很多寺庙，都是适合士人读书之地。以南京来讲，栖霞寺之外，清凉山就是很多读书人读书的地方。11世纪，在北宋王安石那个时代，清凉山曾经有一个很有名的读书人，叫郑侠。他在清凉寺里读书，下雪天他也不怕冷，继续读书。一边读书，一边喝一点老酒，自得其乐。他有两句诗写得好："书随更漏尽，春逐酒瓶开。"读到夜里真的很冷的时候，喝点酒暖暖身子，也是不错的。明代，南京清凉山也有个著名的读书人，叫焦竑。焦竑是明代南京曾经考中状元的一名著名学者，他也曾经在清凉山读书、讲学。当时，清凉山有一个崇正书院，是耿定向所办，也是他读书、讲学之地。总之，清凉山对读书人是很友好的。

寺庙山林之所以特别吸引读书人，尤其是吸引那些特别贫寒的读书人，还有一个原因，那就是寺庙里有藏书。贫寒的读书人去找贵族、达官贵人借书，或者借阅政府机构的官方藏书，未必能够借到。至于书院，如果不是书院的学生，人家也未必出借给你，但是寺庙就比较好说话一些。寺庙图书馆是中国最早的面向大众开放的公共图书馆。

江苏历代藏书家很多，江苏的藏书，无论是就藏书家的人数，还是就总体的藏书量而言，在全国都是非常突出的。但是，我这里要强调寺庙藏书的功用，尤其是表彰镇江的焦山书藏，它是非常特别的。

大家今天到焦山，比较容易被焦山的石刻所吸引，特别是摩崖石刻，其中最有名的是《瘗鹤铭》。在这些石刻的基础上，焦山后来又扩大规模，建了一排碑廊。光是就石刻来讲，焦山可以说拥有一个焦山石刻图书馆。这些石刻很多都出自著名书法家之手，字写得很好，构成了一个专题的石刻书房、石刻图书馆，或者说是石刻艺术博物馆。《瘗鹤铭》更是天下闻名，尽人皆知。

焦山还曾经有过焦山书藏这么一个图书馆，知道的人就不那么多了。这个图书馆其实是由当时的官员、读书人，再加上焦山的和尚，三方联手办起来的。官员就是清代乾嘉时期扬州学派的著名学者阮元。阮元官做得很大，学问也很好。读书人是当时的一个叫王柳村（王豫）的诗人，他跟阮元关系很好。僧人也不是一般的僧人，他是焦山诗僧借庵（巨超），一个很会写诗的僧人。他们三个人一谈，一拍即合，就在焦山上建了一个图书馆。这个图书馆的建设观念很现代，采用众筹方式，不是由地方政府出钱，而是由读书人众筹，阮元自己也捐书、捐钱，诗人王柳村等也捐书、捐钱，建了一个颇有规模的图书馆。这个图书馆有一个突出的特色，它的藏书排架是按照《瘗鹤铭》的 74 个字来编目的。《瘗鹤铭》原来是一篇文章，一篇铭文，写了一段故事，说有一只鹤死了，它的主人非常伤心，把这只鹤埋葬了，给鹤写了一篇墓志铭，刻在山上。《瘗鹤铭》的字写得非常好，至于这个字是王羲之写的，还是颜真卿写的，或者是顾况写的，众说纷纭，没有定论。总而言之，它是某位书法名家所写，是非常好的字。但是因为刻在山崖上，时间久了，有一些字就崩塌下来，掉到江中，所以清代的时候，只剩下 74 个字。图书馆的书架，就用这 74 个字来编目。作为读者，如果到这个图书馆里去找书，就得把《瘗鹤铭》的这 74 个字背熟了，不然你就找不到书。这种排架方法很有当地文化特色，也有利于大家学习中国书法艺术遗产。

这个图书馆说明了什么？说明江苏的读书人，无论自己家境、背景如何，除了官方能够提供的读书条件，还有民间喜欢支持读书人的社会土壤。一般读书人到了焦山书藏，就可以去借书，都没问题。遗憾的是，焦山书藏这个寺庙公共图书馆，在抗日战争中被毁了。

在没有图书馆之前，藏书楼就是读书人的天堂。清代常熟藏书家张金吾曾经说："欲读书者，必先藏书。藏书者，诵读之资，而学问之本也。"这是就理想状态来说的。对六朝时期刘孝标那样的贫寒士子来说，藏书楼有如"美人如花隔云端"，可望而不可即。但是，到了明清时期，江苏读书人的藏书条件比六朝唐宋时期好多了。有人做过统计，中国历代藏书家大约4715人，其中江苏藏书家967人，占20.5％，也就是大概五分之一。具体说来，苏州268人，常熟146人，分别在市、县两级区划中排名第一。这个数据足以显示江苏书香的浓郁程度。有的藏书家就是著名学者，比如常熟绛云楼主人钱谦益。绛云楼收藏了大量明代文献，为钱谦益编撰《列朝诗集小传》奠定了文献基础。有的藏书家则热衷于抄书、校书和刻书，比如常熟汲古阁主人毛晋。汲古阁的藏书和刻书独步一时，名扬大江南北，甚至远播海外，"鸡林巨贾争募印"，说的就是汲古阁刻书在朝鲜半岛受到当地富商追捧的情形。藏书楼是读书人的粮仓，也是学者的根据地。晚清苏州藏书家叶昌炽写了一组《藏书纪事诗》，每一座藏书楼背后，都有值得记述歌咏的感人故事。江苏人在山林读书，在山林藏书，与明清江苏藏书出自同样的文化土壤。

六、 关于书房的故事

江苏读书的传统，从古到今，无论是在离乱年代，还是在和平年代，都一直延续了下来。所以，我现在就要讲到当代江苏人的读书，给大家说一说南京大学人的书房。现在很多读书人，包括在座的诸位，虽然很多还是中学生，但是家里条件好一些的，可能已经有个人书房了。

书房，说到底就是传统藏书楼的一个现代版，或者说就是现代图书馆的一个缩小版。我也有自己的书房，那就是我自己的一个微型图书馆。在南京大学的老师、学生以及校友中，喜爱读书的人不计其数，拥有书房的人也不胜枚举。作为前任南京大学图书馆馆长，我在任时，明白自己有一个重要的职责，就是弘扬书香文化，推广全民阅读。我还没有到图书馆做馆长之前，对这点理解不深，甚至觉得读书是非常个人的事，你爱读就读，不爱读就拉倒。后来到了图书馆工作，我的这一观念有所改变。我觉得，别人不读书，我应该着急，我应该劝他去读书。因为正如我在前面第一段读书故事里所讲的，读书关乎人的形象。作为个人，你读不读书，不仅关乎你的形象，也关乎你整个家庭的形象。作为学校的一员，你读不读书，关乎你学校的形象。作为一个江苏人，你读不读书，关乎江苏的形象。作为一个中国人，你读不读书，关乎中国的形象。所以，读书是一件非常重要的事。

　　我任南京大学图书馆馆长那几年，在这一方面也用心做了一些事。2020 年春天，新冠疫情突如其来，图书馆关门了，寒假回家的学生暂时也回不到校园了。4 月 23 日，那天是世界读书日，但是，学生还没能回到学校。图书馆把大门敞开，又能怎么样？原来人满为患的阅览室，现在没有多少人来。我们的学生窝在家里面也很难受。学生想念老师，老师想念学生，老师和学生都想念我们的图书馆。当然，我们的图书馆也

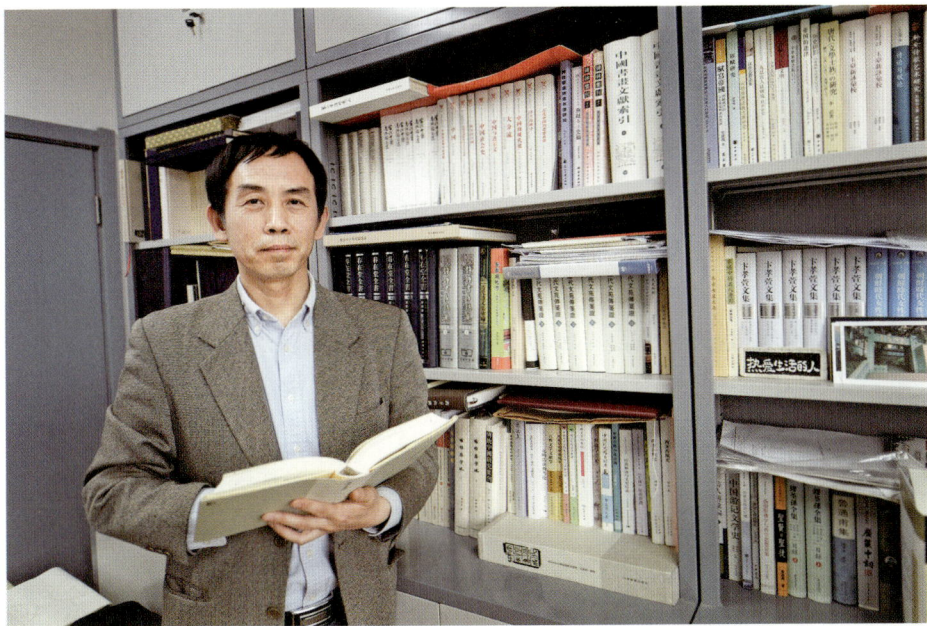

程章灿的办公室就是一个小型图书馆　现代快报记者施向辉　摄

想念它的读者，我们图书馆里的藏书也格外想念它的读者。

在此情境之下，我们在图书馆微信公众号上策划了一个专栏，叫"上书房行走——走进南大人的书房"。我们请了40位南大人，写了40篇文章。之所以用"上书房行走"这个题目，是借用清代流行的一个俗语。以前，清朝的皇帝、太子在宫里面读书，都要找一些人陪读，这些陪读的人都是读书读得很好的人，叫"上书房行走"，他们有机会陪同太子、皇子、皇孙，陪他们一起读书。所以，"上书房行走"的本意是指清朝宫廷的一个差使。现在，同学们在家里回不来，我就希望每一位老师、每一位南大人写一篇文章，不仅通过文字描述，还要多"晒"一些照片，把他们各自的书房是什么样子都"晒"出来，等于用文字和图像邀请同学们上自己的书房走一走、看一看。

过去有一句话，据说是周作人说的，说书房是很隐蔽的，千万不要把你的书房展示给别人看。为什么呢？因为你的书房一旦给别人看去了，就等于把你学问的底子漏给别人了，你就没有秘密可言了。但是，我们这40位书房主人，把他们的书房毫无保留地展现出来，还给大家讲了很多故事：他们的书房最早是什么样子的，太小了，最早是跟女儿、儿子共用的，或者跟妻子、儿女一起合用一个书房，或者干脆就在厨房里面读书写作，这些都有人讲到。这40篇文章的作者，有的是南大的著名学者，有两位院士，还有两三位文科资深教授，也就是俗语说的"大牛"，也有南大知名教授，还有我们的校友，从事不同的行业，还有一位是在校的博士生。我曾经想找一名硕士生和一名本科生，让他们各写一篇，他们大概有一些怯，就空缺下来了。就这样，有了这么40篇讲书房、谈读书的故事，主要内容是讲述40个人的读书经历，分享他们的读书经验，最后推荐他们认为的好书。

在每一篇文章开头，我给每个书房题写一首七绝诗，我把它称为"南大人藏书纪事诗"，一共40首。这组诗水平参差不齐，其中大概有十几首我自己觉得写得还凑合。写到第40首的时候，数量上已经相当可观，我们见好就收了。说实在的，在40篇之后，就像任何同题作文一样，这个题目已经很难出新了。

这个系列文章，现在大家在网上关注一下南京大学图书馆的微信公众号，还能看得到，不过要往前翻到2020年、2021年。在那段时间里，这个专栏曾经很火过，甚至产生了出圈的影响，线上线下，各种媒体，包括报纸、电视、公众号，很多转载、围观，现在还能看到其影响。

我想在这里分享我写的书房题诗里的两首，我个人认为，这两首写得还不错。第一首，是题南京大学历史系著名学者张学锋教授的书房，他的书房名叫"天籁斋"。张学锋老师写的文章不仅非常有可读性，而且他真的把自己30年读书的经历、经验和心得，毫无保留、掏心窝子地都掏给大家了。我读了他的文章也很感动。他为读书总结了一套重要的、切实可行的读书治学经验，那就是精读。他在日本留学期间，曾经找了日本人写的关于中国研究的一本名著，把这本书从头到尾，从作者搜集使用的材料到他的引文、立论等，通通认真地细读、核实，读得非常慢，但是非常细。他认为，这样的精读，读一本超过读若干本。我是非常赞同这样一种读书法的。当然，他的文章中还讲到一些别的读书法，大家可以找张老师的文章来读。所以，在给张老师这个书房的题诗里，我是这么写的：

> 手触牙签兴味长，室中插架目琳琅。
> 卅年一语相持赠，精读原来是秘方。

另外，再给大家"秀"一下我写的另外一首书房题诗，那是写给我师兄莫砺锋教授的书房"宁钝斋"的：

> 二水三山在望中，书帷日拂宋唐风。
> 夜阑客至知谁是，杜少陵和苏长公。

莫老师是研究唐宋文学的大家，他谈唐诗宋词，那真是历历如贯珠，说起李白、杜甫、苏轼、陶渊明这些大家，更是如数家珍。我在诗里特别提到，莫老师晚上坐在他的书房里，跟他每天谈心聊天的是什么人呢？是杜甫、苏轼，是杜、苏所代表的唐宋诗歌名家。所以第二句的诗才说，吹动他家书房窗帘的风，都是唐朝的风、宋朝的风，是唐诗的风、宋词的风。

这两首诗，我感觉写得还过得去，至少比较准确地说出了我作为

《书房记》读者的感觉，也表达了我对这两位书房主人的敬意。其他的题诗、文章，大家可以找这本书来细看。借今天这个机会，我顺便做一个广告：这本书已经由上海古籍出版社于 2022 年 6 月出版，它是作为迎接南京大学 120 周年校庆的一个项目，本来要更早一些，打算在 5·20 校庆时推出，由于 2022 年春夏之交上海疫情的影响，出版社的进度有所延迟，这本书到了 6 月份才正式印出来。书颇为厚重，有非常多漂亮的图片，图文并茂，赏心悦目，价格也不贵。我个人觉得十分值得推荐。

在出版前，每位作者对文字和图片都做了加工，书名也改为《书房记》。原来在线上作为一个系列公众号文章推广的时候，这 40 篇文章在高校界、图书馆界、出版界、读书界都产生了很好的影响。后来也有很多图书馆、高校开始策划类似的书房系列，可以看到其所受"上书房行走"的影响。我在此向大家推荐这本书，最主要的一点是，这 40 位作者都是真正的爱书人、读书人，他们从南京大学毕业之后，有的留在南大教书，做学术研究，有的奔赴别的工作岗位。虽然工作岗位不同，但有一点却是共同的，那就是他们都不改读书人的本色。他们在各行各业都做出了很不错的成绩，这些成绩跟他们的好读书、读好书，是有密切关系的。

这就是我今天要讲的"江苏人的读书故事"里的最后一个故事。南大人的读书故事，当然是江苏人的读书故事里的重要组成部分。南大人在南大读了书之后，分布到了祖国的四面八方，乃至到了世界各地工作，在某种程度上也可以说，他们把江苏的书香传播到了全国，传播到了全世界。

江苏文脉大讲堂第十一讲

江苏文脉中的红色记忆

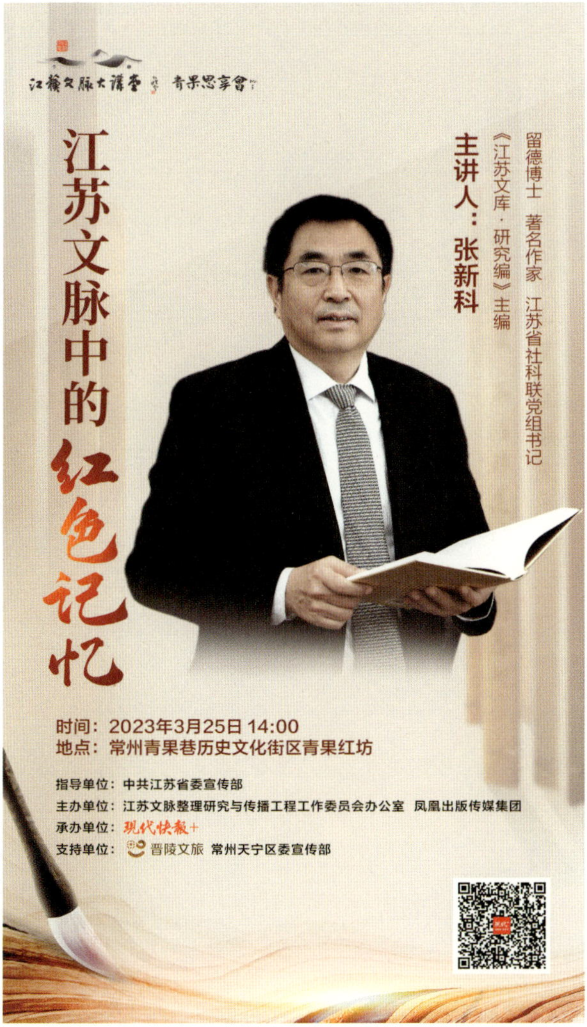

主讲人：张新科

《江苏文库·研究编》主编
留德博士
著名作家
江苏省社科联党组书记

2021 年 10 月，我曾经来过一次青果巷。每一次来到青果巷，我都有全新的感受。近几年，"江南名士第一巷""红色文化巷"设计规划的韵味愈加浓厚，充分展现了青果巷丰厚的历史底蕴和文化内涵。青果巷整个街区东西长约 400 米，南北长约 200 米，巷子不长，却走出了很多历史名人。近一百年来，走出的名人有革命家、实业家、科学家、文学家、艺术家、藏书家、银行家、书法家、语言文字学家，几乎遍及各个领域。我们可以来看一看，法学家史良，革命前辈"常州三杰"瞿秋白、张太雷、恽代英，实业大家盛宣怀、刘国钧，中国汉语拼音发明人周有光、语言大师赵元任都曾住在这条街上。在世界上，能和青果巷媲美的还有一条街，就是德国哥廷根的 Kurze 街（短街），街上有着"数学王子"卡尔·弗里德里希·高斯、匈牙利数学家沃尔夫冈·鲍耶等。哥廷根是世界著名的文化名镇，哥廷根的 Kurze 街长度和青果巷几乎相同，这条街上，化学、物理、机械、艺术、哲学，都有涉及，名人辈出，产生过 15 位诺贝尔奖获得者。更令人不可思议的是，青果巷住着中国"七君子"之一的史良，德国也有"七君子"，其中一位君子也住在 Kurze 街上。所以说，中外文化多元融合、交相辉映，常州的青果巷，完全可以定位为具有国际范的世界街区。

一、 江苏是红色资源大省

首先，我先介绍《江苏地方文化史》和与《江苏地方文化史》相关的红色记忆、英雄叙事、革命故事。2016 年，在江苏省委、省政府直接领导下，江苏省委宣传部启动实施规模宏大、体例多元的全省性文化发展战略工程——"江苏文脉整理研究与传播工程"，计划历时 10 年，分"书目""文献""精华""方志""史料""研究"六编，编辑出版《江苏文库》3000 册左右。其中，研究编分为江苏文化通史、江苏文化名人传、江苏文化专门史、江苏文化专题史、江苏地方文化史五个系列。其中,《江苏地方文化史》由江苏省社科联组织,13 个设区市各 1 卷,要求捋清地方文化历史脉络,系统展示地方文化发展规律,立足阐述江苏地方文化在全国性乃至世界性的影响,探究、论证、明确文化历史研究观点和成果,解决争议疑义,突出重要人物、重要历史事件,回溯反观地方文化发展进程,在新的语境基础上做新的挖掘、融合与呈现,努力打造成为各设区市地方文化研究的集大成者,深耕地方文脉,彰显文化丰厚,增强地方文化认同,坚定地方文化自信。大家都说,江苏"十三强"重要的基础是 13 个地级市都有自己的文化,或者说,13 个地级市各自的文化特色特别凸显,才有其他方面的"强",文化强是经济社会繁荣发展的基础。江苏地方文化史涵盖内容很广,今天我主要谈一谈其中的英雄叙事、红色记忆,大家可以在回溯江苏璀璨悠长文脉的同时,也感受江苏大地上澎湃激荡的革命风云,触摸红色基因这一江苏地方文化的亮丽底色。

我们身在常州,第一本先介绍常州卷,由葛金华主编。常州文人辈出,历史沉淀厚重,运河穿城而过,小桥流水,枕河人家,承载了一代又一代人的乡愁记忆。由葛金华主编的常州卷首先聚焦"常州三杰"瞿秋白、张太雷、恽代英,以及李公朴、史良等杰出的常州籍人士,在"常州文化大事记"中列举了他们的革命实践。瞿秋白是我们党早期重要领导人之一,是一位政治家、马克思主义理论家,又是一位文学家。瞿秋白精通俄语,是当年共产国际的翻译。在莫斯科时,我去看过瞿秋白工作的地点和他翻译的文本,大家耳熟能详的《国际歌》最早的版本就由他翻译。他多才多艺,识音律、懂昆曲、会篆刻;他爱好广泛,参加革命活动之余,著述、翻译、写诗、绘画。张太雷、恽代英也一样,是常州红色文化的典型代表。另外,在"龙城"常州,新民主主义革命时期,发生了很多近代史上可歌可泣的故事。1926 年 2 月,常州地区首个中共支部中共横山桥支部成立,包焕赓任书记。1927 年秋,天宁寺佃农抗租斗争是苏南农民运动史上的一座丰碑,是全国秋收起义的组成部分。1938 年 6 月 12 日,新四军竹箦桥会议拉开新四军江南抗日序幕。1939 年 11 月 7 日,新四军江南指挥部成立,统一领导江南地区武装斗争,陈毅任指挥,粟裕任副指挥。1941 年 11 月 28 日的塘马战斗是抗战时期新四军在苏南的一场惨烈突围战，保存了苏南抗战的骨干力量。1949 年 4 月 21 日，解放军百万雄师强渡长江，扬子江上英雄船是人民群众支持解放军渡江作战的常州案例。1949 年 4 月 22 日，潘墅战斗是解放常州的重要战斗。

盐城卷由陆玉芹主编。书中讲述 20 世纪 20 年代以后，随着马列主义在中国的广泛传播，盐城大地逐步融入中国共产党人领导的新的革命洪流，革命文化在盐城逐渐兴起、兴盛的过程。盐城卷单设红色文化专章，阐述了 1940 年 10 月以后，新四军、八路军和中国共产党领导各级抗日民主政权集聚盐阜区，推动盐阜区成为文化名人荟萃之地的历史。作为新文化运动的组织者和骨干，文艺工作者、民间艺人、知识青年、学生组成庞大文艺队伍，活跃在苏北盐阜区新文化战线上，盐城被誉为"敌后文化城"。另外，卷本分节阐述了抗战教育、报刊与出版印刷、新四军文学、红色艺术等内容。

淮安卷由顾建国主编。书中介绍了新民主主义思想在淮安的传播以及新民主主义文化在淮安的发展。比如，书中提及 1929 年陶行知在淮安开办新安学校。淮安新安学校校长汪达之组织了宣传抗日救国的青少年文艺团体——新安旅行团奔赴全国，进行抗日救亡活动。该团在周恩来和宋庆龄、陶行知、郭沫若、田汉等的支持和帮助下，运用多种艺术形式，在全国各地宣传中国共产党的抗日救国主张，积极发动群众，可歌可泣。2021 年"六一"国际儿童节前夕，习近平总书记还给淮安市新安小学的少先队员回信，对新安旅行团不怕艰苦、爱国奋进的精神风貌表示赞赏。书中也提到抗日战争和解放战争时期中国共产党在淮安地区的革命活动，以及刘老庄战斗、大胡庄战斗、车桥战役和涟水保卫战等，大大加强了新民主主义革命思想的群众基础。

苏州卷由王卫平主编。书中指出，救亡图存是近代苏州的时代主旋律，探索国家和民族的出路是近代中国社会各界的共同使命，由此决定了文化活动也带有浓厚的政治和革命色彩。卷本用较大篇幅介绍了由陈去病、高旭、柳亚子等人发起的 20 世纪中国第一个革命文学团体南社，"南社在反清成功以后，还有反袁的一幕"，柳亚子等人也从民主主义者向共产主义者转变。

扬州卷由赵昌智主编，书中单设一节"救亡图存与新文化的勃兴"，讲述了抗日战争爆发后，中国共产党与日伪军、国民党顽固派进行复杂斗争期间所形成的救亡图存的抗战文化，共产党领导下的新兴文化事业，并对为民族存亡、自由民主不懈努力的文化志士江上青、盛成、许幸之、朱自清等进行了人物形象刻画。其中，江上青是我们已故总书记江泽民同志的嗣父，抗战期间殉难于安徽泗县。盛成是江苏扬州仪征人，是中国在国际上有影响力的著名学者和社会活动家，不仅集作家、诗人、翻译家、汉学家身份于一身，而且还享有"中法友谊的开拓者"之美誉，曾获得"法兰西荣誉军团骑士勋章"，在法国非常知名。盛成在留学时写过《我的母亲》，被编入法国中小学课本，人人都学过，人人都读过，就像我们读高尔基的《海燕》、鲁迅的《从百草园到三味书屋》一样，戴高乐将军都读过他写的文章。在法国，有盛成咖啡、盛成读书社、盛成书店，可见盛成在法国的影响。1911年，在光复南京的战役中，盛成被誉为"辛亥革命三童子"之一，并受到孙中山先生的褒奖和鼓励。盛成先生归国后，长期在北京语言学院（现北京语言大学）担任一级教授。许幸之出生于江苏扬州，是左联的发起人之一，也是中国现代艺术史上不可多得的一位全才，在绘画、文学、电影、戏剧、美术史论等方面均有着较深的造诣和较大的成就，是中国最早的抗战电影《风云儿女》的导演，而《义勇军进行曲》就是《风云儿女》的插曲。他在后期参与修改了《义勇军进行曲》，在某种程度上说，是他把我们的国歌推介了出去。

镇江卷由潘法强主编。书中展现了近代以来镇江人民为了国家统一和民族存亡，为了免遭外敌蹂躏，保家卫国、不惜牺牲的伟大精神。卷本以镇江的抗战遗址、革命遗迹为线索，记录了从抗日战争全面爆发到镇江解放，发生在镇江这片土地上的韦岗伏击战、炮打紫石英等重大历史事件。卷本设专门章节介绍烽火硝烟中诞生的镇江"抗战文学"。韦岗战役，或者叫韦岗伏击，是新四军在江南第一次主动设伏，和日本军队对峙设伏，打响了第一枪。韦岗战役胜利后，陈毅司令员闻讯后口占七绝《韦岗初战》："弯弓射日到江南，终夜喧呼敌胆寒。镇江城下初遭遇，脱手斩得小楼兰。"粟裕将军也赋诗《韦岗初胜》："新编第四军，先遣出江南。韦岗斩土井，处女奏凯还。"

无锡卷由庄若江主编。书中在梳理社会文化变迁的同时，还讲述了辛亥革命时期，在革命先驱的运筹策动与武装运动下无锡光复及社会巨变情况，孙中山抵达江阴作"叫全国的文明从江阴发起"主题演讲及其影响；抗战爆发后，为了阻止日本人从长江上偷袭武汉、南京等重要城市，无锡民众奋起抗日救亡、捐款捐物，积极支援前线；江阴军民扼守要塞，凭借长江天险，以"数百条船只沉江"的巨大代价，有效阻遏了日本侵略者的入侵，"江阴自沉"壮举名留史册。

南通卷由钱荣贵主编。本书设专章阐述了南通革命文化的兴起及其影响，包括辛亥革命前后南通革命文化的兴起及影响、新文化运动及五四运动对南通革命文化的影响、第一次国内革命战争期间的南通革命文化、抗日战争时期南通的革命文化、解放战争时期的南通革命文化等。

南京卷由卢海鸣、曹劲松主编。本书介绍了五四运动后不久，马克思主义在南京的传播情况，涉及学会团体、杰出人物、重要事件。1919年，张闻天在《南京学生联合会日刊》撰写了数十篇评论，其中《社会问题》等尝试运用马克思主义的唯物史观来考察当时中国的社会问题，他是"中国传播马克思主义的先驱之一"，也是南京地区传播马克思主义的第一人；1922年，南京马克思学说研究会成立，会员学习书目包括《共产党宣言》《马克思资本论入门》《新青年》等，对马克思主义、唯物史观、阶级斗争、剩余价值、共产主义、社会主义、十月革命等有较多探讨；1924年，由中共南京小组和中国社会主义青年团南京地方委员会领导的南京社会科学研究会成立，采取读书报告、轮流演讲、互相辩论、公开演讲的办法学习马克思主义，研究改造中国的问题。

徐州卷由赵明奇主编。书中讲述了五四运动以来，李大钊成立的马克思学说研究会成员陈德荣来到位于徐州的江苏省立第七师范学校，与进步学生陈亚峰一起，在该校秘密成立了马克思学说研究小组，创办了徐州第一个公开宣传马克思主义的刊物《赤潮》旬刊；1921年11月，陇海铁路铜山站（今徐州西站）爆发了反对帝国主义压迫的大罢工运动，直接促成了徐州乃至整个江苏境内第一个党支部的建立；中共徐海蚌特委、中共苏鲁豫皖边区特委、八路军运河支队、红色秘密交通线、宿北大战、淮海战役、渡江战役总前委，以及吴亚鲁、李超时、周恩来、刘少奇、陈毅、粟裕、谭震林等老一辈革命家和"小萝卜头"一门三烈在徐州的革命活动。解放战争时期，在淮海战役中，国共双方在军事重镇徐州激烈角逐，一战定乾坤，敲响了"蒋家王朝"的丧钟。

泰州卷、宿迁卷、连云港卷尚在编著中，其中同样包含当地文脉中的红色记忆。

二、 书写江苏革命精神

建党百年，在江苏大地上，一代代共产党人赓续奋斗，书写着苦难辉煌，构筑起强大的精神谱系，凝练沉淀了红色血脉、红色基因，为我们提供了丰厚滋养，是我们"从哪里来"的精神密码，也是指引我们"到哪里去"的精神路标。十年来，我个人在学习、工作的同时，写了很多部长篇小说，其中五部与我们地方文化史密切相关，借这个机会跟大家汇报交流。

《苍茫大地》《鏖战》《渡江》《江山》《大河》五部长篇小说创作的地域设置不同，分别为代表雨花英烈精神的《苍茫大地》，书写初心和信仰；代表淮海战役精神的《鏖战》，书写英勇和奉献；代表渡江精神的《渡江》，书写气势与谋略；代表新四军铁军精神的《江山》，书写坚韧与成长；代表抗战精神的《大河》，书写血性与担当。《苍茫大地》是首部以雨花台烈士为人物原型的长篇小说。书中，主人公许子鹤出生于泰国华侨富商之家，7 岁回到祖国，他自幼聪颖过人，成绩优异，考入北京大学后，在恽长君、邓翰生等师友的感召下，接受了进步思想的洗礼，后赴德国哥廷根大学留学，先后获硕士、博士学位，其间加入党组织。学成之后，许子鹤毅然选择回国，途中被派往莫斯科东方大学进修。冲破重重险阻回到祖国后，他以上海大学教授身份从事革命活动，先后转战上海、南京、河南多地，成长为一名镇定从容、令敌人闻之色变的革命家。他先后经历了国共合作、北伐战争、四一二反革命政变、白色恐怖、抗日救国、解放战争等重大历史事件和时期，历任中共南京市委书记、河南省委书记、江苏省委书记、中共华中局副书记等职务，为中国革命及中华民族的解放事业建立了不朽功勋。作品主人公的主要人物原型是雨花台传奇烈士、中共早期党员、留德博士、原中共江苏省委书记、河南省委书记许包野，他隐姓埋名，成为"失踪"半个世纪的革命者。很多人都去过南京雨花台，去之前和去之后的想法是不一样的。我在南京读大学时，总认为雨花台革命烈士肯定都是贫穷家庭出身，没有饭吃，没有衣穿，被迫走上革命道路。其实，他们中很大一部分是富家子弟，有学问、有学识，有的人甚至是那个年代走在最前列、方方面面最优秀的人中龙凤，《苍茫大地》的主人公原型许包野就是这样一个人。许包野出生于暹罗（今泰国）华富里一个侨商家庭，家底殷实。他家是开米行的，几艘运粮船常年往返于大陆和南洋各国。那个时候，大米、棉花、油料是重要的生活支撑。许包野是迄今为止能考证到的第一位博士党员，

许包野头像　雨花台烈士纪念馆供图

个子很高，仪表堂堂。为了写《苍茫大地》，我去过许包野的老家，他不是江苏人，是广东汕头澄海人，当时的北大校长蔡元培组织赴德赴法留学选拔人员考试，他是广东省的状元，考取了华法教育会的赴法勤工俭学。1920 年，许包野辞别故乡，赴法国里昂大学攻读哲学和法律。为了写他，我去过两趟里昂大学。但是，他想去当时最好的学校——哥廷根大学，世界排名第一。哥廷根大学招收的学生很少，学费高得惊人，多高呢？我查了一下许包野给他父亲的一封原件信，转一个学要 2000 个大洋。在 1920 年左右，1 个大洋市场价值 1 头毛驴，转一个学要 2000 头毛驴，那时候的毛驴是重要的生产工具、生产资料，可见学费之高昂。再举一个例子，无锡的鼋头渚现在是著名的景点，和许包野用 2000 大洋从里昂大学转到哥廷根大学几乎同时，无锡的一个富商用 2000 大洋买下了当年的鼋头渚。许包野到了德国后，其学费和生活费要比在法国时高出 3 倍，但崇尚教育的父亲还是咬着牙满足了儿子的需要，这也体现了潮汕地区高度重视教育的传统。与此同时，朱德也到哥廷根大学去留学。1923 年春，他结识朱德并递上了《加入旅欧支部之申请》，在朱德的介绍下加入了中国共产党。在申请书中，许包野发出这样的誓言："我申请加入并成为其中一员，不为穿，不为吃，不为住，

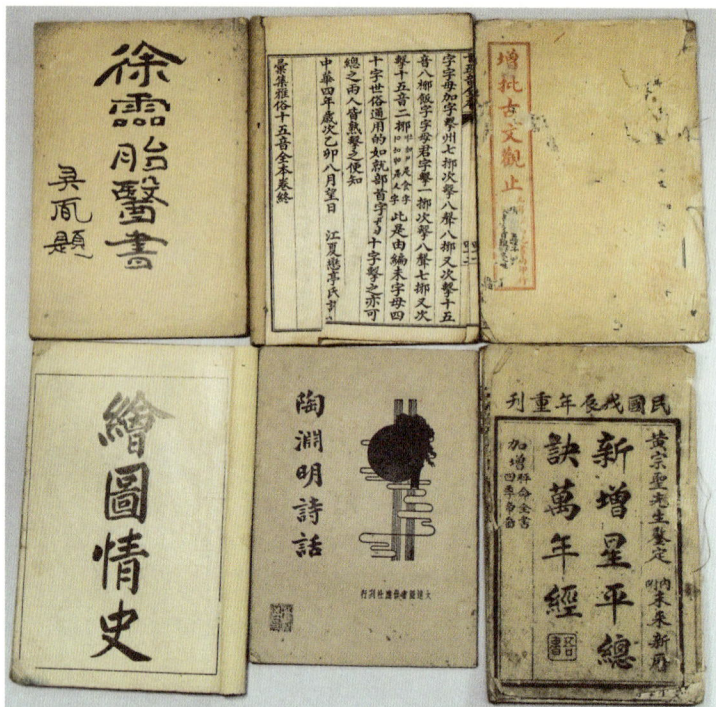

许包野青少年时期读过的书籍　雨花台烈士纪念馆供图

亦不为钱，不为权，不为己……我申请加入贵组织——为信仰，为自由，为国家，为民族！"当年年底，23 岁的许包野正式成为一名共产主义者，发表了一篇文章："国无魂，我们塑造！国无将，我们担当！国无胆，我们赴汤！国无力，我们肩扛！"共产主义与爱国主义，成为许包野最崇高的信仰。参加革命后，许包野开始以自己所学的马克思主义哲学理论和思想，与朱德、周恩来、张申府等进步留学生一道从事革命活动，引起了德国政府的不满，他被德国政府驱逐出境，到维也纳继续完成哲学博士的学业。次年，许包野在拿到哲学和法律双博士学位后，受组织派遣到了莫斯科，在东方大学和中山大学中国班任教。瞿秋白是共产国际第一任俄语翻译，许包野去了以后，接替他担任第二任共产国际的翻译。我曾经看过许包野填写的几张原始表格，他通晓俄、英、法、德等多国外语，非常了不起。苏联当时刚刚经历十月革命不久，苏联人自己特别苦，我们大量的留学生在那里的生活条件也很艰苦，根本吃不饱。许包野相当于现在大学的辅导员，他去苏联人法庭，为苏联人打官司、做律师，挣点钱给学员，为比如刘少奇、邓小平、蒋经国等人买面包。1932 年回国后，许包野担任中共厦门中心市委书记，其间注重抓好党的组织建设和思想建设，中共厦门党组织虽多次遭到破坏，但是许包野不仅在白色恐怖下恢复了厦门党组织，而且在厦门岛上发展了 17 个支部、150 多名党员。当时，厦门中心市委所属的闽南地区 10 多个县、市党员发展到近千人。正是这支力量，让厦门和闽南地区的武装斗争风起云涌，有力地配合了中央苏区的革命斗争。到 1934 年 7 月许包野离开厦门时为止，闽南党员总数近千人，在厦门有工厂、有工人的地方，几乎都有共产党的支部或小组。中央看许包野头脑聪明、机智勇敢，把他从厦门调过来。他于 1934 年 7 月调任中共江苏省委书记，化名保尔，在原江苏省委常委、秘书长杨光华的帮助下，连续除掉几个叛徒，建立新的省委，彼时年仅 34 岁。河南省委又被国民党破坏掉，11 个人全被杀害，险恶环境下，许包野被调任中共河南省委书记，化名老刘继续在白区开展工作，后由于叛徒出卖被捕。一个老同志的回忆特别令人感动，他见过许包野，因为当时河南生活条件差，天天吃山芋干，许包野已经很瘦了。他家里面做大米生意的，他把所有给他的钱全用在建旅馆、建饭店上，做生意筹措革命经费，自己舍不得吃，瘦得不得了。他穿一件长衫，掂个包步行，走遍了河南当时的十几个地区，恢复了南阳、信阳、开封、郑州等被破坏的省委和市委机构。当时河南省的省会是开封，许包野每次经过河南开封一个米店的时候，都要在那里停一停。许包野家里开米行，但革命以后，他吃不起大米，就在门口看人家称米，每次去都要站一会儿。卖大米的人说，你这个小伙子长得不错，也蛮英俊的，你来我这看了很多次了，半斤米都没买过，你赶快走。站在米店门口的这个人，是米行老板的大公子。许包野图什么？图的就是"信仰"。他的伟大，还在于他和妻子之间的关系。他的夫人是个农村妇女，广东一带有个说法叫"下南洋"，"下南洋"以后留下了一片老宅子，要找一个穷人家的女孩，给点钱看老宅子，男的可以和她结婚，也可以一辈子不和她结婚。许包野英俊、条件好、学历高，但他对这样一个农村妇女不弃不离，教她识字，最后两个人能通信。他在家书中对叶雁萍说："我请尔以后每月给我通一次信，无论有话也好，无话也好，有话便长，无话便短，我也很愿意抹出工夫和尔赠答。"两个人在信中谈世界历史、世界地理，谈中国古代的"三圣"，教她看《西游记》，被传为佳话。许包野到江苏来之前跟妻子叶雁萍有一次相聚，跟他的妻子说，我干的这个事儿是杀头的事儿，你不要跟任何人说，革命胜利以后，会回来找你，你放心，我不会变心。

为了这个约定，叶雁萍等了许包野53年。叶雁萍很朴实，一直认为这样优秀的男人不会死。许包野被捕后，敌人先是用金钱、美女诱惑，后又用高官厚禄拉拢。当这些手段失败后，敌人用最野蛮、最残酷的刑罚，用竹针扎进他手指，用辣椒水灌进他鼻子、眼睛，用小刀割破他的耳朵，扎进他的大腿、小腿，一直扎到他皮开肉绽、头破腿断。许包野以最英勇、最坚强的革命精神与敌人斗争到最后一口气，就义于南京雨花台。我们看到他生前最后的记录，是被打断腿以后上刑场的。我小说里有这么一段：最后一天准备行刑的时候，他换下囚服，穿上了被捕时自己的那套西服。此时许包野已不能站立，他趴在水盆旁洗净脸，喝了最后一碗米粥，这是监狱特意安排的，说他家是开米行的，最后一定要让他喝碗白米粥。喝完米粥，许包野再次爬到水盆边，趴在上面洗了几把脸。行刑人员来到许包野的牢房，向他宣读了蒋介石的手令。许包野只说了一句话："麻烦你看看，我的脸干净了吗?"行刑队长回答："干净!"他才微笑着点了点头。许包野为了干革命隐姓埋名，在担任江苏省委书记的时候叫"保尔"，在担任河南省委书记的时候叫"老刘"。直到1985年，叶雁萍才得知丈夫早已牺牲，老泪纵横，她亲吻着许包野留下的绝笔日记本。后来，民政部门把许包野的烈士证书送到叶雁萍处时，叶雁萍才去世一个月。我写小说时，叶雁萍的墓很破败，后来我自己把《苍茫大地》的稿费捐出来一部分，为她修了一座新墓。我把《苍茫大地》这本书放在她墓前说，叶老太太，你就安息吧，我把这本书给你看，看了以后，你就知道你的男人直到最后都没有变节，一直没有忘记你。我在许包野的墓前献上鲜花，讲了三句话，第一句是："许书记，我是江苏的一位普通党员，我来看你来了。"第二句是："许书记，你是我的父母官，我是河南人，河南现在变化很大，也有高铁了，跟你在的那个时候不一样了。"第三句是："你是我的前辈，我们两个都是留德的博士，省委让我写关于你的书，写得不好的话，你得体谅我，我的能力水平比不上你。"在这本书出版之前，许包野老家人很多都搞不清楚许包野是干什么的，只知道有这么个名人，不知道这么伟大，因为他不在老家工作，当时江苏省委不在南京，主要在上海，含江苏、上海的一大部分、浙江的一部分。这本书出版后，获得了江苏省第十届"五个一工程"奖，现在被改成京剧、潮剧，徐州工程学院把它改成话剧，在全国演了很多场，很感人。在许包野老家演的时候，很多当年认识叶雁萍的老同志痛哭流涕，一个普普通通的老太太，坚守等待了50多年，这很伟大。

　　《鏖战》是首部形象诠释淮海战役三条战线的长篇小说，获得了江苏省第十一届"五个一工程"奖。1948年底至1949年初，华东和中原两大野战军在以徐州为中心，东起海州、西至商丘、北起临城、南达淮河的广大地区，对国民党军队进行了声势浩荡的战略性进攻，这就是三大战役中双方参战规模最大、伤亡最重、战争局面最复杂、政治影响最深远的淮海战役。小说围绕着淮海战役的决策、筹备及整个作战过程展开描写，集中表现了在中央军委统一领导下，在人民群众的支持下，人民解放军以60万兵力，围歼国民党徐州"剿总"80万军队的故事，真实地、清晰地、循序渐进地呈现敌我双方的力量对比与彼此力量消长的过程，诠释人民战争的深邃内涵，昭示民心向背及历史车轮滚滚向前不可阻挡的大趋势。在正面战线，淮海战役总前委刘伯承、陈毅、邓小平、粟裕、谭震林等运筹帷幄；在隐蔽战线，杨云枫、蔡云邈、"孤雁""无名氏"等情报人员秘密较量，郭汝瑰、刘君湘、钱树岩的故事惊心动魄；在支前战线，有杨云林、杨全英为代表的百万支前民众可歌可泣的支前壮举。我在徐州工作了六七年，对徐州土地和人民有深厚的感情，为了写这部小说，去了淮海战役所有发生地，如窑湾、新安、碾庄圩、双堆集、蔡洼。因为人物众多、情节复杂，地点变化频繁，为了写好这部小说，挖掘地方文化史中的细节、闪光点，我花费了大量的时间。济南战役之后，粟裕提出了发起淮海战役。济南战役中，王耀武不解：我们的阵地固若金汤，为何一夜之间就丢失了。粟裕就说，既然能把济南打下来，干脆趁这个余威，去新沂的新安镇，把黄百韬兵团吃掉。中央也考虑要打就干脆打大仗，在两淮地区以徐州为中心打就行了，这就是从"小淮海"到"大淮海"。淮海战役是在河南、山东、安徽、江苏交界，两个部队一起作战的一个大战役。中央把华东野战军和中原野战军调到一起联合作战，形成淮海战役总前委，协调两个部队，开展一场正面对抗国民党军的大规模战略性进攻战役，这场战争史称"淮海战役"。粟裕善于打"以少胜多，以弱胜强"的仗，《江苏地方文化史》南通卷里面讲了粟裕"七战七捷"的故事。当时，李默庵指挥5个整编师再加上其他配合部队，总兵力达12万人，而粟裕领导的华中野战军只有3万余人，整体兵力比例为4∶1，李默庵的队伍最后反过来被粟裕"吃"掉3万，粟裕绝对是军事行家。中央考虑来考虑去，就直接任命粟裕为当时的华东野战军司令、政委，原因是打淮海战役是粟裕建议的，他本身又善于打以弱胜强的仗。陈毅是当时华东野战军的一把手，被安排去中原野战军做三把手，没有任何怨言，他明白中央的意思是让他到中原野战军协调刘伯承、邓小平和华东野战军之间的配合工作，便愉快地接受了。临走之前，他对华东野战军的纵队司令说，你们一定要听粟裕司令的话，不听不行。因为粟裕年纪轻，底下的人战功卓著，有时候说话不一定能服气。粟裕就跟中央说，我就当代司令、代政委吧，等打完仗以后，陈毅司令还回来，我们还搭班子。陈毅元帅和粟裕将军是革命时期的好战友，他们两人共同经历了抗日战争时期和解放战争时期，后来共同见证了中华人民共和国的成立，一起在新中国的岗位上做着开天辟地的大事情。他们两人的关系一直很好，除了在工作上联系紧密，在私下也经常往来。陈毅最小的儿子陈小鲁和粟裕的女儿粟惠宁喜结良缘，也说明了两位将军的亲密关系。反观国民党的选将用兵，蒋介石知道徐州离南京近，淮海战役一旦失败，解放军就直接压到江北扬泰地区准备打南京了。蒋介石当然知道徐州不能丢，徐州是南京的门户，于是精心选帅。蒋介石用人并非"唯才是举"，而是"任人唯亲"，他有三个标准：一是黄埔系，他嫡系部队的军官都是黄埔系的学生；二是"江浙帮"，戴笠和毛人凤组成了当时南京政府最大的特务机构；三是"四大家族"的人，他们掌控了国家的经济财政，巩固了蒋介石的统治地位。先选的是蒋鼎文，蒋鼎文在国民党将军中威望特别高，适合做徐州"剿总"司令，统帅80万人。蒋介石找到他，蒋鼎文推脱说身体不好，身体不好是一方面，关键是他已经有预判，打了一辈子胜仗，万一这一仗败了，前功尽弃，所以不愿意再打了。第二个比较理想的人选是白崇禧。国民党是分派别的，蒋介石有自己的嫡系，白崇禧和李宗仁都是桂系的，两家有合作，但更多的是矛盾，《风雨下钟山》这部电影详细讲述了李宗仁逼蒋介石下野的整个过程。白崇禧认为能指挥嫡系那么多部队，这是壮大提升桂系的一个机会，马上答应了。蒋介石很高兴，但到把各兵团的司令准备调到南京黄埔路开会的时候，白崇禧突然说干不了。蒋介石说，这不是讲好的嘛，不是开玩笑的事。白崇禧说，我有我的用兵方法，守江必守淮，委员长和国防部跟我的想法不一样，万一打了一半，你非要让我按你的来打，那我前功尽弃啊。实际上是李宗仁他们一琢磨，不行啊，桂系本来就少，嫡系多，80万人中，他们占的比例特别大，就算打掉一部分，还剩很多人，桂系打败以后说不定就没有人了，没有人就没有兵权了，没有兵权就没有发言权了。他一想，不能干，所以找个理由不愿意干。当时，华野和中野练兵练得热火朝天，蒋介石那边两次选帅都选不出来。蒋介石说，老的居功自傲，不愿意再担当了，找个年轻人吧，准备有意让宋希濂和杜聿明两个得意门生来指挥。这两个人确实不错，都是抗战名将，也敢担当，见到蒋介石，不喊委员长喊校长。但两个人一琢磨，说打仗不怕，指挥也不怕，关键是指挥不动，为什么呢？国民党兵团司令里有一帮水平、能力、战功超过宋希濂和杜聿明的，平常见他们两个爱理不理的，万一当了总司令，再一嫉妒，就更不听他们的话了。事实证明是真的。举个例子，邱清泉是国民党的名将、昆仑关大捷的指挥者，当年被国民党选拔到德国留学，在国民党军官中考试第一名，这个时候也是兵团司令了，跟宋希濂、杜聿明平级。邱清泉白天指挥打仗，晚上写诗，会翻译英文、德文教材，给国党民军校编写教材，不会听从宋、杜二人的指令。宋希濂和杜聿明忌惮的还有黄维、李明、黄百韬等人，他们根本指挥不动。束手无措之下，蒋介石找到了自己的心腹爱将刘峙。刘峙为人圆滑世故，做人做事不争风头，在国民党同僚中威望很高，但能力不足。他说自己其他方面都行，就一个缺点，打仗不行。蒋介石也没办法了，找不到人，刘峙最后跟蒋介石提出来，他说，委员长你也知道我的水平，也感谢你的信任，但是实在不行，你能不能给我找一个副司令帮我打仗，我来给他做好服务，做好军需物资的调配。蒋介石就把正在协助廖耀湘打林彪的杜聿明从东北调到徐州来。杜聿明从东北飞过来的时候，仗已经打了几天几夜了，腰都直不起来，是用担架抬下来的。从军人敢于担当的基本素质这点来说，杜聿明让人钦佩，服从命令，不怕吃苦，专心协助刘峙。打到一半的时候，刘峙跟杜聿明说，你在徐州吧，我把司令部放到蚌埠去，好给你调运物资，实际上蚌埠离南京近，更容易跑路。战时，盐是非常贵重的东西，淮海战役中，刘峙组织几个江西老乡给部队供盐，在连云港一带卖盐。连云港被华东野战军包围的时候，盐没有卖完，刘峙就跟当时守卫东海的司令李延年讲，你把我没有卖完的盐拉到徐州来。李延年说，这个车是准备让士兵撤离用的，刘峙硬是让当兵的背着包和枪步行，把盐用车运回来。最后，盐运回来了，当兵的一个都没跑掉。从连云港到徐州步行已经很远了，那时候路又不行，全被华东野战军截获。为什么我们60万人打国民党军80万人能大胜，这就是其中一个原因，国民党各派系各自为政、腐败不堪，关键时候还只顾自己的利益。还有一个重要方面是，我们的地下工作者获取的情报，也起了非常大的作用。蒋介石身边有个人，名叫郭汝瑰，是国民党国防部作战厅中将厅长，是负责制定淮海战役作战计划的人，负责向顾祝同、何应钦、蒋介石三人汇报重要作战计划，但同时，他也是我们的地下党。抗战胜利以后，国民党各个地方的"接收大员"都是用卡车往家里拉金银财宝、名人字画，有接收日本人投降搜刮来的，还有从汪伪汉奸那里搜刮来的。抗战期间，郭汝瑰是蒋介石的左膀右臂，著名的承德会战、武汉会战都是由郭汝瑰设计的，其他师长、军长发大财了，可郭汝瑰说不要。郭汝瑰和杜聿明都是从黄埔军校毕业的，淮海战役前，杜聿明去过郭汝瑰家一趟，看到郭汝瑰家非常简朴，他感觉那不像一个中将的家，少将家里面已经是羊绒、皮沙发、皮具、留声机什么都有了，可郭汝瑰家什么都没有，就只有一个布沙发，还开线了，用线缝了一缝接着用。杜聿明回来后，就跟顾祝同告状，他说我们得防着"郭小鬼"，这个家伙有点共产党的做派，太清贫了，不像我们的人。顾祝同却说他胡扯，郭汝瑰跟着委员长十几年了，很多著名的抗战会战都是他设计的，委员长拍板定的，他怎么会是共产党？不可能。顾祝同还以为杜聿明有点"一山容不得二虎"的想法。杜聿明一看顾祝同不相信，直接找了蒋介石。他讲你身边有共产党，"郭小鬼"家里面吃菜就两三个菜，沙发还是缝线的，绝对不是我们国民党的人。蒋介石把杜聿明骂了一通，他说，你们这帮家伙都是我的学生，好不容易培养一个廉洁的学生，你又说他是共产党，你不是污蔑我们国民党，诋毁校长吗？这一段都有真实档案记载。大家想象不到，郭汝瑰家里条件不差，他的哥哥郭汝栋是四川军阀。郭汝瑰是国民党中既上过黄埔军校，也上过日本军校的人。在日本即将毕业时，九一八事变爆发，他主动要求回来抗日。日本同学劝他，你快毕业了，就剩几个月了，两个国家打仗也不缺你一个。郭汝瑰真有志气，一定要回来，为了国家的利益，牺牲自己的利益。回来以后，他协助顾祝同、何应钦、陈诚，最后到蒋介石身边，成为蒋介石的左膀右臂，参与制定作战计划。郭汝瑰是1928年入党的老党员，对我党积极倡导、促成和维护抗日民族统一战线的做法很钦佩，对国民党腐化堕落看不惯，就与失去联系十余年的党组织恢复了联系，成为中共南方局负责人董必武单线联系的地下党员，也是我党历史上"最大红色间谍"。郭汝瑰地下工作十余年，非常艰难，他有写日记的习惯，在日记中写道，每天早上上班的时候，都要把自己的每个房间看一遍，不知道下午还能不能回来。国防部内部有大量的军官是我们的卧底，被抓住了，他们都是他手下的人，只是上线不一样，这种压力太大了。淮海战役胜利以后，他提出要回来，中央没有批准，要求他继续留下来为渡江战役输送情报，而且没有被国民党特务发现。蒋介石准备跑去台湾，郭汝瑰就跟蒋介石提出，想要留下，说重庆还有三个军，让他当个军长，"反攻大陆"的时候有个落脚点。蒋介石很感动，同意了。最后，郭汝瑰在重庆把三个军搞得挺好，在刘邓大军解放大西南前两天率军队起义了，把三个军全部交给了解放军。当时四川交通很不方便，如果强攻得牺牲很多人。到这个时候，他还没有解密。杜聿明从功德林放出来以后，就给中央提出来，想见一见"郭小鬼"，问问他到底是哪边的人。淮海战役期间，两个人经常撕门，一个人制定一个策略，另一个人就改了，两个人闹得很僵。后来因为杜聿明的女婿是杨振宁，考虑到统战工作的需要，两个人还真见了。1981年5月，杜聿明病危，郭汝瑰前去看望他，杜聿明拉着郭汝瑰的手问道："你老实说，你究竟是不是共产党？"郭汝瑰没想到过了这么多年，杜聿明仍然对这个问题念念不忘。他轻轻地拍拍杜聿明的手说："政见不同，各为其主。"中华人民共和国成立后，郭汝瑰当了一名普通教师，他跟中央提出，说不打仗了，新中国建设需要人才，他要去当个老师培养人才。他是一个很朴素的老头，骑着自行车，掂着布袋子，装着教材和学生的作业本。我们很难想到，在南京街头，一个普普通通的老头，却是在抗战期间、解放战争期间做出巨大贡献的人。图什么？应该是"信仰"。淮海战役中的一个女同志，在小说中叫李婉丽，实际上是有原型的，叫刘君湘。她是中共高级特工、地下党员，徐州"剿总"上校特派员，是一位充满传奇色彩、长期从事地下党情报工作的女中豪杰。她家境很好，家里有医院。双亲都是地下党，抗战期间，给国民党第五战区司令李宗仁看过病。父母亲牺牲以后，女儿接着干。后来，刘君湘被国民党抓住打疯了，却坚决不承认自己身份、不透露信息。淮海战役胜利以后，一大批从徐州转到扬州再转到扬州五台山精神病院的聋人、盲人、精神障碍患者，肉体被折磨到一定地步，他们搞不清自己是谁了，其中就有刘君湘。中华人民共和国成立后，他们被转移到无锡太湖边，疯了一辈子，上级组织一直在找她。20世纪70年代，有人发现这位女同志剪完头发穿上新衣服后，特别像正在寻找的失踪特工。她的上线，也是她的恋人到无锡求证，一见就知道是她，痛哭流涕。像这样隐蔽战线的同志还有很多。有一个在刘峙主持的徐州"剿总"司令部的同志，在我的小说中叫"钱秘书"，真实姓名是钱树岩，现在还活着，已经101岁。他是负责译电的人，把蒋介石打给刘峙、杜聿明的电报誊写两份，一份给刘峙、杜聿明，一份留下来转给毛泽东、朱德，当时他只有20来岁。钱树岩负责提供战略情报，外线工作组对钱树岩每次提供的情报，就近用华野十纵电台一字不漏地发向华野总部，同时发给晋冀鲁豫军区一份，因为这些情报重要、及时、准确，该军区又转报中央军委。军委回电嘉奖，为了防止泄密，在特定条件下，由外线工作组在已贬值的蒋管区纸币关金券上用米汁密写嘉奖信转给钱树岩，后来根据地又带给钱树岩奖金美钞五元。嘉奖信内容的大致意思是，你输送了大量情报，特此嘉奖。意思就是你继续干、好好干。每当害怕的时候，他就拿出来看一看，壮壮胆，这是真正的英雄。英雄也不是什么都不怕、不食人间烟火，他也是普通人。钱树岩手绘了徐州"剿总"司令部平面图及地下情报交通线示意图，原图至今还记得清清楚楚。他干这项工作，不敢忘记这张图，当时如果忘记了，自己的命就没了，上线下线的命也没了。中华人民共和国成立后，钱树岩做了一名普普通通的文化馆编目人员，没有任何职务，但他无怨无悔。2019 年 7 月，他写了一本自己谍战经历的回忆录《雪泥集》，"人生到处知何似，应似飞鸿踏雪泥"，借用苏轼的诗句，用翔实的记录留下了自己的人生印痕，也留下了一份宝贵史料。雪花落下来以后，落在泥土中就悄无声息了，这就是谍战人员、红色特工的真实写照。2021年，他举办了"书写初心——钱树岩革命事迹暨百岁书法展"，他的墨宝"书香"至今挂在我的书房里。淮海战役的胜利，没有数百万支前民众的支持也是不可能的。我母亲也是支前民众之一，现在已经 90 多岁了。在我小时候，她经常跟我讲当时成天成夜烙饼、满手都是水疱的故事。

第三部作品是《渡江》。淮海战役、渡江战役胜利以后，百万大军往南走，从九江到江阴，1000 多里全是解放军，准备打过江南去，解放全中国。小说写了我们一部分渡江先遣队到江阴、南京这些地方侦察、卧底、掩护、获取情报、转移、策反国民党重要人员的故事，惊心动魄。1948 年秋至 1949 年春，随着辽沈、淮海、平津三大战役相继铺开，"打过长江去，解放全中国"已成为不可阻挡的历史趋势。为配合渡江战役，各野战军根据上级指示选派精干人员组成渡江先遣小组秘密过江，执行情报搜集、物资准备及对敌策反等工作。《渡江》即以此为背景，以传奇的笔法，展现了以主人公赵家祺为代表的渡江先遣小组人员与国民党保密局情报处长邓风盛、首都卫戍司令部稽查处长黄兴中等斗智斗勇、殊死搏杀的英雄壮举，塑造了赵家祺、张铭宇、李诗蓝、老王等睿智多谋、惊天地泣鬼神的鲜活人物形象。解放南京就两三天的时间，蒋介石在南京布阵经营了很多年，有军舰、飞机、大炮，解放军在江北只有小木船，还是临时学渡水。但是，我们的渡江先遣队和当时的南京地下党组织结合起来，做了大量的策反工作。在解放军真正渡江之前，人心惶惶。在南京解放之前，蒋介石的卫戍师最先起义。这帮人一起义，对南京的驻军影响非常大，军心大乱了。地下党和先遣队策反了南京大校场机场，是国民党的空军机场，空军是蒋介石控制很严的王牌部队。他们把几个飞行大队策反了以后，几个国民党起义的人员也蛮有血性的，开着飞机，装上炸弹，直接飞到总统府上空，想在蒋介石头顶上投下去。但是航空炸弹的机械挂钩出了故障，打不开，没有落下，后来飞到长江上空，才落下。这说明什么？当时国民党内部的人，已经军心不稳了。在江阴有个国民党的炮兵阵地，粟裕选择在江阴长江最窄的炮兵阵地渡江。别人不理解，你怎么敢选在炮兵阵地渡江呢？这是因为对面炮兵阵地的人起义了，最危险的地方倒可以先过江了。南京有个凤凰山炮兵阵地，有克虏伯重炮、加农榴弹炮，也被我们策反了，没打几炮，解放军的木船就渡过了。渡江战役，是人心所向的问题。为了写这本书，我也去看了很多地方。过去有《渡江侦察记》这些老片子，都是写渡江先遣队来到江南侦察的，《渡江侦察记》就是在常州金坛长荡湖拍的。

简单地总结一下《苍茫大地》《鏖战》《渡江》三部书的创作感悟，八个字：命运多舛、信仰伟大。在革命低潮的时候，一大批优秀共产党员、知识分子走在前面，星星之火，可以燎原，就是许包野这一代；淮海战役是为民靠民、善谋善战；最后是渡江战役，滚滚长江、正道沧桑。国民党经营那么多年，两三天就败了，中国共产党执政是人心所向、大势所趋。

《江山》主要写新四军在宿迁的战斗，诠释了"为人民打江山，让丹心绽芳华"的革命主题，是一部苏北热血青年的成长史、半部新四军在江苏的革命史。1936年初夏，宿迁酒坊的伙计郑春祥受东家委托，前往浙南购米，遭奸商设计而陷入绝境，机缘巧合，他进入闽浙抗日救亡干部学校学习，从而走上革命道路。抗战爆发后，郑春祥回到宿迁故乡，和一群热血青年组建起抗日锄奸队，后改编为新四军特务营，成为第四师的一把利刃，在苏北大地上纵横驰骋、浴血奋战，他们斗日伪、除汉奸、劫敌粮、保麦收、缴武器、反"清乡"、智取情报、惩治叛徒、配合主力攻城拔寨……新四军总共四个师在江苏，一师粟裕在扬州、泰州、南通，二师张云逸在扬州、天长，三师黄克诚在盐城一带，四师彭雪枫就在宿迁这一带，各个师皆战功卓著。《江山》主要写了在宿迁的四师，当然其中也涉及新四军的其他几个师，所以说这本书也是半部宿迁革命史。新四军从江南到苏北，在抗日战争当中是非常艰辛的。当时日寇"围剿"，国民党不断搞摩擦，吃穿用、枪支弹药都没有。这个时候，新四军还能坚守，还能一直那么顽强地抗争，靠的是信仰和希望。春祥代表对春天的期盼，对祥和的向往，所以主人公的名字叫"春祥"。

新四军在苏北的发展过程也是小说的重要背景。1939年1月，刘少奇到达河南确山竹沟，着手创建中原局机关。10月下旬，刘少奇率队向皖东进发。11月4日，到达安徽涡阳，这也是彭雪枫领导的新四军第六支队司令部所在地。在涡阳地区，彭雪枫经过一年多的艰苦奋战，开辟出豫皖苏边游击区，部队发展到7个团7000余人。根据斗争需要，再加上皖南事变的突然爆发，新四军新的军部在盐城成立，军部对下属部队进行整编，三师在黄克诚师长的带领下，过运河，东进到淮阴以东至盐城一带的广大区域，四师在彭雪枫师长的率领下，过津浦，东抵运河，控制着灵璧、泗县、宿迁、泗阳及洪泽湖一带，并把师部放在泗县东、紧靠洪泽湖的半城（今泗洪）。新四军四师到达宿迁后，1941年8月23日，中共中央华中局决定：划淮河以北、运河以西、津浦路以东为淮北苏皖边区，成立淮北行政公署作为淮北根据地的最高行政机关，刘瑞龙担任主任。彭雪枫带领四师，在淮北行政公署的配合下着手建立根据地。由于历史原因，该地域土匪、湖霸风行，大小帮会、漕帮四处横行，国民党顽军占据着重要的交通据点和要道，日伪又疯狂"扫荡"。为此，四师派出大量的工作队、宣传队及特别战斗队，清湖霸、扫土匪、交帮会、堵顽军，花费了大量的人力、物力、财力，终于在社会面稳定了群众情绪，提高了新四军在该区域的影响力和声望。1941—1944年，四师在该地区先后参加了众多的大小战事。1941年4—11月，历时8个月，全歼张文博、高铸九、陈佩华等匪部，扫除了这一地区的匪患，建立起洪泽湖抗日民主政权，使洪泽湖成为淮北抗日根据地的天然后方。1942年11月15日至12月17日，四师展开对敌作战，共经历33天，进行大小战斗37次，取得了反"扫荡"战斗胜利。1942年12月9日，四师九旅二十六团，依托交通沟和房屋院落，与敌人血战18小时，阵地几度易手，战士们反复和日军肉搏，毙伤敌280多人，最后在旅长韦国清赶到后，敌人狼狈溃逃。1942年12月1日，日伪军进占马公店，四师二营前后两次与日伪军血拼，最后日伪军被迫逃回泗县县城。1943年3月14日，与日伪军作战溃败的韩德勤部，背信弃义，突然渡过运河侵入淮北抗日根据地中心区金锁镇、山子头一带，破坏地方政权、民众团体，杀害抗日干部和群众，四师九旅、十一旅及二师五旅、三师七旅一部，对山子头发动攻击，全歼韩德勤部总部、独立第六旅、保安第三纵队，俘获包括韩德勤在内的官兵一千余人，并击毙保安第三纵队司令王光夏、独立第六旅旅长李仲寰。1943 年夏，淮北主力军、地方武装和民兵相配合，对日伪军向淮北抗日根据地的"蚕食"和伪化进行大反击，先后在泗宿公路沿线及淮泗、邳睢铜地区，拔除日伪据点 26 个，并以武工队深入泗县、灵璧、睢宁、宿迁等县的敌占区，恢复和开辟 13 个区 70 多个乡的游击区，最后取得反"蚕食"斗争的胜利。1944 年春，淮北抗日根据地为配合国民党军正面作战，四师兼淮北军区部队在广大民众的协助下，对日军六十五师团展开 50 天的春季攻势，共歼灭日伪军约 2000 人，缴获大量武器，其中步枪 1855 支。日军占据河南大部分区域，中央下达命令，四师大部兵力西移，进入河南境内参加对日作战。彭雪枫率领主力部队，沿路遭到国民党军的围追堵截，1944 年 9 月 11 日，在河南夏邑县八里庄，在对顽军的作战中，不幸被流弹击中，壮烈牺牲，年仅 37 岁。随后，张爱萍接任四师师长一职。抗战胜利后，1945 年10 月，新四军四师编入华中野战军第九纵队，至此，新四军四师番号取消。新四军建立初期军部设在安徽泾县，重建在常州茅山，为了小说创作能够贴近真实的历史，我去了常州、扬州、泰州、天长、盐城、宿迁、淮安这几个地方所有的纪念馆、根据地、战斗发生地。

最后，我再介绍一下即将出版的《大河》，这是国内首部描写抗战期间运河支队的 48 万字长篇小说，讲述了抗战期间运河支队与日伪顽匪各方势力浴血力战的故事。在山东和江苏交界地区，有两支非常出名的地方武装，也可以说是最早的自发武装。一支是家喻户晓的铁道游击队，在同一地区、同一时期的另外一支武装，就是运河支队。运河支队创建于 1940 年，由苏鲁边之峄、滕、铜、邳地方抗日武装组编而成，初创时约 1500 人，他们是一群爱国热血志士自发组织的，后经争取归属中共领导，先后隶属大名鼎鼎的罗荣桓领导的八路军——五师和彭雪枫领导的新四军四师，在刀尖上跳舞、枪口下行走，与敌人各方势力浴血力战。运河支队有山东人，也有江苏人，是自发的地方武装。徐州铜山的兄弟俩，面对日本人的烧杀掳掠，变卖家产，购置武器，和日本人作战，不断壮大队伍。最后，我们党接收了这支队伍，规模最大的时候编制约 3000 人，要比铁道游击队大不少。他们跟日本人打了很多仗，很惨烈，分段掩护了刘少奇、陈毅一大批人到延安开党的七大；他们深入敌人内部，孤身探虎穴，龙潭擒元凶。这支部队同铁道游击队齐名，彼此支持、彼此合作，为苏鲁地区的抗日工作作了巨大的贡献。罗荣桓同志是政委，他讲过一句话，"运河支队是一支敢在鬼子头上跳舞的部队"；陈毅也说，"运河支队可以写成一部大书"。80 年后，这部大书终于写成了，但是水平不一定符合陈毅元帅的要求。希望这本书出版后，可以向牺牲的数千名运河支队战士致敬，也向铁道游击队的战友致敬，因为其中也有大量铁道游击队的内容。

江苏的地方文化博大精深，丰富且精彩。

江苏文脉大讲堂第十二讲

国学与廉政

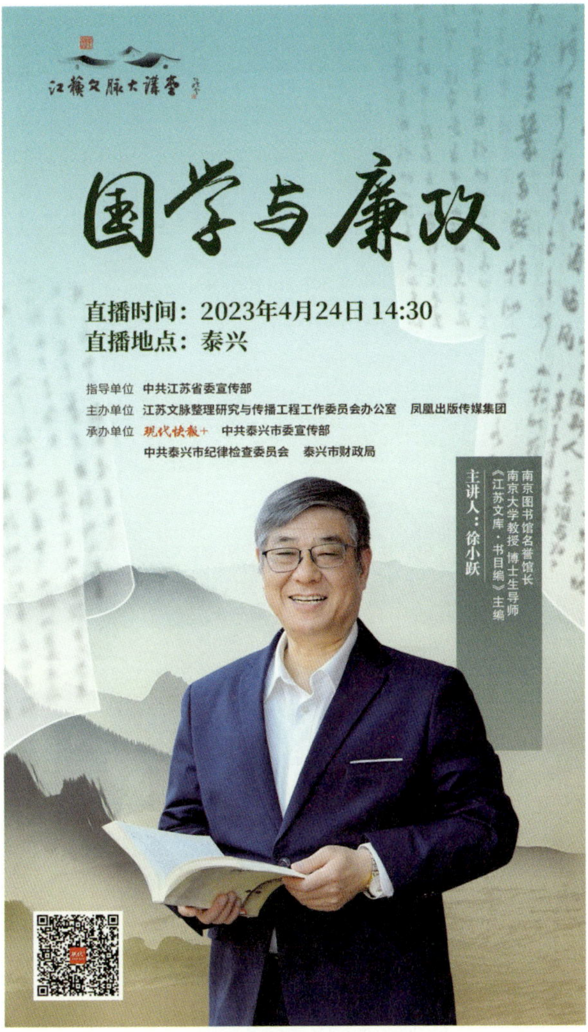

主讲人：徐小跃

《江苏文库·书目编》主编
南京大学教授、博士生导师
南京图书馆名誉馆长

一、 国学之道

要把"国学与廉政"的题目讲好，首先要把国学的有关问题和大家讲清楚。

什么叫国学？学界有许多说法，但是我今天要给大家带来一个非常简单的国学概念。所谓的国学，就是"国故之学"的简称。"国"就是指中国，"故"是指过去，"学"就是学术思想，连在一起就是中国过去的学术思想。"国故之学"，取前面一个字、后面一个字，构成"国学"这个概念。通俗地说，所谓的国学就是中国传统文化，只不过这种传统文化，是以思想为其特征的。因此，我们不管讲国学与什么的关系，对什么是国学这个概念首先要弄清楚。

国学寄寓在哪里？这是接下来要搞清楚的第二个问题。我热爱国学，希望学习国学，那么需要读哪些书呢？我喜欢把这样一个问题用最通俗的语言表述：国学在哪里？如果你这个问题搞不清楚，所有的一切都是在喊口号。国学在哪里？在四个地方：经、史、子、集。国学就在经、史、子、集之中。我经常讲这句话，如果你第一次听到这个概念，你第一次知道经、史、子、集，作为一个中国人，你的国学素养就有待提升了。作为一个有素养的中国人，经、史、子、集是第一次听到，你还谈什么学习国学呢？

国学的经、史、子、集向我们展现了一些什么内容？所谓的"经"，就是由儒家专门写成的经典著作，其他的各家写的经都没有资格摆在这个经部里。由此证明儒家思想在国学中的重要地位。例如，《山海经》《黄帝内经》《道德经》《心经》《坛经》《金刚经》等这些经，都没有资格放在经部。

儒家有大经和小经之分。所谓的大经，就是我们经常讲的《诗》

《书》《礼》《易》《春秋》，古人给它们起了一个名字叫"五经"。但是大家不学这个专业，没有那么多时间来看这么多的经典。因此，古人就想出一个办法，简练一点，从大经《礼经》当中抽出两篇文章，一篇叫《大学》，一篇叫《中庸》，它们和另外两部著作，一部叫《论语》，一部叫《孟子》，合在一起变成了四本书，给它起了一个名字叫"四书"。我们一般讲《大学》《中庸》《论语》《孟子》，简称"学庸语孟"。说得通俗一点，要学国学，首先要学儒家思想，那么学儒家思想，你就读"学庸语孟"，这就是经。

什么叫"史"？就是历史。历史是国学中非常重要的一部分内容。我在讲到中国历史时，喜欢讲两句话：第一句话，作为一个稍有素养的中国人，你要知道，中华民族是在世界各民族中最重历史的民族。第二句话，作为稍有素养的中国人，你至少要读几篇被称为"史学两司马"所著的历史性著作，第一是司马迁的《史记》，第二是司马光的《资治通鉴》。

我们学习国学要读的第三部分内容就叫"子"。什么叫"子"？就是出自诸子百家的书。在春秋战国时期，流行哪些学派？除了儒家，还有墨家、道家、法家、名家、阴阳家、杂家、农家、兵家、小说家、纵横家等。所以我们学国学，除了读儒家的"学庸语孟"之外，还要读一些如《墨子》《老子》《庄子》《管子》《韩非子》等诸子百家的书。

最后一个部分叫"集"。什么叫"集"？就是把文学各方面体裁的书集合在一起，包括楚辞、汉赋、唐诗、宋词、元曲、明清小说以及各时代的文论。

国学的内容和中国传统文化的内容究竟是什么？我经常在不同的场合谈这个问题。不仅仅是中国的老百姓，就是非常有素养的人，一谈到中国传统文化，他们首先想到的，甚至说全部想到的就是唐诗宋词，就是文学作品。我经常这样讲，作为一个地区搞文化宣传的领导干部，你要知道国学当中最重要的一定是"经"，一定是"史"，一定是"子"，而不是"集"。我讲这些并不是认为中国古代文学思想不重要，它很重要，但是，文学是有其特殊的研究对象以及方式的，它主要是对人的情感方面的抒发，对"景"的描述也总是与人情紧密联系在一起，这就是"情景合一"。但作为中国传统文化的基础和核心的"道"，即思想观念、人文精神、道德规范以及中国传统文化的价值取向与思维方式等方面的内容，那一定是要通过概念、命题、推理、判断等理性的理论形式才能得到阐述和呈现的。而所有这些内容则记载在"经""史""子"之中。具体说来，习近平总书记概括的中国优秀传统文化的核心精神——"讲仁爱、重民本、守诚信、崇正义、尚和合、求大同"，党的二十大报告概括的体现中华文明智慧结晶的"天下为公""民为邦本""为政以德""革故鼎新""任人唯贤""天人合一""自强不息""厚德载物""讲信修睦""亲仁善邻"的宇宙观、天下观、社会观、道德观，所有这些理论上的思想观念、人文精神和道德规范，主要需要通过研读"经""史""子"的经典才能够掌握和呈现的。一句话，作为思想性的中国传统文化，一定是通过具有理论化和系统化的经典来体现的。

国学的基础和核心是什么？这就是我接下来强调的学习国学所要掌握的第三个问题，即国学的基础和核心是什么。总结一下，学习国学要弄清楚的第一个问题是什么是国学、第二个问题是国学在哪里、第三个问题是国学的核心基础是什么。中国优秀传统文化的核心基础是什么？给大家一个字，"道"。

"道"是一种什么样的存在？中国古人给了明确的定义。古人说："形而上者谓之道，形而下者谓之器。"这个是作为群经之首的《周易》中的两句名言。

我经常这样说，任何做文化的领导，你都要懂得这两句话。什么叫"形而上者"？有形之上、背后的那些无形的存在就叫"道"。什么叫"形而下者"？能看得见、摸得着的，比如说唱歌、跳舞、写字、画画……那么多非物质文化，都是形而下的文化。所以，中国古人概括力非常之强。什么叫文化？文化的定义有800种之多，你抓不住的。中国古人给你一个最简单的说法：文化就是两样东西，一个是看得见的东西，一个是看不见的东西。给它两个概念，一个叫"器"，一个叫"道"。文化者，道器二者是也。

那么这个看不见、摸不着，无形存在的"道"，是由一些什么内容构成的呢？在我们的现实生活中，在学习过程中，哪些属于无形的、看不见摸不着的，但又是非常重要的？大家好好想一下，思想观念，你能看到吗？看不到吧，但它重要不重要？当然重要了。再往上看，精神看得见吗？看不见吧，但它太重要了。再往上，信仰，看不见摸不着吧，但是它更为重要。思想、精神、信仰，就构成了"道"的内容。"形而上者谓之道"，此之谓也。

所以，什么叫中华优秀传统文化？党的十九大报告中有一段话深刻揭示了什么是中华传统文化的核心之道的内容："深入挖掘中华优秀传统文化蕴含的思想观念、人文精神、道德规范，结合时代要求继承创新，让中华文化展现出永久魅力和时代风采。"党的二十大报告提出了一个新的观点，什么观点？两个结合，原来只有一个结合，把马克思主义基本原理同中国具体实际相结合，而党的二十大报告中，增加了要把马克思主义基本原理同中华优秀传统文化相结合。于是，现在就有了"两个结合"的提法。

道的根本作用是什么？你知道中华优秀传统文化集中在哪些方面吗？我们学习国学，包括我今天带来的主题——国学与廉政，在讲这个之前，有许多的学术问题，你们一定要搞懂。所以我们的中国古人说，你只有懂了存在于国学当中的这个"道"，即思想、精神、信仰，你拿着它才能变化天下、成就天下。这就是中国古人两句著名的论断。第一句话就是"思以其道易天下"，也就是说，所有中国古代的思想家都在思考如何用他们的"道"去改变天下。第二句话，还是《周易》的话，"观乎人文，以化成天下"。在这里有必要强调指出的是，这里的"天下"不能够从"空间"意义去理解，因为"天下"这个概念在中国传统文化中，在多数情况下是在"文化""精神"等意义上去规定的。所以，所谓的"易天下""化成天下"就具有了以下的内涵和内容，我将其概括为"三化三成三和"：净化心性，变化气质，淳化世风；成就道德，成长生命，成全人格；和睦家庭，和谐社会，和协自然。所以我反复强调，必须要站在这个高度去理解国学。

国学之道集中在哪些问题之上？国学当中讲的思想也好、精神也好、信仰也好，它集中在哪些最重要的问题之上？给几个关键词，中国传统文化，特别是儒家文化，注重的就是心性、人伦、道德、人文、生命。

国学的"道"具体重视什么问题呢？说得再通俗一点，围绕什么问题来讨论？那就是根据这几个字：心性、人伦、道德、人文、生命。而我今天重点向大家介绍一下中国儒家两种最著名的人性论，包括我们今天的主题，你要讲好廉政，首先要知道人性是什么。因为我是做哲学的，研究国学的。

我跟你讲廉政，首先要知道人性是怎样的。为什么有那么多人在物利面前、在名誉面前、在声色面前过不了关？考虑过这个问题吗？过不了关，就因为人性中的一部分内容在作祟。为什么在中国也有许多廉洁的官员？他们为什么能够做到廉洁奉公呢？这与什么根子问题有关呢？所有这些，只有从人性的角度进入才会有说服力。你认为那些腐败分子政治学习不认真吗？你认为那些腐败分子对于规章制度懂得少吗？千万不要这样认为。因为所有这些学习，一方面表明他没有真正学好，另一方面说明还有更根本的问题需要学习、需要明白。这种学习不是纸上的学，而是在心上用功。通俗地说，任何学习最终是要解决根子问题，就是对心性的认识、对心性的光明、对心性的发动。

中国古人怎么告诉我们人的属性呢？古人讲我们人身上有两重属性，一重属性就是与动物禽兽一样的，第二种属性就是人独有的。中国古人用两个概念来表示人性的两重存在，这段话非常经典，也是非常难的一段话。这段话记载在《尚书·大禹谟》上，一共有16个字："人心惟危，道心惟微；惟精惟一，允执厥中。"它被称为"十六字诀"。儒家几千年的传承，就靠这16个字传承，这叫"道统"。

中国几千年前的古人就说，人有两重心。一个心叫"人心"，它非常可怕，非常危殆。"人心惟危"，此之谓也。还有一种心叫"道心"，尽管在人身上所占的比例很小，但是它的能量巨大。"道心惟微"，此之谓也。儒家告诉你，由于人有两种心的存在，所以人的生命就有两种形式，一种叫气质的生命，主管者是"人心"；一种叫德性的生命，主管者是"道心"。人如何过上属于真正人的生活，正是体现在如何去对待人的这"两心"以及人的两种生命形式。"执中"与"精一"于是就成为调适人性的两种具体方式。

我要问一个问题，肯定难倒所有人：人性本来是善的还是恶的？这个问题难倒了中国古人几千年，吵得一塌糊涂。我今天一定要帮助你们解决这个问题。

大家一定都知道，在中国哲学史上，关于人性论主要是两派观点，一派是主张人性本恶论，其主要代表人物是先秦的荀子；一派是主张人性本善论，其主要代表人物是先秦的孟子。这究竟是怎么回事？他们谁说得对呢？实际上，荀子与孟子各自抓到了人身上不同的两个属性，并根据这个属性确定了整个人性的属性。具体说来，荀子抓到了《尚书·大禹谟》中所说的"人心"的这一面，孟子抓到了《尚书·大禹谟》中所说的"道心"的这一面，但是他们把"人心""道心"用同一个概念"人性"来指称。换句话说，荀子将"人心"所包含的内容及其属性用"人性"来规定，而孟子将"道心"所包含的内容及其属性也同样用"人性"来规定。两个人使用的"人性"概念都是一样的，但各自"人性"概念所意谓的内容是完全不一样的。如此就造成了结果的混乱。

　　人性本恶论。我首先简单介绍一下荀子的人性论。荀子讲人性本恶，他就抓到了人和动物相同的自然、物质、生理的属性，也就是危殆的"人心"。荀子有一段非常精彩的论述："今人之性也，生而有好利焉，顺是，故争夺生而辞让亡焉；生而有疾恶焉，顺是，故残贼生而忠信亡焉；生而有耳目之欲，有好声色焉，顺是，故淫乱生而礼义文理亡焉。然则从人之性，顺人之情，必出于争夺，合于犯分乱理而归于暴。故必将有师法之化，礼义之道，然后出于辞让，合于文理，而归于治。用此观之，然则人之性恶明矣，其善者伪也。"（《荀子·性恶》）在荀子看来，人一生下来都有三种表现，第一"好利焉"，就是说人天生就好利，天生就好财。你看两三岁的小孩子，你不用教他，他都是知道趋利避害的。这是人的天性。但是问题在于，尽管这是人的天性，但你不能顺着它。荀子说，顺着这个好利之性的话，人们就会相互争夺，与此相对的"辞让"的美德就没了。第二个属性也是人天生的，就是"疾恶焉"。用今天的话来说，人生下来都有嫉妒别人的心。其表现就是看不得别人比自己好，我看你比我好，我就眼红，就想尽办法把你干掉，这是人天生的嫉妒心。你说恶不恶、危险不危险？肯定很危险。荀子说，你不能顺着人的这个天性，你顺着这个天性，那么人人就是"残贼生而忠信亡焉"，互相残酷斗争，相互倾轧，与此相对的"忠信"的美德就没了。第三个就是"好声色焉"。因为人天生都"有耳目之欲"，于是产生"好声色焉"。简单地说，人人天生喜欢听好听的声音，喜好漂亮鲜美的颜色。男女都天生好色，如果你顺着这个好声色的天性，就会"淫乱生"，奢靡腐化之风就会泛滥，与此相对的"礼义文理"的美德就没了。

由上可知，荀子看到了人性的"好利焉""疾恶焉""好声色焉"，而如果人依顺着这些天生之性，就会出现种种恶行。所以，在荀子看来，这一"人性"是恶的。所谓一切的"善"则是人们后天的行为所致，"伪"是"人为"的意思。荀子抓住了人身上本存的种种自然生理、心理的属性，并以此性而得出人性本恶论就显得顺理成章了。要之，荀子是以人的自然生理、心理属性来规定"人性"的，那么必然会得出人性本恶的结论来。

人性本善论。但是另外一位哲学家、思想家孟子就不这样看。他认为荀子所讲的人身上这些属性，是和动物、禽兽差不多的属性。我们要定义人性怎么定？就是要在同种当中，找出它的属差，这就叫作"属加种差"。人和动物，它们之间究竟有什么本质的差别呢？把这个差别找出来，就是人之为人的根据，这个本质的东西才能够被叫作人性。因此，孟子找到了"道心"作为人的本质所在，并认为这一人性的本质属性是善的。所以在《孟子》中有这样的记载："孟子道性善，言必称尧舜。"（《孟子·滕文公上》）这就是说，孟子是主张人性本善的，言语谈话都不离尧舜之道。

学习《孟子》，下面几句名言一定要知道："人之所以异于禽兽者几希。"（《孟子·离娄下》）这句话太重要了，以后儒家全部人性本善的思想都建立在这个命题之上。那么这个命题的意思是什么呢？人之所以为人，和动物、禽兽的差别和不同实际上就一点点，即所谓"几希"。你只要找到了这一点点，你就找到了人性的根据。

不知道人的本质，没有比这更遗憾的事情了。要知道这个问题，你不去学国学，是断断解决不了的。人和动物的区别是什么？人是一个什么样的动物？西方的大哲学家亚里士多德告诉你，"人是理性的动物"，他抓到了人的本质在于人有理性。但我们中国人不这样看，特别是以孟子为代表的儒家，他们认为人和动物最本质的那一点点区别在良心。我们中国人定义人，就是"人是心的动物"。一个是理性的动物，一个是心的动物，就反映出东西方文化的不同。孟子是要告诉人们的是，正是良心将人与动物禽兽区别开来。说得通俗点，因为人有良心，所以才能够成为人，而动物、禽兽因为没有良心，所以它们只能够是动物、禽兽。人是动物，但是有良心的动物。问题的实质就体现在这里。

"良心"。接下来就要回答什么叫良心的问题。我经常这样讲，你在"良"字前面加一个字而组成一个词组，如果你组对了，自然就明白"良心"是什么意思了。我经常出这个题目，下面就分别回答优良、善良、温良、忠良、贤良、从良等。当人们给出了这些答案，我会告诉他们答案都是错的。于是我会启发式地引导大家说出标准答案。我说当形容一个人罪大恶极时，人们常常喜欢说，这个人"丧尽天良"。答案就是，良就是天，天就是良。所以"良心"就是"天心"，就是人从天地那里获得的本来的一种"存在"。换句话说，所谓"良心"就是人从天地那里获得的最宝贵、最珍贵，只有人才独具的那一个本质性存在。所以说，我们中国人对人的最根本的判断是看他有没有良心、讲不讲良心。

孟子讲，人性本善，人天生就是具有良心的，这个良心，是一个至善的存在。良心在人身上具体体现为四种心，即四种生命情感：一是恻隐之心，二是羞恶之心，三是辞让之心，四是是非之心。而这四心又是仁义礼智四种道德产生的根源。孟子说："仁义礼智根于心。""恻隐之心，仁之端也；羞恶之心，义之端也；辞让之心，礼之端也；是非之心，智之端也。"并坚持认为"无恻隐之心，非人也；无羞恶之心，非人也；无辞让之心，非人也；无是非之心，非人也。"（《孟子·告子上》）良心以及"四心"，不仅具有"生德"的功能，而且具有"判德"的功能。

"良知"。有了道德，还有能否遵循道德。还有一种情况，人们喜欢打着道德的名义，却尽做些不道德的事情。满嘴仁义道德，一肚男盗女娼，此之谓也。对于虚伪的行为，如何进行判断，此时良心就会出场，并作出最终的判断。孟子再给它一个概念，就叫"良知"。良知是不虑而知的，就是不通过思虑就知道。我告诉你，人最可贵的地方就在于有一种能力，判断这件事情该不该做，判断这件事情是善还是恶，每一个人天生都具有这种能力。单就我们要讲的"廉"德来说，它是由良心产生的。人应该遵循这种美德，但在现实中往往又非常难于守住这一美德。中国古人告诉你，当你做了不廉之事后，应该知道羞耻，应该知道厌恶。"耻"德实际上就是一种判断力。通俗地说，人在有良心、良知的情况下，做了坏事以后，做了贪腐之事以后，你内心会产生一种恐惧感、不安感、惭愧感、羞愧感，一句话，感到难为情。中国传统文化告诉你，如果一个人存有这种情感，还是有救的，说明他还没有完全丧失人性。良心不安了，良知判断你做错了。也正因为如此，在中国传统文化中，耻德总是紧紧地与廉德放在一起。我们说"礼义廉耻"，主张要知"廉耻"。古人说："廉耻，人兽之别也。"人和兽最大的区别就在于你有没有廉和耻这个德行。

"求放心"。人们会发出疑问，为什么人天生有这种能力，但又会犯许多错误呢？其中的深层原因在哪里呢？这就涉及如何保住人的最珍贵的良心、良知的问题了。人心接触外物，而这些外物就是整天牵引着我们，让我们整天汲汲于它之上的名、利、权、情。大家一定要明白这样一个基本事实，人的本性，绝大部分都是动物禽兽这个属性，你和外面一接触，把人的恶性呼唤出来了，就把人那一点点光明的良心遮蔽住了。用我们中国老百姓的话说，就是猪油糊住心了。蒙蔽了光明之心，就什么坏事都敢干了。而作为人之本质的良心、良知一旦丧失了，人就不是真正的人了。人与动物禽兽最本质的区别就这么一点点，如失去就异常危险。所以，我们应该牢记孟子的忧患意识，懂得"人之所以异于禽兽者几希"这样一个道理。中国古人深刻地懂得这样的道理，人有良心、良知就会做人事，而一旦人丧失了良心、良知就会干出不是人的事来。正因为如此，如何保住它不让其丢失，丢失了以后要想办法将其寻找回来，就成为中国传统文化另一个焦点问题。所以学习国学，孟子以下两段话是要知道并加以实行的。孟子说："君子之所以异于人者，以其存心也。以仁存心，以礼存心。"（《孟子·离娄下》）孟子又说："学问之道无他，求其放心而已矣。"（《孟子·告子上》）意思是说，做学问的最终目的没有其他，如果要有的话那只有唯一的目的，那就是把丢失的良心寻找回来，如此而已。孟子为了突出这一点，还举了一个例子，说当一个家庭跑掉了一只鸡，丢掉了一条狗，都会想办法把它们找回来，而如果作为人之为人的良心跑掉了，丢掉了，都不知道去寻找，还有比这更让人悲哀的事情了吗？要之，"存心"就是保存住良心。"求其放心"就是把每个人不小心跑掉的、丢失的、放逸的良心找回来。此乃君子所为，此乃学问之唯一目的。

这就是我在讲廉政之前，给大家讲一个国学理论上的铺垫，这个理论铺垫是不可或缺的。听了上面的这些内容，我们应该知道人性是怎么回事，人身上哪些属性是应该保存和光明的，哪些属性是应该节制和克服的。你只有站在人性的高度，才能看清问题的实质，才能触及灵魂深处，才能从根本上解决问题。

二、 中国传统文化中的廉

我们首先来解释"廉"这个概念。我对中华传统美德有十德的概括，叫"仁义礼智信孝悌忠廉耻"。

廉德是中国传统文化非常重视的一个德目，不唯儒家提倡和宣扬这种道德，而为中国传统文化所有诸家诸子都共同提倡和宣扬的道德，从而有力地表明此德在中国传统社会中所处的重要地位和具有的重大意义。不唯如此，"廉"德乃是古今中外一切思想文化都给予正面肯定和欲达到的美好状态，由此亦表明，此德是表征人类社会共同的理想。也就是从这个意义上说，"廉"是能够代表超越时空、跨越国度，富有永恒魅力，具有当代价值的"放之四海而皆准"之文化样态，所以，必须引起高度重视。

廉的本义。《说文解字》："廉，仄也。从广，兼声。"意思是说，"廉"是指空间地方的逼仄、狭窄，所以字形与表空间的"广"（读作"yan"〈眼〉音）相关。正是因为"廉"有狭窄的意思，所以古人又谓："堂之侧边曰廉。"《九章算术》也说："边谓之廉，角谓之隅。"无论是逼仄、狭窄，还是侧边，"廉"字的本义是与广阔的空间相对的。通俗地说，"廉"字的本义是现代汉语广大的"广"字的反义词。从"廉"字的本义中，实际上我们就可以读出它的意义。也就是说，"廉"的主旨在于少，在于小，在于俭，在于低调而不奢华，在于收敛而不张扬。"廉，俭也。"（《广韵》）"廉，敛也。"（《释名》）此之谓也。

"廉"的本质内涵是通过人的品行反映出来的。换句话说，"廉"的本义只是一个用来反映物的空间概念，而能体现"廉"之意义与价值的当要通过人自身的德行方可。这一德行乃是"清"。所以就有了《玉篇》和《广雅》的定义："廉，清也。"由此，"廉"的基本含义就是廉洁，不贪污；廉清，不受贿；廉明，不徇私；廉正，不枉法。由此可见，多拿多占则失廉，可取可不取而取则伤廉，不公不明则违廉，不正不忠则背廉。也就是说，失廉伤廉必然贪污受贿，违廉背廉势必徇私枉法。从这个意义上说，廉是专门治贪污受贿和徇私枉法的一种德行品质。这也是为什么古人有"廉，人之高行也"（汉赵岐语）的赞誉！值得强调指出的是，这里所谓的"人之高行也"，是有特殊对象所指的。也就是说，在"清正廉洁""清正廉明""廉洁奉公""廉明公正""清廉守正"等这些为我们熟知的成语中，其主要的对象是指向为官者、当政者、有权者的。换句话说，这些德行是对政府官员提出的具体要求。实际上道理也很简单，我们只有"清官"的称谓，而无"清民"的称谓；只有"廉吏"的称谓，而无"廉民"的称谓；只有"贪官"的称谓，而无"贪民"的称谓。所以，这里可以将上述古人的话改一个字而变成"廉，官之高行也"。

对于官员而言，看其是否清廉，当从几个方面来衡量。其一，看其是否自身清廉。西汉大儒董仲舒明确主张"食禄者不与民争利"，说白了，在董仲舒看来，领取了国家俸禄的官员，你就不能营私牟利，你就不该与民争利。关于自身清廉而不贪腐的例子，我们经常提到古代两位人物。一位是春秋时期在鲁国为相的公孙休，一位是东汉廉吏杨震。前者说的是"公孙休嗜鱼而不受人鱼"的故事，它要说明的道理是，不能因为有人投己所好而接受他人的馈赠，如则不然，管不住小节，抵御不住诱惑，到头来定会反受其害，失去所好。所以说，作为一个清廉之官，当要慎其所好、清白做人。后者说的是杨震"暮夜"拒收老友王密贿礼的故事。王密在晚上单独送礼给杨震，在杨震责怪其不该如此时，王密说出了那句名言："暮夜无知者。"他对杨震强调的是，现在是深夜，没有人知道的，你收下吧。面对王密所说，杨震马上反驳道："天知，神知，我知，子知。何谓无知！"王密听后惭愧而出。这是流传千年的"四知"名句，后人又称杨震为"四知先生"。清代名臣曾国藩更是提出了具体的养廉方法。他说："崇俭朴以养廉；崇俭约以养廉，崇廉让以奉公。"（《书赠第六则·俭·杂著》）其二，看其是否能严格管束家人。官员的清廉，一个非常重要的标准就是看他能否约束好家人，我们还是以上述三者为例。《天人三策》记载公孙休当看到家中有别人送来的织帛时，愤怒地将其妻赶出家门。在他看来，"吾已食禄，又夺园夫红女利"是不当行为，家人不能收受食禄以外的不义之财。据史料记载，杨震品性公廉，在做官期间，从不接受私下拜访，其子孙常常食用蔬食步行，并不肯为子孙开办产业，说出了下面流传千年的佳句："使后世称为清白子孙，以此遗之，不亦厚乎！"就是说，使后世之人称他们为清白官吏的子孙，将这个精神操守留给他们，不也是很厚重和富贵的财富吗？曾国藩素以家风严厉著称，尤其是对家人廉俭之风的提倡更是有口皆碑，影响颇大。他说："凡仕官之家，由俭入奢易，由奢返俭难。尔年尚幼，切不可贪爱奢华，不可习惯懒惰，不论大家小家，士农工商，勤苦守约，未有不兴，骄奢倦怠未有不败。"（《清史稿·曾国藩传》）其三，看其是否能严惩腐败。包公、海瑞、于成龙等清廉的形象，不仅体现在自身不贪腐，更主要的是表现在对腐败的打击和严惩上。其四，看其是否能营造一个清新的政风。这里主要是谈如何形成一个清廉的社会大环境的问题，也就是说，官员的清廉，个人的操守固然非常重要，但是，官场政治生态的好坏，对官员能否清廉以及是否能树立正确的价值取向都有着直接而重大的影响。对此，明清之际的黄宗羲清醒地认识到，如果一个社会只是有少数的清廉官吏，而多数是贪官污吏，那么势必造成贪官得势而清官受气的"清官逆淘汰"的怪现象，这应该说是社会的悲哀。所以，他竭力呼吁广泛推举"廉能之吏"，以净化社会风气。而在"廉""能"两者中他更重视官吏的"廉"。他说："能者，才也。廉者，德也。诚以德胜于才，终不失为君子；才胜于德，或竟流为小人。"总之，廉德并由此而形成的廉文化，是清洁自身和净化社会的良方。

"廉"是中华优秀传统文化的一个非常重要的德目，并且成为文明社会必须要倡导的一种文化。廉德表征的是一个社会和个人的较全面性的美善之性，而这一全面性则构成了廉德的特点。

值得强调指出的是，把握"廉"的意义和价值一定要从廉的多重含义及其本质入手。我问大家，什么叫仄？仄就是狭窄，就是逼仄。它的性质在于两个字：一个是"小"，一个是"少"。反过来说，廉就是反对"大"，反对"多"。因此，你从"廉"的本义就能发现，它的意义在哪里。我概括一下，它的意义在少、小。廉的本性，一定和这两个字紧密相连。当然，"少"和"小"在我们的国学当中又有许多概念范畴来支撑，我们下面慢慢道来。

廉，人之高行。上面已经提到，我们一般讲廉政的问题，一定有这样几句话：廉洁不贪污，廉清不受贿，廉明不徇私，廉正不枉法。这都是完全正确的，但结合国学来讲这个问题，就不能仅仅喊口号。中国古人真正理解的"廉"是有其深义的，是有其广义的。

首先讲《孟子》里的一段话。孟子包括后来注《孟子》的人也在强调这个观念。具体地说，注《孟子》的叫赵岐，他说："廉，人之高行也。"意思是说这个廉德是人非常崇高的一种德行。动物禽兽做不到廉，唯有人能做到廉。"廉耻，人与禽兽之别者也"，此之谓也。

《孟子赵氏注》所注"人之高行"　　　［汉］赵岐撰　清乾隆四十六年（1781年）韩岱云等刻本

理解"人之高行也"的廉是什么意思呢？我每每读到孟子这样一段话，五分钟、十分钟都移不开这段名言。当你读了这句话之后，你才知道古人理解的廉，是多么的崇高。孟子说："可以取，可以无取，取伤廉。"（《孟子·离娄下》）意思是说，在可以拿、可以不拿的情况下，如果你选择了拿，那么你就对廉洁有损害了。通俗一点说，你把这个东西塞到你口袋，不违法，也不违纪，可以收，也可以不收，收了也没关系，然而，你要把这个"可取可无取"的东西，你取了，你接受了，那么就伤害了廉。我就以自己举个例子。我是学习研究中国传统文化的一个学者、老师，我深深懂得孟子对廉的这一人之高行的理解。我又深深懂得，我们中国传统文化是十分重视学以致用的，更为重要的是，"学问之道无他，求其放心而已矣"（《孟子·告子上》）。我要将我之所学

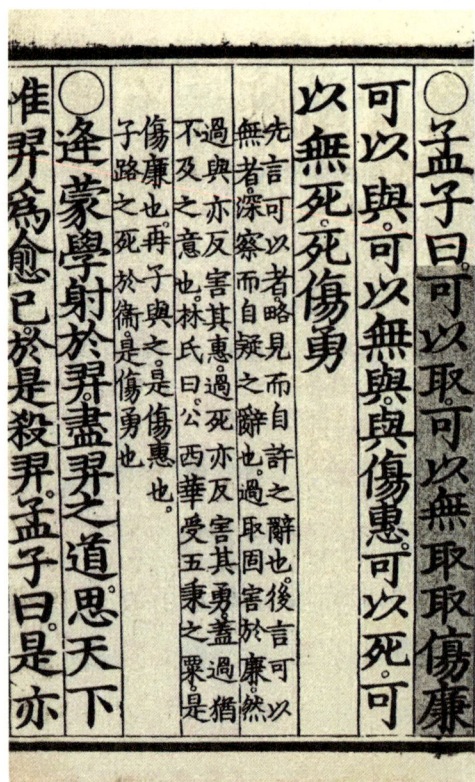

《孟子集注》所注"可以取"　　［宋］朱熹注　　明嘉靖二十七年（1548 年）伊藩刻四书集注本

落实在行动中，绝对不能够停止在学理的理解之上。如果是这样的话，按照佛教的说法，那充其量能叫"知解信徒"。按照老百姓的说法，那叫伪君子。你到南大打听一下或问及我的全部学生，我有一个"铁律"，一旦进入我"徐门"，在上学期间，哪怕一片茶叶都不能送我。所谓"铁律"，就是任何人都不可以违背。为什么这样严格？因为我知道，古人有这样一个教导："可以取，可以无取，取伤廉。"只要我收取了学生的礼物，那么就会伤害了廉啊！

在取与不取之间，古人告诉你不要取。这是一个多么高尚的境界和道德啊！这样的廉之所以被盛赞为"人之高行也"，高就高在，当你面对一个东西，拿了既不犯法也不违规，也就是说，你可以拿，但如果你选择了不拿这个东西，这才叫廉呢！这里值得指出的是，现在很多人只是将"廉"理解为不多占、不多拿以及不是你的就不应该拿，如此与孟子对"廉"的解释和理解相比较的话，其境界远远低出不知多少呢！换句话说，孟子对"廉"的理解要远远高出当下人对"廉"的理解。

你只有从"人之高行"处去理解并且践履"廉德"，才会从根子上、从起始上、从源头上真正做到廉洁。所有的腐败，都是从可取可无取，但你取了之后开始的。你取了以后，慢慢地积累起来的是"取"而不是"给"的习惯。在"取"的基础上，人会逐步地走向"多取""多要""多占"。中国古人就从防患于未然的角度来理解廉的意义。道家老子所说的"为之于未有，治之于未乱。合抱之木生于毫末；九层之台起于累土；千里之行始于足下……是以圣人欲不欲，不贵难得之货"（《道德经》第64章），这是在告诉人们，人的所有灾祸、所有过错、所有罪恶都是从开始的一点点积累起来的。所以要慎终如始啊！圣人的高行就表现在所追求的是"不欲"，不以难得之货为珍贵。"不尚贤""不贵难得之货""不见可欲"（《道德经》第3章）是老子告诫人们的"三不"。"贤"是财的意思，所谓"不尚贤"就是不要太看重和崇尚钱财。不要太呈现你的贪欲，不要以那些所谓的难于得到的东西为贵。而且所有这些品行从一开始就要建立，养成习惯。我再一次引领大家诵读一下孟子的话："可以取，可以无取，取伤廉。"（《孟子·离娄下》）再诵读一下老子的话："合抱之木，生于毫末；九层之台，起于累土；千里之行，始于足下。"（《道德经》第64章）我们国学所倡导的价值观、道德观和道德规范，跟你通常理解的道理就是不一样。这是我给大家带来的一个新的对"廉"的认知。

当你真正理解了廉的意义和价值，那么由廉而产生的力量是不可估量的。这也就是为大家所称颂的《官箴》所要表达的真正意思。它说："吏，不畏吾严而畏吾廉；民，不服吾能而服吾公。廉则吏不敢慢，公则民不敢欺。公生明，廉生威。"实际上这里仍然是在强调一个理念，即廉的无私性。如此才能使人真正敬畏与信服，从而不敢怠慢和欺骗。总之，廉的无私性，廉的不取性，即廉公是产生是非分明和有所畏惧的根本原因。又诚如朱熹所言："官无大小，凡事只是一个公字，若公时，做得来也精彩，便若小官，人也望风畏服；若不公，便是宰相做来做去也没得个下梢。"这就告诉人们，如若丧失了廉公之心，你事干得再大、官做得再大，你都不会有什么好的结果和结局。

值得注意的是，我这里使用了一个在廉政教育中并未突出强调的"廉公"概念。我在选择"国学与廉政"这个讲座题目以后，就在反复思考究竟从怎样的角度来谈这个问题。除了向大家展现作为"人之高行也"的"廉"的内涵及其意义，经过思考，我决定选用几个与"廉"相连而形成的概念来具体讨论这一问题，目的当然只有一个，将廉政与国学的内在逻辑关系论述清楚。因此，我将通过对"廉公""廉忠""廉敛""廉让"以及与"廉"德紧密相连的"耻"德的讨论来做到这一点，也希望能给大家新的启示。

廉德一个非常重要的特点在于它能与其他诸德相配而形成廉德的丰富性。换句话说，廉德在中华传统许多德目中的特殊性，表现在它有很强的含摄性。如前所述，廉始终与一个褒义词相连而构成诸多正面、美好的品行。例如，与"清"相连而有"清廉"，与"正"相连而有"廉正"，与"洁"相连而有"廉洁"，与"明"相连而有"廉明"，与"白"相连而有"廉白"，等等。此外，"廉"还与"公""忠""俭""让"相连而有了"廉公""廉忠""廉俭""廉让"这些做官、做人、做事的道德品行。这里应该注意的是，"公""忠""俭""让"，其本身各自都代表着一个德行，而当它们与"廉"相连以后，必然增加了"廉"德的丰富性。

诚如我上面提到的那样，廉洁，不贪污；廉清，不受贿；廉明，不徇私；廉正，不枉法，都是通常意义上的廉政、清廉的表述。但是我今天跟大家说，我们国学所讲的廉政廉德，首先要廉公。

廉公。廉公要求的是公正，而要做到公正，则必须无私。因为公与私相对，所以廉公所要彰显的是无私奉公、大公无私、公而忘私，反对的是自私自利、中饱私囊、徇私枉法，实际上是通过"公"字来具体规定和说明"清""正""洁""明""白"的内涵。也就是说，通过一个"公"字，就将"清""正""洁""明""白"的内涵具体而又清晰地表达出来了。一个人要真正做到了"公"字当头，那么这个人就是一个"清""正""洁""明""白"的人，从而他一定是一个"廉"者。

由此可见，"廉公"就是处处想着他者，从来不站在自己的角度去考虑问题。用今天的话说，你不牟私利，你一定是少私的。国学要讲一个关键思想，廉公和少私一定是联系在一起的。换句话说，你要做到廉正、廉洁、廉清、廉明、廉政等，国学告诉你，如果前提不少私的话，断断不可能。记住我这句话，这个是绝对判断。你想廉洁不贪污的话，少私一定是一个非常关键的问题。当然，这个问题跟我们传统所接受的观念差别不太大，对不对？只不过我强调，你要做到廉洁奉公的前提就是少私。中国传统文化，无论是儒家，还是道家，抑或是佛家，他们都会将"少私"与"寡欲"连在一起讲。老子有句名言叫作"见素抱朴，少私寡欲"（《道德经》第 19 章）。这告诉我们，你要想见到你的真性，拥抱到你的真性，前提一定是"少私寡欲"。大家要知道，让你寡欲，不是让你没有人应具有的基本生存欲望，而是让你不要有超出这一欲望的贪欲。"饱食暖衣逸居"（孟子语），"为腹""实其腹"（老子语），一定是"人之有道也"（孟子语）的内容，但如果你超过之，就不合"人道"了。也正是因为这样，道家和儒家都认为人的生命的真正意义和价值是在超越贪欲中得以实现的。老子提出了"见素抱朴，少私寡欲"的主张，而儒家的孟子也有一句名言："养心莫善于寡欲。"（《孟子·尽心下》）要之，要做到"廉"就要做到"公而少私"，而做到少私就要做到寡欲。在廉政教育中，让人明白以上的逻辑关系十分重要。

廉忠。所谓"廉忠"要求的是"尽心为人"，而要做到"尽心"则必须"无怨"。"忠"德的一个非常明显的特点就在于它是为"他者"，而不是为自己，另外，在为"他者"服务时做到尽心尽力、全心全意、竭诚不欺。"尽心曰忠"（清段玉裁语），"尽心于人曰忠"（宋司马光语），此之谓也。为大家熟知的儒家两句话，都是在表达这层意思。一句就是孔子的"己欲立而立人，己欲达而达人"（《论语·雍也》），一句就是曾子的"为人谋而不忠乎"（《论语·学而》），这里要求的是尽心尽力为别人服务。不唯儒家提倡这一对"他者"的情怀，道家和佛家都共同弘扬这种精神。老子有一句名言："为人己愈有，与人己愈多。"（《道德经》第81章）意思是说，为了别人、给予别人，自己反而会有更多。佛教将给人以乐称为慈，将拔人以苦称为悲。由此可见，儒、道、佛三家都以其不同的表述而共同宣扬了"忠"的精神。同上理，一个人要真正做到了"忠"字当头，那么这个人就是一个"清""正""洁""明""白"的人，他一定是一个"廉"者。

在这里值得强调指出的是，由廉忠而凸显的廉德有一个十分重要的特点，那就是，这种德行重点要求的是为他人谋福祉，给他人带来利益和幸福。这就提醒我们，说廉，倡廉，不能将其范围局限，只是将清廉、廉洁、廉正理解成自己的洁身自好、不贪不腐以及严惩贪官污吏，而是应该站在更高的高度来认识和践行。通俗地说，廉德不只是自己不贪和惩戒别人不贪，而是包括了为别人谋幸福。而我们说，廉忠恰恰就是要提倡在尽心尽力地利他中来彰显廉德的重大意义和价值。说得再通俗点，衡量一个干部是不是廉洁的干部，不仅仅看他是不是不贪污、不腐化、不徇私、不枉法，还要看他是不是为广大人民谋福利。这是"廉忠"所要表达的意义所在。

如果大家要准确理解中国传统文化中的"忠"德思想，不妨去读一读我著的《什么是中华传统美德》一书。我给你两句话，你就能真正理解什么叫"忠"了。第一句话就是，尽心为别人谋福利叫忠。第二句话更精彩，"上思利民曰忠"。意思是说，在上者，统治者，领导者，用今天的话说就是一切领导干部，你要整天思考着如何利于百姓人民，考量着怎样做才是有利于人民百姓的，这就叫"忠"。后一种"忠"的意思是指上对下的一种行为方式。现在许多人在谈到"忠"的时候，往往更多注重的是下对上的行为方式。再强调一下"廉忠"的两重意思。第一重强调，衡量一个人尤其是领导干部是不是廉，不是讲你自己做到不拿不贪就叫廉。这个层次比较低。层次高的廉洁官员，一心想着为下属和人民谋福利。中国老百姓有一句话就是在这个意义上说的：水至清则无鱼，人至察则无徒。怎么理解这句话？不是说叫你不廉洁，这个意思就是说，你这个人不仅仅要保证你的廉洁，还要处处考虑人民、下属的切身利益，这才叫"廉"。这是"廉忠"要告诉我们的第一重意思。"廉忠"第二重意思则是更加明确突出地强调了这一品德乃是"上对下"的品德，是对在上者的要求。

所有的公务员都应该树立"廉忠"思想。这个观念怎么树立？国学提供给你。因为这个问题表征着国学三大主体儒、道、佛的共同价值观，所以我还要重点再从其他角度来讨论一下这个问题。构成我们国学三大主体的儒家、道家、佛家，如果给它们确定一个核心的价值观，我给它概括，就一个字"慈"。什么叫"慈"？给予他人。儒家"慈厚"，道家"慈柔"，佛家"慈悲"。什么叫慈？就是给予。什么叫给予？就是忠。什么叫忠？就是廉。

古人说"廉生威"。为什么"廉"能生"威"？曾子有一段话："吾日三省吾身：为人谋而不忠乎？与朋友交而不信乎？传不习乎？"（《论语·学而》）曾子每天多次反省、提醒、告诫自己这样三件事情：第一，为别人谋划做到尽心尽力了吗？第二，与朋友交往的时候诚信了吗？第三，学习国学你入心了吗？国学讲的，你入脑没有用，一定要入心。国学的意义就是在呼唤你本存的心，所有的国学教育重要的不是知识，学习国学最大的意义，就是在让你本身的良心光明出来，让你本身的良知呈现出来。

道家老子讲，我给你三件宝贝，你三件宝贝抓到了，你的人生、你的事业就不得了了。哪三个宝贝呢？一个宝贝的名字叫"慈"，一个宝贝的名字叫"俭"，一个宝贝的名字叫"不敢为天下先"。老子讲，我们的勇气从哪来？是从给别人的慈中来的。"慈故能勇"，如果你有慈，你就能有威猛勇敢的力量。老子批评他当时的人们"今舍慈且勇"，一定是实现不了的。也就是说，你想舍去了慈这个前提而一味想得到勇气，那结果一定很惨。佛家讲慈悲，什么叫慈悲？给人以乐谓之慈，拔人以苦谓之悲。构成国学主体的三大家儒、道、佛，核心的道德观念就是给予，就是廉忠。

廉俭。所谓"廉俭"要求的是"节俭俭束"，而要做到"节俭俭束"，则必须"寡欲不争"。应该强调指出的是，"俭"字应该说包含两层含义，一是节俭，二是俭束。节俭反映的是寡欲不奢华的生活状态；俭束体现的是处下不争胜的人生态度。儒家有所谓"饭疏食饮水，曲肱而枕之，乐亦在其中矣"（《论语·述而》），"一箪食，一瓢饮，在陋巷，人不堪其忧，回也不改其乐"（《论语·雍也》）的"孔颜之乐"；墨子有所谓"节葬""节用""非乐"等"贵俭之说"；老子有所谓"见素抱朴，少私寡欲"等"无为之论"。在儒、墨、道等诸家看来，俭朴的生活方式正是合乎道、关乎义即合乎人的本真的生活方式。老子将能满足人的基本物质生理需求的欲望叫"为腹"，而追求声色犬马的淫欲叫"为目"。他竭力主张人们要过着"为腹"的生活而反对追求"为目"的生活。为了与道合一，当要处下利物而不争。他说："上善若水，水善利万物而不争，处众人之所恶，故几于道。"（《道德经》第 8 章）老子明确地得出了"俭"论，并将它与"慈""不敢为天下先"一起视为人生"三宝"。老子说："我有三宝，持而保之。一曰慈，二曰俭，三曰不敢为天下先。"（《道德经》第 67 章）老子给的三个宝贝中的第二个就是"俭"。那么什么叫俭？从老子的论述中，我们会发现，老子始终抓住"少""寡"，始终强调圣人的行为方式是"为腹不为目""虚其心，实其腹"。大家要好好想一下，为什么老子那么强调这个理念，并将这个理念集中到一个"俭"字上。实际上，老子是在告诉人们，合乎人的本性的要求正是体现在这个"俭"字上。所以，我们结合老子思想的逻辑，可以得出对"俭"字的最到位、最通俗的解释。大家注意，在老子看来，所谓"俭"的意思就是多一点都不要。这个品德不得了，多一点都不要，是人之为人本存的一个属性，但现在不少人都把它丢掉了。

老百姓都会讲一句话：知足常乐。"知足"是什么意思？知道满足。那什么叫知道满足？你要回答这个问题，必须要理解老子是在什么样的情况下讲出这个道理的。老子讲："名与身孰亲？身与货孰多？得与亡孰病？"（《道德经》第 44 章）意思是说，外在的名声和你的生命、身体，哪一个更亲切？人的生命和身体，与你外在的钱财货物相比，哪一个更重要？得了那么多名利，生命没了，自由没了，你所得到的和你失去的哪一个更有害呢？

道家老子这个思想在哪里讲，效果最好？在监狱。所有进去的那些高官，让我给他们讲国学与廉政，每个人都悔不当初，说如果再给一次机会，他一定不会这样，但已经没有用了。

所以老子讲了一个道理："甚爱必大费；多藏必厚亡。"（《道德经》第 44 章）意思是说，过分偏爱、喜爱一个对象就会有大的耗费，收藏、聚集的东西太多，那么必然会招致巨大的损失。老子这些话，字字千钧。名誉、钱财、地位、情感……你越爱，付出的代价就越大，藏得越多，亡得越厉害，贪得越多，灭亡越惨。

讲完这些道理以后，老子告诉你，如何使你的生命有意义、有价值、能长久呢？"两知"，就是"故知足不辱，知止不殆，可以长久"（《道德经》第 44 章）。在生活中一定要明白，知道满足就不会招致屈辱，知道你应得的本分你就不会有危险，超出你应得的，要得到一定危险重重。

我跟我所有学生讲读经典的经验：读经典一定不能快，要慢慢地读。我把老子这一段话从头到尾背给大家听："名与身孰亲？身与货孰多？得与亡孰病？甚爱必大费；多藏必厚亡。故知足不辱，知止不殆，可以长久。"（《道德经》第 44 章）多么高深的智慧呀！你只要在生活中清醒一点，就可以使生命长久、幸福满满、好运连连。

生命有意义、有价值，一定要知足和知止。什么叫"知足常乐"？我用我这么多年的体会，就是"知少常乐"，将"足"字改成"少"字。在生活中知少，就不会遭受人生的屈辱，所有贪腐都是追求多而获得的。什么叫"知少常乐"？老子讲："五色令人目盲，五音令人耳聋，五味令人口爽，驰骋畋猎令人心发狂，难得之货令人行妨。是以圣人为腹不为目，故去彼取此。"（《道德经》第 12 章）人生一旦为了七窍的需要，迟早会犯事。如果我们没有国学的观念时刻警醒，面对名利权情，可能任何人都抵挡不住。说得通俗点，如果一个人不注重自己的道德修养和意志锤炼而一味顺着人的"为目"（追求人的眼耳鼻舌身意）之生理需求的话，一定会堕落。这就是老子告诉我们，为什么人要"俭"的道理，为什么人要"知足""知止"的道理。一句话，为什么人要"知少"的道理。

老子给人们一句六字真言："少则得，多则惑。"（《道德经》第 22 章）得到人生真正的本真和幸福，你一定要做到"知少常乐"，"见素抱朴，少私寡欲"。一旦有俭德，就能广大，就可以长久。反之，如果你贪多，人生必然处在一片迷茫困惑之中。老子试图从反面说理来警醒世人，老子说："罪莫大于多欲，祸莫大于不知足，咎莫大于欲得。故知足之足，常足矣。"（《道德经》第46章）"罪""祸""咎"皆来源于不知足的多求、多要、多得、多取、多占。

廉让。我讲最后一个廉德，叫"廉让"。什么叫"廉让"？一个人的廉洁，一定是从他在现实生活中处处谦让做起的，廉洁的养成就是在生活当中。所有的腐败分子，在工作中、生活中一定是颐指气使、高高在上、目中无人、专横跋扈、傲慢无礼、处处抢先的，从来不知道谦让。"让"不是让给比你级别高的人，你真正要让，就让给你单位的功臣，让给德行高尚的人，让给年长的人，让给民众百姓，如此才能够显示你的廉洁、高行。老子告诉你："太上，不知有之；其次，亲而誉之；其次，畏之；其次，侮之。"（《道德经》第17章）领导的最高层次是，下属不感到任何压力，仿佛你不在一样。第二个层次，人们都说你好，亲近而赞扬你。第三个层次，人们都怕你，下属看到领导像老鼠看到猫。最低的层次，人们都侮辱你，群起而攻之。与廉让联系的国学观念，正是老子要给人们传授的第三件宝贝：不敢为天下先。这是老子一以贯之的思想观念。他说"后其身而身先，外其身而身存"（《道德经》第7章），把自己摆在别人后面，反而得到别人的敬重。意思是说，自知谦让、谦退反而赢得别人的爱戴。"以其终不自为大，故能成其大"（《道德经》第34章），正因为始终不自高自大，所以才能够最终真正成就他的伟大。"处上而民不重，处前而民不害，天下乐推而不厌，以其不争，故天下莫能与之争"（《道德经》第66章），意思是说，置身于民众前面，民众不感到妨害，领导民众，民众不会受到压抑，如此一来，天下就乐于推崇而不厌弃。因为他谦让不争，所以天下都不会与他相争，必将天下归心。

老子对于"慈""俭""不敢为天下先"这三宝的推崇及其分析太经典了，太重要了。老子说："我有三宝，持而保之。一曰慈，二曰俭，三曰不敢为天下先。慈故能勇。俭故能广。不敢为天下先，故能成器长。今舍慈且勇，舍俭且广，舍后且先，死矣。"（《道德经》第67章）这么大的智慧告诉你，听进去就可以长久。

我总结一下，今天从这样几个角度来谈国学与廉政，特别是廉政：第一，"人之高行也"的"可以取，可以无取，取伤廉"；第二是廉公；第三是廉忠；第四是廉俭；第五是廉让。

三、 古代的"四维"思想

与大家谈一下被中国古人形容为维系国家民族这座大厦的"四维"思想。中国古人告诉我们，维护国家、民族这座大厦有四根大绳。这四根大绳子，第一根绳子断掉，这个大厦就会倾斜；第二根绳子断掉，这座大厦就很危险；第三根绳子断掉，这座大厦就会倾覆；第四根绳子断掉，这座大厦彻底玩完。第一根绳子断掉，你及时补救，还可以把它扶正；第二根绳子断掉，你及时补救，还可以转危为安；第三根绳子断掉，你还可以把它扶起来；如果第四根绳子断掉了，你想什么办法都晚了。这四根绳子分别是礼、义、廉、耻，叫"国之四维"。

"礼义廉耻，国之四维，四维不张，国乃灭亡。"而"廉"就是维系一个国家、民族这座大厦的第三根绳子。这第三根绳子断掉了，一座大厦就要倾覆了。如前所述，廉是美德善行，如果违背，当有耻感，所以中国传统文化为了更彻底地贯彻廉德，于是就紧跟着另外一个德目，就是"耻"。在一个健康文明的社会里，正面提倡的一定是知廉知耻，反面批判的一定是寡廉鲜耻。

与廉紧密相关的一个字就是"耻"。腐败分子腐败的原因有很多，今天我给你们一个最重要的原因，就是他没有羞耻感。你认为他不知道自己做错了吗？知道。一般人知道自己做错，心跳加快，面红耳赤，就不敢干了。但是有些人良心没了，良知没了，没有耻感。因此，腐败分子"寡廉鲜耻"。

给大家讲一个常识，现在许多年轻人不知道我们过去穿的衣服叫中山装，中山装有什么特征？它有四个口袋。这四个口袋是什么意思？代表着"礼义廉耻"这"四德""四维"啊！让我们中华民族这座大厦岿然不倒，一定要廉，一定要守住耻感。管子说："国之四维，一维绝则倾，二维绝则危，三维绝则覆，四维绝则灭。倾可正也，危可安也，覆可起也，灭不可复错也。何谓四维，一曰礼，二曰义，三曰廉，四曰

耻。"（《管子·牧民》）

　　各位，国学与廉政是紧密相关的，解决廉政的问题，需要解决人的心性的问题，光明你人之为人的良心，呼唤你人之为人的良知，把廉耻之心呈现出来，在现实生活中做到廉公、廉忠、廉俭、廉让。这样，我们的廉洁工作一定会做好，我们每一个人的人生也一定会更加美好、更加长久。

　　从"廉公""廉忠""廉俭""廉让"来审视廉德，我们就会发现，廉德是足以集中反映中华传统优秀文化的许多德行的一个德目。所以这就要求我们在宣扬廉文化的时候，一定要关注廉德的多重意义与价值。也正是因为廉德的多重意义与价值的存在，才使得廉德在净化人心、和谐社会、安顿生命、培植人格等方面有着独特的功用。

江苏思想之光

——从泰州学派说起

江苏思想之光
—— 从泰州学派说起

直播时间
2023/5/12 9:30

直播地点
泰州

主讲人 王月清

南京大学教授 博士生导师
江苏省社科院党委委员、副院长兼文脉研究院院长
《江苏文库·研究编》主编

指导单位 中共江苏省委宣传部
主办单位 江苏文脉整理研究与传播工程工作委员会办公室
凤凰出版传媒集团
承办单位 现代快报
中共泰州市委宣传部
泰州市社科联

主讲人：王月清

《江苏文库·研究编》主编
江苏省社科院党委委员、副院长兼文脉研究院院长
南京大学教授、博士生导师

今天讲座的题目是《江苏思想之光》，关键词是"思想"。在整个中华优秀传统文化中，"思想"是核心的部分。所以，讲江苏思想学派、泰州学派，离不开中华优秀传统文化中的中华思想文化。我们以泰州学派为基点，梳理江苏历史上的思想学派，江苏的思想学派又是整个中华优秀传统文化和中华思想的一个重要组成部分，也是中华思想的一个侧影。

我们在三个背景下，回溯江苏思想学派。一个是时代背景，当下中华优秀传统文化的传承和弘扬，特别是党的二十大报告里提出的"两个相结合"，即马克思主义基本原理同中国具体实际相结合、同中华优秀传统文化相结合。第二个是中国背景，即中国思想文化。第三个是江苏背景。在这三个背景下，我们来了解泰州文化、江苏文化、中国文化。

一、 传统文化与时代

首先介绍一下党的二十大报告中关于传统文化与时代的关系（习近平总书记在中国共产党第二十次全国代表大会上的报告）。其中，习近平总书记讲到中华优秀传统文化源远流长、博大精深，是中华文明的智慧结晶，其中蕴含的天下为公、民为邦本、为政以德、革故鼎新、任人唯贤、天人合一、自强不息、厚德载物、讲信修睦、亲仁善邻等，是中国人民在长期生产生活中积累的宇宙观、天下观、社会观、道德观的重要体现，同科学社会主义价值观主张具有高度契合性。

习近平总书记又提到，我们必须坚定历史自信、文化自信，坚持古为今用、推陈出新，把马克思主义思想精髓同中华优秀传统文化精华贯通起来、同人民群众日用而不觉的共同价值观念融通起来，不断赋予科学理论鲜明的中国特色，不断夯实马克思主义中国化时代化的历史基础和群众基础，让马克思主义在中国牢牢扎根。

以上论断的关键词是"日用而不觉",这和泰州学派所主张的"百姓日用即道",可以融通起来看。党的二十大报告里面讲的"契合性"和"融通性"值得我们高度关注。同时,近期正在开展学习贯彻习近平新时代中国特色社会主义思想主题教育活动。对于习近平新时代中国特色社会主义思想的理解,从中华文化、中华文明的角度怎么看?中宣部部长李书磊同志认为,习近平新时代中国特色社会主义思想,激活了中华文明的强大生命力……这一重要思想强调,中华民族文明延续着我们国家和民族的精神血脉,要薪火相传、代代守护,坚守中华文化立场,传承文化基因。习近平总书记在谈到传统文化时强调,"文明特别是思想文化是一个国家、一个民族的灵魂。"所以,今天讲的主要是思想文化层面。

我们谈中华优秀传统文化可以从物质层面展开,比如一些文化遗产,紫砂、陶器、字画等。制度层面,比如经济制度、文化制度、政治制度,以及教育、行政系统中的考试制度、选拔制度、弹劾制度、言官制度,还有官员的轮岗制度,以及反映儒家孝亲观念的丁忧制度等。最深层、最稳固的是思想观念。儒、道、佛三家思想文化源远流长、内涵丰富,是中华优秀传统文化的重要组成部分。儒家内涵很丰富。如果我们用一句话来概括,儒家就是主张"仁者爱人,以人为本"。在《论语》中,孔子回家得知马棚着火,关心说:"伤人乎?"不问马。他唯一关心的是人有没有受伤,没有问马的事情。《论语》里面还说:"子不语怪力乱神。"孔子不关心人以外的怪、力、乱、神这类事情。孔子还说:"未能事人,焉能事鬼。"主张做好人和人间的事情,足以表明儒家是以"人"作为最大的关切的。

如果用一句话来概括道家主要思想,我认为是"道法自然"。当然这里的"自然"不仅仅是自然界的意思,它是"自然而然",万物包括人生未来的样态和规律。道家主张要效法自然规律把握社会规律,由道法自然还会引申出人生和治理方面的一些理念,比如"无为而治"。因为依道而行,"道"的本质是自然而然,知道、守道、行道就是依照自然规律、人的本性、社会规律去办事。这里的"无为"不是什么都不作为,而是不要违反规律和人的本性去胡乱作为。

"道法自然"在老子那里还有一个关联的命题,即"治大国若烹小鲜"。意思是说，处理复杂问题时我们要像烹小鱼一样，不要乱搅锅中的鱼，如果总是搅动它，就变成了"鱼酱"。用我们今天的话说，就是不折腾。

佛教如果用一句话来概括的话，我认为是"明心见性"。它最基本的理论从两方面看，一个是缘起论。佛教跟基督教不一样，基督教认为这个世界是上帝创造的，即"上帝创世说"。佛教认为世界是因缘和合而成，即"缘起说"。因缘和合而成的万事万物，没有永恒性和主体性。这样一种主张，中文世界的理解就是"无我"和"无常"。

佛教除了缘起论外，还有一个理论叫"因果律"。因果律通俗的理解就是"种瓜得瓜，种豆得豆"。所以用缘起论启发人们，去除执念，因为当下的一切都是因缘和合而成的，终有因尽缘散，同时也启发人们去感恩和惜缘。古训"一饭一粒，当思来处"，就是感恩惜缘。因为有阳光、土壤、种田人，所以才有饭吃。佛教给我们的启发，一方面是感恩和惜缘，另一方面是懂得放下我执。

中华思想文化跟其他的文化相比，有其独特之处。公元前 6 世纪至公元前 3 世纪，相当于我国的春秋战国时期，雅斯贝尔斯称之为轴心时代，整个东西方文明几乎在同一个时期，都产生了影响世界文明进程的伟大思想、代表伟大思想的著作和伟大思想家。比如，在地中海流域，有以苏格拉底、柏拉图、亚里士多德为代表的希腊思想家；在恒河流域，有以吠陀、奥义书、释迦牟尼为代表的印度思想和人物；在黄河流域，有孔子、老子、庄子、孟子、墨子等儒道墨法阴阳兵等诸子百家。这些思想随着文明的进程，成为各自民族前行的原动力。人类文明的每一次伟大的复兴，都会回溯这些原生性的思想。

比如欧洲的文艺复兴，就是回望希腊理性。如果中国有文艺复兴，那应该是回到先秦时期。当我们谈到"古文运动"时，有个背景和使命："文起八代之衰，道济天下之溺。""文起八代之衰"是纠偏，古文运动之前文学非常程式化、机械化，失去了思想的鲜活，"道济天下之溺"就有了韩愈的赓续孔孟之道的《原道》和后来的宋明理学。

古文运动以后，宋明理学是儒学的第二期发展，或者叫新儒学。所谓新，也是为了重建孔孟以来的道统。每个民族的每一次复兴，都会找寻和激活自己的思想源头。纵观历史，先秦时期就是这样一种源头，它是一种原创性思想生发的时代，诸子蜂起、百家争鸣。它带着独特的中华文明原初底色，成为一种文化基因，随着历史的长河顺流而下。

两汉时期，儒学发展成为两汉经学，把儒家经典上升到"经"的高度，有了五经博士。同时，两汉时期，注重考据、训诂、家法、师传。两汉时期经过了秦朝的焚书坑儒，恢复和传承了儒家经典，所以有了经文经学和古文经学。无论是经文还是古文，在表面上是文字和版本的不同，实际上是学术方法的不同、学术风格的不同，也是政治诉求、思想观念的不同。江苏刘向父子代表的是古文经学。

两汉经学走向极端，训诂考据变得烦琐，魏晋时期的玄学算是一种纠偏。"玄而又玄"，属义理之学，超越烦琐考据，魏晋玄学的主要特色是老庄思想与儒家思想的结合，可谓"援道入儒"。玄学讨论的议题，主要是远离现实生活的一些问题，比如"本末有无""自然名教""言意之辨"等。这些问题看上去玄而又玄，但这并不代表它没有现实关切。魏晋风度、魏晋风流下，是曹魏政权、司马氏政权下的现实批判和抗争。

"玄而又玄"又会走向偏颇，经过南北朝的分裂和融合，隋唐时期儒学以"五经正义"代表了南北学术和思想的统一，后来"儒门淡泊，收拾不住"，中国佛教宗派的形成，儒家的价值观、精神传统受到了遮蔽不传，韩愈等儒者重构孔孟之道。从古文运动到六祖革命再到宋代道学，到宋明时期，宋明理学完成了道统重建的转型。

宋明理学又转向讨论形而上的问题。因为佛学的思想更具思辨性，为了重振道统，应对佛门法统，儒学也要更精致、更理论化。所以，宋明理学是把儒家伦理本体化。所谓本体，在中国人眼中就是一个终极根据，就像宋明理学自家提出的"天理"一样，天理就像天上的月亮，而黄河的月亮、长江的月亮、淮河的月亮，都是天上一个月亮统摄的。天理作为一个终极依据，在万物身上体现为物理，在人与人之间体现为伦理，在人的身心之间体现为生理、心理、性理，等等。

心性命理问题、价值优先问题、追寻圣贤气象等成为宋明儒者的主要关切。宋明理学最重要的关切是追求价值理性，今天我们重提价值优先，实际上对应的是工具理性。新时代的五大发展理念，创新、协调、绿色、开放、共享，也是一种价值优先的理念。

宋明理学作为东亚地区走向现代历程的精神动力，这种价值优先的特征是不容忽视的。甚至可以说，它是东亚现代性的一种精神动力。谈心性命理、谈价值优先、谈圣贤气象，当国破家亡的时候，儒者反思"无事袖手谈心性，临危一死报君王"的流弊。因反思流弊，明末清初，思想学术转向避虚向实，走向经世致用。以江苏的顾炎武、湖南的王夫之、浙江的黄宗羲为代表，明末清初的经世致用的实学思潮应运而生。

清初实学思潮，以江苏顾炎武为代表，影响整个清代思想学术。清代中期就是乾嘉汉学的风格，尊重汉学方法，注重实事求是，注重经世致用等，就是乾嘉汉学。直至晚清延至民国，知识界又一次转向从宋明理学特别是陆王心学中寻找变革社会的精神动力。

我们回过头来看，中国思想学术从轴心时代的原创到流变，就像一条河，有起有伏，一波未平，一波又起，在为学方法、学术风格、思想主旋等方面有虚有实，虚实相间。所谓的儒学，所谓的国学，所谓的中华优秀传统文化，所谓的思想文化，并不是一成不变的。

二、 中国思想文化

江苏的思想不是中华一隅，而是整个中华思想的缩影，是中华思想文化重要的组成部分。它在中华思想文化流变发展中起着不可替代的作用。

我们用梁启超先生的一句话作为参考，来观察在江苏大地上的思想文化，他说："大江下游南北岸及夹浙水之东西，实近代人文渊薮，无论何派之学术艺术，殆皆以兹域为光焰发射之中枢焉。江苏近代学风，发轫于东南濒海之苏、常、松、太一带，以次渐扩而北。"也就是说，江苏是近代思想学术的集散地。在江苏大地上，江苏人应该尊重了解、传承光大哪些思想学术流派？除春秋战国时期的季札和"道传东南"的言子外，对秦汉以降的江苏思想学派，这里作了简略的梳理。

第一，东汉时期的古文经学派。它的创立者是刘向、刘歆父子。古文经学派对先秦以来的文献首次进行全面的校正，形成传世文献的官方定本，构建了独尊儒术背景下符合大一统帝国需要的文献体系。西汉古文经学的真正开创者是刘歆，中国历史第一部图书分类目录《七略》是西汉刘歆汇录的，这也是古文经学派的重要著述。

第二，道教的茅山派。茅山派亦名上清派，晋代魏华存创立。南朝陶弘景（句容人）隐居茅山，传播《上清经》，尊茅山真君为祖师，主张"积精累气"，强调存思，并重符咒，不主外丹。而比东晋魏华存更早的一位道者葛洪，他是把道教理论化、体系化的开山祖师，以《抱朴子》将神仙道理论与儒家纲常名教相联系，开儒道融合之先河。所以我们认为，江苏是中国道教文化的发源地之一，江苏地区在中国道教思想史上有着独特的地位，特别是茅山派至今依然在中国道教中有着重要的影响力。

禅宗牛头派创始人法融大师

第三，唐代禅宗的牛头禅派。我们去南京牛首山观光，牛首山的背后是牛头禅，牛头禅背后是禅宗，禅宗背后是佛教中国化。但是佛教怎么中国化？在思想层面上，佛教与中国思想，特别是儒家思想和道家思想相融合，而佛教中国化的一个典型就是禅宗的形成。禅宗的中国化分派中，在江苏，以唐代法融法师为代表，禅宗思想与道家思想融合，是非常典型的佛教中国化。以后再去牛首山看牛头禅、看法融，要理解

"融"是交融的融，要理解江苏文化是一种包容性文化。

第四，宋代安定之学。受惠于宋初胡安定（胡瑗）先生创立的教育理念和方法。胡安定开创了一个新的教学方法"苏湖教学法"。苏湖教学法又称分斋教学法，设经义、治事两斋。治事科，就是农田水利、应用工程等。经义科传习典章制度、价值观念。苏湖教学法背后是胡安定主张的明体达用之学。"体"是"根本"，是价值原则，"用"是价值原则的实现和呈现，安定学派的选修必修制度也是世界教育史上最早的。对于胡瑗的贡献和影响，当时有人将胡瑗与王安石相比较，说"胡瑗以道德仁义教东南诸生时，王安石方在场屋中修进士业"。开风气之先，安定之学是很超前的。

第五，明代以王艮为代表的泰州学派。

第六，清初亭林之学。代表人物顾炎武反对"束书不观""游谈无根"，主张避虚向实、实事求是、经世致用。他在实地考察的基础上写下了《日知录》《天下郡国利病书》《肇域志》《音学五书》等不朽名著，都可谓是开启清代"实学"之风的标志性著作，他对政治、经济、军事、舆地、民俗等方面都有深入研究，而最终目的是"以明道也，以救世也"。他提出"重返六经"的学术主张，针对明代理学家"一皆与之言心言性，舍多学而识，以求一贯之方"的学术风气，提出"博学于文"的主张，在诸多领域，如经学、史学、音韵学、文字学、舆地学等方面都有创见，为清代学人开辟了治学的新路径，被尊称为清学"开山始祖"。所以"经世致用""实事求是"是江苏文化元素和文化品性中重要的两点。受顾炎武影响，清代之后的几个学派，"实事求是"都是他们一以贯之的旗帜。

第七，清代中期的吴派经学。代表人物惠周惕、惠士奇、惠栋。惠栋作为吴派经学的创始人和奠基者，对清代汉学的发展起到了重要作用，他对古代经史百家典籍和汉唐旧注无所不通，有"惠九经"的雅号。他正式举起了复兴"汉学"的大旗，遵循"复古"和"尊汉"的原则，不仅提倡经学，而且明确提出尊崇汉代的经学，贬低宋明以来的经学著述。首先，惠栋重新确立了"五经"至高无上的地位；其次，他认为了解儒家经典本来面目的前提是恢复汉代经学家的注疏，特别是还原贾逵、马融、郑玄和许慎等人的经学著作；最后，为了梳理清楚汉代经

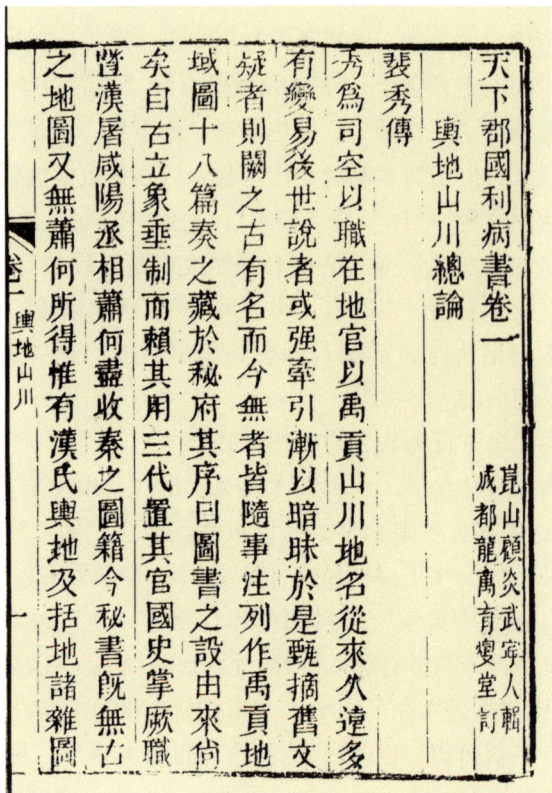

《天下郡国利病书》

学的发展脉络，惠栋十分强调汉代经学的"师法"和"家法"，与皖派相应。

第八，清代中期的扬州学派。它代表了清代考据学发展的一个高峰，它远宗顾炎武，近承吴、皖，在综合吴、皖两派优点的基础上推陈出新，将考据学推进到一个新的高度。同时，扬州学派兴起于清朝由盛转衰的历史时刻，他们改变"汉学"先辈们埋首治经的传统，将经世致用的思想旨趣注入考据的学术工作之中。

汪中是清代开诸子学研究风气之先的代表性人物，他致力于《墨子》《老子》《商子》《荀子》和《晏子春秋》等诸子学研究，其中最为后人所重的是其对《墨子》的重新发现与阐发。针对汉学的僵化，焦循提出了不以汉人之是非为是非，树立"实事求是"的治经原则。其易学研究既不完全依据汉代的注疏，也不轻信宋儒的研究；焦循主张做人和做学问一样都须奉行"忠恕"之道，开始积极寻求各个学派间的调和之道；焦循在诸多经学著作中十分崇尚《礼记》，倡导学术经世致用，主张学术思想为现实服务。阮元对清代考据学贡献极大，主持编纂《十三经注疏》《皇清经解》等，把文字、音韵、训诂看作入学的门径；阮元将学者定义为"通儒"和"陋儒"，"陋儒"就是固执于一家之言，不知变通，一心攻读八股辞章之学，醉心于功名利禄，而"通儒"则是能"笃信好古，实事求是，汇通前圣微言大义"。

扬州学派特别强调在考据、训诂的基础上关注思想的张力，把考据和义理相结合。上面讲的吴派经学比较专，皖派最精，扬州之学最通，这也是继承基础上的一种超越和发展。

第九，清代常州学派。主要特征与扬州学派、吴派、皖派不一样，乾嘉汉学更重古文经学的考据训诂，而古文经学和今文经学不一样，今文经学注重"微言大义"。常州学派代表了沉寂许久的经文经学的再兴，也是对明末清初儒家经世致用传统的继承和发展。代表人物庄存与声名不显于当世，"学术并不为时人认同"。他倡导经世思想，企图从经典中找到拯救时弊的良方。庄存与的外孙刘逢禄和宋翔凤生活在嘉道年间，刘逢禄经学研究接着清儒孔广森对于何休公羊学的研究而来，在学术方法上兼采乾嘉汉学的考证方法，主张通过对经典的解释来表达自己的政治变革主张。

宋翔凤在学术方面的贡献主要在于他将阐释"微言大义"的范围从《公羊传》扩展到其他儒家经典，如《论语》等，并力图对儒家的政治思想体系进行新的建构，对后来的康、梁等人产生了影响。他是最先出来大谈孔子"素王"的人，他的这套理论在康有为那里被发展到极致，并引发了一场声势浩大的政治改革风潮。后来得到了龚自珍、魏源的大力推举，影响了维新变法。

第十，清代中后期太谷学派。创始人张积中、李光炘、刘鹗。这个学派受到了清代朝廷的打压。近代，社会出现大转型、大变革，江苏涌现了一批既具有良好的传统文化学养，又具有新的视野和游历的思想家，他们的思想既有对中国传统精华的继承，又体现出不断探索、转化创新，具有鲜明的时代色彩，不仅对咸丰、同治和光绪时期的思想界产生了巨大影响，指导了洋务运动的开展，还为后来的变法与改良运动做了铺垫。学界称之为江苏"新学"。

　　冯桂芬从西方的地图中得知，环球之内"不下百国"，其中更有英、法、美等诸强国，面对四"不如"即"人无弃材不如夷，地无遗利不如夷，君民不隔不如夷，名实必符不如夷"，他认为只有进行变法，"采西学议"，舍此则无强国之途。他提出变法的两条原则：一是"法后王"，以时代的变化为依据，因为"为其近己而俗变相类，议卑而易行也"；二是"鉴诸国"，以其他国家为参照，即要向西方国家学习发展的经验。王韬也认为晚清中国面临的最大挑战来自外部，应对西方才是中国的"当务之急"。为了在万国并争之世生存，中国必须变法求强。他大胆提出要"一切以西法行之"，对洋务派"中体西用"提出批评，认为洋务派学习西方"尚袭皮毛，有其名而鲜其实"，认为洋务运动中"练士兵、整边防、讲火器、制舟舰"为"末"，而"中国之政治"改革才是"本"。薛福成指出变法不是人们的主观愿望，而是客观事势推动的，天道世事都是在不断的变化之中。

　　这是两千多年来在我们江苏大地上可以构成学派的一些代表性学派。除此之外，江苏文脉中有丰富的文学、史学的文献，丰富的史料方志，蔚为大观的 3000 册《江苏文库》，整理了、研究了，我们从中要得到哪些思想精神的启发？或是勾勒出哪些代表江苏人精神气质的精神标识？我们也可以概说江苏人爱国、自强、奋斗、创新，但要归纳真正代表江苏精神的是那种基于江苏本有的、江苏丰厚的，而且蔚然成风、代代相继的精神标识。

　　所以，我个人觉得，通过这些丰富多元的思想学派可以概括这样几个精神标识和思想观念：一是"实事求是"，二是"经世致用"，三是"知行合一"，与阳明学和阳明后学的泰州学派相关联。第四个是"担当引领"。从王艮到王栋到后人的评价，都体现了泰州学派主动担当的精神。第五个是"开放包容"。无论是江左玄风、六朝精神，还是牛头禅派、江苏"新学"，都是开放和包容的。未来的江苏，恰恰也需要这些精神支撑着我们向前发展。最后一个是"家国情怀"。中国的知识人和儒者，骨子里就有一种家国情怀，文教鼎盛的江苏尤其如此。儒家的"儒"，天职就是"助人君顺阴阳、明教化"。

三、 泰州学派

我谈一下自己对泰州学派的理解。从三个命题来展开。

一是"百姓日用即道",这是泰州学派核心的主张。王艮认为百姓日用常行中体现出来的不假思索、不用安排、自自然然、简易直接的方式就是道,指出"僮仆之往来,视听持行泛应动作处,不假安排"就是"道",此乃"即事是学,即事是道",也就是"百姓日用条理处,即是圣人之条理处","圣人之道,无异于百姓日用,凡有异者,皆谓之异端"。

"百姓日用即道",不是王艮凭空提出来的,它与阳明思想也有关联性。比如王阳明当时在启发学生时说,我们不能高高在上,不能远离百姓的所思所想。儒家的终极关切就是教化民众、优化自身、优化人间。所有的道德原则、价值理念离不开日常生活。王阳明说,要做个愚夫、愚妇,方可与人讲学。他还说:"泰山不如平地大。"从宽度广度来看,泰山只是一个小坟头而已,它不如平地大,希望学人、教育者,更多的是放下"高台化"倾向,以"百姓日用即道"的理念推行儒家主张。所以"百姓日用即道"是回向百姓、回向生活、回向日常,是对于"高台化"的纠偏,它也是真实的、接地气的、有效的。

党的十八大以来,习近平总书记强调,要把社会主义核心价值观教育要"日常化、具体化、形象化、生活化",让老百姓更可感、可知、可接受。

二是淮南格物。《大学》格物致知,是儒家一以贯之的讨论。到了王艮这里,他对格物的理解不一样,王阳明以心为本,心即理,致良知,格物就是"正心",而王艮进一步把"正心"理解为"正身"。心在哪里?现实之身,所以要正身。那么"格物"的"格"是什么呢?"格如格式之格,即后絜矩之谓,吾身是个矩,天下国家是个方,絜矩则知方之不正,由于矩之不正也,是以只去正矩,却不在方之上求。"意思就是,你拿着一个矩尺,去衡量身边的事物,矩尺不正,则天下不正。王艮以这样一个比喻说明,想要天下"正"必须自己先"身正"。

于是"明哲保身"也跟着来了,因为"正身"首先得保存自己的身家性命，用我们今天的话说，你还得活着，你还得生存。所以，明哲保身不一定是贬义上的自我保护，明哲保身是"正身"、修身最基本的保证。王艮说："修身立本也，立本安身也。""明哲者，良知也，明哲保身者，良知良能也……吾身不保，又何以保天下国家哉。"当然，他们在那样一个时代推行和施行自己的主张，遇到专制打压时，"保身"不是他们说了算的，有时候也难以"保身"。所以在理解"淮南格物"时，我们可以看到从"格物"变成"正心"，又变化到"正身"，在王艮看来，现世生命和精神生活是一体两面的事情。

三是"大成之学"。教化天下，优化天下，这是王艮的梦想，一个平民儒者的梦想，也是一个儒者的担当。这听起来有点不切实际，但像王艮及其门人，确实在短期之内，组织了类似萃和会的组织，成为民众逃避黑暗现实的乌托邦。这样的组织是人与人之间的守望相助，在一定程度上是积极的。但当他们起来对抗官府，或者抗拒赋税的时候，就变成了罪过。"大成之学"学以致用，更多关注儒学在实践层面、治理层面的落实。当然，"大成之学"在修行方法层面也有很多推进。比如"打滚法"等，这种自然而然、真真切切的修行方法，对老百姓来说更好操作。

过去的百姓为了约束自己的行为，白天做了一件好事，晚上回去拿一颗黄豆放在碗里，如果做了损伤别人的事情，就拿一颗黑豆放在碗里，一个月后查看碗里的豆子比例，就知道功过如何。我们现在有没有类似的方法？比如说，我们小时候在课堂上踊跃发言或打扫卫生了，老师会奖励一颗五角星。一个月以后，几颗五角星换成一面红旗，一学期以后，红旗较多的就成了班上的优秀生。这是通过可计量、可操作的方法激励个人自我提升。这些方法是简易的、方便的，叫"功过格"。泰州学派没有什么太高深的道理，也不是玄之又玄的东西，它是接地气的。过去有一个"黄打铁"的例子。黄老汉觉得打铁又热又累，日子实在煎熬难过。后来，别人启发，让他每打一次铁，就念佛一声，结果他亲自试行后感觉生活充实无比。这就是把生产劳动和精神生活融为一体，让劳动有了伦理的价值和精神的满足。这是中国特色的劳动伦理，叫"农禅并作"。

综观泰州学派的思想人物，都极活跃。前不见古人，后不见来者，直下承担，无一毫躲闪顾虑。说他们怪诞，诚然是怪诞，说他们英伟，也诚然是英伟。泰州学人中，布衣之士多，特立独行者多，行侠仗义者多，其精神独立、思想活泼，在今天仍有重要的现实价值。

再从泰州学派的思想特质方面简单谈谈。

第一，泰州学派特有其时代背景下的思想创新性。我们看泰州学派的变化，从阳明心学的"良知"到了泰州学派的"良知现成"，儒学、宋明理学的"天理"变成了"天然自有之理"；儒家的道德原则变成了泰州学派的"百姓日用之道"；《大学》里的"正心修身"转化成为泰州学派的"正身、保身"；儒家的"学思"变成泰州学派的"乐学"；儒家学者，从泰州学派这里看到的是与其"得君行道"不如"觉民行道"。他们甚至不相信有什么救世主，因为当时天下无道，还不如落实到自我净化相互暖化、彼此优化。

第二，泰州学派特有其平民性。中国思想史鲜有对平民思想的描写。泰州学派是平民儒学、布衣学者，接引者也多为布衣，有极强的平民色彩；他们主张圣凡一致、"人人君子"，"尧舜与途人一，圣人与凡人一"，"圣人不曾高，众人不曾低"，"庶人非下，侯王非高"，注重日用伦常，认为"圣人之道，无异于百姓日用"，与精英儒学注重理论阐述和严肃的道德说教略有不同，展现了真切务实、简易直接的思想特色。王艮自己终身不仕，对待儿子"皆令志学，不事举子业"，其门下弟子大多为下层群众，农夫、樵夫、陶匠、盐丁等计有数百人，其"乐学""有教无类"等教育思想是一份宝贵的精神财富。

第三，泰州学派特有其主体性。泰州学派关注良知现成——主体自觉、主体挺立。良知不在遥远的西方，不在形而上层面，就在当下和自己的身上。但这种主体性的张扬，一旦突破边界时，会遭受打压，因为它会无边界地自由生长。后来的黄宗羲讲泰州学人"诸公赤身担当，无有放下时节"，这是对天下事、人间事的放不下，在东亚范围内，儒学和佛教是共同的文化纽带。程朱理学、陆王心学，特别是阳明学，几乎成为明治维新的精神动力。阳明学和后阳明学尤其是泰州学派的主体性，启发了明治维新变法者，比如西乡隆盛等，激励武士阶层发挥主体性，参与变革社会和优化社会。

第四，泰州学派特有其实践性。阳明学是心即理、致良知、事上练。王艮提出"万物一体之政"，他从"王道"社会理想出发，希望建立一个无贵贱、等级之分，万物各得其所，人人君子、家家安乐的大同世界。事上磨炼、知行合一的阳明心法，在泰州学人那里进一步实践落实，如颜钧、何心隐、罗汝芳等积极参与地方事务，创办组织聚和会、萃和会等推动区域社会的秩序重建。

第五，泰州学派特有其近世性，也即现代性。泰州学派对个体存在价值的发现、对现实利益的肯定、对自然人性的尊重、对自由与个性解放的追寻，被近代学者称为"思想启蒙学派"。颜钧提出"制欲非体仁"，认为"人之好色贪财，皆自性也"。李贽提出"私者，人之心也，人必有私而后其心乃见"，宣称"穿衣吃饭，即人伦物理"，"虽圣人不能无势利之心"。

在实践层面，明治维新的成功一定程度上受阳明心学的影响。当然除了阳明学，还有西学，还有日本本土理念，特别是制度层面"富国强兵""殖产兴业""文明开化"，促进了明治维新变革成功。

我们今天讲现代化，在实践逻辑上有一些误解。物质的现代化、制度的现代化、人的现代化，似乎有一种先后关系。但如果没有人的现代化和观念的现代化，制度的现代化、物质的现代化等于空中楼阁。现代化的五个重要特征和九方面本质要求，体现了它是全面的现代化，而全面现代化最重要的恰恰是作为实践主体人的现代化，在思想观念层面，恰恰是基于传统的创造性转化和创新性发展。

我们应该有这样一种清醒的认识，对于包括泰州学派在内的传统文化资源，要了解、尊重和赓续，着力中华文化新形态的创造，我们的现代化才是物质文明和精神文明相协调的现代化，才是人的精神世界丰富的现代化。我们已走在中国式现代化道路上，古人的情怀和理念对于我们来说，如果有一点点启发作用，也是幸运的。

泰州学派是在江苏文脉背景下，更是在中华优秀传统文化中的泰州学派，所以它是中华优秀传统文化的重要组成部分，是中华优秀传统文化的江苏景致。在面向中国式现代化江苏新实践新征程上，它可以作为我们充满文化自信和自豪的底蕴，更应该作为我们前行的精神动力，鼓励我们在新时代努力建设中华民族现代文明，使得我们本土的、本有的资源释放并光大创造性转化和创新性发展的活力。

用文学为江苏画像

——徐州篇

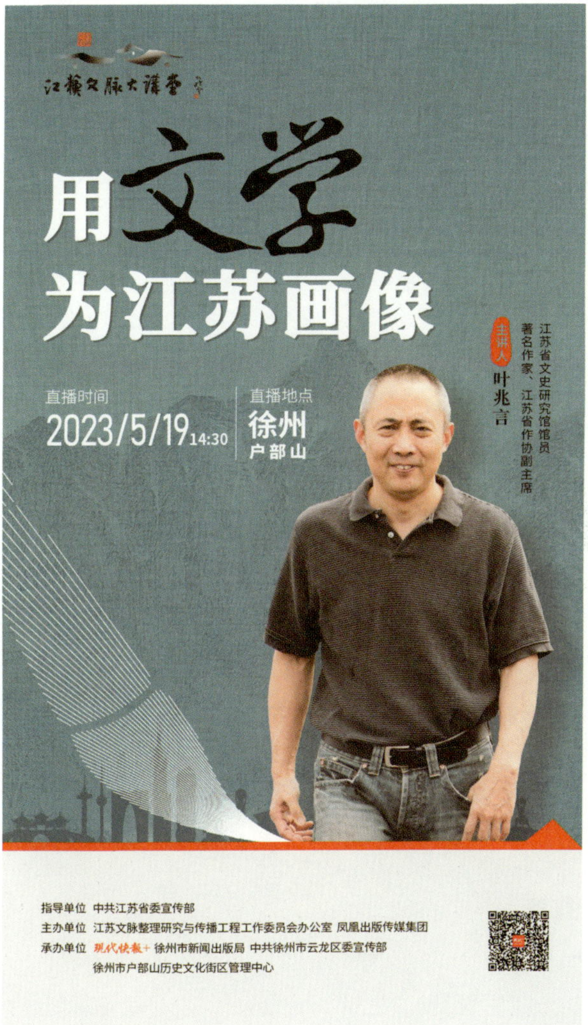

主讲人：叶兆言

著名作家
江苏省作协副主席
江苏省文史研究馆馆员

一、 九州之一有徐州

我对徐州谈不上特别了解。我写过一本《江苏读本》，因为写到江苏，毫无疑问必须写到徐州。在我那本书中，徐州有一个章节，在综述也多次写到徐州，所以只能说我对徐州有一定的了解。

徐州的"州"是有说法的。州是中国最古老的行政区划，州这一级的单位，在古代相当于一个省，或者相当于一个市。大家都知道，至今在江苏还有 5 个名称带州的地级市，徐州、扬州、泰州、常州、苏州。古代中国叫"九州"，有 9 个带州的地名。《尚书·禹贡》记载这 9 个州是冀州、兖州、青州、徐州、扬州、荆州、豫州、梁州、雍州，它们当中几乎所有的地名今天还在使用。当然，和古代相比较，具体的范围都发生了比较大的变动。我们江苏是特别有意思的，居然在古代的九州中间能拥有三个州的地盘，有一小块是青州，大多数地盘是扬州和徐州。这个恐怕是其他的省很少有的。

在古代的九州当中，如今江苏的城市地名竟然占了两个，一个是扬州，一个是徐州。月儿弯弯照九州，江苏是个面积不大的省份，能九居其二也真是不容易。当然大家都知道，古代的扬州、徐州，和今天的扬州市、徐州市并不完全是一回事，它们有着这样那样的联系，要想三言两语说清楚几乎不可能。今天，我就简单说下徐州。

《尚书·禹贡》说"海岱及淮惟徐州"，那意思是说，西自济水、东至大海、北到泰山、南达淮河这一大片区域，都属于徐州的范围。司马迁的《史记》屡次提到"徐州"，像《齐太公世家》和《鲁周公世家》，这个徐州其实是在今天的山东境内，与江苏的徐州市并不搭界。东晋成帝以后，因为淮北被后赵占领，在江南设立了南徐州。历史上还曾有过北徐州、东徐州、西徐州。南北朝的时候，无论是汉人统治的南朝，还

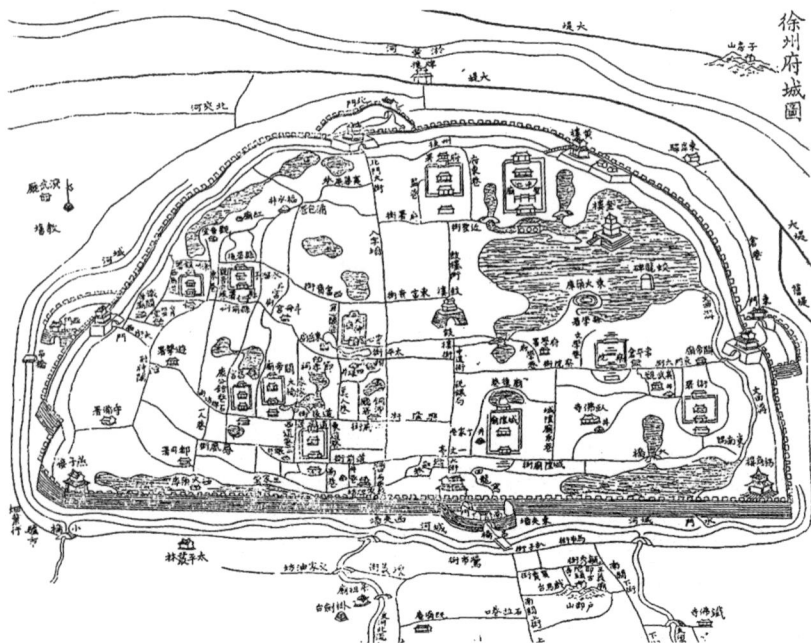

清代同治《徐州府志》所收徐州府城图

是少数民族的北朝五胡十六国，许多政权都有徐州这个建置，比如后秦的徐州在今天的河南境内，后燕的徐州在今天的山东境内。

对于这种名不副实的混乱，清代同治年间的《徐州府志》进行了梳理，指出历史上的徐州，"或为国名，或为地名，或以统辖，或以侨置，错综移陟"，其中只有彭城和下邳为徐州实土。换句话说，遇到史料记载中的徐州，都必须小心验证才行，否则就有可能闹出笑话。江苏的徐州市历史悠久，它显然是一个比苏州和扬州更古老的城市，早在 6000 多年前，徐州的先民就在此生息劳作。原始社会末期，尧封彭祖于今市区所在地，为大彭氏国，徐州称彭城便是从此开始。春秋战国时，彭城属宋，后归楚，秦统一后设彭城县。三国时，曹操迁徐州刺史部于彭城，彭城从此又开始称作徐州。

历史上，彭城和徐州曾经多次互易，好在换来换去，也就这两个名字，不像江苏的省会南京那样，动不动就换一个全新的称呼。徐州不仅是苏北最大的城市，在淮海地区也是首屈一指，是苏鲁皖豫边区组成的淮海经济区中心。它"东襟连港，西接中原，南屏江淮，北扼齐鲁"，素有"五省通衢"之称。京沪和陇海两大铁路在此交会，京杭大运河傍城而过贯穿徐州南北。公路四通八达，北通京津，南达沪宁，西接兰新，东抵海滨，为全国重要水陆交通枢纽，是地道的东西南北经济联系的"十字路口"。

进入近代以后，古城扬州因为交通的劣势，城市地位一直在走下坡路。因此，新的振兴扬州计划，便是兴修铁路，将新城区往南移，向长江边靠拢，走沿江发展的道路。与扬州相比，徐州在交通上的优势得天独厚，东部沿海要与中西部的内陆发生联系，上海经济区要与环渤海经济圈进行交流，徐州是必经之路。同时，作为一个区域经济内的大都市，徐州虽然不能像苏州那样，把自身的崛起依附于周边一个更大的超级城市，比如借力于上海的高速发展，但是因为附近没有特大型城市，徐州也就可以得天独厚，当仁不让地自己做起老大。

新的徐州都市圈计划显得野心勃勃，它充分利用了自己在交通上的便利，以现在的徐州城为圆心，半径一百千米为圈层，包括江苏的徐州、宿迁，包括安徽的宿州和淮北，包括河南的永城，包括山东的枣庄和微山，这个都市圈计划的实现，对苏北地区的经济增长，对整个江苏的未来发展，都有着十分重要的意义。在经济十分发达但能源相对比较贫乏的江苏，徐州是本省的能源基地，考虑到新世纪的经济活动，能源是可持续发展的重要保证，这一点又是江苏境内其他城市所不具备的优势。

二、 几代帝王乡

苏州人文气，文质彬彬，说起他们的过去，喜欢谈论自己在科举上如何得意。扬州人曾经很阔，吹嘘当年的繁华，动不动就是盐商怎么争奇斗艳。徐州人十分不屑，他们没这些本钱，既无文人的才，也没有商人的财，然而却有自己的骄傲，那就是此地接二连三地出帝王。与号称天子的帝王相比，文化人中个状元、盐商赚得盆满钵满，实在算不上什么。出水再看两腿泥，仅此一点，徐州人不但把苏州人和扬州人给比了下去，也让自以为虎踞龙盘帝王州的南京人开不了口。

徐州出帝王一直让当地人引以为豪，"父老能言西楚事，牧儿解唱大风歌。"要说徐州，与中国那些真正的古都根本没办法相比。虽然紧挨着中原，北边有北京，南边有南京，往西有洛阳、有开封、有西安，在徐州可以称王称霸，但是这里显然不是一个南面而王的好的首都所在地。它所能夸口的，是这个地方货真价实地出皇帝。

还是从秦始皇统一中国说起。那时候流行过一句话，"楚虽三户，亡秦必楚"，意思是别看秦朝现在不可一世，最后一定会有楚国的英雄好汉出来将强秦灭了。以今天的观点望文生义，这堂堂的英雄好汉，势必应该出现在楚地的中心区域才合适，然而首先起来造反的陈胜、吴广，陈胜是楚人，不是出于两湖地区，最终推翻秦朝并争夺天下的项羽、刘邦，都是楚人，也不是湘人和鄂人。徐州基本上已是楚地的边缘，说此地出帝王并不是信口开河，而是有实实在在的数据支撑。

"千古龙飞地，几代帝王乡。"徐州出过的开国皇帝有从沛县走出来的汉高祖刘邦。汉朝在中国历史上有着十分重要的地位，因为有了刘邦，无论直系的西汉，还是号称后人的刘秀的东汉、刘备的蜀汉，追根溯源谈祖籍，自然而然地都与沛县分不开。南北朝时期，出身贫穷的彭城人刘裕，两度出师北伐，灭南燕，亡后秦，金戈铁马气吞万里，在公元 420 年，取代了晋朝司马氏的名号建立宋朝，为了有别于唐宋的"宋"，史称南朝宋或刘宋。唐朝末年，徐州的砀山（今属安徽）出了个朱温，他跟着黄巢一起造反，朝秦暮楚，依靠乱中取胜建立了后梁。五代时期，徐州人李昪孤愤成才，忍辱负重，巧借权势建立了南唐。

与名声远扬的刘邦开创的汉朝相比，后三位土生土长的徐州人创建的王朝格局要小了许多，但是有一个算一个，毕竟人家也都是开国皇帝，若以数量计算，其他地方恐怕很难能与徐州竞争。同样，很难想象写出"问君能有几多愁，恰似一江春水向东流"的李后主，竟然与高唱大风歌的刘邦一样，也是徐州人。

还有许多赫赫有名的"牛人"，也能与徐州沾得上边。比如西楚霸王项羽，他是江苏宿迁人，而宿迁在历史上就属于徐州。又比如曹操，他的祖父曹腾是个宦官，是大名鼎鼎的汉相曹参之后，《史记·曹相国世家》说："平阳侯曹参者，沛人也。"又比如明太祖朱元璋，大家都知道他生于安徽凤阳，并不知道他家"祖居沛县"，据说朱元璋做了皇帝以后，曾派人到沛县寻根，因此明史专家吴晗的《朱元璋传》直截了当地称朱元璋是"沛人"。

三、 众多的战争遗址

关于徐州的"徐"字，有一种说法是"徐，舒也"，所谓"土气舒缓也"。《公羊疏》引李巡的话："济东至海，其气宽舒，秉性安徐。"

事实上，徐州这片神奇的土地一点都不"徐"。据不完全统计，有史以来，这一带发生的大小战事共 1000 多次，其中较大规模的有 400 多次，产生重大影响的有 200 多次。"春秋无义战"，弱肉强食，齐攻萧、楚攻宋、吴伐楚、秦灭楚，刀光剑影争杀不断。徐州自古就是兵家必争的战场，得徐州者得天下，古来的军事家都认为，由于所处的特殊地理位置，徐州既是东西要冲中原屏障，又是北国门户南朝锁钥，因此敌对双方往往会选择在徐州决战。

在徐州附近发生的战斗，常常是规模巨大、人数众多。比如公元前 203 年的项羽和刘邦决战，双方投入的兵力就已经近百万人。又比如 20 世纪 40 年代末众所周知的淮海战役，国共双方投入的总兵力，也差不多超过了百万。而有一个更让人震惊的数字，这次大战仅仅是解放军阵营，就组织动用了农民工 543 万人，当时主要是用扁担和小车运输物资，仅以运输的粮食计算，如果是用小车装运，每车 200 斤，把这些小车一辆接一辆地排列起来，可以在南京和北京之间连接成五个来回。

中国历史上很多重大的战事都在徐州周围发生。三国时群雄割据，徐州是反复争夺之地，曹操攻陶谦，刘备战吕布，袁术攻下邳，曹操终于攻破徐州。晋末的两次北伐，徐州是发动攻击的前沿阵地。北宋末年，宋金在徐州地区征战激烈。再往后，朱元璋攻打徐州北取中原，清兵以徐州为据点力阻太平军。到了民国时期，蒋、冯、阎中原大战，中日台儿庄会战，仍然是以徐州为中心。"九里山前古战场，牧童拾得旧刀枪"，说徐州是一块刀剑耕耘过的土地，一点都不夸张。

徐州适合成为古战场，首先由它的自然地形决定。徐州周围群山环绕，丘陵绵延，西部是豫东大平原，由北向南，自西向东，有沂、沭、

徐州户部山　徐州市云龙区委宣传部供图

泗、汴诸水，加上大运河、古黄河贯通经过，襟山带水，极利于大兵团的集结和展开。说到集结和展开，作为"五省通衢"的徐州是运送兵力与物资的最好通道。古时走水路，近代还可以加上铁路，津浦和陇海两条铁路都必须从徐州经过。

其次，这里的气候似乎也适合打大仗。徐州虽然已经算是北方，可它应该算是北方中的南方，年平均气温是 14 摄氏度，没有北方的寒冷，也没有南方漫长的雨季，大部分时间都适合军事行动，适合屯兵作战。这对于交战双方来说，也比较公平，谁都没有什么主场之利。谁的智商更高，谁更能赢得民心，谁的军事水平更厉害，谁就能赢得战场的主动。

数千年来的频繁战事，给徐州人民带来了无尽的灾难，也积淀了丰富的战争文化资源。一将功成万骨枯，发生在徐州周围的战事，不仅影响了中国的历史进程，而且持续不断地影响着我们的日常生活。以楚汉相争演绎派生的中国象棋，早就成为人们所喜爱的棋类项目，棋盘上的"楚河汉界"也成为战争文化的标志。十面埋伏、四面楚歌、霸王别姬，作为成语早已脍炙人口。

徐州城乡有着众多的战争遗址，每一处都是重要的历史见证，都有着丰富内涵和生动故事。因此旅游者来到徐州，不妨去看看高祖故里、登歌风台、听斩蛇起义的传奇，当然，你更应该去访问九里山古战场，听导游跟你说说十面埋伏，说说吹箫散楚子房山，说说霸王戏马台，说说张良为黄石公"三进履"的圯桥旧址，说说辕门射戟亭，说说白门楼，说说关公降曹的土山关帝庙，这些地方有着太多的历史信息，它涉及的人物和战事几乎都是我们所熟知的。

除了遥远的古代，保留更完好的是近现代战争遗迹，如中日台儿庄大战旧址、李宗仁的指挥部、淮海战役战场旧址，在这些遗迹中，淮海战役的三大围歼战旧址如碾庄、双堆集、陈官庄，地形地貌依然保存完好，相关的历史资料真实完整，不仅可以供历史学专家进行研究，而且可以满足一般旅游者的访古兴趣。

历史上的徐州似乎离开不了金戈铁马。900多年前，苏轼在这里做知州，在给皇帝上疏时曾这么描述徐州人："其民皆长大，胆力绝人，喜为剽掠，小不适意，则有飞扬跋扈之心，非止为盗而已。"苏东坡的意思是说，徐州这地方不止一次出过皇帝，当地人以此自负，于是"凶桀之气，积以成俗"。

乾隆一生到过徐州四次，每一次都是为了阅视河工而来，即实地考察黄河水情和河防工程。他对徐州完全是一个盛世皇帝的心态，那就是并不把这里当作一块战略要地，毕竟他爷爷康熙已做了60多年的皇帝，他的多雍正也做了13年的皇帝，轮到他自己时，国泰民安，天下太平了许多年。对于徐州，乾隆首先想到的是民生和吏治。在他眼里，徐州老百姓的日子太糟糕了，必须赶快让他们的生活好过起来。"即景都弗减愁怀""为民筹济为民伤"，乾隆的诗不算太好，意思倒是非常实在。他警告督抚大臣，说你们一个个别蒙事，隔了一两年"朕"还要来徐州，到时候还是这样，别怪我不客气。

毛泽东一生曾七次到过徐州，和乾隆皇帝不一样，他经历的是"城头变幻大王旗"的乱世。他更看重这里的军事意义，国民党政权就是靠打赢淮海会战获得的，同样，也是因为仗打输了而失去。终其一生，毛泽东都没有忘记要"准备打仗"。20世纪很长时间，准备打仗的思维一直左右着徐州的经济发展。20世纪40年代末至50年代初，徐州一度属山东管辖，1953年重新划归江苏，理由便是徐州的煤和铁对江苏建设十分重要。战时，建设的重要思路必定是优先发展重工业，有了煤和铁，其他的工业也就都好办了。

多少年来，徐州为江苏的基础建设作出了应有的贡献，是江苏经济繁荣不可或缺的一部分。不过在自身的经济总量方面，苏北的龙头老大徐州始终没有达到应有的高度。一方面，徐州的潜力不可小看，它有着太多得天独厚的优势；另一方面，优势还必须落到实处，还必须要让老百姓获得真正的实惠才行。徐州的未来发展，是江苏经济发展的一个重要增长点，是值得大家期待的。

四、 江苏最古老的城市

不管大家相信不相信，江苏最古老的城市，不是六朝古都南京，也不是吴文化发源地苏州，更不是"广陵大镇，富甲天下"的扬州，而是人们印象中淳厚朴实的徐州。不管你相信不相信，事实的真相就是这样。徐州是江苏最北方的一个城市，它的古老似乎也印证了中原文化的影响力。显然，越接近中原地区，开发的时间也会相对早一些。

在汉朝之前，今天江苏的淮河以南，尤其是长江以南，基本上还是一片蛮荒，并没有太多的文明值得恭维。汉朝既是中华文明的一个黄金时代，同时也是世界文明中的一个亮点。当时在西方，正是古罗马帝国的兴盛时代，而在东方，汉朝的威仪名震天下，徐州虽然不是汉朝的都城，但汉朝的皇帝毕竟是从这里走出去的，它是汉代楚国和彭城国的治所，西汉时在徐州共封了十二代楚王，东汉重设楚国，至第二代改封彭城国，也传了六代。"王"的威严不能与京城长安的皇帝相比，徐州汉王陵墓中发现的兵马俑也不能与秦兵马俑相比，但是作为汉文化的遗存，它的历史价值十分珍贵。

汉文化是徐州非常重要的一张名片，这里有很多汉代楚王陵墓葬群，通常都是依山为陵、凿洞为藏，气势恢宏、雄浑壮丽。楚王陵墓体现了汉代建筑的伟大成就，犹如一座座地下宫殿，不但设有庭院、前堂、后室，而且还有武库、仓库、乐舞厅、水井、厨房、柴房、厕所、浴室。著名的龟山楚王墓精确度极高，长达56米的甬道，经现代激光检测，其中心线误差不足1厘米，古人用什么样的仪器和设备打凿了这两条世界上最直的甬道，至今仍然是个待解的谜。墓葬东西全长 83.5 米，南北最宽处达 32 米，总面积差不多有 500 余平方米，几乎掏空了整个山体。

西汉时期徐州地区流行岩洞墓，东汉则盛行画像石墓。汉画像石是汉代人刻在祠堂或墓室壁上的图画，徐州是全国汉画像石集中分布地之一，现已发现 1000 多块，完整的汉画像石墓 20 余座。汉画像石被称为"绣像的历史"，在中国美术史上占有极其重要的地位，因此，徐州汉画像石与南京六朝石刻、苏州园林一起被誉为"江苏三宝"。

徐州是江苏地下宝藏最多的城市，从锋利如初的钢剑，到长袖飘逸、舞姿婆娑的女俑，以及嵌满宝石的鎏金兽形铀砚，此地的文物在海内外有着广泛影响。披金戴银是汉代贵族的时尚，因此，徐州出土的汉代金银器数量很多，大到金银缕玉衣，小到憨态可掬的金银龟钮印，琳琅满目。即使平时用于洗浴的沐盘，也是通体鎏金，熠熠生辉。除了金银，玉器是徐州汉代文物中的华彩篇章，仅狮子山楚王墓就出土了 200 多件玉器，其中的金缕玉衣，是我国目前玉质最好、片数最多、时代最久、制作最精的玉衣。该墓出土的玉棺还原后长 2.80 米，高 1.07 米，使用玉片 2000 多片，是目前我国唯一复原的汉代玉棺。

当然，徐州的地下奇观，绝不仅仅是楚王陵墓葬。位于今天徐州市中心的古彭广场下，保存着一段长 20 多米的古城遗址断面。在这个断面上，可以清晰地看到 5 个层面，从上至下依次为近现代堆积层、清代堆积层、河沙淤泥层、明代堆积层、唐宋以前堆积层。在距地表 5 米的明代堆积层中，可以看到几处建筑遗迹和一层青石板路面，石板厚约 15 厘米，显然是一段街巷。这个地下城遗址是 1987 年兴建地下商场时发现的，在考古挖掘中，发现了大量的文物，有明代的瓷器碎片，有围棋子，有石雕观音菩萨像，还有唐代的黄釉粗碗和汉代的五铢钱。毫无疑问，这里曾经是一个十分繁华的城市，顷刻被洪水埋没了，如同古罗马的庞贝城被火山灰吞噬一样。

事实上，这种古今两城重叠在一起的景象，20 世纪以后在徐州城内已经多次发现。历史上因自然灾害，曾经掩埋了一些古代城邑，如庞贝古城、楼兰古城、开封古城，但是在毁后的重建时，将新旧两城如此巧妙地重合在一起，可以说是绝无仅有。根据史料记载，经过洪水浩劫后的新徐州城，就完全叠压在旧城之上。也就是说，我们常年漫步的街巷下是一条完整的明代街巷，我们精心保护的清代府衙下还有一座明代府衙，而经年打水的水井之下就是祖先饮用的那口井，只不过一个在上面，一个在下面。

五、 江苏丰厚文脉的一支

说起"江苏"的来源，我觉得倒也还是跟徐州有关系，因为"沛人"朱元璋改变了历史的版图。在明朝以前，北方的统治者或者说中央政府统治者，他们看中国版图：黄河北边，河北；黄河南边，河南。徐州所在的地区，在那时候属于"河南"，即黄河之南，并不是今天的河南省。过了黄河，再过淮河，那就叫淮南；再过长江，那就叫江南。长江的东面就叫长江东路，江西那就表示它是江南的西部……

过去的中央政府的统治者，就是这么看世界的。但是朱元璋做了皇帝以后，他就蛮不讲理地画了一个圆圈，也就是明朝的"大南京"。大南京的范围基本上就是今天的江苏、安徽和上海。于是，历史上完全不是一种文化、不是一种模式、不是一种经济方式的三个地方就被划在一起，也就是河南、淮南和江南这三种完全不同的文化硬糅在了一起。这三种文化不一样，语言不一样，但也因此造就了江苏的文脉很丰富。

"江苏"这两个字是怎么来的？是明朝灭亡以后，清政府改造的结果。先是改成了江南省，存在没有多久又改。首先是拆分，没有按照历史上的传统拆分，索性从中间来了一刀，于是江苏和安徽这两个省同时诞生了。在唐诗宋词中是绝对没有"江苏"这两个字的，在明朝也没有，直到清朝以后，它们出现了。安徽的版图结构和江苏完全是一样的，也是三大块，河南一块、淮南一块、江南一块。两个省共同的特点就是，都有三种不同的方言、三种不同的文化。

如果回到历史上面去，我们就会发现文明是从北向南发展的，文明最早是从黄河两岸发展起来的。在最早的时候，两汉以前，包括两汉以后相当长一段时间，都是黄河两岸非常富裕。为什么会发生变化？为什么南方开始发展？就是因为北方的民族过来了，然后在黄河流域这一带的人，尤其是古徐州这一带的人，都纷纷南逃，衣冠南渡。先过了淮河，然后又过了长江，这一带的北方人去了南方，把先进的农耕技术带了过去。

司马迁的《史记》里记载，过去称长江南面的人为"吴人"，吴人"轻生死，好鬼神"。人就是这样，一穷就无所谓生死。当时最儒雅的人是哪儿的？应该是"鲁地"，其实也相当于今天徐州这一带。两汉时期，最文明的、最讲道理的人是徐州这一带的人。六朝的繁华不是江南人自己弄起来的，而是失败的黄河流域的汉人把它搞起来的，这是一段不容改变的历史。"上有天堂，下有苏杭"，这句话其实和徐州有一定关系。这句话是"河南"人喊出来的，其中毫无疑问也包括今天的徐州人。每当中原发生战乱，老百姓南迁，像王羲之所在的琅琊王氏，南京引以为豪的这样的世家大族都是以这样的方式来到南京的。北方人逃离了战争，觉得南方就是天堂，是一个很好的地方。

再说徐州与南京、与江苏的关系。清朝的时候，安徽和江苏虽然分成了两个省，但南京还是两江总督的驻地，两省的读书人考试都还在南京考。那时候的徐州，本就属于江苏，当然也是到南京参加科举考试。今天谈起南京的文脉，经常说到六朝文化。六朝文化的特点，从文来讲的话，就是骈文特别多，骈四俪六。我们都知道一本书叫《文选》，《文选》中选的文章就代表中华文化里面的正脉。虽然它是在南京选的，但是它的目光是整个民族的，是我们前面所说的中原的人南迁的时候带过去的。《文选》选的文章，你看不出南方北方，但是有一点，它代表的是中华文脉，绝不仅仅是江苏文脉。骈文在那个时候绝对是主旋律，但是到了唐朝的时候，有人就觉得，文章不能这么写。韩愈就持这种观点，觉得骈四俪六太糟糕了。韩愈开始改变文风。苏东坡有一句话称赞韩愈，叫"文起八代之衰"，这八代中就含了六朝。"唐宋八大家"并不是唐宋时候有的提法，在唐朝的时候其实还是挺流行骈文，只是韩愈开始改革了。到了明朝，到了唐顺之、归有光他们的时候，他们就捧出"八大家"来。"八大家"其实与科举文化紧密相关。八股文这种文化到了清朝就变得更严重，以桐城派为正统。

桐城派虽然地处桐城，但是其中一些重要的人物，都有在南京的书院做老师的经历，辅导别人考科举。整个清朝，大家为什么这么推崇桐城派？因为很多人是要读了桐城派的文章以后，才到南京去考科举。这就不是单纯的江苏文脉，其实关联整个中国的文脉。

现在讲文脉，大家常常会和文学挂在一起，其实在古人眼里，文脉就是看有多少个状元、多少个举人。所以整个江苏的文化，当时都是按照八股文的路子在走。当时的江南贡院考生都很厉害，特别难考。所以，南京的考场就会发生很多有趣的事情。比如说南通人张謇，他就发现在南京的考场很难考上，那他就会想点子。张謇用了个办法，就是到北京去考。

更极端的，一代大师康有为，他也带学生，那时候就是老师跟学生一起考。结果他的学生梁启超考上了，他还没考上。这说明什么？说明南京考场、广东考场都太难了。康有为能中举，能考上，能过这个关，也是冒籍到北京考。中了举以后才可以去考进士，不然没有这个资格。

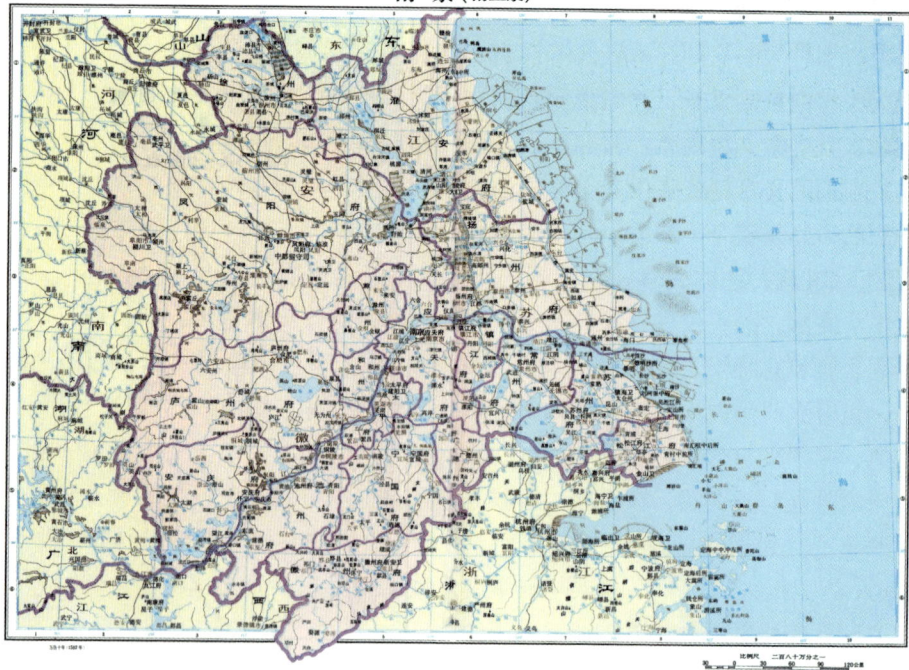

明朝的南直隶（万历十年，1582 年）（谭其骧主编：《中国历史地图集》）

从文学、文化的角度来讲，江苏有天然的优势，因为我们拥有江南的特质，拥有汪曾祺这种属于苏中的特质，同时还有徐州这种纯北方的风格。所以，江苏文学厉害是必须的，因为它有三种文化在碰撞。

南京这个地方，在历史上就是文化交会的地方。历史上南京是说吴语的，跟苏州人说话一样。但当北方人迁到南京去以后，中央政府的官员都是北方人，南京人就赶快学北方人说话，把自己的母语给丢掉了。其实南京在某种意义上和徐州有很多同步的地方，因为南京也是楚地。南京原先属于吴，吴被越打败了，所以南京有个地方叫"越城"，南京也属于越。越又被楚打败了，所以南京又属于楚地。"金陵"这个词就是楚给我们的。

历史上的南京总是变来变去，以至于到了今天，人们说起南京的历史还会有困惑。比如，南京还有另外一段"吴"的历史，就是三国时期的吴，吴都就在南京。今天在南京考古，发现了"吴"的文物，就吃不准，究竟是春秋时期的"吴"还是三国时期的"吴"，有时就会把三国时候的"吴"误认为春秋时期的"吴"。

徐州这个地方的"汉"，我觉得特别正宗。刘邦是汉人，是这个地方的人。然后讲到"楚"，也特别正宗，因为"秦"是这个地方灭掉的，有句话说"楚虽三户，亡秦必楚"。从某种意义上说，我觉得"三户"就是徐州的三户。想象那个时代，徐州这个地方才是中心，江南对于他们来说完全是边缘。

近现代江苏藏书
与文化传承

近现代江苏藏书与文化传承

主讲人 江庆柏

南京师范大学教授 博士生导师
《江苏文库·史料编》主编

直播地点 金陵图书馆

直播时间 2023年6月12日 14：30

承办单位 金陵图书馆
指导单位 中共江苏省委宣传部
主办单位 江苏文脉整理研究与传播工程工作委员会办公室
凤凰出版传媒集团

主讲人：江庆柏

《江苏文库·史料编》主编
南京师范大学教授、博士生导师

一部著作要从作者的书斋走向社会，流传于后世，被人阅读，有两个基本的条件，一是要能被传抄或出版，二是要能被妥善收藏。图书收藏，也就是我们通常所说的藏书。我们今天说近现代江苏的藏书，主要说近代江苏藏书。中国文化博大精深，中国古代典籍浩如烟海，我国非常重视图书典册的收藏。江苏经济繁荣、文化教育水平较高、社会总体稳定，在藏书方面也有巨大的成绩，古代出现了不少重要的藏书家。在近代，江苏的藏书事业同样有非常重要的成就，我重点从三个方面进行介绍：近代江苏的藏书楼、图书馆，藏书与文化传承，近代藏书楼、图书馆旧址的保护和利用。

一、 近代江苏的藏书楼、图书馆

1. 私人藏书楼、公共图书馆

近代江苏的私人藏书楼，具有代表性的有南京陈作霖可园、宗舜年咫园、邓邦述群碧楼、王瀣冬饮庐，常州赵烈文天放楼，无锡杨寿楠裘学楼、孙毓修小绿天、丁福保诂林精舍、缪荃孙艺风堂、任凤苞天春园，苏州叶昌炽缘督庐、顾麟士过云楼、章钰四当斋，扬州吴引孙测海楼等。他们都是这一时期江苏藏书家的杰出代表，也是具有全国影响的藏书家。

这一时期的江苏藏书，除了私人藏书楼，家族藏书处也值得关注。

家族是我国古代最大的社会组织，江苏是家族组织发展得最完善的地区之一。作为古代藏书最为发达的地区之一的家族，受地区文化的影响，也非常重视藏书。家族藏书处，是为方便家族成员读书而设立的。

同治七年（1868年），吴县潘氏修《松鳞庄增定规条》指出："子姓读书，最为训族一事。"光绪十一年（1885年），吴县潘氏再修《松鳞庄续订规条》，其中关于藏书一事写道："庄中置备十三经、廿四史、纲

鉴诸子律例诸书，凡九派子姓学业已成，有志读书者到庄披览。”（《大阜潘氏支谱》卷二一）

这些私人藏书楼或家族藏书楼基本属于传统型的藏书处，他们的藏书偏重传统学术范畴。私人藏书楼的藏书注重于“藏”，藏书基本不对外公开，一般也不对外借阅。家族藏书处的藏书主要也只对族人开放。

近代社会发生了很大的变化，人们对知识的需求、对图书的需求有了许多新的变化。传统型的藏书楼已经不再能满足社会的需求。社会需要一种能够给全体成员提供阅读的机构，于是公共图书馆应运而生。

我国的图书馆事业是随着西方图书馆思想的输入而逐步发展起来的，江苏的情形也是如此。不过在此之前，江苏虽然没有出现过这种新型的完全开放性的图书馆，但出现了官方设立的大型藏书处，而后人往往也把这些藏书处比拟为“图书馆”。

乾隆年间，为贮藏《四库全书》，设立了七座大型藏书楼，其中在北方的有文渊阁、文溯阁、文源阁、文津阁四座，称为“北四阁”。北四阁《四库全书》不对外开放，一般人不得借阅。乾隆四十七年（1782年）七月初八日，乾隆帝下谕旨道：“因思江浙为人文渊薮，朕翠华临莅，士子涵濡教泽，乐育渐摩，已非一日，其间力学好古之士、愿读中秘书者，自不乏人。兹《四库全书》允宜广布流传，以光文治。如扬州大观堂之文汇阁、镇江金山寺之文宗阁、杭州圣因寺行宫之文澜阁，皆有藏书之所，著交四库馆再缮写全书三分，安置各该处，俾江浙士子得以就近观摩誊录。”根据乾隆帝谕旨，在江苏建有扬州文汇阁、镇江文宗阁，浙江建有文澜阁，史称“南三阁”。南三阁对外开放，不但可以借阅，还可以抄录。

可惜在太平天国战争期间，文汇阁、文宗阁都被烧毁了，文澜阁图书剩下不足四分之一。虽然南三阁存在时间并不长，且登楼看书的人也并不多，所发挥的社会作用并不明显，但其对社会开放的态度，却产生了一定的社会影响。晚清一些开明士人，在寻求中国自强自立的道路时，都指出图书馆建设的重要性，而不少士人即以南三阁为样本，要求建立向社会开放的国家图书馆，以启迪民智。

重建的扬州文汇阁　现代快报记者施向辉　摄

重建的镇江文宗阁　江庆柏　摄

如被称为我国近代启蒙思想家的郑观应，在其以"富强救国"为主题的名著《盛世危言》中，专门提到了"藏书"问题，将其作为"富国"的重要措施之一。郑观应指出，只有"博览群书"，才可成就"堪为世用者"，郑观应强调公共图书馆在开发民智、实现国家富强中重要的社会作用。为此，他要求建立对外开放的图书馆，要求以清修南三阁为例："乾隆时特开四库，建文宗、文汇、文澜三阁，准海内稽古之士就近观览，淹通博洽，蔚为有用之才。"

上海强学会《章程》指出，为实现"广见闻而开风气，上以广先圣孔子之教，下以成国家有用之才"这一目的，要做的最重要的四件事是译印图书、刊布报纸、开大书藏、开博物院。其论"开大书藏"道："乾隆时敕建文汇阁于扬州、建文宗阁于镇江，例准士子就读。经乱散失，遗书无多。此会拟宏区宇，广集图书。近年西政西学日新不已，实则中国圣经古子先发其端，即历代史书、百家著述，多有与之暗合者。但研求者寡，其流渐湮。今之聚书，务使海内学者知中国自古有穷理之学，而讲求实用之。"（清陈忠倚《清经世文三编》卷一学术一）

潘克先在《中西书院文艺兼肄论》中提出四条措施，其第二条曰"购藏书以供讲习"。他把文汇阁、文宗阁等作为广收藏书的样本。梁启超也有类似的说法。

正是在这种思潮的影响下，江苏的公共图书馆建设取得了巨大的成绩。这一时期，从省到各市、县都有公共图书馆。其中影响最大的有江南图书馆、中央图书馆、苏州图书馆等。

江南图书馆创建于光绪三十三年（1907 年）四月，由两江总督端方创办，地址在南京龙蟠里惜阴书院旧址。总办（主管人员）江阴缪荃孙，坐办（负责日常事务）镇江陈庆年。后历经改名，至 1929 年更定馆名为江苏省立国学图书馆，馆长镇江柳诒徵。

1933 年 4 月，国立中央图书馆正式开始筹备，地址在成贤街。1936 年 9 月 1 日开放阅览。抗战期间迁到重庆，1946 年 5 月正式迁回南京。1948 年底，蒋复璁等奉命携馆藏珍籍 13 万册去台湾。1949 年 5 月，南京市军事管制委员会接管国立中央图书馆。1950 年 3 月 19 日，中央图书馆正名为国立南京图书馆。1952 年 10 月，江苏省立国学图书馆并入国立南京图书馆。1954 年 7 月，国立南京图书馆改名为南京图书馆。

金陵图书馆　现代快报记者施向辉　摄

今天的金陵图书馆的前身是南京市立图书馆，创立于 1927 年 6 月 9 日。1928 年 7 月，改称为南京市立第一图书馆。1930 年 4 月，易名为南京特别市立民众图书馆，馆址迁入夫子庙泮宫。《中华图书馆协会会报》1931 年第 7 卷第 2 期发表《南京市立图书馆新贡献》（第 18 页）一文，对图书馆作了充分肯定。据 1934 年 1 月出版的《南京市立图书馆概况》所记："本馆馆舍，系就夫子庙泮宫布置。正殿为阅览室，东庑七间为藏书室，二间为出纳处。西庑四间为阅报室，二间为儿童阅览室，三间为报志储藏室。"余屋为办公室等。

与此同时，江苏各地也建立了许多图书馆，如镇江图书馆、苏州图书馆、南通图书馆等。

2. 乡村图书馆

这一时期的图书馆还有两类值得注意，一是乡村图书馆，二是私立图书馆。乡村图书馆是建立在乡镇，为本地读者服务的图书馆。

在经济发达、注重文化教育、著姓望族密集的无锡乡村，出现了各种类型的图书馆，它们大多是向民众进行文化教育的通俗图书馆，以村前图书馆为例。

　　1916年10月，无锡北乡堰（也作"埝"）桥镇村前人胡一修、胡雨人兄弟，在家乡捐资两万余元创办了村前图书馆。村前图书馆后改为公立，并改名为天上市图书馆（"天上"曾是惠山区的一个市镇），抗战爆发后停办。村前图书馆被称为"中国第一座乡村图书馆"。

　　胡氏兄弟创办的村前图书馆有楼三幢，藏书两万余册。村前图书馆在地方上影响很大，后人曾有诗云："开吴自昔溯文明，鄡邑居然拥石城。南北后先相对起，遥遥堰里等声名。"（秦铭光《锡山风土竹枝词》）将其与吴文化的开创者相提并论，评价不可谓不高。当然，这也意味着对图书馆在地方文化发展中所起作用的肯定。当时的江阴私立尚仁初级普通商科职业学校，把参观村前图书馆作为自己的课外活动。该校所编《江阴尚仁商科职业学校一周纪念册》写道："同时参观胡氏初级中学及村前图书馆等。"（江阴私立尚仁初级普通商科职业学校编：《江阴尚仁商科职业学校一周纪念册》）

　　乡村图书馆的建立，与民国时期兴起的乡村建设运动有一定关系。

3. 私立图书馆

　　在公共图书馆迅速发展的同时，江苏还出现了众多的私立图书馆，其中有的还具有一定影响力，它们是近代江苏公共藏书的重要组成部分。如果说家族藏书楼或家族图书馆，其读者主要还只是本家族成员，有一定局限的话，那么私人建立的图书馆就主要是面向社会公众的机构。

　　无锡钟瑞图书馆，这是薛明剑为纪念夫人李钟瑞而建立的图书馆。薛明剑（1895—1980），初名萼培、锷佩，后易名明剑，通常也写作民剑，无锡玉祁礼社人。实业家、文史学家。创立无锡杂志社，编辑出版《无锡杂志》。著有《薛明剑文集》《薛明剑文集续编》等。李钟瑞（1896—1938），名毓珍，以字行，无锡人。早年毕业于无锡竞志女学，复入苏州浒墅关省立女子蚕业学校。民国六年（1917年）以后，历任无锡女子职业学校校长、金坛县立女子学校教务主任、江苏省立育蚕试验所技术主任暨分所所长、实业部顾问等职。她亲自编写教材，赴宜兴、溧阳等县传授育蚕知识。民国十六年（1927年），受聘为中央妇女部编辑。日军侵占无锡前夕，随薛明剑迁重庆，并协助编辑《江苏乡讯》，报道家乡被日军侵占后的破坏情况。1938 年，因积劳成疾，病逝于重庆。1946 年，薛明剑于家乡玉祁创建钟瑞图书馆以资纪念。

淮安私立集一图书馆，这是由淮安孔庙洒扫会设立的具有公共性质的图书馆。地点在今天的淮安市淮安区。何宝善编有《淮安私立集一图书馆书目》一卷，1932 年石印。

私立图书馆中规模较大的有无锡荣德生及荣氏家族创办的大公图书馆。创办大公图书馆，是荣德生发展家乡文化事业的一个重要组成部分。1915 年图书馆开工，1916 年图书馆建成开馆，取名为大公图书馆。荣德生热心开办图书馆，其目的主要有四个方面：一是培养人才，二是服务乡里，三是发展社会教育，四是保存中国传统文化。

4. 学校图书馆

这一时期学校创办图书馆、藏书室非常普遍，此以同里丽则图书馆为例。丽则图书馆是吴江同里镇丽则女学的图书馆。丽则女学是民国时期著名的女校，设立在退思园内，由退思园第二任主人任传薪创办。丽则图书馆馆长亦由女校校长任传薪担任。1922 年 2 月 1 日发刊的《吴江》（第 3 号）有任传薪所发《丽则图书馆章程》八条，对本馆的性质、图书收藏的特点、图书的阅览、图书的捐助与寄存等，都有具体的说明。图书馆编有《同里丽则图书馆藏书目录》，油印本。著录图书约1500 种，其中新书部有近 700 种，版本多为通行本。前后无序跋，编写年代不明。这部书目亦见于 1929 年编《常熟县图书馆续编书目》，则其编定必在此之前。

5. 家族图书馆

昆山赵氏家族，建立了昆山赵氏图书馆。这是由赵诒琛经办的一个典型的家族图书馆。赵诒琛编了一部《赵氏图书馆藏书目录》五卷，有民国十五年（1926 年）昆山赵氏铅印本。

二、 藏书与文化传承

一个地方的图书收藏情况，反映着这个地方的文化发展情况。江苏藏书与文化传承，可以从以下几个方面考察。

1. 图书收藏与文献保存

图书收藏，为保存文献贡献巨大。以古籍收藏为例，江苏藏书保存了一大批国家古籍，其中不少属于国家珍贵古籍。

据江苏省古籍保护中心前期调研，全省现有古籍450多万册，分布在150多家单位。正在编纂的《江苏文库·典藏志》，收集全省古籍书目总量25万多条。每一条书目都对应一部江苏现存古籍实体。

江苏收藏的古籍不仅数量多，而且质量好。此以《国家珍贵古籍名录》为例。《国家珍贵古籍名录》由文化和旅游部拟定，报国务院批准后公布，旨在建立完备的珍贵古籍档案，确保珍贵古籍的安全，推动古籍保护工作，提高公民的古籍保护意识，促进国际文化交流和合作。主要收录范围是1912年以前书写或印刷的，以中国古典装帧形式存在，具有重要历史、思想和文化价值的珍贵古籍，以及少数民族文字古籍。根据江苏省古籍保护中心网站的数据，目前第一至六批《国家珍贵古籍名录》的评选中，江苏有1422部珍贵古籍入选，占全国总量的10.9%。

这展示了江苏古籍保护工作所取得的成绩，展现了江苏古籍大省的底蕴与风采，显示了江苏地区的优良文化传统和深厚文化积累。这个成绩的取得，与近代江苏公私藏书家的共同努力是分不开的。

藏书家，顾名思义，就是收藏图书，所以藏书是第一义的。藏书家的重要贡献就是收藏、保存文献。这里的文献包括珍贵古籍，也包括普通古籍以及普及型的社会读物。江苏私人藏书家收藏的许多藏书，后来都通过不同渠道转入了江苏的公共图书馆。今天所见图书馆藏书上的藏书印，也显示了图书的这个流转过程。

以上种种例证说明，积存在江苏境内的海量文献，是江苏各类藏书家、藏书机构长年搜寻、世代相守的结果。文献的积存，是江苏文脉深厚的重要基础。

与此相应，江苏藏书家还编制了众多的书目。

古典书目对所著录的每种图书，大都记录了它本身的有关情况，如书名、作者、卷数、版本等，有的还有内容提要。这些记录使我们可以了解每一种图书的撰者生平、撰述意旨、图书的简要内容、存亡残整、良本精刻以及学术价值等重要情况。

目录多少具有"财产登记"的性质。从书目记载的图书的品种、数量、类别上，可以看到一个藏书家、一座图书馆，或一个地区的图书收藏情况，也反映了相应的经济实力、文化成就。对于一个地区、一个个人来说，目录也成为"文化实力"的标志。

图书的收藏除了和自己的经济能力有关，也和自己的志趣、爱好有关。书目在一定程度上反映了收藏者的文化情况。例如，扬州藏书家吴引孙先编了一部《仪征吴氏有福读书堂藏书简明总册》，后来重新编成了一部《扬州吴氏测海楼藏书目录》。与《总册》相比，后来编的《目录》数量上有所减少，其原因正如他在《自序》中所说："所藏各籍间有稍涉鄙琐者，删之弗录，无贻大雅羞。"例如"小说"中，抄本书目有204种，而此刻本书目只有78种，抄本书目中著录的大量通俗小说，如《三国演义》《石头记》《儒林外史》等，以及一些弹词、话本等都被删除了。这些书目对研究藏书家的各方面情况很有用。

作为书目活动实体的文化典籍所具有的社会内涵，使书目成为社会各个不同的层次和个人为表达自身利益而进行活动的工具。书目活动是植根于灿烂的中国古代文化中的一种文献活动，同时也是一种社会文化活动。

古人非常重视书目的作用，认为这指示了读书门径。清代学者王鸣盛就说："目录之学，学中第一紧要事，必从此问途，方能得其门而入。"（《十七史商榷》卷一《史记》）"目录明，方可读书；不明，终是乱读。"（《十七史商榷》卷七《汉书》）

此外，江苏公私藏书家收藏的大量图书，也为江苏的出版提供了大量的优质资源。江苏的出版家，有许多就是图书收藏者。他们利用自己的藏书，刊刻了大量有价值的图书，其中有不少地方史料类文献。

2. 图书馆与时政大事

江苏图书馆关心时政，积极参与社会公共事业。

五三图书馆。1928年5月3日，发生了震惊中外的五三惨案。日本帝国主义侵犯山东，我国派出外交特派交涉员蔡公时去济南与日本侵略军交涉。日军将蔡公时残害致死，引起全国人民的极大愤慨，罢工、罢课、罢市风起云涌，抵制日货的高潮再度兴起。镇江查封了镇江元生东糖号所贩日货，罚款两万元。后用此笔罚款，建五三图书馆，表示镇江人民对五三惨案的愤慨和仇恨，教育后人奋发图强，坚定与日本帝国主义斗争到底的决心。

私立江苏流通图书馆。这是 1931 年 11 月镇江陈涛、文昭夫妇在南门大街道崇观小学住所内创办的图书馆。受九一八事变影响，陈涛认为要挽救国家民族之危亡、利人救世，就必须唤醒民众，故决定倾个人之全力创办一所私立图书馆。梁漱溟曾为这个图书馆题词"志在利人，为惠至大"。在民族危难之际，私立江苏流通图书馆还提出了"读书救国"的口号，号召民众走进图书馆借书。

益众图书馆。1927 年 7 月，由郑浩文捐资在常熟东张市创建。这是常熟乡镇首创。馆址在东张西巷门外的郑氏义庄内。馆藏图书约 32000 多册。郑氏除了捐赠私家藏书，还耗资六七千元亲自到苏沪等地购置各种新书近 2 万册。除了传统的藏书如二十四史，还有各种名人文集，大量小说和通俗读物、儿童读物，以及编译的外国文学和科技书籍等，还有期刊《东方杂志》《小说月报》和各种日报、画报等。

益众图书馆不仅对外出借图书，还关心时政大事。1932 年，淞沪抗战时，上海广播界的上海（亚美）和大中华、国华等广播电台坚持在敌机盘旋下播送战况，益众图书馆每日按时收听上海（亚美）电台播送的战事消息，听者有千余人。图书馆还将电台所播之消息记录下来，随时油印单张分发，使大众明了真相。可惜 1937 年郑浩文病故后一年，馆遭日寇破坏，藏书散失殆尽。但这也说明，民国时期，一地的图书馆常常成为文化交流与信息传播的重要场所。

3. 图书馆与社会服务

（1）图书馆最直接的社会服务，就是让读者到图书馆读书

在 1935 年刊印的《私立江苏流通图书馆馆屋落成纪念册》中，该馆特别强调了其服务社会的宗旨，指出本馆宗旨是搜集各种图书，尽量流通活用，使中途失学青年，在工作余暇，有补习自修机会，使初识字的人，有继续深求知识的处所，而且不限地域、不限时间、不限经济力量，皆能借到图书，慢慢阅读，除去借书，更做许多馆外活动，务使人人有书读、人人有便宜书读。该馆事业，包括劝人读书、到馆或通信借书、陈列图书、车送图书、编印刊物、巡回图书、代理图书。该馆强调，本馆完全是公益性质的社教事业，不是衙门机构，也不是营业性质的小说流通社（以上见该册子封二）。其所立图书馆的宗旨，第一条就

是"劝人读书"，要做到"务使人人有书读"。

1934 年 8 月出版的《无锡教育周刊·社会教育专号》登出了时任无锡县立图书馆第四任馆长陈然撰写的《图书馆应鼓励民众到馆阅览》的文章，指出图书馆有材料新颖、检阅便利等优势，鼓励民众到馆阅览。

许多作家、学者后来都回忆过在图书馆看书的经历。如现代作家、同里人范烟桥当年曾被丽则女学聘请教授国文，还在这个图书馆里看过书。他在 1927 年 8 月写的《中国小说史》"引"中说："里中丽则图书馆、无锡图书馆、山东图书馆助我者更多。"范烟桥也向图书馆捐赠过《吴江县乡土志》《实验分团教授法》等 11 种图书。

出版家范用为镇江人，他在书中回忆了早年到五三图书馆看书的事："知道胡愈之先生名字，我还是个小学生。一九三七年初春，我在镇江五三图书馆借到一本创刊号《月报》。图书馆有位诗人完常白先生，对我很照顾，允许我把这本新到的杂志借回家看三天。"（范用：《书香处处》）这本杂志对范用的成长影响很大。

1912 年 2 月下旬，鲁迅应临时政府教育总长蔡元培的邀请，从绍兴到南京任教育部部员。当时，教育部设在成贤街 43 号大院正对大门的二楼里。三四月间，鲁迅工作之余常去龙蟠里江南图书馆借阅和辑录、校勘古书。从唐代沈亚之的《沈下贤文集》中录出《湘中怨辞》《异梦录》《秦梦记》三篇，后编入《唐宋传奇集》。此外，鲁迅还抄录了清代姚之骃辑录的《谢氏后汉书补逸》，1913 年 3 月辑成《谢承〈后汉书〉》，为他后来整理、校刊古籍奠定了基础。

（2）图书馆承担着思想启蒙、移风易俗的重任

图书为知识之源泉，而图书馆又为文明之宝库。图书馆在传承文明方面起着重要作用，这已成为基本共识。《无锡泰伯市近三年间教育设施概况》中，专门有《公立图书馆章程》，其第一章《总则》即指出"以维持文化、启迪民智为宗旨"。无锡泾滨民众图书馆，定期举办通俗讲座，一周两次，请各界人士担任主讲，讲科学、破迷信，批判农村的落后习尚。

《新无锡》1933 年 12 月 27 日第 3 版报道了查家桥图书馆"征求民俗资料"的新闻，称："第十区查家桥，为本邑东乡重镇之一，总计有二百余户，人口在五百以上。但居民智识浅陋，每群集茅肆酒坊以消磨

光阴。爰由地方人士钱佐元、王行易等发起，筹设一私立图书馆，以增进民众智识，发扬社会文化，提倡正常消遣，造成读书空气为职志，借资挽救颓风。自念一年元旦成立以来，颇具成绩。最近因根据省教育厅颁布之各县图书馆念二年度标准工作之规定，特征集本邑各地民俗资料，举凡民间信仰、行为、风俗、习惯，如鬼神、婚丧、诞生、请寿等资料，以及民间文艺，如民间故事、传说、歌谣、谜语、谚语等等，均足供研究民俗之参考，及编印民众读物之根据，可予办理社会教育之同人以极大借助。故悉在搜求之列，欢迎各界赐稿云。"这说明乡村图书馆还自觉承担起移风易俗的责任。同时希望通过民俗资料的收集，给社会教育提供帮助。正因为如此，柳诒徵在《国学图书馆小史》中称图书馆为"增进文明一大机关"。

4. 图书馆与知识更新

近代时期不仅是社会新旧交替时期，也是知识更新的时代。以科举为导向、以四部为经典的传统知识机构，显然已经满足不了社会发展的需要。这一时期的图书馆藏书与兴起的新式教育一道，承担起传授新知识的责任。

面对新的时代需求，江苏的藏书适时地调整了自己的服务方针，其主要标志就是由以收藏旧籍为主改为新旧兼蓄，并逐步加大"新书"的入藏。所谓"新书"，主要是指反映西方政治、文化思想及介绍近代新科技为主的图书。这些图书无论内容还是形式，与传统的图书都有很大的不同。近代江苏藏书以全面开放的姿态，大量吸纳了这类图书。这个吸纳的过程，也就是传统的藏书观念不断改变、更新的过程。

曾担任无锡县立图书馆馆长的秦毓钧在一封信函中说："查图书馆之设，含有保存旧籍、灌输新知两大主义。"这个可以说是当时公共图书馆的基本观念。从这个指导思想出发，秦毓钧积极组织入藏了不少新书，据《无锡县立图书馆历年概况》统计，到1928年，该馆新书收藏已有6303种、19246册，占到整个馆藏的四分之一。钱基博则从理论上分析了"新书"与"旧书"的关系。他认为"稽古"与"求新"并非对立的两件事。他用美国"达尔文社会进化论"的观点来解释新与旧的关系，指出新与旧是相对的，而且有一个转化的过程，所以新与旧是可以兼容的。"葆存古学，牖启新知，二者不可偏废。"江苏省立第二图书馆馆长曹允源在为该馆馆藏图书编目时定下的这条"凡例",成为近代江苏许多图书馆奉行的原则。这也是时代发展的必然趋势。

无锡天上市图书馆的办馆名义称:"本馆为便利教师、学者之参考研究及开浚普通人民之德慧术智而设。"也就是同时具有研究与普及两项任务。因此相应地,其图书收藏也兼顾两方面。其分类:"本馆图书旧学分经、史、子、集、丛书五部。新学分文学、理学、法学、医学、教育、实业、艺术、丛书杂志八部。"也是这种馆藏思想的体现。

私立江苏流通图书馆还附设有无线电收音民众识字班。其章程称地址在镇江水陆寺巷西口本馆内。由中央广播无线电台播音员教授并由本馆馆员指导说明。学额招收 40 名,凡年龄在 10 岁以上的男女都收。民众识字课本及纸笔都由本馆发给。用心读书从不缺课且毕业考试在前三名的发给奖金。第一名 5 元,第二名 3 元,第三名 2 元。(《播音教育月刊》)可见其非常注重新知识、新技能的传授,来学习不需要交纳费用,相反还提供课本,并发放奖金。

学校图书馆也是如此。如常昭中西学社,是光绪二十三年(1897年)五月由曾朴、丁祖荫等鼓吹革新、热心教育事业的邑中学界人士发起的一个学社。学社原为教育而设,但与传统的学校有别,而为一新式学校,故其章程云:"本社之设,专为讲求时务,预储有用之才。以为学堂根本。"又如著名的吴江同里丽则女学图书馆,其《丽则图书馆章程》第一条说:"本馆为便利全体职员、学生研究学问、开浚智识而设。"第三条说图书分类:"本馆书库中旧书分经、史、子、集、丛五大部。凡新出书籍分中、外两大部,依科学编制。"

近代江苏藏书帮助江苏人实现了知识的更新,并渐渐融入这个发展着的新的社会。

5. 藏书与人文素养的养成

(1) 近代江苏藏书家注重藏书与读书结合

宋代无锡文学家、藏书家尤袤曾谈自己的读书体会:"饥读之以当肉,寒读之以当裘,孤寂而读之以当友朋,幽忧而读之以当金石琴瑟也。"(《遂初堂书目序》)这段话成为文人嗜书的格言。清人叶昌炽在《藏书纪事诗》中感叹此事,写下"饥当肉兮寒当裘,足消孤寂遣幽忧"的诗句。清末民初的苏州藏书家章钰曾以此为座右铭,将自己的书斋名为"四当斋"。

在近代江苏，将读书作为提高自身素养的重要途径，可以看到其他类似的说法。无锡藏书家杨寿楠说："花得月而韵，竹得风而逸，山得松而幽，石得苔而古。人得书卷气则性情自然潇洒，心理自然和平，气韵自然清华，室庐自然精雅。"（《云薆漫录》卷上）这段文字通过形象的比拟说明了读书的重要性及其实际效果，和尤袤所说有异曲同工之妙，在读书的认识上是相通的。

无锡另一位藏书家侯学愈一生困顿，因而把藏书作为自己生命中最重要的东西："每当风雨晦明，开编纵读，不啻饥之于食，寒之于衣，解寂之友朋，消愁之花鸟也。古人有云，拥书万卷，何殊南面百城，余窃有此观念。"侯学愈认为人的一生中最重要的事情莫过于读书，只有在读书中，自己的精神才能得到超脱。

无锡藏书家丁福保的藏书印中有大量闲章，如"耕读传家""登山临水或啸或歌""十年无处觅知音""卧看南山考旧诗""屋连湖水琴书润窗　近华阴笔研香""半潭秋水一房山""幽居恬泊乐以忘忧""明点松肪读道书"等，充分表现了自己的志趣爱好，显示了自己的某种愿望。这些闲章有助于人们加深对丁福保藏书思想的理解。

（2）藏书培养了读书习惯，并与读书者人文素养的提升息息相关

藏书，也为爱读书者开阔了眼界，培养了深层次思考能力。如邓邦述，其藏书楼称"群碧楼"，他在抄本《澳门新闻纸》题跋中写道："海通以后，外人进步日猛，吾国则退步亦日甚，可胜叹哉。"（《寒瘦山房鬻存善本书目》卷四）他迫切希望中国能更多地了解外国，以使自己尽快地跟上世界发展的潮流。《澳门新闻纸》是我国翻译外国新闻报纸的开始，邓邦述收藏此书，正反映了他的上述愿望。因为对中外时事比较关注，他在题跋中，常不时流露出民族危亡感。他在《南烬纪闻跋》中借北宋末年徽、钦二帝被掳之事告诫"谋国者""尤不可视敌人为心腹"。他更分析中国面临的危险道："近世中国自谋益拙，而人之谋我益工，几欲阴行灭亡之实，而外泯侮辱之名。"此跋作于1925年，正是民族危机日益深重之时。可见邓邦述看得极为深透。

近代公共图书馆，更是把读书作为基本功能。江苏藏书对读书的重视，养成了江苏深厚的向学之风，也是江苏文化底蕴深厚的基础。

三、 近代藏书楼、图书馆旧址的保护和利用

由于社会变迁，近代藏书楼、图书馆旧址，尤其是私人与家族藏书楼旧址多已不存，即使旧址还在，所藏图书也都已散佚。公共图书馆的情况要好一些，旧址保留较多，藏书也保存较多，当然馆址、馆名会有相应的改变。近代藏书楼、图书馆旧址是地方重要的文化遗产，各地应因地制宜制订相应的保护、利用措施。根据我们了解到的部分江苏的情况看，旧址的保护、利用大致有以下几种情况。

旧址保存完好，且具有一定的旅游、观赏价值，建成旅游景点开放。如无锡薛福成故居、扬州吴道台府、苏州过云楼等，都已经成为当地的旅游景点。

旧址基本保存完好的，建立独立的纪念馆。如南京王伯沆周法高纪念馆。位于王瀣故居的王伯沆周法高纪念馆，由王瀣女儿王绵女士独力建成，并承担日常维持工作。馆中陈列有王瀣的遗物、墨迹、批校过的图书、历年刊印的有关著作，以及后人的纪念文章等。当年寄存在南师大的图书亦已取回 7000 册左右，庋藏其间。2000 年，我曾前往参观。该纪念馆免费开放，供公众参观，每逢开放日则由南京开放大学的两名女学生前来照料。王绵女士为纪念馆的建立十分欣慰，同时也有许多担心。一是自己半年不在国内，纪念馆乏人照料；二是纪念馆地方狭窄，从南师大取回的图书除少部分得到展出外，大部分只能堆放在屋子里，难以利用；三是所拟"冬饮丛书书目"共 195 种，不知何时能够全部出齐；四是该地区近期将进行大规模的城市改造，届时该纪念馆还不知如何处置。这些都是近来时刻萦绕在王绵女士心头的难题。

旧址经过修缮，并适当开放。如无锡杨寿楠裘学楼。杨寿楠(1868—1949)，初名寿械，字味云，小名松生，晚号苓泉居士，无锡人。光绪十七年（1891 年）举人。随载泽赴日本考察，次年又到英、法等国。民国后任北洋政府长芦盐运使、山东财政厅厅长、财政部次长、无锡商埠督办、参议院议员等职。1923 年转入实业，在天津等地开办华新纱厂。1935 年后寓居天津。杨寿楠的藏书，在其所撰《云薖记》中讲

得比较具体。其文云："行十万里路，仕宦三十年，齿发既衰，始遂初服，归而筑室于城西，以其隙地辟为小圃，而名之曰'云薖'。云薖之地广不四亩，池居三之一，微波沦漪，莹若碧玉。池之上为平台，广三丈许，半为花坞。台之后为楼三楹，曰裘学楼，藏书之所也。"云薖园位于无锡长大弄5号。园内池榭花树，图史金石，是典型的苏南士大夫庭园居室的格局，经过修缮，环境很好。

云薖园内曾几次举办公益展览。2016年9月25日至11月30日，在云薖园举办了"无锡与江浙名城：历史影像数字彩色复原精选特展"。现场展出百幅经当代影像彩色复原工艺所完成上色的历史照片，内容精选晚清至民国时期，包含无锡和南京、上海、徐州、扬州、镇江、苏州、杭州、宁波、绍兴等十座名城的珍贵影像。

有的在旧址基础上扩建为纪念馆。如常熟铁琴铜剑楼纪念馆，即依托铁琴铜剑楼而建。铁琴铜剑楼在常熟罟里（今写作"古里"），为晚清四大藏书楼之一。常熟瞿氏藏书开始于乾隆、嘉庆年间的瞿绍基，到瞿启甲时，又苦心经营，终于跻身于清末四大藏书家之列。现建成铁琴铜剑楼纪念馆，成为一个历史文化街区。当地一些重要的文化活动都在这个地方举办。这是借助了铁琴铜剑楼的文化影响，同时也扩大了铁琴铜剑楼的影响。

旧址保存完好，且建筑形象好，可以增加其他用途。如东南大学的孟芳图书馆旧址，一些影视片曾在此取过景。孟芳图书馆1922年立基，1923年建成。建筑造型为西方古典建筑风格。"图书馆"三字由张謇题写。

有的可以旧址修缮，如南通图书馆。镇江绍宗国学图书馆也基本属于这种情况。

旧址尚在，暂时不具备开发条件的，将旧址加以保护，不失为一种稳妥的办法。如江阴金武祥故居，位于今璜土镇篁村村大岸上9号。据江阴市人大常委会网站2017年7月19日发布，璜土小组许文波提出《关于重点支持璜土镇乡村旅游发展的建议》，指出璜土具有独特的交通、突出的产业、深厚的底蕴，可以借助市文联的力量把一系列故事还原，其中包括金武祥故居。目前，旧址已用围墙围住。再如昆山正仪镇寄云楼，是本地藏书家赵元益的藏书楼。位于正仪上塘街北段，现存一

东南大学孟芳图书馆　现代快报记者赵杰　摄

进，坐东朝西，二层堂楼，现为昆山市文物保护单位。这些旧址修复难度较大，暂时用围墙围住，不失为一种切合实际的方法，可以使旧址基本面貌得到保存。

有的旧址还在，但已经改作他用，无法恢复原样的，在旧址旁立碑说明。如镇江五三图书馆。

有的旧址还在，但确实很难重新恢复的，可以借助于藏书家的声誉，打造相关的文化品牌。如南京藏书家、史志学者陈作霖的旧居安品街 20 号，已经基本看不到原来的样子。2014 年，在社区支持下，在离安品街不远的甘雨巷 26 号建成了可园史志馆并对外开放。可园史志馆属于社区微博馆，是朝天宫街道市民文体中心的一个组成部分。2023年 5 月，曾在此举办"书香朝天宫、阅读伴我行"活动。陈作霖曾住南京可园 45 年，因此以可园为号。据朝天宫街道市民文体中心相关人员介绍，把市民文体中心叫作可园史志馆，就是向这位伟大的南京史志学家致敬。

可园　现代快报记者刘静妍　摄

　　旧址已经完全无存、确实无法恢复的，在旧址竖立纪念碑。如镇江藏书家陈庆年生前藏书尽毁，其在磨刀巷住宅的藏书楼传经楼（横山草堂）亦被拆除。2004 年 2 月，镇江市文物管理委员会在旧址建亭并竖立了"陈庆年纪念碑"。而如常州钱振锽、苏州章钰，则保存了墓地。章钰墓被列为苏州市第八批文物保护单位。

　　一些影响较大的藏书单位，在旧址或易址重新修筑。如文汇阁、文津阁的重修，它们都已经成为当地的文化地标。

　　经过重新修建的建筑，通常会把纪念馆、图书馆或相关的单位结合在一起。例如江阴申港的缪荃孙纪念馆、图书馆即是一例。缪荃孙纪念馆、图书馆合为一馆，一、二楼是图书馆，纪念馆设在缪荃孙图书馆三楼，展示缪荃孙的生平和事迹。

　　也有的将图书馆旧址和周围相关建筑融为一体。如村前图书馆、泰伯图书馆（位于无锡市新吴区鸿山街道后宅老中街，后宅中学老校区内）。

在一些新的图书馆中，使用了相关藏书楼、图书馆旧址的元素。如南京图书馆四楼国学馆，题名"惜阴堂"，显然使用了原"惜阴书院"的名称。惜阴书院始建于清道光十八年（1838年），为时任两江总督陶澍所建。陶澍非常敬佩先祖东晋名臣陶侃。陶侃大胜苏峻于石头城下，亲到此地，又有"大禹圣者，乃惜寸阴，至于众人，当惜分阴"（《晋书》卷六六《陶侃传》）之言。陶澍为继承其遗风事业，将书院命名为"惜阴书院"。书院地址在今天南京龙蟠里9号。光绪三十三年（1907年）两江总督端方委派翰林编修缪荃孙筹建江南图书馆，缪荃孙选定原惜阴书院作为馆址。江南图书馆后改名为国学图书馆，最后合并入南京图书馆。南京图书馆四楼国学馆有一个展厅叫"玄览堂"，显然使用了1947年中央图书馆影印出版的《玄览堂丛书续集》的名称。

南京图书馆现在设有"陶风图书奖"，是南京图书馆为推荐江苏省优秀出版图书，引领大众阅读而创立的公益性优秀图书奖项。还有"陶风采——你选书，我买单"活动，读者可以在相关书店直接选择自己想读的图书，通过荐购的方式，在书店现场办理借阅手续。还有"陶风书话"讲座。这些都与陶风楼有关。陶风楼是江南图书馆的藏书楼，原来没有名称。1927年，柳诒徵任图书馆馆长，遂将藏书楼命名为"陶风楼"，并请当时的国民政府主席、行政院长谭延闿题写了匾额。

关于陶风楼的命名之意，时人不解。有人认为这是为了纪念两江总督端方创建此馆、缪荃孙倡导购买杭州丁丙八千卷楼古籍之德泽，也有人认为这是纪念建立惜阴书院的两江总督陶澍。柳诒徵写了一篇《陶风楼记》，专门对命名问题作了说明。柳诒徵指出自己命名确实有纪念陶澍、端方（号陶斋）、缪荃孙（号艺风）诸人之意，但并不全面（"是皆有然，然未尽也"）。他说陶澍创建惜阴书院的目的，是要学人志士"抟固其毕生数十年之精力，湛深于学，推暨于世，奋然踪古先贤杰，而肩荷国族之大任"，也就是要以古代乡贤为榜样，承担起国家之重任。柳诒徵又指出，来馆里读书的人，即使做不到如陶侃、陶澍那样，"以智名勇功扶翼世局"，退而求其次，也应该"为端方之知爱国籍，为艺风师之者考述作不倦"，这样也可以做到"不无小补于世"。柳诒徵认为这才是自己命名"陶风楼"的原意。

"惜阴"本身有珍惜读书光阴的意思，同时又标明了与惜阴书院的承继关系。"玄览"一词见老子《道德经》，有深见、明察其理的意思，同时也标明了与《玄览堂丛书续集》的关系。通过"惜阴""玄览"这些名称，现在的南京图书馆与其前身江南图书馆、中央图书馆产生了联系。陶风楼虽不在，但精神相通。

2014 年 10 月，经文化部批准，南京图书馆和台湾汉学研究中心在南京联合举办"首届玄览论坛：中华传统文化的价值追求"，共同传承和弘扬中华优秀传统文化，引领普通百姓更好、更深入地认识中华优秀传统文化。至 2022 年 12 月 16 日，论坛已经举办了九届，每年一届。参加论坛的单位也由开始的两家发展为国内多家图书馆、高校，省内南通、徐州等地都举办过分论坛。"玄览论坛"由南京图书馆和台湾汉学研究中心共同主办，之所以以"玄览"作为论坛名称，是因为两馆在历史上皆源于 1933 年筹建的中央图书馆，有着共同的历史记忆。

这是通过显形标志显示文化、理念上的承继关系。这些原图书馆元素的显现，不是为了装点门面，而是对前人事业的尊重，也是对图书馆优秀文化的传承。

人们一般将文化分为物态文化、制度文化、行为文化、心态文化几个层面。所谓物态文化，也称"物质文化"，是指人类创造的物质文明。建筑属于物态文化。人们通过各种建筑，可以感受到蕴含着的文化内涵。因此，物态文化是"物化的知识力量"，是一种可见的显性文化。旧址是某一历史时期有关人物或单位生活、工作状况的真实反映，也是帮助人们认识和恢复历史原有面貌的重要依据。藏书楼、图书馆旧址作为历史的产物，能够反映当时社会的政治、经济、文化等状况，藏书楼、图书馆作为保存文化、积累文化、传承文化的重要场所，蕴藏着特有的、丰富的文化信息。因此，藏书楼、图书馆旧址的核心价值是其历史文化价值，这是时过境迁后，藏书楼、图书馆旧址依然能够产生影响并继续发挥作用的基础。

近代藏书楼、图书馆遗址，是江苏文化重要的物质文化财富，我们要注意用好这份珍贵的遗产。

还有值得注意的是，这一时期的接收、清点书目也反映了藏书的流转情况。如《常熟县文物保管委员会接收徐氏虹隐楼图书文物暂编目录》不分卷（1951 年油印本，2 册，常熟图书馆藏），这是 1951 年

6月，当时的常熟县文物保管委员会从何市徐兆玮故乡接收虹隐楼图书文物的清点目录。再如《江苏省立国学图书馆清点常熟翁氏捐献藏书书目》一卷（1950年抄本，毛装，1册，南京图书馆藏），这是当时国学图书馆接收常熟翁同龢家族捐献图书时的清点草目。

收购书目从另一个角度反映了图书的流转情况。如《扬州徐氏藏书目》一卷（抄本，1册，扬州图书馆藏），内有二夹页。一是1956年5月31日江苏省文物管理委员会致扬州图书馆函；二是扬州图书馆复函(底稿)，是收购徐氏藏书的信函，此信函对了解1949年以后私人藏书的散出、流向等，有一定价值。和我国古代藏书主要在私人藏书家之间流转不同，这一时期，公共图书馆或政府有关机构，成为私人藏书的主要接收者。扬州图书馆复函是一份底稿，主要说明了对徐氏藏书的收购情况。

江苏是我国经济文化最为发达、藏书最为丰富的地区之一，与江苏文化的质量和大量文化典籍积淀在这一地区息息相关。江苏藏书家和图书收藏机构通过大量文献的储藏，增加了这一地区的文化底蕴，而对文献的保有和利用又促进了社会的健康发展。

地方收藏的图书是传承文脉的重要根基，地方藏书对地方文化的传承、发展有着十分重要的意义。我们应该大力提倡地方藏书，切实爱护地方藏书家的热情，尊重地方藏书家的意愿，维护地方藏书家的权益，调动民间藏书家参与公共文化事业的积极性，使地方藏书更好地发挥作用。

长江文明与神奇的北纬 30 度

主讲人：陈　军

南京图书馆馆长、党委副书记
教育部"长江学者奖励计划"青年学者

今天，在南京图书馆，在长江路边，和大家一起来走近、了解、解读长江文明，主题叫"长江文明与神奇的北纬 30 度"。

首先有几个词和大家作一个解释。我用的是长江文明，没有用长江文化。那么，简单地讲，文化对应的是自然、天然；文明对应的是野蛮、原始。所以，我们经常在生活当中分不开两者，分不清楚什么叫文化、什么叫文明。那么，这样两个简单的比较维度，可能会帮助大家更好地区分开。在实际的发生、发展进程当中，有的时候文化就是文明，有的时候，从另外一个角度来讲，比方说我们谈中华文明，又有许许多多文化的群体、聚合体。

所以，从历史的维度来讲，文明又是文化发展到一定阶段的产物。正是因为这样一个要求，我们的学者，尤其是目前的西方学者率先提出了关于文明的一些标志。你不是说，文明是文化发展到一定阶段的产物吗？那么，哪些能够标志着这个民族、这个社会进入了文明的门槛？比方说，要有文字、要有城市，要有一定纪念性的、祭祀的仪式以及制度，包括科技等等。大家牢记住"文明的标志"这样几个要素，我们下面在讲长江文明、长江文明对于世界文明的意义的时候，主要还是就这几个要素举例阐明。

一、 青藏高原与烟雨江南

长江的"江"，今天普通话里读"江（jiāng）"，但是在各地的方言里不一样，我们有些方言读什么？读"缸（gāng）"。我不是研究语言学的，但我利用图书馆的行业覆盖面，广泛地问了一下省内的几个馆：你们那里读什么？苏锡常都读"缸（gāng）"。像无锡，我听发音，有点 gāng 和 gōng 交界的样子。好像云南、广东，会读 gōng。在汉语里面，j、q、x 这一组声母出现得最晚。方言就是化石，语言就是化石，就这么一个字，可以打开我们了解文化、了解中华文化的一个小窗口。

屈原《九章·哀郢》："将运舟而下浮兮，上洞庭而下江。去终古之所居兮，今逍遥而来东。"如果按照我们今天的发音来读 jiāng 的话，那么"江"和"东"就没办法押韵，所以说它只能是读 gōng，这时候和"东"才是押韵的，我们可以来反证一下。

前面讲，j、q、x 这一组声母出现得比较晚，大家来自不同的地方，你们想想你们的方言，小时候讲的话碰到 j、q、x 的时候，有时候确确实实不是这么讲的。比方说，我来自江苏的北部，我们那边讲"上街"，小时候听到妈妈对我说"上该（gāi）"，现在学习了语言学，我们可以来印证，果然我们小时候讲 gāi 而不讲"街（jiē）"。再比方说，"家"也是这么读的，"家去"读成"嘎（gā）去"。所以，文化既顶天又立地，更接地气，接了地气，这个文化就活了。

"江"过去都是专指。我也看了文献，也不是说凡是古籍里面出现的"江"都是指长江，没有做到百分之百，但是大概率是指长江。所以在《诗经》里面就有"江之永矣""滔滔江汉"，这个"江"都是指的长江。大家看古地图，长江不标"长江"，标"江水"。那个"江水"就特指长江，黄河叫"河水"。到汉魏的时候，开始称"大江"。"长江"这个称呼始于东汉末年："且将军大势可以拒操者，长江也。"过去，我们古人要祭祀水神。四条河，四渎，江河淮济：长江、黄河、淮河、济水。淮河、秦岭，这一带是中国南北方的分界。

长江是中国最大的河流，是世界第三大河流，全长 6300 多千米，素有"黄金水道"之称，也是世界水能资源最丰富的河流。长江流域的覆盖面，可能我们很多中学生都知道，干流和支流共覆盖 19 个省、市、自治区，总面积约占中国国土面积的 1/5，达到了 180 万平方千米。长江养育了全国将近 1/3 的人口，滋润着全国约 1/4 的耕地。

长江的干流流经 11 个省、市、自治区，它的支流还延伸到另外的 8 个省、自治区的部分地区。长江的干流是东西横向的，而它的支流就不一样了。支流上下方向，沟通南北。这样，黄河和长江两者之间，通过支流实现了早期的汇通。长江的干流，我们习惯意义上的上、中、下游是怎么区分的？大家可以看一下，从宜昌一直往上都是上游，宜昌到湖口是中游，湖口到上海长江入海口叫下游。上游又分两大段，一段叫金沙江，金沙江从青海玉树的直门达至宜宾。宜宾到宜昌之间，被称为川江。长江这么长，我们对它的构成要有一个了解。

　　长江源区，主要有北边的楚玛尔河、中间的沱沱河、南边的当曲这样三个主要源流。很长一段时间人们认为，沱沱河是长江最远的源头。到了 2008 年，发现当曲比沱沱河还要长一点，就把当曲作为长江真正的源头。长江的发源地青藏高原唐古拉山，它的各拉丹冬峰高 6600 多米，长江源区蓄水量是相当大的，约等于 9500 个杭州西湖的蓄水量。有一句话叫"不积细流，无以成江海"，是不是非常想去实地看一看？由青海玉树的直门达到宜宾的这一段上游，我们称之为金沙江。金沙江长度 3000 多千米，落差约 5100 米，占全江落差的 95％。"滚滚长江东逝水"，巨大的势能转化成动能。

　　接下来要讲到北纬 30 度的问题了。长江流域总体位于北纬 24 度到北纬 35 度之间，在北纬 30 度左右。北纬 30 度是一个发生许许多多神秘现象的地方，小时候听说过百慕大三角、飞机失事、沉船，甚至是时空穿越，但都是听说的，我们自己没经历过。据说都是发生在这个区域。

　　这个区域还神秘在哪儿呢？我们经常讲的"四大文明古国"，古埃及、古巴比伦、古印度和中国，都在这一区域。这样一个区域有什么特

金沙江　现代快报记者是钟寅　摄

点？有什么不同？有人说高低，还有人说陆地、海洋。这一区域，你发现没有？我们这边还是绿绿的、青青的，郁郁葱葱；其他地方却是茫茫沙漠。

地理学家说，北纬30度左右是长年被副热带高压控制的。被副热带高压控制下的地区有什么特点？往往都是热带沙漠气候，都是副热带的荒漠地区。按常理讲，这一块应该是干燥的荒漠地区。那么，为什么到了长江中下游地区就郁郁葱葱了呢？根本原因在哪里？因为有青藏高原隆起的遮挡。古人经常讲天时、地利、人和，三个要素一个都不要小看。这里就是地利。地理条件配合不配合、加持不加持，对事情有很大的影响。我们古人经常讲到"天人合一"。光有人这个要素还不行，还要有时机，还要有地利。

青藏高原是怎样来影响北纬30度的？青藏高原平均海拔超过4000米，被称为"世界第三极"，南到喜马拉雅山南缘，北至昆仑山、阿尔金山脉和祁连山北缘，东到秦岭山脉西段。

青藏高原多高？不高也不足以抵挡副热带高压的影响。世界上所有的8000米级的山峰，都在青藏高原之上，其他的还有6000多米、7000多米的。青藏高原的由来，是5亿年来最重要的造山事件。它怎么来的？我们简单地用数据来看一下：2.8亿年前还是一片汪洋，2.4亿年

青藏高原　现代快报记者是钟寅　摄

前出现了陆地，8000 万年前开始出现高原，6000 万年前又一次增高。所以，青藏高原 2.8 亿年前还是一片汪洋。这个汪洋叫什么？新特提斯海。因此可以想见，过去的长江一度不是往东流的，是向西流的。这边隆起来之后才向东流了，沧海桑田。这是造山运动对地球的影响、对大江大河的影响。

青藏高原是如何产生影响的？在冬半年的时候，冬季风从北边来，因为青藏高原产生了两边的分叉，西风来了以后也产生了分叉。西边就是副热带高压，暖气流过来之后，在长江中下游那边汇合。在哪里汇合？四川盆地。两股热气流在那里汇合，那个地区多云雾就是这个造成的。到了下半年，西南季风从南面来，如果没有青藏高原，它吹到哪里去了？吹到我们的西北去了，甘肃、新疆，那边也雨水充沛了。被青藏高原一挡，就又划到两边去了。云南昆明为什么叫春城？都是受了青藏高原的影响。所以，经过青藏高原的遮挡，长江中下游地区不再是副热带高压气候，变成了十分宜居的亚热带季风气候，这才有了烟雨江南。我们有同志可能会想：假如没有青藏高原的遮挡，按照地理学的地带规律，我们也不会是烟雨江南，我们就会是跟大西北一样的干旱的荒漠，大西北可能才会是郁郁葱葱的，像我们现在一样。

二、 长江文明对世界文明的贡献

下面重点讲一讲长江文明，或者说长江流域给世界文明带来的一些独特贡献。我们今天讲长江文明，有两个维度：一是国际维度，就是世界文明的维度；还有一个就是中华文明的维度。

第一，水稻起源于长江中下游。水稻是全球人类重要的口粮，其中 90% 产于亚洲，中国是最大的水稻生产国。水稻的杂交优化，大家看电视有的时候还会看到，科研人员在找什么？在找野稻去杂交、去优化。由野稻到驯化，是人类文明进程当中的一件大事情。

国际上，从 19 世纪到 20 世纪初，认为印度人比较早地开始种植水稻，说水稻起源于印度，所以西方各种语言当中"稻"或者"米"这个词汇的源头就来自印度的梵文。这些植物学家的代表有瑞士植物学家德康多尔、苏联植物学家瓦维洛夫。后来日本、韩国也出土了 5000 多年前的炭化稻。

　　循着这个线索，国际学者认为，水稻的两个亚种分别来源于印度和日本，于是他们的命名分别带上了印度 India 的词根和日本 Japan 的词根。虽然实际上不是最早起源于印度和日本，但是他们具有了命名的优先权。

　　那么，水稻是不是真的就起源于印度和日本？当然不是。这也是目前国际考古学界的公认：不是。那么，现在来得及去把那两个水稻的名字改掉吗？也不行了。所以名字仍然是带 India 和 Japan 的词根的稻种。而事实上，水稻来源于中国，因为在江西、湖南、浙江，都发现了万年稻，远远超过印度和日本 5000 多年的稻作文物。比方说江西的万年县，后来经过准确的碳-14 测定，时间大概在 1.2 万年前。根据是什么呢？就是水稻田里的植硅石。通过植硅石可以判断，它是纯粹的野生稻，还是被驯化后的人工稻。植硅石类似于人身上的结石，通过对结石的分析来判断。怎么判断？就判断它扇面边缘弧面的多少，弧面越多人工驯化的程度越高。野生稻和驯化稻的区别就在于弧面的多寡，野生稻大于 9 的比例在 17％，而驯化稻大于 9 的比例在 63％左右。我们可以通过植硅石弧面褶子的多少，来判断究竟是野生稻还是人工驯化稻。

　　所以，袁隆平先生题写石碑：野稻驯化万年之源。湖南道县玉蟾岩遗址发现了什么？发现了真正的标本，世界上最早的人工栽培稻的标本，距今 1.4 万—1.8 万年。浙江金华市浦江县上山遗址发现了什么呢？稻作遗存，从事水稻耕种的痕迹。炭化的稻米，属于驯化初级阶段的原始栽培稻。那么它大于 9 的比例是多少？36％。前面讲过，野生稻百分比是多少？17％。

　　上山遗址还发现了目前我们国家最早的定居村落，号称"远古中华第一村"。地面上发现了排列很整齐的洞，专家推论，这是建筑用的洞，是一种木结构的建筑。距今 8000 年左右，可以确定，中国人已经开始种植水稻了，前面是还处于驯化的早期阶段。距今约 8000 年的时候，也比印度、日本 5000 年还要早，中国人已经开始种植水稻。比方说，湖南的彭头山遗址发现了近万粒稻谷。浙江的跨湖桥遗址，发现了 1000多粒炭化稻粒，50％是驯化后的栽培稻。到了 6000—7000 年前的河姆渡文化，我们通过考古发现：水稻已经成为人们重要的食物来源。河姆渡还出土了干栏式建筑的遗址，干栏式建筑用到一些榫卯技术，这些都是文明的象征。怎么能保持建筑物的牢固程度？当时有榫卯。我想我们在座的一些老同志可能还做过木匠，小时候都很熟悉。这是还原后的河姆渡文化的干栏式建筑，是我国目前发现的古代木构建筑中最早的榫卯之一。

城头山遗址是我国迄今为止发现的最早的城址，号称"中国第一城"。前面讲了，文明的标志包括文字、城市。城市的出现也是一个标志。在城市的东墙下，发现了已知最古老的水稻田，还有配套的灌溉系统。通过专业人员的解释说明，我们可以了解到，有完善的城市规划、生活区域、耕作区、垃圾处理区、祭祀区、墓葬区。世界上最早的稻田遗址，距今已有 6500 年，很平整。

江苏苏州澄湖遗址的水稻田距今也达到了五六千年，我们只能通过遗迹来回想它当年的面貌。在澄湖遗址，大家还能看到地基的痕迹，很齐整，分室而居。

到了 5000 年前浙江的良渚文化，可以说我们基本确立了成熟的稻作农业。良渚文化的发现为中华文明 5000 年提供了重要证据。世界考古学界认为，这是中国建立最早的国家文明。我们国家不是搞夏商周三代断代工程的考古吗？一直到现在，我们在找夏朝的遗迹在哪儿。那么，南方长江流域的良渚文化、良渚古城的发现，已经证实了 5000 年的文明史。我们经常讲上下五千年，如果仅仅按照甲骨文的发现来讲，我们的文明 3600 多年。从文明的标志来讲，5000 年要拿出证据。

在长江流域发现的良渚文化遗址，从一个渠道解决了这个问题。有国际学者讲，以良渚古城为核心的遗址发现证明，5000 年前的良渚社会已经进入国家文明阶段。良渚文化遗址的古稻田，是世界上目前发现的面积最大、年代最早、证据最充分的稻田。考古学者从水田的土壤里面筛出来一些水稻的壳，还有一些小穗轴，它们都是很好的证据。良渚古城为什么能够入选世界遗产？为什么确认它已经进入了国家文明？良渚古城由宫殿区、内城、外城三重布局构成，有 8 座水城门、1 座陆城门。整个古城面积约 300 万平方米，大概有 8 个故宫那么大，东西

1500—1700 米，南北 1800—1900 米。

特别值得一提的事情是，良渚古城附近的配套工程水利系统是世界上最早的堤坝系统之一，是中国目前为止发现的最早的大型水利工程。为了不让水成为水患，而是为古城所用，良渚先民建了 11 条人工坝体，形成一个面积达到 13 平方千米的水库。古人的智慧非常了得。良渚文化还发现了 700 多个刻画的符号，是不是文字不好说，但是，甲骨文之前肯定有一段漫长的文字发展史，不可能甲骨文突然就这么成熟了。

为什么说良渚文化遗址可以确认稻作农业已经很成熟了？大家看一看，良渚古城发现的炭化稻谷达到多少？1.2 万千克。2017 年对莫角山宫殿区以南进行了大范围勘探和挖掘，发现两大片炭化稻谷堆积，面积分别达 6700 平方米和 5150 平方米，测算出炭化稻谷总量近 20 万千克。

第二项贡献，丝绸。大家都知道，中国是世界丝绸文明的发源地，长江流域诞生了世界上已知年代最早的丝织品，在距今 8000—7000 年的浙江萧山跨湖桥遗址，发现了原始纺织的工具，在河姆渡文化遗址也出现了一些纺织工具。就是说，在 7000 年前，浙江已经有原始织机，只是丝绸很不好保留。考古学者在浙江湖州钱山漾文化遗址发现了世界上最早的家产丝织品，因此钱山漾遗址被称为"世界丝绸之源"。

在春秋战国时期，楚国的丝织技术是最高的，我们可以通过考古发现来看一看。考古学者在湖南长沙出土了中国最早的一幅帛画。马山一号楚墓挖掘的时候，发现了红色的液体里面浸泡了 3000 年的遗骸，墓主遗骸还保存得非常完整。这也是技术，也代表一种文明，科技的文明——防腐。马山一号楚墓里出土了许许多多丝制品，号称先秦时期的丝绸宝库。被称为"天下第一被"的丝制品有多大？将近 2×2 米，是以 25 块不同的绣绢拼成的。马山一号楚墓里出土了世界上保存最好的丝绸成品，无论是种类、色彩、制造方法，都令人叹为观止。被子采用的是一种失传的绝技，叫"锁绣"。特别是出土了一件素纱单衣，这是世界上保存最早、最完整、最轻的一件衣服，49 克。当时这样一个工艺到了什么份上？一定长度的丝绸，它的重量越轻越好。我们用密度单位旦尼尔来衡量。现在丝绸的旦尼尔是多少？20。那么这件衣服的丹尼尔是多少？10—11。南京云锦研究所花了 13 年的时间来复制，最终结果怎么样？还比原物重了 0.5 克，没有超过。

第三项贡献，陶器文明起源于中国。长江流域是世界上出现陶器最早的地区，时间在两万年前左右。国际上长期以来认为，西亚是世界上出现陶器最早的地区，其实不然。江西万年仙人洞出土的陶器是最早出现的陶器，时间确定为 2.09 万—1.92 万年前。湖南永州市道县玉蟾岩遗址出土的陶器，距今 1.8 万—1.7 万年。

国际上不仅说陶器起源于西亚，还有一种彩陶，国际上的考古学家认为，中国的彩陶也是从西方来的，因为在西亚、北非出现了距今七八千年的彩陶。1981 年，我国就把这个国际上的说法给打破了，我国在甘肃发现了七八千年前的彩陶，打破了"中国彩陶西来说"。

后来，在浙江上山文化遗址又出土了目前世界上年代最早的彩陶，更把世界最早的彩陶时间往前推了推。中国彩陶不是"西来"，而世界的彩陶是"东来"，当时中国的彩陶当中出现了太阳纹、短线组合纹等图案。

在浙江杭州萧山的跨湖桥文化遗址也出现了彩陶，而且出现了比较早的太阳崇拜的痕迹。在湖北的屈家岭遗址，发现了我国已知最早的高温黑釉陶。黑彩陶胎厚 0.1—0.2 厘米，像鸡蛋壳一样。

谈到陶就要谈到瓷，它们所用的材料、温度是不同的，瓷更高端一点。中国瓷器的起源地就在长江流域——浙江湖州。最早的原始瓷窑址时代可推至商代，在黄河流域目前还没有发现早于商代的原始瓷制作的痕迹。

第四项贡献，玉文化。在长江下游太湖流域的良渚文化遗址中发现的精美玉器，其制作水准达到了史前时代的巅峰。良渚文化玉器以其数量之多、品类之丰、雕琢之精，在新石器时代的中国乃至世界范围内独占鳌头，出土总数超 1.5 万件。良渚文化里有两种玉器是首创，一种是玉璧，一种是玉琮，都是用来祭祀天地的。

良渚玉琮中最大、最重、做工最精美的一件，被誉为"琮王"，重 6.5 千克。这是把若干个玉琮堆在一起的，目前藏在浙江省博物馆。在琮上还有一个类似于神徽的标记。在玉钺这一块，放大以后能看到，这个"玉钺王"是目前唯一有神人兽面纹和鸟纹的玉钺，象征最高的军事指挥权。它的雕刻非常精细、精美。

在安徽省马鞍山市含山县铜闸镇凌家滩村凌家滩遗址，发现了我们国家目前为止最早和最完整的人形玉雕。其中的鹰、玉鸟里面也有科技，怎么把一个圆分成八等分？不仅仅是把它雕成人形、雕成鹰形，还有数学在里面。

第五项贡献，长江流域拥有最为发达、最具特色的青铜文明，完美地阐释了中华文明多元一体的格局。我们以前提到青铜器，最先想到的都是黄河流域。长江流域是中国铜矿资源最为富集的区域，这些背景资料的介绍，对我们来说都是一种认知更新。我们长期以来一直都在讲黄河流域商代的青铜器如何精美，但长江流域是中国铜矿资源最为富集的区域，也就是说黄河流域青铜的原料，可能很多是从长江流域运过去的。在运过去的途中，也向长江流域传播了很多冶炼的技术。

铜绿山古铜矿是世界上"持续生产时间最长的古铜矿"，有点像古罗马的大剧场，一圈一圈地往下挖。江西铜岭铜矿冶炼采矿遗址，长江中下游丰富的铜矿资源，为青铜文化从黄河流域向长江流域发展提供了条件。这就是一种交流，把黄河流域的青铜冶炼技术、礼器、制度带到了长江流域。

长江中游的青铜文明始于湖北武汉的盘龙城，在长江北岸，是商王朝南下的一个据点。在盘龙城出土的青铜器，种类数量甚至超过了商代早期的王都郑州和偃师（洛阳），它在某种程度上相当于商之南土的中心和中转站。迄今为止，盘龙城遗址共出土文物3000余件，其中青铜器就有500余件。

江西吴城遗址也是商代遗址，这个遗址的发现打破了考古界的一个定论，叫"商文化不过长江"。江西吴城遗址是长江以南首次发现的大规模商代人类居住遗址。"商文化不过长江"的论断是因为考古界长期认为殷商文明在中原，尤其在黄河流域，不过长江。吴城遗址的发现打破了这个论断，解决了殷商时期南方地区能否铸造青铜器的重大学术问题。殷商时期，长江流域也有很高端的青铜文明。

比方说，商代唯一一件四足青铜甗是商代最大的连体青铜器。这个甗是一个组合体，上面是甑，下面是鬲。除耳上双鹿外，整体一次浑铸成形，罕见难得。

伏鸟双尾青铜虎是青铜虎当中体量最大的。这是虎耳虎形扁足，上面的装饰大家看看多么精美，就诞生在长江流域，诞生在长江以南。还有双面人形青铜神器，像面具一样。

长江流域还考古发现了存世的孤品酒器瓒（舀酒的勺子）；发现了目雷纹青铜大钺——中华钺王，最大的青铜大钺，在长江以南发现，非常有特色；崇阳商代铜鼓，发现于湖北崇阳县，据考证，这面铜鼓是我国目前发现时代最早的铜鼓。

传世国宝四羊方尊，是我国现存商代青铜方尊当中最大的一件，号称"臻于极致的青铜典范"。

曾侯乙墓，我们好多人可能听说过，出土了引人注目的 125 件精美的乐器，也是在长江流域。

"伯也执殳，为王前驱"，学界原本一直不知道"殳"这个兵器什么样，长江流域的考古解决了这个难题。

特别是乐器青铜编钟，推翻了"中国的七声音阶从欧洲传来"的说法。所以考古多么重要，考古发现让我们有了话语权。中华文明的博大精深、中华文明的五千年、中华文明的主体性……这些从哪里来？要拿出证据。所以习近平总书记非常重视考古工作，重视研究地下考古发现的文物、文献。整套编钟工艺高超，堪称中国音乐史上的旷世奇观，改写了世界音乐史，代表了中国先秦礼乐文明与青铜器铸造技术的最高成就，在考古学、历史学、音乐学、科技史学等多个领域产生了巨大的影响。编钟的青铜建鼓底座，是古代青铜冶炼巅峰之作，由八对大龙和数十条纠结缠绕的小龙构成，龙身互相缠绕，镂空并镶嵌绿松石，如同一团燃烧的火焰，至今无法复制。底座上到底有多少条龙盘绕，至今无法计算清楚。

曾侯乙青铜尊盘，春秋战国时期极复杂、极精美的青铜器之一。采用的技术是失蜡法，已经失传了。下面是盘体，上面是尊体。纹饰细密复杂，附饰无锻打、铸接的痕迹。

曾侯乙铜鉴缶，是迄今为止出土的先秦时期形制最大、保存最完整、铸造最精美的冰酒用具，被誉为最古老的"冰箱"，重 170 千克。外壳外部为鉴，鉴内置缶。鉴与尊缶之间有较大的空隙，夏天可以放入冰块，冬天则贮存温水，尊缶内盛酒。

越王勾践剑，被誉为"天下第一剑"。刚出土的时候，拿出来一划，十几张纸就划破了。秦始皇兵马俑发现了一把宝剑，发现的时候被兵马俑压弯了，弯度超过45度。最神奇的是，把兵马俑挪开的时候，剑体慢慢回直了，这个工艺叫"金属记忆"，一直到现在还在研究。

谈青铜器绕不过三星堆，三星堆证实了中华文明起源的多元性、"长江文明之源"、20世纪人类最伟大的考古发现。目前考古发现了总面积的2%，这2%已经发现了超过5万件文物，令人叹为观止。

三星堆遗址骑兽顶尊人像（研究性复原） 现代快报资料图

　　商铜怪兽整体像只小狐狸，脸又像鹿和狗，蹄子是马蹄，身子是狐狸。古人也很俏皮的。青铜纵目面具，80 多千克。它的前面加上了"纵目大面夔龙"，是干什么的？为什么造这么大？不知道。

　　青铜神树，是全世界已发现最早、最大单件青铜文物，将近 4 米。

　　鸟足曲身顶尊神像也是这几年才拼接起来的，不在一个坑，也不在同一年发现，通过大数据的分析，推断出这两个可能是一体的。这座顶尊神像也超过 1.5 米。

　　商铜太阳形器，同太阳崇拜有关。怎么把它均匀地划成五等分？这都是科学，不能仅仅看它是一个青铜器而已。

　　青铜立人像，是世界迄今为止发现的同时代文物群中现存最高、体量最大、最完整的青铜立人像。他手里拿的什么？不知道。

　　青铜大面具，重 65.5 千克，是目前已知三星堆遗址出土的体量最大、保存状况完好的大型青铜面具。

　　目前世界上最早的金杖，它属于什么文化？为什么会有这个金杖？金杖上还刻划人头、鱼鸟等纹饰，很讲究。

　　成都金沙遗址出土的太阳神鸟金饰，是商周时期的金器，厚 0.02 厘米。四只神鸟，一年四季循环往复，中间太阳的 12 道光芒，是怎么把它等分出来的？这堪称古代人民深邃的哲学宗教思想、想象力、艺术创造力、工艺水平的完美结合。

　　最近的研究显示，江西吴城遗址的青铜器原料，竟然出自同一座铜矿，相距 1500 多千米。又有个问题来了，用的什么交通工具？究竟是怎么做到的？

　　我们一直认为，游标卡尺是欧美科学家的发明。随着东汉青铜卡尺在扬州出土，这个说法得到纠正，可见"中国人没有什么科学思维"是一种偏见，世界上最早的卡尺就是中国人造出来的。

　　长江流域是早期文字的发祥地，大家都知道商代殷墟甲骨文，其实长江流域也有这些文字符号。比如在湖北宜昌的杨家湾遗址，发现了中国最早的象形文字，有 170 多种符号。西方学者普遍认为，文字是文明的一个重要标志。甲骨文距今只有 3600 多年，那中国的文明怎么能是5000 年呢？上面的刻画还是比较规整的，至少是很自觉的，不是乱画。

　　有些刻画字，我们已经破译。宜昌的杨家湾和秭归发现了一些符号。虽然称为"符号"，但是有些符号的线条还是很自觉的。湖南的城头山遗址发现的一些刻文，距今有 6000 多年，我想这个符号肯定不是无意为之的。比方说线条的连接、交叉、平行或者对称，都被注意到了。线条跟线条之间的交接应该也不是无意的。江西的吴城遗址现在发现 200 多个符号，有些已经被确认，比方说"五""臣""周""田"，比甲骨文的时间还早。陶罐上面还有一周一圈的文字，有些刻画的纹路，有几个字都是连在一起的，一对一对，注意形式美。

古文字学家李学勤先生还专门对出土于浙江平湖的庄桥坟遗址文字进行了解读，并发表了一篇解读文章。

这些刻画符号，每一笔应该都是有意为之的，形成一个整体，上下排列顺序都是很讲究的。用现代话来讲，就是写字的章法有了：上一个，下一个，中间还空一点，很整齐，只是我们不知道它是什么字、想告诉我们什么。这些刻画的符号，江苏也有。比如，高邮的龙虬庄也发现了炭化的稻米和有文字的古陶片，有的文字还连笔，目前没办法破译，不知道写的什么。

在苏州澄湖遗址出土的黑衣陶刻符贯耳罐上面，发现了这些符号。古文字专家已经把它们考证出来了。

龙虬庄遗址出土的陶片上的文字　现代快报记者钱念秋　摄

　　长江流域还是世界上最早的人工栽培茶树的地区。中国是茶叶的故乡，本来在 18 世纪就获得了认可。后来到了 19 世纪，有人说，茶树的产地不是中国，是印度。后来，当田螺山遗址的茶树根遗存被发现后，这个起源的问题才得到解决。有证据，就有话语权。

　　茶，是中国人的骄傲。《茶经》是世界上第一部茶叶专著。中国的茶叶输入英国之后，改变了英国人的生活习惯，于是有了"下午茶"的说法。来自中国的茶还是美国独立战争爆发的原因之一。近代化之后，武汉的汉口也与茶有很大的关系，因为汉口曾是一个重要的港口，被称为"东方茶港""东方芝加哥"。

　　长江流域是世界漆工艺的重要发祥地。在浙江萧山的跨湖桥遗址，发现了中国最早的木弓，木弓上面有漆，这是世界上迄今为止发现的最早的漆器，距今约七八千年。但是非常遗憾的事情是，"漆"这个字的英文已经被日本人命名了，也就是小写的"japan"。为什么呢？因为中国到唐代之后，不用漆器了，开始用瓷器，日本人却一直在用。不明真相的外国人就认为漆器起源于日本，就用小写的"japan"来命名。但是事实证明，漆器工艺还是源于中国。距今约七千年的河姆渡文化遗址也有漆器的身影。

　　长江流域的其他方面，也简单说说。世界上最早的二十八星宿图出土于曾侯乙墓。在浙江杭州，有我国现存最早的石刻星图，大约 180颗。江苏苏州的石刻天文图是世界上现存最早、星数最多的石刻天文图，大概有 1440 多颗星。湖南长沙马王堆三号墓出土了世界上现存最早的彗星形态图。彗星有这么多的形态，古人就把他们见到的彗星形态全记下来，比西方关于哈雷彗星的记录要早上百年。

　　马王堆三号汉墓还出土了我国最早的医学方书，全书 9000 多字。

　　浙江萧山的跨湖桥遗址出土了中国目前最古老的船，号称"中华第一舟"。

　　重庆忠县临江二队遗址是我国目前已发现的最大规模的冶锌遗址，确认了世界最早的下火上凝式单质锌冶炼，证明我国是古代两大炼锌技术体系之一的发源地。

　　在白帝城、钓鱼城和皇华城，发现了目前我国考古所见年代最早的火药实物及最完整的铁火炮，即所谓的"震天雷"。

关于现代人起源说。这里的"现代人的起源"不是指人类的起源。现代人是指直立人。长江流域也号称"东方人类的摇篮",为什么?因为它有一个完整的出土的证据链条。

比方说,重庆巫山人,距今214万年,代表一种能人新亚种,"能人"就是直立人。这是中国最早的古人类化石之一,填补了早期人类化石的空白,打破了世界上的有些说法:有种说法是认为亚洲直立人是从非洲来的,那么我们本土发现了214万年前的重庆巫山人。湖北建始人,距今约为215万至195万年的人种,也就自然否定了中国人直系祖先在非洲的说法。

安徽人字洞遗址,是距今250万年的人类活动遗址,是欧亚大陆最古老的古人类活动遗址之一,是中国境内已知年代最早的古人类遗存。

郧县人3号头骨化石的发现,更是引起了世界的高度关注。这个3号头骨化石,距今约110万—80万年。中国本土现代人类的起源是一个比较完整的链条,该头骨化石不仅填补了东亚直立人,也填补了距今约170万年的元谋人、距今约100万—50万年的蓝田人和距今约70万—20万年的北京人之间长时段演化空白,实证了我国百万年的人类史。

特别注意一下,"铲形门齿"是中国人的关键特征之一,学者发现元谋人、北京人等古人类,几乎无一例外,都有"铲形门齿",而今天有80%—90%的现代中国人有"铲形门齿",黑种人只占11.6%,白种人只占8.4%。这是中国人的一个关键特征,所以有些西方学者承认,"中国人是从中国猿人到现代人连续进化"。

三、 世界主要的大河文明之一

对长江流域的开发,得益于中国社会三次人口大迁移,形成了宋以后"政北经南"的格局:政治中心在北方,经济中心在南方。宋以前的都城,基本上都在黄河流域,在北方,集中在河南、陕西、北京、辽宁。哪三次大的人口迁徙对南方、对长江流域的开发有重大作用?

第一次,东晋永嘉南渡。人数有90万—150万。这个人数有不同的说法,我仅仅用了这个说法,不代表就是这么多。第二次,安史之乱。约100万人南迁,从根本上改变了中国人口分布以黄河流域为重心的格局，我国南北人口分布比例第一次达到均衡。第三次，靖康之难。南宋把首都放到南方来了。经过这一次人口迁徙，南方取代中原成为中国经济和文化最发达的地区。这个重心迁移有好多标志，比方说科举，南方人科举考试非常厉害，到了清朝时候，北方考不过南方怎么办？南北方各考一张卷子，所以高考的分卷不是从现在开始的。

再有一个表征，政治中心的南人化。很长一段时间，北方的人做大官的很多，南方的很少。在北宋中叶之后，南方人做大官的多了。大家看这个很经典的记录，陆游在《论选用西北士大夫札子》中指明两宋政权中心籍贯分布的改变："伏闻天圣（1023—1032）以前，选用人才，多取北人，寇准持之尤力，故南方士大夫沉抑者多。"后来随着时间的推移，"北方士大夫复有沉抑之叹"了，此一时彼一时。南方人逐渐得到了重用。

再有，长江流域的独特性在哪里？其他早期文明的母亲河都是国际河流。比方说，两河流域幼发拉底河、底格里斯河，聚集着许多不同种族的人。不是一家人，所以他们互相侵略打仗的时候，其实是一种相互取代。原本印度河流经和灌溉的大部分面积都在印度国内，大家自然可以和平利用印度河；但在印巴分治之后，印度河的主要水源地和上游地区归印度所有，而印度河下游大部分地区则归属于巴基斯坦所有。直到1960 年，在世界银行的促成之下，双方才达成《印度河水条约》。

为了一点肥沃的土地，为了一点财产，为了一点资源，大家会发生什么样的冲突？不同种族、不同文明之间形成了一种相互替代、征服、抹杀的关系，有你没我，有我没你。中华文明为什么上下五千年连续传承不断，跟黄河、长江不是国际河流关系甚大，我觉得这是一个值得探讨的有趣话题。

四、 弘扬研究长江文明的意义

总而言之，第一，长江文明地域之广，文化遗址数量之多、密度之大、遗存之丰富，堪称世界之最，展示着灿烂而独特的中华文明在长江流域的发生与发展创造的成就。长江文明对于世界文明的贡献，足以让我们生活在长江流域的现代人引以为豪。

第二，长期以来，或者是有一段时间，关于中华文明起源，"黄河中心论"曾长期占主导地位。事实证明，长江流域对中华文明起源作出了不逊于黄河流域的贡献。所以，当前我们要加强长江文明的研究，更全面、更完整地诠释中华文明的全貌，更有力地提升中华文明的历史地位。

第三，我们要充分认识长江文明研究意义的多维性，包括历史、文化、政治、经济等多个维度，特别是我一直强调的，这里面涉及国际话语权的问题，比方说文明的要素、文明的标志究竟是什么？中华文明和世界其他文明不一样的地方在哪里？这就需要我们的学者提出方案。

长江文明是世界主要的大河文明之一，对人类世界文明作出了卓越的贡献，我们从来不接受"中华文明西来说"。

习近平总书记指出："长江、黄河都是中华民族的发源地，都是中华民族的摇篮。"以文明交流超越文明隔阂，以文明互鉴超越文明冲突，以文明共存超越文明优越，这是习近平总书记向我们提出来的号召。我们正在以中国式现代化创造人类文明新形态，希望长江文明的研究，为推动建设中华民族现代文明作出我们当下应有的贡献。

后　记

　　江苏很年轻，作为一个地理概念和行政区划概念，清康熙六年（1667 年）取江宁、苏州二府首字为名，始有"江苏"之称。江苏很古老，在这片水网交织、平原丘陵起伏的沃土之上，先民筚路蓝缕、辛勤劳作，成就了数千年辉煌灿烂的发展历史。江苏很文艺，源远流长的文化典籍与灿若星河的文化名家，汇聚成可感可知可咏可赞的江苏文化根脉。

　　2016 年，在江苏省委、省政府直接领导下，江苏省委宣传部启动实施全省性的文化发展战略工程——"江苏文脉整理研究与传播工程"，旨在全面梳理江苏文脉资源，彰显江苏文化底蕴。文脉工程计划编辑出版《江苏文库》约 3000 册，涵盖书目、文献、精华、史料、方志、研究六编。文脉工程启动以来，在江苏省委宣传部、省文脉办的指导和支持下，现代快报跨部门抽调骨干力量，专门成立 20 多人的团队，致力于江苏文脉的大众传播和普及工作，打造"江苏文脉"公众号，通过微信、微博、抖音、学习强国、纸媒等多平台全媒体矩阵，以文字、图片、视频、H5、海报等立体传播的形式向全社会展示江苏文脉的风采与精彩。随着江苏文脉整理研究的深入进展，为进一步做好社会化推广与传播，"江苏文脉大讲堂"适时启动，同步开启线上线下讲座，依托丰富的专家学者资源及"江苏文脉"传播矩阵，深入社会宣讲，让中华优秀传统文化飞入寻常百姓家。

　　2022 年 7 月，江苏文脉大讲堂启动仪式暨首期讲堂成功举办。截至本书付梓之时，先后有莫砺锋、胡阿祥、龚良、张学锋、张乃格、范金民、高峰、庄若江、徐兴无、程章灿、张新科、徐小跃、王月清、叶兆言、江庆柏、陈军、苗怀明、薛冰、武秀成、卢海鸣、郦波、顾建国、葛金华、柯军、郑晶等社科名家走进讲堂，深入江苏各地的图书馆、博物馆、市民公园、城市公共空间、高等院校、中学以及企事业单位等，以讲座的形式传播江苏文脉整理与研究成果，宣讲优秀传统文化。讲堂所到之处，专家、学者以通俗易懂的语言介绍江苏的典籍著作及其背后的人物与故事，与读者、听众进行有益互动，用心搭建传统文化与读者之间沟通的桥梁，受到广泛热情的欢迎。

江苏文脉大讲堂率先探索"互联网＋江苏文脉"的创新模式，打通线上线下全环节，实现全要素联动，以可视化、系列化、碎片化的立体式传播，让传统文化浸润人心，取得了显著的传播效果和优秀的社会效益。据不完全统计，该直播平台的全网总阅读量已超 2.1 亿次，诞生了多个流量超百万的爆款，例如碎片化短视频《宋词吟诵原来这么好听》，仅抖音一个平台浏览量就超过 380 万，被"圈粉"的网友纷纷留言点赞，称这才是"文化大省的硬核广告"。

犹记得，2022 年 7 月 8 日，《江苏文库·精华编》主编、南京大学人文社科资深教授莫砺锋先生主讲的首场江苏文脉大讲堂，南京朝天宫大成殿内座无虚席，从稚子蒙童到白发老者，人人听得入神。一堂生动的诗词课，纵横万里、穿越千年，带线上线下的观众一同饱览凝练成诗的大美长江。2022 年 8 月 9 日，《江苏文库》编纂出版委员会编委、南京大学教授、六朝博物馆馆长胡阿祥先生以《大江大河，江苏的文化密码》为题，在南京图书馆开讲，观众的热情犹如盛夏天气，讲座一结束纷纷围拢过来，和自己心目中的学者偶像交流、合影。2022 年 8 月 21 日，南京博物院理事会理事长、名誉院长龚良先生主讲的江苏文脉大讲堂，来到扬州中国大运河博物馆；2022 年 9 月 12 日，南京大学教授张学锋先生主讲江苏文脉大讲堂，来到美丽的江南城市常熟；2022 年 9 月 22 日，《江苏文库·方志编》主编、江苏省地方志办公室旧址整理中心主任张乃格先生主讲的江苏文脉大讲堂，走进南京农业大学；2022 年 10 月 27 日，《江苏文库》编纂出版委员会编委、南京大学教授范金民主讲的江苏文脉大讲堂，来到明代南京最大私家花园、今天的市民公园瞻园；2022 年 11 月 22 日，南京师范大学文学院院长高峰主讲的江苏文脉大讲堂，来到苏州天平山……一场场意犹未尽的讲座、一双双求知若渴的眼睛、一次次充满探究的互动、一批批恋恋不舍的观众，合力打造着江苏文脉大讲堂的精彩。

为了让更多受众亲近江苏文脉，了解江苏的优秀传统文化，现将江苏文脉大讲堂优质内容以文字形式结集出版，丛书名为《江苏文脉大讲堂文丛》，首卷《斯文江苏——名家解码江苏文脉》收录文脉大讲堂第一讲至十六讲内容。江苏省委宣传部社科规划办许佃兵、谭慧慧、臧金露，现代快报社郑春平、孙兰兰、白雁、胡玉梅、王子扬、王卫、刘静妍、李梦雅、宋经纬、张然、张文颖、陈敏、钱念秋、储希豪、裴诗语等同志参与了本书的编写与整理工作。南京大学人文社会科学资深教授莫砺锋应邀撰写的序言，使得本书在精彩之余更多了一份厚重。江苏文脉大讲堂后续各讲内容正在整理和策划中，将陆续结集出版。

党的二十届三中全会强调，必须增强文化自信，发展社会主义先进文化，弘扬革命文化，传承中华优秀传统文化，加快适应信息技术迅猛发展新形势，培育形成规模宏大的优秀文化人才队伍，激发全民族文化创新创造活力。2023 年 6 月 2 日，习近平总书记出席文化传承发展座谈会并发表重要讲话，号召大家"担当使命、奋发有为，共同努力创造属于我们这个时代的新文化，建设中华民族现代文明"。从充满互动的文化讲堂现场，到落实为一词一句的文字；从当下时兴的新媒体传播介质，到具有千年历史的纸质书籍；江苏文脉大讲堂完成了一次奇妙的回归，这当然更是一次新的出发。吴韵汉风、文润中华，谨以此书记录并见证江苏文脉的浪花如何以蓬勃热情汇入"何以中国"的时代潮流。

2024 年 8 月